Essenz der Informatik

Claudio Franzetti

Essenz der Informatik

Was Benutzer alles wissen sollten

2. Auflage

 Springer Vieweg

Claudio Franzetti
Meilen, Schweiz

ISBN 978-3-662-67153-5   ISBN 978-3-662-67154-2   (eBook)
https://doi.org/10.1007/978-3-662-67154-2

Die Deutsche Nationalbibliothek verzeichnet diese Publikation in der Deutschen Nationalbibliografie; detaillierte bibliografische Daten sind im Internet über https://portal.dnb.de abrufbar.

Planung/Lektorat: Petra Steinmueller
Springer Vieweg ist ein Imprint der eingetragenen Gesellschaft Springer-Verlag GmbH, DE und ist ein Teil von Springer Nature.
Die Anschrift der Gesellschaft ist: Heidelberger Platz 3, 14197 Berlin, Germany

Nichts ist vom Erfolg her zweifelhafter und von der Durchführung her gefährlicher als der Wille, sich zum Neuerer aufzuschwingen. Denn wer dies tut, hat die Nutznießer des alten Zustandes zu Feinden, während er in den möglichen Nutznießern des neuen Zustandes nur lasche Verteidiger findet.

Niccolò Machiavelli

Je planmäßiger die Menschen vorgehen, desto wirksamer vermag sie der Zufall zu treffen.

Friedrich Dürrenmatt

Nullus propheta in patria: Der Prophet gilt nichts im eigenen Land.

Sprichwort

Vorwort zur 2. Auflage

Die vorliegende zweite Auflage dieses Buches ist nicht so sehr eine Korrektur oder Anpassung des schon Bestehenden, sondern viel mehr eine Erweiterung. Der Zahn der Zeit nagt nicht so schnell am Thema, es gibt aber immer wieder Inhalte, die an Bedeutung gewinnen. Ein solches Thema ist das Metaversum, das als neues Internet propagiert wird.

Treiber der Entwicklung sind vor allem zwei: der technologische Fortschritt, der bisher Rechen- und Speicherkapazität sowie die Transistorendichte kontinuierlich unaufhaltsam hat wachsen lassen. Zum anderen werden die jugendlichen Tech-Giganten ständig herausgefordert und müssen neue Geschäftsfelder erfinden, um ihr unheimliches Wachstum fortzusetzen.

Die Gesellschaft kann nur teilweise Schritt halten, wobei eine typische Altersabhängigkeit der Anpassungsfähigkeit erkennbar ist. Im Bereich der digitalen Transformation, besonders im Hinblick auf die öffentliche Verwaltung, sind in den vergangenen vier Jahren keine großen Fortschritte festzustellen gewesen, zumindest was bis zum Benutzer durchdrang. Wieso die Verwaltung nicht mitkommt, habe ich etwas ausführlicher illustrieren wollen. Man darf nicht vergessen, dass die Verwaltung im Wesentlichen die Gesetze umsetzt und diese immer differenzierter und damit aufwendiger werden.

Aufgrund der geopolitischen Verwerfungen im Jahr 2022 fällt das Augenmerk vermehrt auf die Einflusssphären der technologischen Großmächte. Europa, die Alte Welt, scheint im Verhältnis zum Silicon Valley wenig innovativ, wenn man von der Regulierung absieht. Um selber die Technologie besser zu fördern, ist ein Verständnis vom Valley und seiner Weltsicht wichtig und deshalb hier stärker thematisiert. Das Valley in Europa nachzubilden, funktioniert aus grundlegenden Verschiedenheiten nicht.

Die Erweiterung des Buchs musste mit einer Umstellung der Kapitel einhergehen, um das Neue in einen konsistenten Ablauf einzubetten. Die Kennzeichnung der Abschnitte mit † habe ich aufgegeben, den Stern * behalten.

Zürich
März 2023

Claudio Franzetti

Vorwort

Dieses Buch richtet sich an Anwender und Benutzer, die ich einerseits als Schüler und Lehrer der Sekundarstufe und anderseits als typische Mitarbeiter von Nicht-IT-Unternehme verstehe. Das Publikum ist also sehr breit.

Meine Kinder sind etwa in diesem Alter. Ich muss allerdings feststellen, dass sie zwar ein Fach „Informatik" belegen, aber dass sich die Themen eher am Maschinenschreiben orientieren. Bei Gruppenarbeiten (kollaboratives Arbeiten) oder beim Vokabellernen, z. B. am Smartphone, vermisse ich jede effiziente IT-Unterstützung.

In meiner aktuellen Firma höre ich ständig vonseiten der Informatiker, die Mitarbeiter verstünden sie nicht, man würde aneinander vorbeireden. Bei einer Funktionsstörung will der Benutzer diese so schnell wie möglich behoben sehen, die Erklärungen werden erduldet und nicht genutzt, sich weiterzubilden.

Das wahrgenommene Desinteresse wird als Inkompetenz interpretiert. Dadurch verringert sich die Anstrengung, systematisch zu informieren. Dadurch erhöhen sich die widersprüchlichen Mitteilungen und verstärken die unklaren Äußerungen der Benutzer. Dadurch erhöht sich die wahrgenommene Inkompetenz der Benutzer durch die Techniker ... und weiter so.

Es scheint mir äußerst wichtig, den Mitarbeitenden die Möglichkeit zu eröffnen, sich stressfrei ein wenig Informatikwissen anzueignen und damit Anhaltspunkte zu gewinnen, um mit den Technikern zu reden.

Besonders in kleineren Firmen ist die Wahrscheinlichkeit groß, als Fachperson mit IT-Entwicklern kommunizieren und in Projekten zusammenarbeiten zu müssen. Deshalb ist es wichtig, gewisse Konzepte, Prinzipien und gewisse Zusammenhänge verstehen zu können.

Somit habe ich die Gelegenheit wahrgenommen, dieses Buch herauszugeben. Wie in der IT üblich, ist dem Vorhaben eine „Make-or-Buy"-Entscheidung vorangegangen. Ich habe das Angebot studiert, wobei auch und vor allem Publikationen für den Schulgebrauch im Brennpunkt standen. Keines hat mich davon überzeugt, kein eigenes Buch schreiben zu müssen. Deshalb habe ich die Herausforderung – *façon de parler* – angenommen.

Die Qualifikation für den Inhalt dieses Buches habe ich mir in langjähriger Beschäftigung mit Computern redlich erworben: Anfang der 1980er-Jahre im Ingenieurstudium an der ETH mit Einführung in Pascal und Rechnen auf der CDC7600 mit dem exotischen Betriebssystem „Venus", dann als Forschungsingenieur mit Strömungssimulationen in Fortran auf der IBM 7600VF, Vax 3000, Silicon Graphics IRIS und dem damaligen Superrechner Cray-1 in Lausanne. Als Finanzfachmann entwickelte ich Datenbanken und Derivatepreise für Banken. In höheren Führungspositionen blieb IT mehr als ein Hobby. Wieder bei einer Kleinfirma als Geschäftsführer entwickelten wir Software für die Versicherungsindustrie. Und schließlich war ich für die IT-Entwicklung in der jetzigen Firma verantwortlich.

Immer war es mein Ziel, produktive Systeme einzuführen, beispielsweise das Wiki „Confluence" oder das Issue-Tracking namens „Jira".

Es ist mein lebhafter Wunsch, dass diese Schrift zu Diskussionen Anlass geben wird. Denn dies ist ein Zeichen, dass sie gebraucht wird.

Im Vorspann sind mehrere Zitate aufgeführt. Die einen sollen Skepsis bezüglich der Planbarkeit von IT-Entwicklungen ausdrücken, denn meiner Meinung nach sind diese ingenieurmäßigen Vorgehensweisen nicht immer problemadäquat. Dies wird in einem Kapitel thematisiert. Das Machiavelli-Zitat soll auf die Schwierigkeit hinweisen, der IT-Verantwortliche begegnen, wenn sie ihrer natürlichen Rolle als Neuerer nachkommen. IT-Entwicklung ist ein riskantes Geschäft.

Der Text ist gespickt mit Beispielen und Illustrationen. Hier versuche ich, möglichst keine proprietären Systeme zu zeigen, sondern auf frei verfügbare Ressourcen zu setzen. Damit kann die oder der Lesende selber Methoden nachvollziehen, damit spielen oder erweitern.

Der Text ist nicht primär darauf ausgelegt, das Programmieren zu vermitteln. Er möchte aber grundlegende Sachverhalte anhand einer Blocksprache wie Scratch aufzeigen, die dem Publikum den Einstieg in die Vertiefung ermöglichen. Die Absicht geht also viel mehr in die Breite als in die Tiefe.

Einige Kapitel sind mit einem * versehen. Diese sind im Vergleich zum Haupttext möglicherweise etwas anspruchsvoller oder setzen gewisse Kenntnisse voraus, die für die IT aber nicht ausschlaggebend sind. Abschnitte mit † sind für Mitarbeiter gedacht und weniger für Schüler, die den betrieblichen Alltag noch nicht kennen.

Zuletzt möchte ich allen danken, die an dieser Publikation mitgewirkt haben. Mein spezieller Dank geht an meinen Kollegen Dipl.-Ing. Claus Frauenheim, der sowohl gute inhaltliche Anregungen gegeben als auch das Manuskript genau gelesen hat. Fehler sind ausschließlich dem Autor anzulasten.

Zürich   Claudio Franzetti
November 2018

Inhaltsverzeichnis

Abbildungsverzeichnis

Tabellenverzeichnis

Einführung 1

Zu Beginn eine Begriffsklärung (oder das pure Gegenteil): Im Titel dieser Broschüre steht „Informatik". Viele denken aber automatisch an „IT", das für Informationstechnologie steht, aber auch „Informationstechnik" abkürzt. In letzter Zeit hat sich noch der Begriff „IKT" für Informations- und Kommunikationstechnologie eingeschlichen.

Wir finden, dass die Kommunikation, das Zur-Verfügung-Stellen und Übermitteln von Informationen, eigentlich im Überbegriff Information schon enthalten ist. Eine Definition von Kommunikation lautet: Austausch von Information über Netzwerke.

Der Unterschied zwischen Technik und Technologie ist der Unterschied zwischen Anwendung (Technik) und Forschung, Entwicklung und Wissenschaft (Technologie). Letztere kann man wiederum mit Informatik, auf englisch „Computer Science" gleichsetzen.

Da man auf dem Papier eher Theorie denn Praxis üben kann, sollte der Begriff Informatik eigentlich recht gut passen. Denn es soll der Zweck des Buches sein, ein paar grundlegende Tatsachen in Erinnerung zu rufen, die für den täglichen Gebrauch der Informationstechnik hilfreich sein können. Zudem soll sie helfen, das Verständnis zwischen IT-Spezialisten und IT-Anwendern zu verbessern.

Die Abb. 1.1 zeigt schematisch den Zusammenhang zwischen Geschäftstätigkeit und IT, wobei Letztere in Infrastruktur und Funktionen oder Dienste aufgeteilt ist. Die Schnittstelle zwischen Business und IT ist eine Problemzone. Denn bei der Weiterentwicklung der Dienste sind es ja Menschen, die miteinander eine Lösung erarbeiten müssen, auch wenn sie in ganz unterschiedlichen Modellen und Vorstellungen geschult worden sind.

Dieses Hindernis kann man durch Kennenlernen der jeweils anderen „Welt" senken. Für die Geschäftsseite heißt dies, sich über IT einen gewissen Überblick zu verschaffen.

Abb. 1.1 Übersicht
Geschäfts-IT. Die IT kann
unterstützend oder gestaltend
sein. Zweites ist besonders in
disruptiven Zeiten der Fall, in
denen der Fortschritt das
Business bestimmt

Im Marketing gilt der Spruch: „People don't know what they want until they know what they can get.[1] Dies gilt häufig auch für die Geschäftsseite einer Unternehmung. Meistens bleibt man beim Bekannten haften. Vom Autopionier Henry Ford ist der Spruch überliefert: „Wenn ich die Menschen gefragt hätte, was sie wollen, hätten sie gesagt: schnellere Pferde." Neue Situationen, neue Technologien, neue Geschäftsmodelle sind problematisch. Der Physiker Max Planck sagte über die Physik (Planck, 1955, 22):

> „Eine neue wissenschaftliche Wahrheit pflegt sich nicht in der Weise durchzusetzen, daß ihre Gegner überzeugt werden und sich als belehrt erklären, sondern vielmehr dadurch, daß ihre Gegner allmählich aussterben und daß die heranwachsende Generation von vornherein mit der Wahrheit vertraut gemacht ist."

Wer sich mit Innovation im Geschäftsumfeld befasst, muss die Persönlichkeit besitzen, gegen Widerstände anzukämpfen. Schon Niccolò Machiavelli, ein Philosoph und Dichter, hat im fünfzehnten Jahrhundert die Problematik der Innovatoren beschrieben, wie es im Zitat ganz am Anfang angedeutet ist.

Literatur

Planck, M. (1955). *Wissenschaftliche Selbstbiographie mit der von Max von Laue gehaltenen Traueransprache*. Lebensdarstellungen deutscher Naturforscher. Berlin: J.A. Barth.

---

[1] Die Leute wissen erst was sie wollen, wenn sie erkennen, was sie haben können.

Ganz kurze Geschichte der IT

2

Die Geschichte der IT ist aus einer technologischen Sicht vor allem die Geschichte der Computer (Rechner, Hardware) und der Programme (Software). Notwendige Vorarbeiten in Mathematik und Logik waren etwa die Zahlendarstellung im Zweiersystem und die entsprechende Algebra der Logik von George Boole. Diese ist ebenfalls zweiwertig, denn Aussagen sind entweder wahr oder falsch. In den 1930er-Jahren stellte Alan Turing ein vollständiges (theoretisches) Modell eines Universalrechners vor.

An der Zweiteilung in Hard- und Software halten wir fest.

2.1 Rechner

Das Rechnen, bestehend aus den vier Grundrechenarten Addition, Subtraktion, Multiplikation und Division, wurde schon seit Tausenden von Jahren im Osten und im Westen durch den Zählrahmen oder Abakus unterstützt. Mit der Einführung der arabischen Zahlen, die allerdings aus Indien stammen, und der Erfindung der Logarithmen im 17. Jahrhundert kam der Rechenschieber auf. Die nächste Etappe bildeten die mechanischen Rechenmaschinen, deren erste von Wilhelm Schickard 1632 entwickelt wurde, gefolgt von der Pascaline von Blaise Pascal von 1642. Im Jahr 1676 legte Gottfried Wilhelm Leibniz seinen Rechner mit der Staffelwalze vor. Vor allem Uhrmacher wie Jean-Baptiste Schwilgué vom Straßburger Dom besaßen die feinmechanischen Fertigkeiten, um komplizierte Rechner (und Astrolabien) zu bauen. Um 1850 wurde der erste mechanische Rechner von Charles Xavier Thomas industriell gefertigt. Der letzte mechanische Rechner ist die Curta von Curt Herzstark, der bis 1945 gebaut wurde und ein 15-stelliges Resultatwerk aufwies. Er sah wie eine kleine Kaffeemühle aus (siehe Abb. 2.1).

Programmierbare Rechenmaschinen brauchen einen Speicher, der als gestanzte Metallplatte vom Weber und Erfinder Joseph-Marie Jacquard eingeführt wurde, um komplizierte Muster zu weben. Charles Babbage stellte 1833 das funktionsfähige Konzept vor, das er

© Springer-Verlag GmbH Deutschland, ein Teil von Springer Nature 2023
C. Franzetti, *Essenz der Informatik*,
https://doi.org/10.1007/978-3-662-67154-2_2

Abb. 2.1 Curta-Rechner
(Wikipedia, 2018), gemeinfrei

in der „Analytical Engine" zu realisieren versuchte, allerdings an Geld und Zeit scheiterte. Diese Maschine sollte die Anweisungen aus den gestanzten Platten einlesen. Ada Lovelace, Tochter des Dichters Lord Byron, beschäftigte sich schon früh mit Mathematik. Sie begeisterte sich für die technischen Erfindungen und lernte mit 16 Jahren Babbage kennen. Für seine Maschine, Vorläufer des modernen Computers, entwickelte sie ein komplexes Programm und gilt so als erste Programmiererin der Welt. Sie gab der Programmiersprache ADA den Namen.

Herman Hollerith verwendete als Statistiker der US-Volkszählung 1890 Lochkarten und entsprechende Auswertemaschinen, um dem wachsenden Datenanfall Herr zu werden. Aus seiner Firma ging später IBM hervor, kurz für International Business Machines.

2.1.1 Erste Generation

Die Rechner der 1940er-Jahre fußten auf elektromechanischen Relais oder Elektronenröhren. Ihre Anzahl konnte man an einer Hand ablesen. Sie waren riesig, schwer, störanfällig und teuer, sodass die Einsatzmöglichkeiten sehr eingeschränkt blieben. Ein Repräsentant ist ENIAC (Electronic Numerical Integrator And Computer), der 1945/46 in den USA fertiggestellt wurde. Den ersten elektronischen Rechner zu nennen, fällt schwer. Im Jahr 1941 allerdings brachte Konrad Zuse die Z3 zum Laufen und auch in den USA nahmen John Atanasoff und sein Doktorand einen Computer in Betrieb.

Dieser brauchte ca. 18.000 Röhren, benötigte eine Fläche von 150 qm und wog 30 t. Die Steuerung der Maschine (Programmierung) wurde durch das Stellen von Hunderten von Schaltern und das Stecken von Kabelverbindungen erreicht. Zur selben Zeit entwickelte John von Neumann (1903–1957) das Grundkonzept moderner Rechner.

Der erste kommerzielle Computer der USA wurde 1951 in Betrieb genommen, die sogenannte UNIVAC I (UNIVersal Automatic Computer I) von Abb. 2.2.

Abb. 2.2 UNIVAC I
Röhrenrechner. Foto: Matthias
Kirschner, gemeinfrei,
(Wikipedia, 2016)

Ein wesentliches Prinzip ist, dass das Programm genauso wie die Daten im Speicher abgelegt wird. Damit ist nicht mehr nur ein starrer Ablauf möglich, sondern das Programm kann geändert werden und im Extremfall sogar sich selbst verändern.

2.1.2   Zweite Computergeneration

Elektronenröhren schalteten zwar viel schneller als elektromechanische Relais, doch sie waren teuer, produzierten einen Haufen Wärme, nahmen viel Platz weg und hatten eine geringe Lebensdauer. Im Jahr 1948 erfand William Shockley den Transistor und wurde später mit dem Nobelpreis für Physik geehrt.

Etwa von 1955 bis 1965 wurden Elektronenröhren zunehmend durch Transistoren ersetzt, einem Schaltelement aus Silizium, Gallium und Arsen. Als Hauptspeicher dienten Magnetkernspeicher, erste Magnetbänder und Magnetplatten. In den Jahren 1958/59 entwickelte die Firma Texas Instruments den ersten integrierten Schaltkreis. Und 1960 wurde die Programmiersprache ALGOL-60 vorgestellt.

2.1.3   Dritte Computergeneration

In den frühen 1970er-Jahren wurden mehrere Transistoren und Bauelemente zu Schaltgruppen zusammengefasst. Die Rechner wurden durch *Betriebssysteme* gesteuert. Es entstanden erste Rechenzentren.

Computerbenutzer gaben ihren Auftrag (Job) auf und mussten auf die Aushändigung der Resultate warten. Typisch war die Eingabe eines Programms auf Lochkarten. Später wurden Terminals angeschlossen, an denen Benutzer Befehle direkt eingeben konnten. Da dann mehrere Programme gleichzeitig abgearbeitet wurden, mussten die Betriebssysteme das *Timesharing* beherrschen.

2.1.4   Vierte Computergeneration

Riesige Fortschritte in der Halbleitertechnik, besonders der Miniaturisierung, ermöglichten eine immer höhere Integrationsdichte, d. h. Schalter pro Fläche. Dadurch wurden sogenannte „Mikrocomputer" möglich und für Private langsam erschwinglich. Im Jahr 1977 kam der sehr preiswerte Apple II auf den Markt, der von einer einzigen Person, Steve Wozniak, entworfen wurde IBM konterte 1981 mit dem als Personal Computer PC bezeichneten Modell (Abb. 2.3), das für einige Jahre als der „PC" galt. Viele kleinere Firmen bauten PC-kompatible Modelle. Es verwendete DOS 1.0 von Microsoft als Betriebssystem. Das ursprüngliche Betriebssystem kaufte Microsoft für schäbige 50.000 USD und machte Millionen, wenn nicht Milliarden damit..

Nebeneinander existieren heute:

- Großrechner (Mainframes),
- Workstations und
- Personal Computers (PC) sowie
- Personal Devices (Smartphone, Spielkonsolen, Tablets etc.).

Abb. 2.3 Personal Computer von IBM (Wikipedia contributors, 2022). ©Ruben de Rijcke, CC-BY-SA 3.0

Durch die nun mögliche Vernetzung wurden Aufgabenteilungen wie im Client-Server-Konzept möglich, die neben die Rechenzentren traten. Letztere haben dank der „Cloud"-Entwicklung wieder Morgenluft bekommen.

2.2 Software

Es scheint nicht klar zu sein, wann der Begriff „Software" Eingang in den Sprachgebrauch gefunden hat; vermutlich Ende der 1950er-Jahre und nachdem der Begriff „Hardware" gebräuchlich wurde. Das Paar Hard- und Software wurde von Howard Aiken, der die Mark I entwickelt hatte, und Grace M. Hopper, die als Mathematikerin die Anweisungen auf Lochkarten brachte, verkörpert. Grace merkte schnell, dass wiederkehrende Nebenrechnungen häufig auftraten, die aber erst mit einem Speicher wiederverwertet werden konnten. Diese Nebenrechnungen nannte man dann „Subroutines". Hopper stellte ein Programm zusammen, das in der Lage war, diese gespeicherten Subroutinen wiederholt einzulesen. Sie nannte dieses Programm „Compiler". Verbesserte Versionen des Compilers wurden dann den Käufern mit der Hardware ausgeliefert.

Im Jahr 1957 wurde FORTRAN von IBM vorgestellt, eine höhere Programmiersprache. Der Name leitet sich von Formula-Translator ab, womit auch schon etwas über die Verwendung als eher mathematischer Problemlöser gesagt ist. LISP, heute noch verwendet, und ALGOL sind weitere, bei Akademikern damals beliebte Sprachen. Auf Bestreben des U.S. Department of Defense wurde COBOL 1959 entwickelt, das dem Aufbau der englischen Sprache glich.

Mit der wachsenden Komplexität und Leistungsfähigkeit der Rechner wurde es für den Benutzer zusehends schwieriger, alle Verwaltungs- und Überwachungsaufgaben im Betrieb zu erledigen. Hardwareproduzenten und Benutzergruppen stellten kleinere und größere Programme zusammen, um den Betrieb zu vereinfachen. Solche „Systemsoftware" verwandelte sich dann in die sogenannten Betriebssysteme oder englisch „Operating Systems". Ende der 1960er-Jahre entstand das Betriebssystem UNIX, zuerst für den internen Gebrauch der Bell Labs, dann mit der zusammen entwickelten Sprache C neu implementiert. Durch die Nähe von UNIX mit C eignet sich diese Sprache sowohl für systemnahe als auch für problemnahe Programme.

UNIX ist modular und damit nicht sehr einheitlich aufgebaut. Dieses Betriebssystem erlaubte es mit dem Timesharing, der Zuteilung von Rechenleistung auf mehrere, an Terminalen sitzende Benutzer, beinahe moderne Verhältnisse zu erlangen. Jeder hatte den Eindruck, an einem eigenen Gerät zu arbeiten. C ist eine der am weitesten verbreiteten Programmiersprachen. UNIX blieb eine lizenzierte Software von AT&T, während an der Universität von Berkeley eine freie Distribution unter dem Kürzel BSD für „Berkeley Systems Distribution" entstand. Wie man sich leicht vorstellen kann, kamen sich die kommerziellen Interessen in die Quere, was zu gerichtlichen Verfahren führte. Um die Geschichte kurz zu halten: Es entstanden mehrere proprietäre Systeme (AIX, Solaris etc.). Im Jahr 1991 entwickelte der Finne Linus Torvalds ein Programm, das sich als Betriebssystem herausstellte. Im Namen ist ein Verweis auf UNIX impliziert, da es ähnlich aufgebaut ist. Um den Kern des Programms sind verschiedene Distributionen entstanden.

Zurück in der Zeit: 1968 kündigte IBM an, künftig Software unabhängig von der Hardware zu verkaufen. Damit startet der Software-Markt und die Nachfrage nach Portabilität.

Die frühen Sprachen sind typischerweise *Top-Down-Ansätze*. Ein Problem wird in kleinere Portionen mit Wiederverwertbarkeit oder Bibliotheken zerlegt. Das liegt auch der prozeduralen, ablaufgesteuerten Programmierung zugrunde.

Im Laufe der 1980er-Jahre gewannen *Bottom-up-Ansätze* für die Programmiersprachen an Bedeutung. Dies war ebenfalls der gestiegenen Komplexität geschuldet. Ausgangspunkt war damals das Objekt, das die Eigenschaften einer sogenannten Klasse aufweist. Das Objekt zeichnet sich durch Strukturelemente wie *Daten* und funktionale Elemente wie *Methoden* aus. Ein Fahrzeug beispielsweise besitzt einen Fahrer, eine Farbe und Leistungsmerkmale und kann fahren, stoppen, zuladen etc. Die Objekte sind der Ausgangspunkt für die Programmierung.

Die grundlegenden Ideen der Objektorientierung stammen von der Sprache SIMULA und deren Nachfolgerin SMALLTALK und flossen um 1983 in einer Vermengung von C in die verbreitete Sprache C++ und Objective C ein. Die Referenz auf C ist eindeutig. Im Jahr 1995 entstand dann daraus die Sprache JAVA. Etwa gleichzeitig entstand Python, das eine recht breite Anwendergemeinschaft gefunden hat. Die Applikationen in Android werden mit JAVA realisiert, Apple verwendet für das iPhone Objective C.

In den letzten Jahren haben sich auch wieder neue Sprachen entwickelt. Zu nennen sind *Go* oder Golang von Google, *Swift* von Apple und *Hack* von Facebook. Go ist nicht objektorientiert, aber es kann gut mit gleichzeitig ausführbaren Elementen (Concurrency) umgehen.

Weitere Details findet man bei Petzold (1999).

Quiz zu Kap. 2

Quiz

Wie steht es mit einem Selbsttest?

1. Wann wurde der erste elektronische Computer in Betrieb genommen?
2. Wie wurden die Schaltungen realisiert?
3. Welche Bedeutung kommt den Transistoren und der Miniaturisierung zu?
4. Wie entstand die Unterscheidung in Hard- und Software?
5. Wann kam der PC auf den Markt?
6. Wofür steht FORTRAN?
7. Welches sind aktuell die gebräuchlichsten Programmiersprachen?
8. Was ist Objektorientierung?

9. Was unterscheidet C++ von C?
10. Welche Sprachen kommen in Android und im iPhone zur Anwendung?

Literatur

Petzold, C. (1999). *Code : the hidden language of computer hardware and software*. Microsoft Press.

Wikipedia. (2016). UNIVAC I – Wikipedia, Die freie Enzyklopädie. https://de.wikipedia.org/w/index.php?title=UNIVAC_I&oldid=154306265. Zugegriffen: 25. Aug. 2018.

Wikipedia. (2018). Curta – Wikipedia, Die freie Enzyklopädie. https://de.wikipedia.org/w/index.php?title=Curta&oldid=178429295. Zugegriffen: 1. Okt. 2022.

Wikipedia contributors. (2022). IBM Personal Computer – Wikipedia, The Free Encyclopedia. https://en.wikipedia.org/w/index.php?title=IBM_Personal_Computer&oldid=861836470. Zugegriffen: 1. Okt. 2022.

Alles ist Zahl

… aber nicht unbedingt alle Ziffern werden benötigt. Die Basis der Computer sind physikalische Eigenschaften der Materie. Ein Teilchen ist geladen oder nicht, Strom fließt oder nicht, ein Sitz ist besetzt oder nicht, ein Gatter ist offen oder zu usw. Viele Eigenschaften sind zweiwertig. Und dies ist die Basis der Rechner. Zweiwertige Zahlensysteme, man nennt sie binär, bestehen nur aus den Ziffern 1 und 0. Die Basis der Zahlen ist 2. Für die „normalen" Zahlen ist die Basis 10. Man kann die Basis beliebig wählen, z. B. 8 oder auch 16.

3.1 Zweier- oder Binärsystem

Das Zweiersystem wurde von Gottfried Wilhelm Leibniz am Anfang des 18. Jahrhunderts, genauer 1705, in einem Artikel veröffentlicht und darin vollständig dokumentiert. Man kann jede Zahl als Summe von Potenzen von 2 darstellen. Man kann mit Binärzahlen rechnen wie mit „normalen" Zahlen, also im Zehnersystem.

Beispiel 3.1.1 (Zahlenstruktur). Die Zahl 123 besteht aus 3 Einern, 2 Zehnern und einem Hunderter, also $123_{10} = 3 \cdot 1 + 2 \cdot 10 + 1 \cdot 100$. Anderseits gilt auch: $123_{10} = 1 \cdot 64 + 1 \cdot 32 + 1 \cdot 16 + 1 \cdot 8 + 0 \cdot 4 + 1 \cdot 2 + 1 \cdot 1$ oder 1111011_2. △

Beispiel 3.1.2 (Morse-Code). Das erst vor Kurzem offiziell abgeschaffte Morse-System stellt Buchstaben mit zweiwertigen Zeichen dar. „Kurz" oder „lang" als Ton, Licht, als ein oder zwei Flaggen usw. Die Übersetzung von Zeichen in Ziffern nennt man *Kodieren*. Im Folgenden ein kodierter Text:

© Springer-Verlag GmbH Deutschland, ein Teil von Springer Nature 2023
C. Franzetti, *Essenz der Informatik*,
https://doi.org/10.1007/978-3-662-67154-2_3

```
../-.-./..../..//.-../../.././-..../.
//..-./.-./.-/.-/.-/.-...../---//.././../../../.../-.-./...../.././-.
//-.-/.-/-/.-/..././/..../.--./.-/--.././/..--./../.././../.-.-./.-..../.-..
//---/.././.-./.-/.-/.././..-/.-/./.-//
.-./---/---/--.-/../.-/.-/.-...-./---/.-./-
```

Ich liebe französischen Kaese speziell gereiften Roquefort

△

Da sämtliche Daten und Programm-Befehle binärkodiert werden, also als 1 oder 0 dargestellt werden, kann eine bestimmte Bitfolge unterschiedliche Dinge bedeuten. Die Interpretation ist abhängig vom Ort der Verarbeitung, z. B. im Steuerwerk, im Rechenwerk für ganze Zahlen, im Rechenwerk für Gleitpunktzahlen usw. Ähnliches gilt für Dateien, die ja auch nur aus Bits bestehen. Deshalb erkennt man von „außen" an der sogenannten Dateierweiterung, was der Inhalt ist. Die ersten Zeichen der Datei lassen wiederum das Format erkennen (siehe Abb. 3.1 und 3.3).

Definition 1 (Bit, Byte). Das Byte ist eine Maßeinheit der Informatik, welche (meist) für eine Folge aus 8 Bit steht. Ein Bit ist eine zweiwertige (binäre) Ziffer, die den Wert 1 oder 0 annimmt. In Tab. 3.1 ist ein Beispiel wiedergegeben.

Beispiel 3.1.3 (Addition). Das Rechnen mit Binärzahlen ist gleich wie das bekannte Rechnen mit Dezimalzahlen. Allerdings kommt es zu einem Übertrag, sobald $1 + 1$ vorkommt. Wir addieren zwei Zahlen, d. h. 1011_2 und 1101_2.

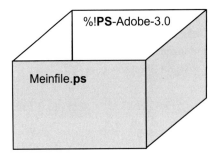

Abb. 3.1 Symbolisch soll die Darstellung zeigen, dass eine Datei von außen eine Erweiterung („extension") trägt, die die Art von Datei definiert. Hier wird mit ps ein Postscript-File bezeichnet. Im Innern, in der ersten Zeile, kann das Programm den Datentyp lesen

Tab. 3.1 Das Bitmuster ist interpretationsbedürftig. Je nach Ort oder Kontext des Computers ist erst ersichtlich, was das Bitmuster bedeutet

Bitmuster	01100001 01100010 01100011 01100100
ASCII-Zeichen	abcd
ganze Zahl	1.633.837.924
Gleitpunktzahl	$0.7608150709\ldots \cdot 2^{-30}$
Befehl	LOAD 6447972

Summand 1	1 0 1 1
Summand 2	1 1 0 1
Übertrag	1 1 1 1
Summe	1 1 0 0 0

$1 + 0 = 1$, $1 + 1$ gibt 0 mit Übertrag 1, $1 + 1 + 1$ gibt 1 mit Übertrag 1. Dieses Rechenbeispiel werden wir weiter unten wieder verwenden, und zwar bei den Rechenschaltungen. Der erste Rechenschritt hat noch keinen Übertrag. Jeder Schritt gibt die Summe und einen Übertrag aus.   △

Beispiel 3.1.4 (Subtraktion). Und nun die Subtraktion der beide Zahlen, also $1101_2 - 1011_2$:

Minuend	1 1 0 1
Subtrahend	1 0 1 1
Borger	0 0 1 0
Differenz	0 0 1 0

Bei der Subtraktion kann es sein, dass das Resultat negativ ist. Der letzte Borger ist dann 1.
△

Beispiel 3.1.5 (Subtraktion ohne Borgen). Die Subtraktion kann man auch ohne Borgen ausführen. Dazu berechnet man das Komplement des Subtrahenden. Dieses ist die Zahl, die sich aus dem Vertauschen von 1 und 0 des Subtrahenden ergibt. Im vorhergehenden Beispiel also von 1011 zu 0100[1]. Dann addiert man noch eine 1 zu 0101. Diese Zahl addiert man zum Minuenden: $1101 + 0101 = 10010$. Sodann streicht man die erste Zahl und es bleibt 0010 übrig, dasselbe Resultat wie in Beispiel 3.1.4.   △

---

[1] Das Komplement ist auch die Zahl mit nur Einern minus den Subtrahenden, 1111-1011. Weiter ist 1111=10000-1. Alles zusammen: 1101+(1111-1011)+1-10000.

3.2   Sechzehner-System

Zahlen kann man als Potenzen von beliebigen Basen, also 10, 2, 8 oder 16, darstellen. Die
Darstellung im Binärsystem hat den großen Nachteil, dass die Zahlen viele Stellen aufweisen. Die Zahl 15_{10} ist beispielsweise 1111_2. Damit verdoppelt sich die Länge. Anderseits
könnte man die Basis 16 wählen, wobei dann der Zahlenvorrat mit Buchstaben angereichert
werden müsste, also $\{0, 1, 2, 3, 4, 5, 6, 7, 8, 9, A, B, C, D, E, F\}$. Die Zahl 15_{10} wäre dann
F_{16}. Entsprechend ist 101011111111 dann $15FF$. Vier Ziffern der binären Darstellung werden durch eine Zahl repräsentiert, eine Kompression vom Faktor 4. Das Sechzehner- oder
Hexadezimalsystem ist eine logische Erweiterung des Binärsystems, denn $2^4 = 16$.

Die größtmögliche Binärzahl, die in einem Rechenschritt verarbeitet werden kann, nennt
man „Datenwort". In den 1970er-Jahren war die Wortlänge der Rechner 8 Bit, die man dann
Byte nannte. Mit der Leistungssteigerung der Prozessoren konnten diese ständig größere
Brocken verarbeiten, nämlich 16, 32 und heute meist 64 Bit.

3.3   Gleitkommazahlen*

Bis hierhin haben wir nur mit ganzen Zahlen gerechnet, weil wir von der Binärdarstellung
ausgegangen sind. Neben den ganzen Zahlen $1, 2, \ldots$ gibt es aber die gebrochenen Zahlen,
z. B. $1/3$, $5/16$ und $0,1234$ sowie die irrationalen Zahlen wie $\sqrt{2}$. Nichtganze Zahlen,
sogenannte reellen Zahlen, können unendlich viele Stellen nach dem Komma aufweisen.
Die Informatik muss also das Problem lösen, reelle Zahlen mit beschränktem Platz bestens
anzunähern.

Hierfür hat man sich auf das Gleitkomma-Format festgelegt, bei dem das Komma
hinter die erste signifikante Ziffer gebracht wird und der Ort des Kommas über den
Exponenten der Zehnerpotenz festgehalten wird. Beispielsweise ist die Lichtgeschwindigkeit $c = 299.792.458 [m/s]$. Sie wird als $2,99792458 \cdot 10^8$ dargestellt. Daraus folgt
$c^2 = 8.98755178E + 16$. Man beachte, dass die Ausgabe den amerikanischen Punkt anstatt
das Komma aufweist und dass „E" für die Zehn verwendet wird.

Gleitkommazahlen können leicht ungenau sein. Wenn ich $\sqrt{2}^2$ rechnen lasse, was im
Skript als (2**0.5)**2 daherkommt, dann bekomme ich nicht exakt 2, sondern 2.00000
00000000004. Oder ((2**0.5)**0.5)**4 ergibt 1.9999999999999998.

3.4   Rohe Daten, Alphabete

Beispiel 3.4.1 (Spezialbuchstaben, siehe Abb. 3.2). Du sitzt am Computer und betrachtest
deine Tastatur. Die einzelnen Tasten tragen eine Beschriftung, z. B. s. Die schweizerische
Tastatur kennt das „ß" nicht. Nun kann man diesen Buchstaben über seine Nummer produzieren. Sie lautet ALT+0223. Welche anderen Ziffern funktionieren?   △

Zeichenkette	F	r	a	n	z	e	t	t	i
HEX	46	72	61	6E	7A	65	74	74	69

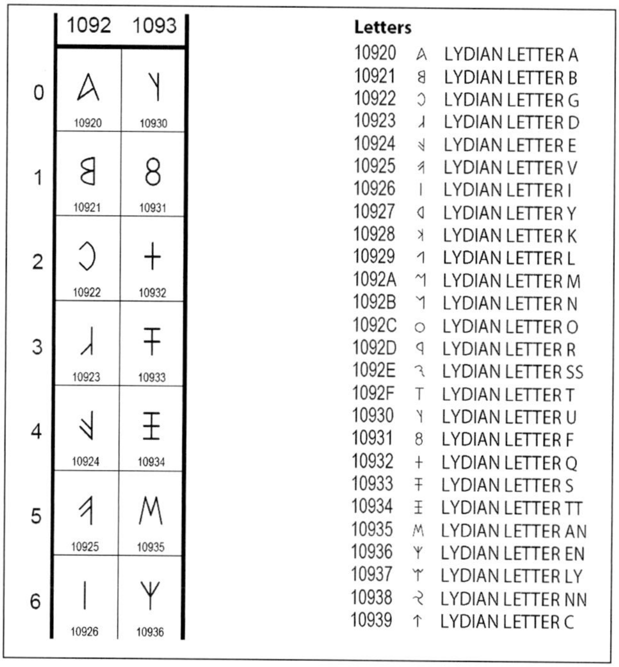

	1092	1093		Letters		
0	A 10920	Y 10930		10920	A	LYDIAN LETTER A
				10921	8	LYDIAN LETTER B
				10922	Ɔ	LYDIAN LETTER G
1	8 10921	8 10931		10923	⅃	LYDIAN LETTER D
				10924	∀	LYDIAN LETTER E
				10925	ꟼ	LYDIAN LETTER V
2	Ɔ 10922	+ 10932		10926	I	LYDIAN LETTER I
				10927	◁	LYDIAN LETTER Y
				10928	⅄	LYDIAN LETTER K
3	⅃ 10923	Ŧ 10933		10929	⅃	LYDIAN LETTER L
				1092A	ᴧ	LYDIAN LETTER M
				1092B	ᴎ	LYDIAN LETTER N
4	∀ 10924	Ŧ 10934		1092C	o	LYDIAN LETTER O
				1092D	ꟼ	LYDIAN LETTER R
				1092E	ꝛ	LYDIAN LETTER SS
5	ꟼ 10925	M 10935		1092F	⊤	LYDIAN LETTER T
				10930	Y	LYDIAN LETTER U
				10931	8	LYDIAN LETTER F
6	I 10926	Ψ 10936		10932	+	LYDIAN LETTER Q
				10933	Ŧ	LYDIAN LETTER S
				10934	Ŧ	LYDIAN LETTER TT
				10935	M	LYDIAN LETTER AN
				10936	Ψ	LYDIAN LETTER EN
				10937	Ⴇ	LYDIAN LETTER LY
				10938	ꝛ	LYDIAN LETTER NN
				10939	↑	LYDIAN LETTER C

Abb. 3.2 Lydische Schrift mit Unicode-Nummern (Copyright ©1991–2018 Unicode, Inc. and others, all rights reserved, distributed under the Terms of Use[3])

3.5 Komprimierung und Verifizierung

Daten können häufig komprimiert werden; dies ist eine Erfahrungstatsache, denn wir kennen Programme wie Zip, Gzip, Rar etc. Es ist aber ebenso eine Tatsache, dass wir eine Datei komprimieren wollen mit eben diesen Werkzeugen, das Resultat aber nicht kleiner geworden ist. Die Kompression kann verlustfrei oder verlustbehaftet sein. Im zweiten Fall müssen die Weglassungen aber so sein, dass sie nur geringfügigen Schaden anrichten. Verlustbehaftete Komprimierung findet man vor allem bei Bildern, bei denen die Aufnahmetechnik besser ist als das Auge des Betrachters. Dasselbe gilt für Filme, die ja aus Abfolgen von stehenden

---

[3] in http://www.unicode.org/copyright.html, abgerufen am 1. November 2018.

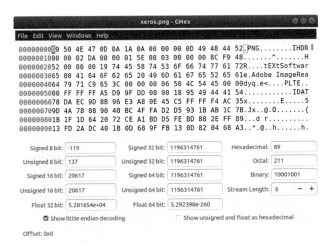

Abb. 3.3 Eine Bilddatei vom Typ .PNG als Zahlenfolge in Sechzehner-Darstellung. Man verwendet einen Spezialeditor, um solche Darstellungen zu machen

Bildern bestehen, aber aufgrund der schnellen Abfolge als kontinuierlich wahrgenommen werden.

Verlustfreie Kompression bedeutet, dass unnötige Daten vorhanden sind, welche den Informationsgehalt nicht steigern. Der Informationsgehalt hängt davon ab, wie die Zeichen in den Daten verteilt sind. Es macht einen Unterschied, ob 1 und 0 im Verhältnis 1/1 oder 1/9 oder gar 1/99 auftreten. Die Überraschung, die Neuigkeit ist höher, wenn ich die seltene Zahl sehe, als wenn ich die eher erwartete Zahl antreffe. Wenn die zwei Zahlen gleich häufig auftreten, kann man keine verlustfreie Kompression erfolgreich anwenden. Im folgenden Beispiel zeigen wir die sogenannten Lauflängenkodierung (*run-length encoding*).

Beispiel 3.5.1 (Lauflängenkodierung). Angenommen wir haben eine ursprüngliche Nachricht 1111 1100 0001 1000 0001 1111, dann können wir mit der Übereinkunft, dass wir mit 1 starten, die Längen der Sequenzen zählen zu: $6 - 5 - 2 - 6 - 5$. Die größte Zahl ist 6, die in binärer Darstellung 110 lautet. Also brauchen wir 3 Stellen im Binärcode, also: 110101010110101. Damit haben wir die anfänglichen 24 Zeichen auf 15 reduziert. Wenn die Zahl aber mit 9 Einsen begonnen hätte, und man $9 - 2 - 2 - 6 - 5$ gezählt hätte, dann bräuchte man 4 Stellen, denn $9 = 1001_2$. Dann wäre die „komprimierte" Darstellung 1001001000100110 und damit gleichlang. Dieses einfache Verfahren garantiert keine Reduktion. Aber es gibt viel effizientere Verfahren, die allerdings auch komplizierter sind. △

Beispiel 3.5.2 (LZW-Algorithmus). Die bekannten Kompressionsprogramme wie Zip, Rar etc. verwenden den nach Lempel, Ziv und Welch benannten LZW-Algorithmus von 1983.

Er baut ein temporäres Wörterbuch auf, das aus 255 Standardzeichen plus entdeckter Buch-stabenfolgen ab Indexwert 256 besteht. Zur Illustration nehmen wir den Text „tobeornotto-beortobeornot". Er ist aus didaktischen gründen so gewählt, dass Wiederholungen auftreten.

Links beginnend wird der erste Buchstabe „t" abgespalten und dieser plus der nächste als „to" ins Wörterbuch aufgenommen, sofern er nicht schon existiert. Jetzt kommt „o" dran mit dem Eintrag „ob". Nach neun Buchstaben erscheint das Wort „to", das wir an der Stelle 256 ins Wörterbuch aufgenommen haben. Deshalb können wir hier auf den Indexwert 256 verweisen.

Anzahl	Original	Kompression	Eintrag	Index
1	tobeornottobeortobeornot	t	to	256
2	obeornottobeortobeornot	o	ob	257
3	beornottobeortobeornot	b	be	258
4	eornottobeortobeornot	e	eo	259
5	ornottobeortobeornot	o	or	260
6	rnottobeortobeornot	r	rn	261
7	nottobeortobeornot	n	no	262
8	ottobeortobeornot	o	ot	263
9	ttobeortobeornot	t	tt	264
10	tobeortobeornot	to (256)	tob	265
11	beortobeornot	be (258)	beo	266
12	ortobeornot	or (260)	ort	267
13	tobeornot	tob (265)	tobe	268
14	eornot	eo (259)	eor	269
15	rnot	rn (261)	rno	270
16	ot	ot (263)		

Im Laufe dieses Abarbeitens findet man immer mehr Wörter im expandierenden Wör-terbuch. Anstatt des Eintrags verwendet man den Index. Die komprimierte Form des Ein-gangstextes lautet:

   „tobeoornot(256)(258)(260)(265)(259)(261)(263)".

Von 24 Zeichen sind wir auf 16 heruntergekommen.   △

Im Morse-Code, siehe Beispiel 3.1.2, kann man die Häufigkeitsverteilung der Buchstaben erkennen, denn die häufigen Buchstaben e und t haben die Länge 1, während seltene Buch-staben wie q und x aus 4 Zeichen bestehen. Die Häufigkeitsverteilung der Zeichen ist der Ansatzpunkt der sogenannten *Entropie-Kodierer*.

Möchte man sicher sein, dass die Daten korrekt sind, bestünde die Möglichkeit, diese ein zweites Mal zu wiederholen. Beispielsweise:

   Der Mann fährt mein Auto.

   Der Mann fährt sein Auto.

Wollte man nun sicher sein, dass man die korrekte Information bekommt, würde ein zusätzliche Kopie hilfreich sein. Dies ist aber mit dem obigen Wunsch, die Daten zu komprimieren,
nicht vereinbar.

Eine gute Nachricht: es gibt Methoden, die Korrektheit zu verifizieren und sogar im Falle
von „leichten" Fehlern diese zu korrigieren. Das bekannteste Verfahren ist die sogenannte
Prüfziffer, die vielfach eingesetzt wird.

Beispiel 3.5.3 (Prüfziffer). Ein einfaches Beispiel für eine Prüfziffer ist die ISBN-Nummer
von Büchern. In der zehnstelligen Version sieht sie wie folgt aus: 3658207906. Die Prüfziffer ist die letzte 6. Die Berechnung ist eine verkomplizierte Quersumme, nämlich mit
Gewichtung 1, 2, 3, 4, 5, 6, 7, 8, 9: Man bestimmt die Summe $1 \cdot 1 + 6 \cdot 2 + 5 \cdot 3 + \ldots + 0 \cdot 9$
also $3 + 12 + 15 + 32 + 10 + 0 + 49 + 72 + 0 = 193$. Diese Zahl wird durch 11 geteilt
und der Rest ist die Prüfziffer. Ist der Rest 10, dann schreibt man X. Hier: $193/11 = 17$
Rest 6.   △

Mit der Prüfziffer erkennt man, ob die Zeichenfolge fehlerhaft ist. Sie ist nicht 100%ig
zuverlässig und erhöht die Datenmenge.

Nun wollen wir ein Verfahren zeigen, dass sowohl prüft als auch korrigiert. Die dahin-
ter liegende Theorie ist zu schwierig für den in dieser Schrift angesprochenen Leser oder
Leserin. Deshalb kann man das folgende Beispiel wie ein Zauberkunststück auffassen. Die
Magie nennt sich *Hemming-Coding*.

Beispiel 3.5.4 (Hemming-Kodierung). Wir analysieren eine binäre Nachricht, die gemäß
Hemming-Kodierung an den Stellen mit 2er-Potenzen, also 1, 2, 4, 8, 16, ... Prüfziffern
enthalten. Die Botschaft lautet:

1	2	3	4	5	6	7	8	9	10	11	12	13	14	15
1	1	0	1	0	1	1	0	0	0	1	1	0	0	1
p_1	p_2	0	p_4	0	1	1	p_8	0	0	1	1	0	0	1

Nun bestimmt man die p_i, indem man an der entsprechenden Stelle p_i beginnt und alternie-
rend i Stellen aufschreibt und dann i Ziffern überspringt. Sodann summiert man die Ziffern
und nimmt den Rest von 1_2. Die Prüfziffer lässt man weg. Für p_1 folgt:

$$p_1 \equiv 0_3 + 0_5 + 1_7 + 0_9 + 1_{11} + 0_{13} + 1_{15} \equiv 1$$

Analog beginnt man bei p_2 und überspringt 2 Stellen, nimmt die folgenden 2 etc. Das ergibt,
wenn man den Rest der Division durch 2 nimmt:

$$p_2 \equiv 0_3 + 1_6 + 1_7 + 0_{10} + 1_{11} + 0_{14} + 1_{15} \equiv 0$$
$$p_4 \equiv 0_5 + 1_6 + 1_7 + 1_{12} + 0_{13} + 0_{14} + 1_{15} \equiv 0$$
$$p_8 \equiv 0_9 + 0_{10} + 1_{11} + 1_{12} + 0_{13} + 0_{14} + 1_{15} \equiv 1$$

Wenn wir diese Resultate mit der Tabelle vergleichen, in der die ursprüngliche Botschaft auf der zweiten Zeile steht, dann sieht man, dass nur p_1 übereinstimmt. Nun nun kommt die Magie: die Ziffer an der 14. Stelle ist falsch! Das ergibt sich aus der Summe der Indizes der falschen Prüfziffern, also $2 + 4 + 8$. △

Die Fehlerkorrektur ist ein sehr wichtiges Werkzeug, um das sogenannte Rauschen zu bekämpfen. Dieses hängt z. B. von der Qualität der Übertragungskanäle ab. Die Raumsonde Voyager 2 ist Milliarden von Kilometern von der Erde entfernt und sendet immer noch.

3.6 Einfache Formallogik*

In der Logik bezeichnet man diejenigen Sätze der Sprache als *Aussagen*, von denen es sinnvoll ist zu fragen, ob sie wahr oder falsch sind. Bitten, Fragen, Befehle u. ä. sind alles keine Aussagen. „Sieben ist eine Primzahl" ist wahr, „12 ist durch 5 teilbar" ist falsch.

Jede Aussage besitzt eine Negation (Verneinung): „Es ist nicht so, dass die Aussage A stimmt". Die Aussage A und ihre Negation $\overline{A}$ (NOT()) widersprechen sich; die eine ist wahr, die andere ist falsch.

Aussagen kann man verschiedentlich verknüpfen. Die einfachste Verknüpfung ist das „und", symbolisch $\wedge$ (AND). Die Aussage $C = A \wedge B$ ist genau dann wahr, wenn sowohl A als auch B wahr sind. Sonst ist sie falsch. Beispielsweise ist $C = (2 \cdot 3 = 6) \wedge (6 < 7)$ wahr.

Die Oder-Verknüpfung wird als $\vee$ (OR) dargestellt[4]. Die Aussage $A \vee B$ ist genau dann wahr, wenn mindestens eine der beiden Aussagen A oder B wahr ist. Sie ist also nur falsch, wenn beide falsch sind.

Die Entweder-Oder-Verknüpfung, auch exklusives Oder, trägt das Symbol $\underline{\vee}$ (XOR). Die Aussage $A \underline{\vee} B$ ist genau dann wahr, wenn die eine Aussage wahr und die andere falsch ist. Man kann dies auf Folgendes zurückführen: $A \underline{\vee} B = (\overline{A} \wedge B) \vee (A \wedge \overline{B})$.

Die Pfeil-Verknüpfung $\Rightarrow$, also $A \Rightarrow B$, „A Pfeil B" ist nur falsch, wenn A wahr und B falsch ist. Beispielsweise ist $(6 = 2 + 3) \Rightarrow (6$ ist eine Primzahl) wahr.

Die *Äquivalenz*, Symbol $\Leftrightarrow$ mit $C = A \Leftrightarrow B$, „A ist äquivalent mit B", ist genau dann wahr, wenn A und B denselben Wahrheitswert haben. Somit gilt: $C = (A \Rightarrow B) \wedge (B \Rightarrow A)$.

Wir fassen das Gesagte in einer Wahrheitstabelle zusammen, wobei „w" für wahr und „f" für falsch steht:

---

[4] Das Zeichen erinnert an das lateinische „vel", oder.

A B	$A \wedge B$	$A \vee B$	$A \veebar B$	$A \Rightarrow B$	$A \Leftrightarrow B$
w w	w	w	f	w	w
w f	f	w	w	f	f
f w	f	w	w	w	f
f f	f	f	f	w	w

Neben anderen Rechenregeln gelten die sogenannten De Morgan'schen Formeln, die man anhand der Wahrheitstabelle verifizieren kann:

$$\overline{(A \wedge B)} \Leftrightarrow (\overline{A} \vee \overline{B})$$

und

$$\overline{(A \vee B)} \Leftrightarrow (\overline{A} \wedge \overline{B}).$$

Zur Vereinfachung kann man die Operatoren NAND $\Leftrightarrow$ $\overline{\wedge}$ und NOR $\Leftrightarrow$ $\overline{\vee}$ einführen, also $\overline{(A \wedge B)} \Leftrightarrow A\overline{\wedge}B$, resp. $\overline{(A \vee B)} \Leftrightarrow A\overline{\vee}B$. NAND und NOR sind universelle Operatoren, weil man die anderen grundlegenden logischen Operatoren daraus bilden kann:

Operator	Mit NOR $\overline{\vee}$	Mit NAND $\overline{\wedge}$
$\overline{A}$	$A\overline{\vee}A$	$A\overline{\wedge}A$
$A \vee B$	$(A\overline{\vee}B)\overline{\vee}(A\overline{\vee}B)$	$(A\overline{\wedge}A)\overline{\wedge}(B\overline{\wedge}B)$
$A \wedge B$	$(A\overline{\vee}A)\overline{\vee}(B\overline{\vee}B)$	$(A\overline{\wedge}B)\overline{\wedge}(A\overline{\wedge}B)$
$A \veebar B$	$[(A\overline{\vee}A)\overline{\vee}(B\overline{\vee}B)]\overline{\vee}(A\overline{\vee}B)$	$[A\overline{\wedge}(A\overline{\wedge}B)]\overline{\wedge}[B\overline{\wedge}(A\overline{\wedge}B)]$
$A\overline{\vee}B$		$[(A\overline{\wedge}A)\overline{\wedge}(B\overline{\wedge}B)]\overline{\wedge}$ $[(A\overline{\wedge}A)\overline{\wedge}(B\overline{\wedge}B)]$
$A\overline{\wedge}B$	$[(A\overline{\vee}A)\overline{\vee}(B\overline{\vee}B)]\overline{\vee}$ $[(A\overline{\vee}A)\overline{\vee}(B\overline{\vee}B)]$	

Die Leserin oder der Leser wird sich vielleicht fragen, wozu diese Ausführungen nützlich sind. Wenn man „wahr" und „falsch" mit 1 oder 0 kodiert, dann erkennt man eine Ähnlichkeit mit den Binärzahlen. Eine Addition von $1+1$ ist äquivalent zur Und-Verknüpfung, abgesehen vom Übertrag. Der Geniestreich bestand darin zu erkennen, dass man diese Logik mit Schaltern nachbilden kann; oder besser, dass die Schaltungen einer gewissen Logik folgen.

3.7   Rechenschaltungen*

Der junge Student Claude E. Shannon hatte am Massachusetts Institute of Technology (MIT) einen Nebenjob, das Warten eines Rechners mit rund hundert elektromechanischen Schaltern (Relais). Da die Schalter störungsanfällig sind, musste immer ein erfahrener Telefoningenieur Reparaturen und Verbesserungen vornehmen. Das motivierte den Studenten, Verbesserungen auf Papier zu entwerfen und dabei entwickelte er ein abstraktes System, das die Schalter (Elektrotechnik) mit der formellen Logik (Mathematik) verband. In einem Artikel 1937 stellte er die *Schaltalgebra* vor, die die Computertechnik revolutionierte (Roch 2009, 32).

Als Erstes müssen wir uns die „w" als 1 und die „f" als 0 vorstellen. Sodann schauen wir uns die Rechenschritte der Addition von $A + B$ an. Der Index bezeichnet die Stelle:

Summand 1		A_2	A_1
Summand 2		B_2	B_1
Übertrag	U_2	U_1	
Summe		S_2	S_1

Im ersten Schritt zählt man zwei Binärziffern $A_1 + B_1$ zusammen. A_1 und B_1 sind die am weitesten rechts stehenden Ziffern. Da die Reihenfolge (Kommutativgesetz) unerheblich ist, gibt es drei Möglichkeiten: $(1, 0)$, $(0, 0)$ und $(1, 1)$. Wenn sie gleich sind, also $(0, 0)$ oder $(1, 1)$ ist die Summe 0, sonst 1. Wenn beide 1 sind, ist der Übertrag 1, sonst 0. Die erste Frage beantwortet ein „Entweder-oder", XOR. Die zweite Frage ist eine „Und"-Verknüpfung. Also $S_1 = A_1 \veebar B_1$ und $U_1 = A_1 \wedge B_1$. Diese Schaltung besitzt die Eingaben A_1 und B_1 und die Ausgaben S_1 und U_1. Man nennt sie *Halbaddierer*.

Der nächste Schalter muss aus A_2 und B_2 sowie U_1 wiederum S_2 und U_2 berechnen. Dieser Schalter unterscheidet sich vom Halbaddierer, weil er eine Inputgröße mehr aufweist, man addiert also drei Zahlen. Die Resultatsmenge ist deshalb $\{0, 1, 10, 11\}$. Mit einem Halbaddierer summiert man A_2 und B_2 zu P und dem Übertrag V, dann addiert man P und U_1 und erhält Q und W. Dann nimmt man für den resultierenden Übertrag $U = W \vee V$. Das ist nun der Volladdierer (siehe Abb. 3.5).

Nun muss man für eine 4-Bit-Berechnung einen Halbaddierer und drei Volladdierer in Serie verschalten (Abb. 3.7). Anstatt eines Halbaddierers kann man natürlich auch einen Volladdierer mit Null am Übertragseingang verwenden.

Wie man aus den Abb. 3.5 und 3.6 entnehmen kann, muss man Schaltungen für NOT, AND und OR[5] darstellen können. Man denke sich eine elektrische Anlage, z. B. die Beleuchtung zuhause. Ein NOT ist wie ein falsch angeschriebener Schalter, d. h., wenn man Aus schaltet, dann ist er eingeschaltet und vice versa. Ein AND-Schalter sind zwei in Serie angebrachte Schalter, z. B. eine Steckleiste mit einem Kippschalter und eine Stehlampe mit einem Schalter. Das Licht brennt nur, wenn Steckleiste und Lampenschalter ein sind. Ein OR-Schaltung sind zwei parallel angeordnete Schalter; es genügt, wenn einer eingeschaltet ist. In Abb. 3.4 sind fünf Kontaktschalter mit ihren logischen Verknüpfungen gezeigt.

Addierer, z. B. ein 4-Bit-Addierer, aber auch Subtrahierer, Multiplikator etc. kann man als Komponenten kaufen. Sie sind als Transistoren realisiert und sehen wie in Abb. 3.8 gezeigt aus. Im Detailhandel kosten sie rund einen Euro.

---

[5] Aufgrund der zweiten Formel von De Morgan, siehe oben, kann man OR auch durch AND und NOT darstellen, d. h. $(A \vee B) \Leftrightarrow \overline{\overline{A} \wedge \overline{B}}$.

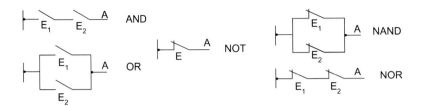

Abb. 3.4 Fünf grundlegende Schaltungen als Kontaktschalter. E bezeichnet die Eingabegrößen (Input), A ist die Ausgabe (Output)

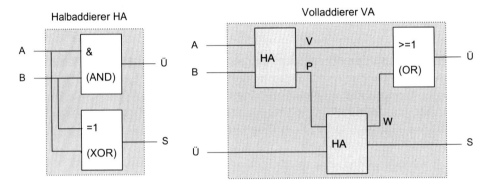

Abb. 3.5 Links der Halbaddierer, der nur zwei Eingänge hat. Der Volladdierer hat drei Eingänge, nämlich für die zwei Summanden A, B und den Übertrag U aus der vorangegangenen Addition und zwei Ausgänge, die Summe S und den nächsten Übertrag U. Insgesamt braucht man die Schalter für Entweder-Oder (XOR), Und (AND) sowie Oder (OR)

Nun sind diese Schaltungen, als elektromechanische Schalter, später als Röhren und schließlich als Transistoren, bekannt.

Wer sich weiter für dieses Thema interessiert, der sei auf Petzold (1999) verwiesen.

Quiz zu Kap. 3

Quiz

Freiwillige Lernkontrolle

1. Wieso soll alles Zahl sein?
2. Kann man mit dem Zweiersystem alles berechnen, was wir mit dem Dezimalsystem rechnen?
3. Wie erkennt eine Anwendung das Format einer Input-Datei?
4. Was ist ein Alphabet?
5. Nenne drei logische Verknüpfungen von Aussagen.
6. Welchen Zusammenhang gibt es zwischen Logik und Schaltern?

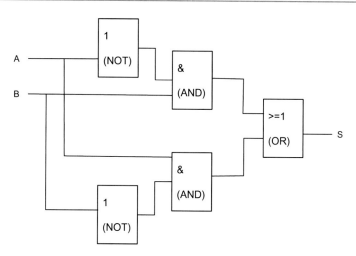

Abb. 3.6 Diese Schaltung realisiert $A \veebar B$, indem hervorgeht, dass $A \veebar B = (\overline{A} \wedge B) \vee (A \wedge \overline{B})$. Entweder-Oder (XOR) kann auf Und (AND), Nicht (NOT) und Oder (OR) zurückgeführt werden

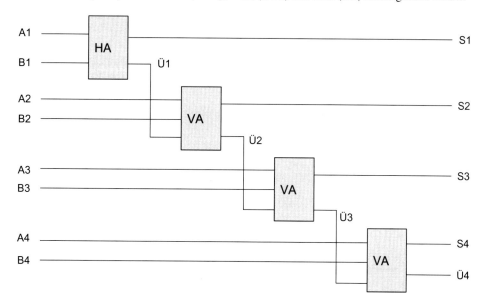

Abb. 3.7 Die hier gezeigte Schaltung ist ein 4-Bit-Volladdierer. Er kann vierstellige Binärzahlen addieren. Er besteht aus einem Halbaddierer für die erste Summe und drei Volladdierern

Abb. 3.8 DIL-Konfiguration (Dual in-line) als „zweireihiges Gehäuse" für elektronische Bauelemente, mit Anschlussstiften (Pins) zur Durchsteckmontage. Ohne Beschriftung erkennt man die Schaltung nicht

7. Woraus bestehen heutzutage die integrierten Schaltungen (Material)?
8. Was ist ein Halbleiter?
9. Wie viele Schaltungen haben auf einem Chip ungefähr Platz?
10. Wie viele Addierer (Halb- und Volladdierer) braucht ein 16-Bit-Addierer?

Literatur

Petzold, C. (1999). *Code : The hidden language of computer hardware and software.* Microsoft Press.
Roch, A. (2009). *Claude E. Shannon : Spielzeug, Leben und die geheime Geschichte seiner Theorie der Information.* Gegenstalt Verlag.

Computer als Hardware

4

Ein Computer lässt sich ganz vereinfacht als eine Maschine darstellen, die Eingaben verarbeitet und Resultate ausgibt. Man nennt dies das EVA-Prinzip für Eingabe-Verarbeitung-Ausgabe.

Ein klassischer Personal Computer besteht aus folgenden Komponenten:

1. Hauptprozessor auf Hauptplatine,
2. Arbeitsspeicher,
3. Speicherlaufwerke (Festplatte),
4. Steckkarten (z. B. Grafikkarte, Audiokarte etc.),
5. Monitor (Ausgabe),
6. Tastatur und Maus (Eingabe),
7. Optisches Disk Drive (DVD, Blu-ray),
8. Netzteil.

Die einen Komponenten bilden die zentralen Geräte, andere „drum herum" sind die Peripheriegeräte.

Beispiel 4.0.1 (Computer-Kauf). Mein Sohn hat sich einen Gaming-Computer zusammengestellt. Bestehend aus: (1) Gehäuse Sharkoon, EUR 40.–, (2) Grafikkarte MSI GeForce EUR 310.–, (3) 2 mal 4GB RAM EUR 100.–, (4) Corsair Netzteil EUR 70.–, Crucial SSD-Festplatte 275GB EUR 80.–, Prozessor AMD Ryzen EUR 195.–, Motherboard MSI EUR 80.–. Total EUR 875.–. Wie man sieht, ist die Grafikkarte das teuerste Stück, was für Gaming evident ist. △

© Springer-Verlag GmbH Deutschland, ein Teil von Springer Nature 2023
C. Franzetti, *Essenz der Informatik*,
https://doi.org/10.1007/978-3-662-67154-2_4

Die Hardware eines Computers kann in eine Zentraleinheit und die Peripherie unterteilt werden. Während die Zentraleinheit mehr oder weniger klar definiert ist, kann die Peripherie aus beliebig vielen unterschiedlichen Geräten bestehen.

Wir werden noch zeigen, dass ein Smartphone im Vergleich zu einem klassischen PC über viel mehr Komponenten verfügt, die sehr viel kompakter angeordnet sind.

4.1   Zentrale Einheiten

Bevor wir zu den Komponenten kommen, geben wir eine wirklich nur oberflächliche Darstellung der Halbleitertechnik wieder. Mit der Darstellung des vorangegangenen Kapitels, insbesondere den Rechenschaltungen, ist der Grundstein für die Transistoren gelegt.

4.1.1   Halbleitertechnik*

Die Elektronik besteht heutzutage vereinfachend gesagt aus den klassischen Elementen von

- Widerstand,
- Kondensator und
- Spule und
- Halbleitern.

Die Halbleiter sind Bauelemente, welche die Beweglichkeit von Elektronen gezielt ausnutzen.

Abb. 4.1 zeigt die Gitterstruktur in der Ebene von Silizium, das vier Valenzelektronen zur Bindung aufweist. Durch Wärme bewegen sich die Elektronen wie in einem Gas um die

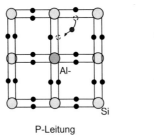
P-Leitung

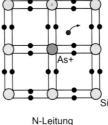
N-Leitung

Abb. 4.1 Positive und negative Ladungsträger (P-, resp. N-Leitung), die zusammengefügt einen Transistor bilden. Das im Silizium-Gitter eingefügte dreiwertige Aluminium-Ion zieht Elektronen an, das fünfwertige Arsen gibt ein Elektron ab (Linse, 1983, 120)

Kerne herum. Durch Einschluss von dreiwertigem Aluminium Al fehlen Elektronen, durch fünfwertiges Arsen As gibt es einen Überschuss. Bei Fehlen von Elektronen spricht man von P-Leitung, weil eine positive Ladung resultiert. Analog ergibt ein Elektronenüberschuss eine negative Ladung, deshalb N-Leitung.

Fügt man eine P-Leitung und eine N-Leitung zusammen, so verschieben sich die Elektronen vom Überschuss zu den Fehlstellen, bis sich ein Gleichgewicht einstellt. Zurück bleiben auf beiden Seiten die ortsfesten Ionen des Gitters. Die räumlich getrennten Ortsladungen bilden ein elektrisches Feld aus, das den weiteren Übertritt verhindert. Setzt man eine Spannung so an, dass mehr Elektronen in diese Richtung wandern möchten, so fließt aber kein Strom. Kehrt man die Spannung um, dann fließt der Strom durch die beiden Schichten. Ein Halbleiter mit PN-Übergang besitzt also eine Ventileigenschaft. Ein solches Bauelement nennt man eine *Diode*.

Eine Erweiterung stellt die Schichtenfolge PNP oder NPN dar, die zwei Übergänge besitzt. Wenn man eine äußere Spannung anlegt, dann leitet ein Übergang und der andere, weil er ja in umgekehrter Reihenfolge angeordnet ist, sperrt. Die mittlere Schicht ist aber sehr dünn ausgelegt, sodass sie mit Strom versorgt den sperrenden Übergang durchlässig macht. Diese Stromversorgung steuert also den Durchlass und es ergibt sich somit ein steuerbares Ventil. Dies entspricht dem Funktionsumfang eines Relais oder mechanischen Schalters, die wir in Abschn. 3.7 schon betrachtet haben.

Mit diesem Grundbaustein lassen sich die logischen Schaltungen konstruieren, die dann Halb- und Volladdierer und Konsorten aufbauen.

In der Abb. 4.2 und 4.3 sind die Entwicklungsschritte symbolisch nachgezeichnet. Die Ersatzsymbole für Diode und Transistor erleichtern die Darstellung. Die Figur rechts zeigt eine AND-Schaltung (linker Strang); erweitert um den Transistor rechts wird zusätzlich auch die NAND, also die Umkehrung von AND, realisiert. Im Schaubild ist jeweils noch ein Widerstand (Rechteck) eingezeichnet, der den Stromfluss verringern soll.

Der guten Ordnung halber sei noch erwähnt, dass neben diesen „normalen" oder bipolaren Transistoren auch eine andere Bauweise möglich ist, die man Feldeffekttransistoren, FET, nennt.

4.1.2 Hauptplatine

Auf Englisch heißen diese meist grün bedruckten Träger aus verstärktem Kunststoff Motherboard oder Mainboard. Alle anderen Komponenten des Computers sind mit der Platine verbunden, z. B. Stromversorgung, Harddisk etc. Zu finden sind auf dem Board:

- Sockel für den Prozessor (CPU),
- mehrere SIMM/DIMM-Steckplätze für RAM,
- Erweiterungssteckplätze für die Grafikkarte,

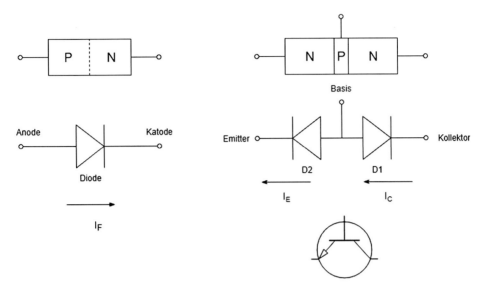

Abb. 4.2 Von der Diode, links, zum Transistor. Mit dem fließenden Basisstrom wird erreicht, dass die eine Diode durchlässig wird (Linse, 1983, 122, 131)

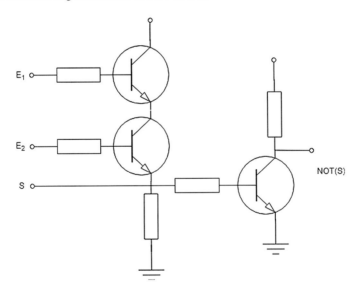

Abb. 4.3 AND/NAND-Schaltung. Mit dem fließenden Basisstrom wird erreicht, dass die eine Diode durchlässig wird. Es gilt $S = E_1 \wedge E_2$. Die Elemente dieser Kombination findet man etwa in NN (2018)

- Steckplatz für das Solid State Laufwerk,
- SATA-Anschlüsse,
- Stromanschlüsse (für CPU und Lüfter),
- Anschlüsse für das Frontpanel,
- LED-Fehleranzeige,
- Anschlüsse (LAN, HDMI, USB 2.0/USB 3.1, Audio, VGA, DVI-D, PS/2).

Alle wichtigen Funktionen kommen auf der Platine zusammen, die mit den Anschlüssen aus dem Gehäuse des Desktop-Rechners herausragt und so auch den Anschluss für die Peripherie ermöglicht.

4.1.3 Prozessor

Der Prozessor, seit Langem eigentlich der Mikroprozessor, ist funktional die Zentraleinheit (siehe Abb. 4.6). Auf einem Integrierten Schaltkreis (Integrated Circuit, IC) beherbergt er den zentralen Rechner und den zentralen Speicher („Cache"). Der Zentralrechner wiederum besteht aus (1) dem eigentlichen Rechenwerk (Processing Unit), (2) dem Steuerwerk, (3) einem Speicherwerk und (4) dem Bus-System.

Moderne Prozessoren besitzen mehrere *Processing Units*, die man Cores oder Kerne nennt. Beispielsweise umfasst der Intel-i7-Prozessor mehrere Cores, die man mit „dual-core", „quad-core" etc. benennt.

Das Steuerwerk (Control Unit, CU) kontrolliert den Ablauf der Befehlsverarbeitung, indem es Steuersignale über den Bus an das Rechenwerk sendet. Alle Aktivitäten des Steuerwerks sind unmittelbar abhängig vom CPU-Takt.

Die Arbeitsweise des Prozessors erfolgt in drei Schritten:

- Einlesen,
- Verarbeiten und
- Ausgeben.

Die Verarbeitung erfolgt aufgrund des vorhandenen Befehlssatzes (Instruction Set).

Der Cache ist ein Speicherzusatz, der von der CPU während der Verarbeitung benutzt wird. Es enthält oft die meist gebrauchten Daten wie etwa die Programmanweisungen. Der Cache ist viel schneller als das RAM und deshalb teurer. Er wird darum klein gehalten. Der Cache ist auf der CPU selber.

Der Cache-Speicher weist verschiedene „Levels" auf, d. h. $L1$, $L2$ und $L3$, die in dieser Reihenfolge abgesucht werden. Anschließend kommt das RAM dran. Der Cache ist von großer Bedeutung: denn Cachegröße und Prozessorgeschwindigkeit erzeugen die Leistung. Ein langsamerer Prozessor mit einem größeren Cache kann schneller sein als ein schnellerer

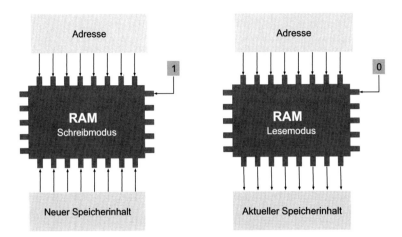

Abb. 4.4 RAM-Speicher: Lesen und Schreiben (Filho, 2018, 124)

Prozessor mit einem kleineren Cache. Beim Intel-Core-i-Prozessor erreicht der $L3$-Speicher zwischen 3 MiB bis 24,75 MiB[1].

4.1.4 Random Access Memory

Random Access Memory, zu Deutsch „Direktzugriffsspeicher", ist ein vitales Teil des Computers. Es wird zur Speicherung der Programmdaten verwendet, die von der Zentraleinheit gelesen werden. Der Speicher ist allerdings flüchtig, denn ohne Strom geht der Inhalt verloren. Permanente Daten befinden sich auf der Harddisk oder im Festspeicher.

Die heutzutage üblichen Dynamic-RAM-Speicher, „Dual-Inline Memory Module", DIMM, sind in Halterungen auf der Platine eingeschoben. Sie unterstützen die 64-Bit-Datenbusse.

In den Abb. 4.4 und 4.5 ist die Arbeitsweise und der Zusammenhang vom RAM dargestellt (Filho, 2018, 124, 126).

4.1.5 Anschlüsse und Kabel

Das sogenannte *Local Area Network*, LAN, ist durch Kabel verbunden, die von der Maßgabe *Ethernet* spezifiziert sind. Ethernet gibt auch vor, wie die Daten, nämlich als Pakete, transportiert werden. Das LAN-Kabel besitzt acht Pole, als Buchse und als Stecker. Es wird auch

---

[1] Die Einheit MiB, resp. kiB und GiB sind Potenzen von 1024 in Bytes. Die Einheiten Megabytes MB sind nicht ganz korrekt, da Mega für 10^6 steht und nicht für 1024^2.

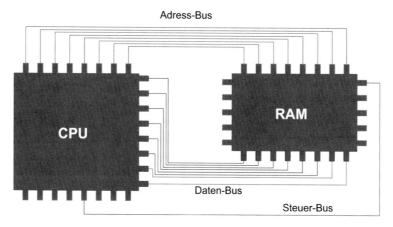

Abb. 4.5 CPU-RAM-Verbindung (Filho, 2018, 126)

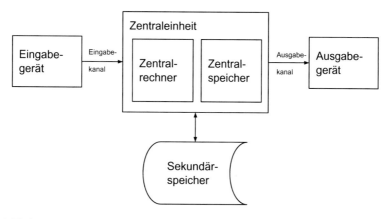

Abb. 4.6 Einfaches Modell nach Bauknecht und Zehnder (1989, 19)

fälschlicherweise als RJ45-Kabel bezeichnet, einer US-amerikanischen Norm. Im Haushalt verbindet es Endgeräte, als Computer, Drucker, Spielkonsolen mit dem Router.

HDMI steht für High Definition Multimedia Interface und ist eine seit 2002 entwickelte Schnittstelle für die digitale Bild- und Ton-Übertragung. Es verbindet meist Endgeräte mit dem Bildschirm, Fernseher oder Abspielgeräten. Die Qualität der Wiedergabe ist wesentlich höher als bei älteren Verkabelungen. Mit seiner hohen Datenübertragungsrate verarbeitet HDMI alle heute bekannten digitalen Video- und Audioformate der Unterhaltungselektronik.

Der *Universal Serial Bus*, USB, ist ein Bussystem, Übertragungsweg, zur Verbindung eines Computers mit externen Geräten. Mit USB ausgestattete Geräte oder Speichermedien, wie etwa USB-Speichersticks, können im laufenden Betrieb angeschlossen werden. Geräte sowie deren Eigenschaften werden häufig automatisch erkannt. USB hat eine Vielzahl ver-

schiedener Schnittstellentypen mit unterschiedlichsten Steckern zum Anschluss von Zube-
hör und Peripheriegeräten ersetzt. USB überträgt auch Strom, sodass es auch zum Laden
von Geräten taugt. Die Spannung beträgt jeweils 5 Volt. Vor allem an Smartphones sind
sogenannte Mini-USB vorhanden, die sich in A, B und C unterteilen. Stecker weisen Farben
auf: schwarz für USB 2, blau für USB 3 und gelb für ständig Strom führend.

Audio-Signale für Kopfhörer oder Mikrofone werden am PC durch Einstecken von Klin-
kensteckern in eine sogenannte AUX-Buchse realisiert.

Das VGA-Kabel – VGA für Video Graphics Array – als Verbindung zwischen Grafikkarte
und Bildschirm ist veraltet und vom HDMI-Kabel ersetzt. Es bedingt eine Wandlung von
digital zu analog und zurück, was zu Verlusten führt. DVI-D, Digital Visual Interface, ist
das erste rein digitale Kabel zwischen Grafikkarte und Bildschirm. Ebenso ist PS/2 eine
veraltete serielle Schnittstelle für Eingabegeräte, die auf die 1980er-Jahre zurückgeht. Ihr
Ersatz ist USB.

Der Vollständigkeit halber, sozusagen, erwähnen wir noch die SATA-Verbindung zwischen Festplatte und Hauptplatine. Der Name steht für Serial AT Attachment. Sie ist die
Standard-Schnittstelle für den Datenaustausch mit den Festplatten und anderen Speicherge-
räten.

4.2   Smartphones

Smartphones sind als Erweiterung der Funktionalität von Mobiltelefonen hervorgegangen.
Besonders die Einführung und Akzeptanz dieses Gerätes durch ein breites Publikum hat
zu einem weitreichenden sozialen Wandel beigetragen. Die Ehre des ersten verbreiteten
Smartphones gebührt dem iPhone, das 2007 auf den Markt kam.

Ähnlich wie beim Personal Computer oben katalogisieren wir die Komponenten. Schon
an der Anzahl wird ersichtlich, dass das Smartphone viel komplexer und vielfältiger als der
Computer ist. Es enthält:

1. Display,
2. Akkumulator-Batterie,
3. System-on-a-Chip, SoC,
4. Arbeitsspeicher, Speicher,
5. Modems,
6. Kamera,
7. Sensoren.

Wir wollen nun die wichtigen oder auch weniger bekannten Komponenten etwas näher
ansehen. Wir beginnen auch hier mit der Zentraleinheit, die SOC genannt wird.

4.2.1 System-on-Chip

System-on-Chip besagt vordergründig, dass sich das System auf einem einzigen Silizium-Chip befindet. Es steht im Kontrast mit „Single Board Computer", nämlich der Konfiguration für den PC, bei dem die zentralen Komponenten auf der Platine zu finden sind. Das impliziert, dass beinahe dieselbe Funktionalität auf einem Chip zu finden ist, die sonst auf einem Board sitzt. Damit wird sogleich klar, dass die Leistungsdichte bei SOC viel höher ist, resp. das verbaute Volumen sehr viel kleiner. Das ist bei einem Smartphone auch notwendig.

Was gehört aber alles zum System? Wenn ich mein Smartphone analysiere, so finde ich heraus, dass es das SOC „Snapdragon 808" von Qualcomm verwendet. Dazu finde ich folgende Angaben:

- CPU: 2 schnelle Cortex-A53-Kerne, dazu 4 Cortex-A57-Kerne,
- GPU: Adreno 418 mit 600 MHz mit 128 ALUs,
- Long-Term-Evolution-Advanced, d. h. LTE Cat. 6/7 fähiges Modem,
- Funktechnologie: Bluetooth, WLAN, HSPA+, MIMO,
- Zweikanal-Speichercontroller.

Wir wollen uns hier nicht wiederholen, aber bemerkenswert ist das Nebeneinander von CPU, GPU und Funktechnologie.

Das Modem, genauer Funkmodem, moduliert analoge Signale, d. h. den Spruch, um ihn digital durch das Funknetz zu senden (modulieren), und demoduliert die digitalen Sendungen, damit der Empfänger sie hören kann.

Aufgrund des geringen Raum- und Energiebedarfs werden SOCs auch gerne in eingebetteten Systemen verwendet.

4.2.2 Eingebaute Sensoren

Ein Smartphone ist voller Sensoren, die entweder gewissen Input des Benutzers aufnehmen oder die Verhältnisse der Umgebung registrieren. Die verbauten Sensoren oder Fühler meines Google Nexus 5X (siehe Abb. 4.7) sind die folgenden:

Beschleunigungsmesser Messung der Orientierung des Geräts und seine Bewegung, um beispielsweise durch Schütteln das Musikstück zu wechseln;

Kreisel dreiachsiges Gyroskop, mit dem Beschleunigungsmesser zusammenwirkend, um das Display zu orientieren;

Digitaler Kompass dient der Orientierung für Navigationsgeräte;

Lichtmesser der Umgebung, zur Anpassung der Helligkeit (Augenbelastung) und zum Sparen von Batteriekapazität.

Abb. 4.7 Offenes Smartphone (Foto: C. Franzetti). Die Batterie und das Display nehmen den meisten Platz ein. Die Elektronik ist umso dichter

Näherungsschalter erkennt die Nähe zum Ohr, um den Touch-Input zu unterbinden während des Telefonierens.

Barometer Luftdruckmesser.

Magnetometer misst nach dem Hall-Effekt die magnetische Feldstärke.

Fingerabdruckscanner liest den Fingerabdruck anstelle eines PINs.

GPS/GLONASS Satelliten-Positions-Sensor, US-amerikanisch und russisch.

Diese Sensoren können in der Programmierung von Apps im Android-Framework angesprochen werden. Darin sind folgende Sensor-Typen vorgesehen:

- TYPE_ACCELEROMETER
- TYPE_GRAVITY
- TYPE_LIGHT
- TYPE_MAGNETIC_FIELD
- TYPE_PRESSURE
- TYPE_TEMPERATURE
- TYPE_RELATIVE_HUMIDITY.
- TYPE_AMBIENT_TEMPERATURE
- TYPE_GYROSCOPE
- TYPE_LINEAR_ACCELERATION
- TYPE_ORIENTATION
- TYPE_PROXIMITY
- TYPE_ROTATION_VECTOR

Die Sensoren unterscheiden das Smartphone von den PC und Laptops, die solche Sensoren nicht standardmäßig kennen. Den PC sollte man allerdings auch nicht Beschleunigungen aussetzen oder im Feld benutzen. Die Leistungsdichte ist somit in den Smartphones einiges höher als in den traditionellen Geräten.

4.3   Periphere Geräte, Eingabe und Ausgabe

Peripher steht im Gegensatz zu zentral. Um eine Übersicht zu gewinnen, besuchen wir ein paar Großanbieter von Elektronik und fassen deren Rubriken für die Peripherie zusammen. Das ergibt folgende, nicht erschöpfende, Aufzählung:

- Drucker, 3D-Drucker,
- Eingabegeräte (Maus, Tastatur, 3D-Navigator),
- Scanner, OCR-Lesestift,
- externe Festplatte, USB-Stick, Speicherkarte,
- Monitor,
- Switchbox, Extender, Umschalter,
- USB-Hub, Bluetooth-Adapter,
- Kartenleser,
- Webcam,
- PC-Audio, Lautsprecher, Mikrofon,
- Presenter, Gyromaus,
- Spielsteuerung (Gamepad, Joy- und Flightstick, Lenkrad, Pedale etc.),
- VR-Brille.

Der Anschluss der Peripheriegeräte erfolgt entweder mit einem Kabel, häufig USB, oder per Funk. An der Vielzahl von Geräten erkennt man den vielfältigen Einsatz von Computern. Umwelt- und Laborsensoren zählen wir hier nicht auf.

4.4   Sensoren, IoT

Sensoren sind, wie viele IT-Komponenten, sehr viel billiger geworden. Das hat dazu geführt, dass sie überall eingesetzt werden. Gartner, eine IT-Beratungsfirma, hat vor ein paar Jahren prognostiziert, dass in naher Zukunft jeder Gegenstand, der mehr als 100 US$ kostet, einen Sensor haben wird. Damit sie auch genutzt werden können, müssen sie vernetzt sein.

Definition 2 (Sensor). Ein Sensor, auch als Detektor, Aufnehmer oder Fühler bezeichnet, ist ein technisches Bauteil, das bestimmte physikalische oder chemische Eigenschaften (z. B. Temperatur, Druck, Schall, Helligkeit, pH-Wert etc.) seiner Umgebung als Messgröße quantitativ erfassen kann.

In der Technik, vor allem der Regeltechnik, sind Sensoren Teil eines Kreises, in dem Aktoren (*actuators*) die registrierten Signale physisch umsetzen, z. B. als Elektromotoren. Beispielsweise registrieren Sensoren am Auto, dass es regnet und die Scheibenwischer werden in Bewegung gesetzt. Dies sind die althergebrachten Einsatzgebiete der Sensoren.

Mit der Ausbreitung des *Internet of Things*, IoT, die dank des allseitigen Einbaus von Sensoren und Scannern ermöglicht wird, werden die registrierten Daten durch das Internet verfügbar. In folgenden Umgebungen oder Domänen kommt heute IoT vornehmlich vor:

- Haus und Hof   • Transport
- Industrie   • Infrastruktur
- Dienstleistungen/Finanzen • Umwelt
- Office, Gewerbe   • Gesundheit
- Sicherheit, Social   • Sport, Freizeit, Hygiene

Im Folgenden wollen wir ein paar Beispiele machen, um besser zu verstehen, wie diese Daten überall erhoben werden.

Beispiel 4.4.1 (Vernetztes Haus). Bewegungssensoren erkennen, ob eine Person oder ein Haustier einen Raum betritt, es misst die Helligkeit und schaltet gegebenenfalls das Licht ein. Verlässt die Person den Raum, wird mit einer entsprechenden Verzögerung das Licht wieder gelöscht. Das Haus besitzt zur Abwehr von Einbrechern Glasbruchsensoren, Sensoren, die offene Türen und Fenster erkennen, Schlösser, die wissen, ob die Bewohner zuhause sind, mit der Feuerwehr verbundene Rauchmelder etc.   △

Beispiel 4.4.2 (Gesundheit). An Armbändern oder in der Kleidung eingenähte Sensoren messen die sogenannten Vitalparameter einer Person, also Atemfrequenz, Puls und Blutdruck. Per Funk gelangen die Daten an eine Verarbeitungsstelle.   △

Beispiel 4.4.3 (Precision Farming). In der Landwirtschaft werden immer mehr Drohnen eingesetzt, die Fotos machen oder mit Sensoren Werte über dem Feld messen. Am Computer kann abgeschätzt werden, ob und wie viel von welchem Nährstoff ausgebracht werden oder ob ein Pflanzenschutzmittel zum Einsatz kommen soll.   △

Beispiel 4.4.4 (Transport). Eisenbahnwagen besitzen eine Sensorik für Temperatur und Geolokalisation. Im Vorbeifahren werden visuelle Inspektionen durchgeführt, um allfällige Schäden oder Probleme zu erkennen.   △

Die Leserin kann sich sicher noch weitere Beispiele vorstellen oder aus Gelesenem wieder vergegenwärtigen. Man stelle sich einfach vor, ein Smartphone sei in größere Produkte eingebaut. Dann kämen alle Sensoren von Abschn. 4.2.2 zum Einsatz.

Nach der Erhebung, dem Transport und der Speicherung von Daten werden weitere Schritte unternommen. Insgesamt sind die folgenden drei Themen verquickt:

1. Erhebung,
2. Analyse und
3. Integration.

Aus einer wirtschaftlichen Perspektive sind in diesem Dreischritt unterschiedliche Anbieter und diverse Produkte involviert. In synoptischer Kürze sei dieser Zusammenhang mit der folgenden Tabelle erläutert:

Stufe	Produkt	Anwendungsfälle
Integration	Business, Wissenschaft	Unternehmens-Apps, Künstliche Intelligenz, Cloud Plattformen
Analyse	Daten	Geräte- und Datenmanagement, Analytics und Werkzeuge, Dashboards
Erheben	Sensoren, Geräte	Komponente, Software, Netzwerke, Gateways und Knoten

Zugegebenermaßen sind wir vom Thema Hardware abgedriftet. Dennoch lohnt es sich, den Anschluss der Sensoren ein wenig zu beschreiben. Die Sensorik und IoT sind ein ergiebiges und mit Potenzial ausgestattetes Betätigungsfeld.

Das Internet der Dinge ist eine wichtige Quelle für das Phänomen, das man *Big Data* nennt. Neben den Dingen kommen noch haufenweise Daten aus digitalisierten Archiven und staatlichen Datensammlungen hinzu.

4.5 Körpergeräte, Wearables

Die Interaktion mit dem Computer erfolgt über die oben besprochenen Peripheriegeräte, wie Maus, Tastatur, Mikrophon usw. Tastatur und Maus, auch die Finger auf der Tabletoberfläche, sind im Verhältnis zur Sprachsteuerung nicht besonders ergonomisch.

Neben Brillen und Controllern (die Geräte, die man in der Hand hält) gibt es ganze Anzüge, die vollgespickt sind mit *Sensoren* und *Aktuatoren*. Sensoren messen Körperfunktionen oder -bewegungen und leiten sie an einen Rechner weiter. Gemessene Körperfunktionen oder -zustände können Temperatur, Puls, Blutzuckerkonzentration, Sauerstoffsättigung u.ä. sein, Bewegungen können mittels Beschleunigungsmessern am ganzen Körper aufgenommen werden.

Gewisse Anzüge besitzen auch Aktuatoren (oder Effektoren genannt), also kleinste Bauteile, die Wirkungen wie Kräfte, Wärme oder Geräusche erzeugen. Man verwendet den Begriff *haptic feedback* für die physischen Rückmeldungen. Hier kommt auch das größtes Sinnesorgan des Menschen zum Einsatz, die Haut nämlich. Über den Tastsinn nimmt man die Beschaffenheit von Oberflächen, äußere Reize wie Schmerz oder Kälte, aber auch Bewegungen wahr.

Anzüge, Brillen, Controller, Kopfhörer und Mikrofone etc. erlauben ein tiefes Eintauchen in virtuelle, computergenerierte Welten. Ziel ist es, das Bewusstsein des Nutzers, illusorischen Stimuli ausgesetzt zu sein, so weit in den Hintergrund treten zu lassen, dass die virtuelle Umgebung als real empfunden wird (Wikipedia, 2022).

Beispiel 4.5.1 (Haptischer Anzug). Einer von mehreren auf dem Markt befindlichen haptischen Anzügen ist der Teslasuit. Er misst Körperparameter wie Pulsverlauf etc., zeichnet Bewegungen mit 14 Sensoren auf und speist elektrische Stimuli an 90 Stellen ein. Er besteht aus Jacke und Hose in elastischem Material. Er kostet rund 8500 USD und ist damit noch nicht jedermanns Sache. Dazu gibt es den haptischen Handschuh. Weiter sind Plug-ins für die zwei größten Gaming-Entwicklungsumgebungen von Unity und Unreal vorhanden. Das Teil muss mit dem verwendeten Headset und Hand-Controller oder Handschuh kompatibel sein. △

In Abb. 4.8 sieht man den Regelkreis von Körper und Rechner. Nun kann der Rechner ebenfalls im tragbaren Gerät sein. Prominentestes Beispiel sind die *Exoskelette*, tragbare Maschinen, welche die beabsichtigten Bewegungen des Trägers verstärken, indem zum Beispiel Glieder des Exoskeletts durch Servomotoren angetrieben werden (siehe Abb. 4.9). Anwendung finden Außenskelette, wie man sie auch nennen kann, bei schweren Arbeiten in der Fabrik, insbesondere im Maschinenbau, in der Logistik und im Reinigungswesen, im Militär und, sehr wichtig, in der Rehabilitation von Unfallopfern, ja sogar für Chirurgen bei langen Operationen. Ein natürlicher Anschluss an diese Technologie ist die Tele-Robotik,

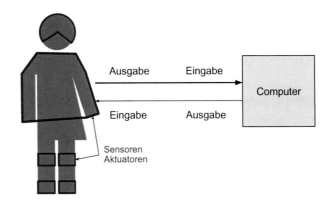

Abb. 4.8 Am Körper anliegende Kleidungsstücke mit Sensoren, die Daten erheben und senden, und Aktuatoren, die Impulse erhalten und diese an die Sinne der Benutzerin weitergeben

Abb. 4.9 Beispiel Exoskelett.
(Quelle: Rusmaori, CC BY-SA
4.0)

bei welcher an einem Ort die Bewegungen mit tragbarem Roboter ausgeführt werden und an einem anderen Ort diese von einem anderen Roboter wiedergegeben werden. So funktioniert die *Tele-Chirurgie* oder Tele-Arbeiten in gesundheitsgefährdenden Umgebungen.

4.6   Quantencomputer

Und nun wieder etwas ganz anderes. Wir schließen hier an den Mikroprozessor an, der ja auf der Gitterstruktur des Siliziums gründet. Es wird seit einigen Jahren an einer ganz anderen Art von Prozessor gearbeitet, der zwar auch mit Gattern rechnet, diese aber auf ganz andere Weise zu realisieren sucht.

Mit dem Silizium und den Transistoren befinden wir uns im Bereich der klassischen Physik. Um das Jahr 1900 fand man heraus, dass es noch eine andere Physik geben muss, nämlich die, welche dann als Quantenphysik bezeichnet wurde. Diese beschreibt im Bereich des sehr Kleinen, der Elementarteilchen, merkwürdige Phänomene, deren Messungen ausgezeichnet zur entsprechenden Theorie passen. Quantencomputer bauen auf quantistische Phänomene auf, die mit unterschiedlichen Teilchen erzeugt werden können.

Als solche finden Verwendung:

- Photonen,
- Ionen von Atomen und Molekülen,
- Elektronen.

Die Hardware der Quantencomputer besteht neben den paar Elementarteilchen vor allem aus Infrastruktur zur extremen Kühlung und Bauteilen zur Vermeidung von Erschütterungen. Die Teilchen zeigen ihr merkwürdiges Verhalten nur stabil nahe dem absoluten Nullpunkt, also um $-273,15$ Grad Celsius.

Die Funktionsweise von Quantencomputern ist unverständlich. Wie der Nobelpreisträger Richard P. Feynman schon sagte: „I think I can safely say that nobody understands quantum mechanics." Die Frage ist natürlich, was verstehen bedeutet. Oft meint man ein Sich-daran-Gewöhnen. Weitere Aspekte erwarten uns in Abschn. 17.7.3.

Quiz zu Kap. 4

Quiz

Ein Test kann doch nicht schaden.

1. Was bedeutet CPU und welche Funktion übt sie aus?
2. Welches sind die teuersten Komponenten und warum?
3. Nenne fünf Elemente einer Hauptplatine.
4. Wie lässt sich die Arbeitsweise eines Prozessors mit drei Buchstaben benennen?
5. Was unterscheidet ein Smartphone von einem PC?
6. Was ist ein System-on-Chip?
7. Nenne fünf Sensoren eines Smartphones.
8. Was bewirkt ein Näherungssensor?
9. Wofür steht GPS?
10. In welchen Lebens- und Geschäftsbereichen gibt es IoT? Nenne fünf.
11. Was sind Wearables?

Literatur

Bauknecht, K., & Zehnder, C. (1989). *Grundzüge der Datenverarbeitung: Methoden und Konzepte für die Anwendungen*. Leitfäden und Monographien der Informatik. Vieweg+Teubner Verlag.

Filho, W. (2018). *Computer science distilled: Learn the art of solving computational problems*. Code Energy LLC.

Linse, H. (1983). *Elektrotechnik für Maschinenbauer*. B.G Teubner.

NN. (2018). Basic electronics tutorials and revision. https://www.electronics-tutorials.ws/. Zugegriffen: 30. Okt. 2018.

Wikipedia (2022). ïmmersion (virtuelle Realität) – Wikipedia, die freie Enzyklopädie„. Zugegriffen:
31. Aug. 2022.

Betriebssystem und Benutzeroberfläche 5

Die Hauptplatine ist der Kern der Hardware. In einem permanenten Speicher darauf ist ein minimales Programm abgelegt, welches das Betriebssystem startet. Man nennt es „BIOS" (Basic Input/Output System) oder auch neuer „UEFI" für Unified Extensible Firmware Interface. Wenn man einen Computer selber bastelt, dann wird nach dem richtigen Zusammenstellen beim Start der zu diesem Programm gehörige Bildschirm erscheinen. Darin wird man aufgefordert, das Eingabegerät zu benennen, von dem das Betriebssystem geladen werden soll. Hat man sich ein Betriebssystem gekauft und auf einen Träger kopiert, z. B. einen USB-Stick, so kann man es von dort laden und auf die Harddisk kopieren. Beim nächsten Start wird der Computer selber das Betriebssystem finden und laden.

Wenn man kurz nach dem Start des Rechners eine spezifische Taste, häufig F2, F8 oder Del drückt, unterbricht man den automatischen Ladevorgang und landet im BIOS. Gibt man eine andere Reihenfolge der Suche nach dem Betriebssystem ein, kann man ein anderes als das abgelegte Betriebssystem starten. Ein Windows-Rechner wird plötzlich zu einem Computer mit Android! In Abb. 5.1 sieht man den schematischen Aufbau der Schichten, die es dem Benutzer ermöglichen, einen Auftrag erledigen zu lassen. Zuunterst ist die Hardware, die ein Betriebssystem lädt. Dieses wiederum organisiert den Rechner, insbesondere stellt es die Brücke zwischen lauffähiger Applikation und Recheneinheit her. Die Applikation wiederum wird vom Benutzer gesteuert (Abb. 5.2).

© Springer-Verlag GmbH Deutschland, ein Teil von Springer Nature 2023
C. Franzetti, *Essenz der Informatik*,
https://doi.org/10.1007/978-3-662-67154-2_5

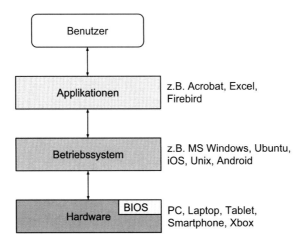

Abb. 5.1 Das Betriebssystem ist eine Schicht zwischen Benutzer-Anwendungen und der Hardware

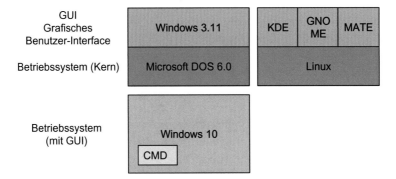

Abb. 5.2 Mit dem Aufkommen grafischer Benutzerinterfaces wurde dieses zum Teil in das Betriebssystem integriert. Microsoft setzte früher Windows als Interface auf DOS auf. Später verschmolzen die beiden Teile. Bei Linux gibt es ein Dutzend von GUIs (KDE, Gnome etc.), die auf Linux laufen. In Abb. 5.5 sieht man das GUI „Unity" auf Linux

5.1 Operating Systems

Die Aufgaben des Betriebssystems, der Schicht zwischen Benutzer-Applikationen und Rechner, sind im Wesentlichen folgende:

Abb. 5.3 Die anteilsmäßige
Verteilung der verschiedenen
Betriebssysteme per
31.12.2017. Der Löwenanteil
wird von Android (40 %) und
Windows (36 %) bestritten.
Linux ist allerdings die Basis
für Android, OS X und iOS.
Linux ist das Führende bei den
Servern

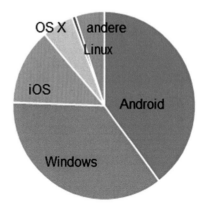

- Kommunikation mit dem Benutzer,
- Laden, Ausführen, Unterbrechen und Beenden von Applikationen,
- Verwaltung und Zuteilung der Prozessorzeit,
- Verwaltung des internen Speicherplatzes für Anwendungen,
- Verwaltung und Betrieb der angeschlossenen Geräte,
- Schutzfunktionen z. B. durch Zugriffsbeschränkungen.

Die häufigsten Betriebssysteme aller Geräte findet man nach Anteil in der Abb. 5.3.

5.2   Oberfläche – Benutzerkommunikation

Die frühen Betriebssysteme wie DOS (Disk Operating System) von Microsoft unterstützten nur einen monochromen, also einfarbigen, Bildschirm, auf dem der Cursor mit der Tastatur bewegt werden konnte. Abb. 5.4 zeigt einen solchen Schirm. Mitte der 1980er-Jahre des vergangenen Jahrhunderts sind die grafischen Oberflächen eingeführt worden, die heute der absolute Standard sind.

Die Maus als Eingabe- und Steuerungsgerät bildet mit den grafischen Oberflächen eine enge Einheit. Diese Kombination von bildlicher Darstellung und bewegungsgesteuertem Eingabegerät hat die Übersichtlichkeit und Ergonomie, die Effizienz des Arbeitens, stark erhöht. Aber nicht für alle Tätigkeiten ist dieses Suchen und Klicken ideal.

Profis und Experten benutzen Kommandozeilen mit Zeichen von der Tastatur, um bekannte Befehle auszuführen. Beispielsweise ist ein Befehl:

```
ps2pdf -dPDFSETTING=/screen a.pdf
```

um die Größe der Datei a.pdf zu verringern, wesentlich schneller, als eine PDF-Reader zu starten und in den Optionen nach einer entsprechenden Funktion zu suchen. In der Abb. 5.4

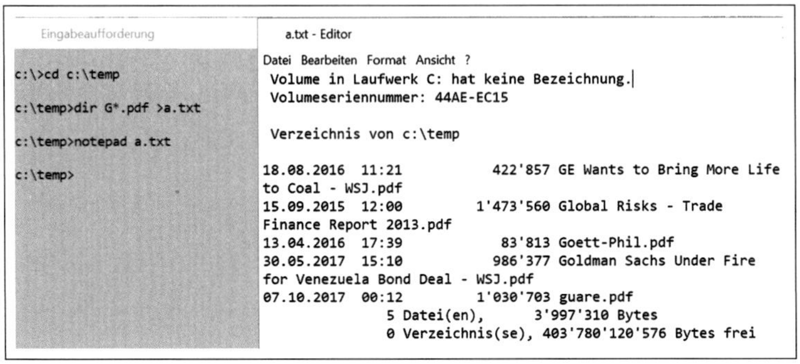

Abb. 5.4 In Windows 10 ist eine Applikation, CMD oder auf Deutsch „Eingabeaufforderung", eingebettet, die das alte DOS-Interface wiedergibt. Die DOS-Befehle und weiter funktionieren noch

werden alle Textdateien in eine Textdatei geschickt, die dann mit einem Editor geöffnet wird.

5.3   Benutzer-Interaktion

In einem interaktiven Modus muss der Benutzer dem Computer seine Wünsche oder Handlungsanweisungen mitteilen. Dies geschieht mittels Eingabegeräten, die auf Kräfte, Schallwellen und Gesten reagieren. Die typischen Eingabegeräte sind:

- Tastatur,
- Maus,
- Finger auf Berührungssensor (touch-screen),
- Gestenleser, z. B. Kamera
- Joystick und Game-Controller,
- Mikrofon,
- Beschleunigungsmesser etc.

Die Eingabegeräte bilden die sogenannte *Mensch-Maschinen-Schnittstelle*. Eine Ergänzung sind Maschinen-Maschinen-Schnittstellen, die von Sensoren („Fühlern") umgesetzt werden (siehe Abb. 5.6).

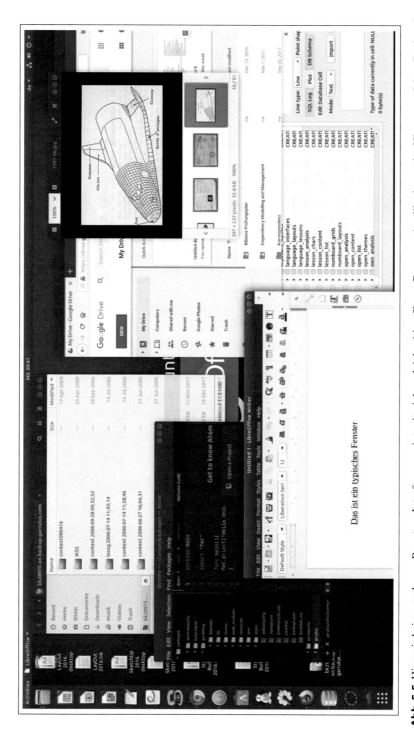

Abb. 5.5 Hier wird eine modernes Benutzer-Interface gezeigt mit vielen gleichzeitig offenen Benutzer-Applikationen, im Hintergrund der „Desktop", also die Darstellung eines Büropultes mit den Werkzeugen, die als Icons („Bildchen") oder Kacheln symbolisiert werden. Hier handelt es sich um Ubuntu 17.0, einem Linux-OS

Abb. 5.6 Die drei typischen
Eingabe-Akteure

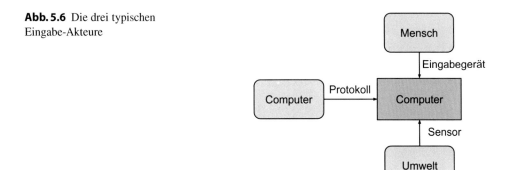

5.4   Dateiverwaltung – Filesystem

Eine wichtige Funktion des Betriebssystems ist die Organisation von Daten, resp. Dateien.

Definition 3 (Dateisystem). Das Dateisystem (englisch *filesystem*) ist eine Ablageorganisation auf einem Datenträger eines Computers.

Das Ordnungs- und Zugriffssystem berücksichtigt die Geräteeigenschaften des Datenträgers (Harddisk, USB-Stick, Fotokamera, Smartphone etc.) und ist normalerweise Bestandteil des Betriebssystems.
     Dateispeicher müssen nicht unmittelbar am Computer hängen, sie können auch in einem Netzwerk erreichbar sein. Sie sind also auf einem anderen Gerät gespeichert oder gar in der Cloud (was aber auch nur ein anderes Gerät ist).
     Es sind etliche Filesysteme in Gebrauch, doch da sie nahe am Betriebssystem sind, gibt es typischerweise solche von Microsoft, Linux und Apple. Konkrete Beispiele sind: FAT32 und NTFS, EXT4 sowie HFS+.

Beispiel 5.4.1 (Filesysteme). Auf meinem Rechner sind sowohl Windows 10 als auch Ubuntu 17.0, eine Linux-Distribution, vorhanden. Deshalb liegen auf dem Harddisk verschiedene Partitionen vor, für Windows im Dateisystem NTFS und für Linux EXT4. Zusätzlich ist ein USB-Flash-Drive eingeschoben, der einen Partitionstyp „W95 FAT32" aufweist. W95 steht für Windows 95. Das Linux-Betriebssystem kann mit allen Typen arbeiten und diese Dateien lesen und schreiben.   △

5.5 Geräteverwaltung

An einem Computer können sehr viele Peripherie-Geräte angeschlossen werden wie z. B. Tastatur, Maus, Bildschirm, Drucker, Netzwerkkabel usw. Siehe dazu Tab. 5.1. Diese Geräte müssen vom Betriebssystem verwaltet werden. Dazu muss es mit den sogenannten Treibern (Drivers) erweitert werden. Diese stellen die Schnittstelle zwischen dem Betriebssystem und dem Gerät dar.

Es folgt unschwer, dass diese Treiber sowohl vom Gerät als auch vom Betriebssystem abhängen. Es kann durchaus sein, dass für ein älteres Gerät oder ein veraltetes Betriebssystem kein Treiber gefunden werden kann. Beim Anschluss des Geräts an den Computer startet das Betriebssystem meist eine Suche nach einem geeigneten Treiber.

Deshalb lese man die Verpackung genau, bevor man ein Gerät kauft.

Im Folgenden sieht man einige Treiber, wie sie auf meinem Computer abgelegt sind:

Tab. 5.1 Die Liste von Geräten eines typischen Windows-10-Laptops. Zu jedem Gerät gehört ein Treiber, der auf das Betriebssystem zugeschnitten ist

Device	Device
Akkus	Monitore
Audio, Video und Gamecontroller	Netzwerkadapter
Audioeingänge und -ausgänge	Prozessoren
Bildverarbeitungsgeräte	Sensoren
Bluetooth	Softwaregeräte
Computer	Speichercontroller
Druckwarteschlangen	Speichervolumes
Eingabegeräte (Human Interface Devices)	Speicher-Volumeschattenkopien
Grafikkarten	Systemgeräte
IDE ATA/ATAPI-Controller	Tastaturen
Laufwerke	Tragbare Geräte
Mäuse und andere Zeigegeräte	USB-Controller

```
Verzeichnis von c:\drivers

08.02.2018  10:43   <DIR>          .
08.02.2018  10:43   <DIR>          ..
12.02.2015  10:15   <DIR>          Bison Camera Driver
05.01.2016  07:08        28,126,440 DisplayLink_7.9_M4.exe
06.03.2015  11:07   <DIR>          DRIVERS
12.02.2015  10:13   <DIR>          Intel Bluetooth Driver
12.02.2015  10:01   <DIR>          Intel Chipset Driver
12.02.2015  10:21   <DIR>          Intel DPTF Driver
12.02.2015  10:17   <DIR>          Intel Management Engine Interface
12.02.2015  12:02   <DIR>          Intel Rapid Storage Technology
12.02.2015  12:00   <DIR>          Intel Smart Connect Technology Driver
12.02.2015  09:38   <DIR>          Intel Video Driver
12.02.2015  09:36   <DIR>          Intel WLAN Driver
12.02.2015  13:14   <DIR>          Lenovo Energy Management
13.01.2016  14:54   <DIR>          Touchpad Driver
              1 Datei(en),     28,126,440 Bytes
             14 Verzeichnis(se), 382,124,572,672 Bytes frei
```

5.6   Virtuelle Maschinen

Das Wort „virtuell" hat verschiedene Bedeutungen. In der Technik versteht man meist „scheinbar", beispielsweise eine Nachbildung von Hardware durch Software.

Als virtuelle Maschine (VM) wird in der Informatik die softwaremäßige Emulation eines Rechnersystems innerhalb eines anderen bezeichnet. Konkret: eine Applikation, die auf einem Windows-Rechner läuft, bildet einen Linux-Rechner nach. Es können auch mehrere virtuelle Maschinen laufen. Softwareentwickler verwenden solche Systeme, um beispielsweise ihre Produkte auf verschiedenen Versionen von Windows zu testen. Da hier das ganze System scheinbar vorhanden ist, nennt man diese VMs auch *systembasiert*. Bekannteste Software ist VMware.

Eine andere Variante der Virtualisierung ist *prozessbasiert*, wie in Abb. 5.7 dargestellt. Nicht ein ganzer Rechner wird emuliert, sondern nur eine sogenannte Laufzeitumgebung (Run-time-Environment), in der eine bestimmte Applikation läuft. Entwickler von Software möchten ihre Produkte auf allen Typen von Rechnern und Betriebssystemen ausführen können. Weil aber die ausführbaren Elemente (EXE files) vom Betriebssystem abhängen, laufen sie nur auf dem betreffenden Rechner. Das Run-time-Environment versteht die Applikation und stellt die Verbindung zum Betriebssystem her. Das bekannteste Beispiel ist Java. Programme in Java laufen auf allen Laufzeitumgebungen (Java Runtime Environment, JRE), die jeweils für jedes Betriebssystem verfügbar sind. Damit sind Java-Programme portabel.

In Linux stellt das Programme „Wine" eine Laufzeitumgebung für Windows-Programme dar.

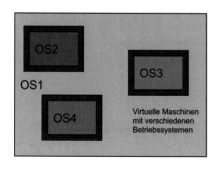 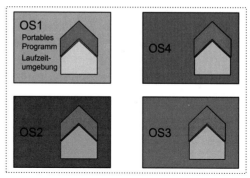

systembasiert   prozessbasiert

Abb. 5.7 Die zwei Typen von virtuellen Maschinen

5.7 Eingebettete Systeme

Ein eingebettetes System (embedded system) ist ein elektronischer Rechner oder auch Computer, der in einer technischen Umgebung eingebunden ist. Dabei übernimmt der Rechner Überwachungs-, Steuerungs- und Regelfunktionen oder ist für die Daten- und Signalverarbeitung zuständig.

Eingebettete Systeme verrichten den Dienst in einer Vielzahl von Anwendungsbereichen und Geräten, beispielsweise in der Medizintechnik, in Geldautomaten, Flugzeugen, Automobilen, Waschmaschinen, Kühlschränken, Fernsehern, Blu-ray-Playern, Set-Top-Boxen, Routern, Netzwerkspeichern oder allgemein in Geräten der Unterhaltungselektronik, z. B. PlayStation.

Beispiel 5.7.1 (Infotainment). Ein Mercedes-Benz ist seit neuestem mit einem Infotainment-System ausgestattet, das sich MBUX (Mercedes-Benz-User-Experience) nennt. Es birgt zwei Grafik-Chips von NVIDIA sowie ein NVIDIA-6-Kern-CPU, 8GB DDR4-RAM und ein Linux-Betriebssystem. Neben Entertainment stellt es das Armaturenbrett mit den typischen Anzeigen (Geschwindigkeit, Drehzahl etc.) dar.   △

Automobile der neuesten Generation beherbergen bis zu 200 Sensoren, die eine enorme Datenflut erzeugen können. Diese Daten können auch mit anderen Teilnehmern geteilt werden oder kommerziell verwertet werden. Sensoren in den Stoßdämpfern kombiniert mit einem Positionsmesser könnten den Straßenzustand beschreiben und Inspektoren ersetzen. Meteorologische Angaben zu Temperatur und Druck ließen eine detaillierte aktuelle Straßenzustandskarte erstellen, vor vereisten Stellen könnte gewarnt werden.

Quiz zu Kap. 5

Immer diese Fragen ...

1. Was sind die hauptsächlichen Aufgaben des Betriebssystems?
2. Nenne das Betriebssystem deines Computers und deines Smartphones.
3. Wie werden Dateien abgelegt und wie kann man sie finden?
4. Wozu dienen die verschiedenen Treiber?
5. Wieso kann es sein, dass gewisse Peripheriegeräte nicht betrieben werden können?
6. Was ist eine virtuelle Maschine und welche zwei Typen gibt es?
7. Findest Du auf deinem Gerät eine „Run-time engine", z. B. von Java?
8. Wieso sind gewisse Programme nicht portabel, d. h. auf gewissen Rechnern nicht lauffähig?
9. Was sind eingebettete Systeme?
10. Nenne fünf Geräte deines Haushalts, die heute eingebettete Systeme enthalten.

Netzwerke

6

Im Jahr 1969 wurden zwei Computer per Telefonkabel miteinander verbunden; das erste Netzwerk war geboren. In der Abb. 6.2 sieht man die Übersicht auf das ARPANET im Jahr 1977 als Weiterentwicklung aus der Abb. 6.1 von 1969. Die Hauptelemente sind Knoten (Rechner) und Kanten, die Leitungen darstellen. ARPANET steht für „Advanced Research Projects Agency Network", einen Forschungsauftrag der US-amerikanischen Luftwaffe. Dieses Computernetzwerk bildete die Basis für das spätere *Internet*.

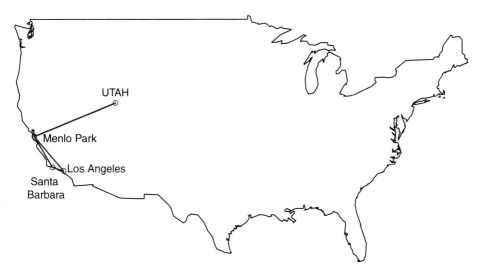

Abb. 6.1 Das ARPANET ganz zu Beginn im Jahr 1969. Im Netz sind nur wenige Knoten im Westen der USA eingebunden, nämlich die Universitäten von Utah, Los Angeles und Santa Barbara sowie das Stanford Research Institute SRI in Menlo Park

C. Franzetti, *Essenz der Informatik*,
https://doi.org/10.1007/978-3-662-67154-2_6

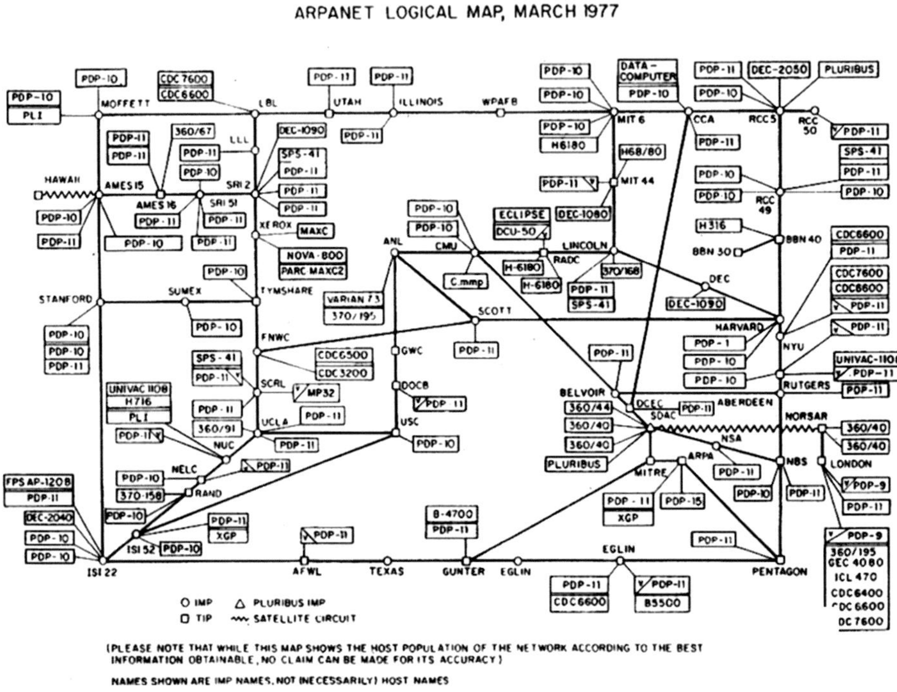

ARPANET LOGICAL MAP, MARCH 1977

Abb. 6.2 ARPANET im Jahr 1977. Man erkennt die Verbindungen, die zwischen den Teilnehmern bestehen. Diese gruppieren sich aus staatlichen Stellen (Pentagon, Moffet, Ames etc.), Universitäten (MIT, Stanford, NYU, UCLA usw.) und Privatfirmen (Xerox, Rand, SRI usf.). Umrandet sind die Rechnertypen benannt, z. B. CDC7600 von Control Data, PDP-11 von Digital Equipment etc. (Wikipedia, 2018), Bild gemeinfrei

Netzwerke funktionieren nicht von alleine, sie müssen organisiert werden. Dazu gehören Adressen, Sendeprogramme, Konventionen, Zwischenspeicher etc. Mit diesem Netz wurde die grundlegende Infrastruktur für den Betrieb eines Netzwerkes erdacht und entwickelt.

6.1 Typen

Die typischen Netzwerke, die als Modell für die Vermittlung von Daten zwischen einem Sender und einem Empfänger dienen, sind die zwei folgenden:

- die Post (Paket) und
- das Telefon (Leitung).

Die Post vermittelt traditionellerweise Briefe und Pakete. Diese sind mit der Zieladresse versehen. Anhand der Zieladresse wird der Laufweg gesteuert. Also: Briefkasten, lokale Poststelle oder Agentur, Postverteilzentrum, Poststelle, Empfänger. Selbst wenn man mehrere Pakete gleichzeitig an denselben Adressaten aufgibt, ist es nicht zwingend, dass die Sendungen denselben Weg nehmen und damit gleichzeitig ankommen. Denn an jedem Punkt des Laufwegs wird nur über den nächsten Schritt bestimmt. Diese Art der Vermittlung nennt man *Paketvermittlung*.

In Analogie zur Telefonie wird beim klassischen Telefonnetz eine feste, zeitlich begrenzte Verbindung zwischen den beiden Teilnehmern aufgebaut. Der Anrufer meldet seinen Verbindungswunsch mittels Nummerwahl an. Daraufhin wird im System eine Leitung zu dem Ziel aufgebaut. Wenn die Gesprächsverbindung steht, wird für die Dauer des Gesprächs eine feste Übertragungsrate exklusiv reserviert. Man spricht daher von *Leitungsvermittlung*.

Bezüglich der Offenheit kann man weiterhin unterscheiden zwischen

- Internet: das öffentliche und für alle offene Netz;
- Intranet: ein Netzwerk basierend auf der gleichen Technik wie das Internet, aber nur für einen geschlossenen Benutzerkreis zugänglich (z. B. Mitarbeiter einer Firma, Angehörige einer Hochschule);
- Extranet: ein erweitertes Intranet, das ausgewählte externe Benutzern(z. B. Kunden) einschließt.

6.2   Client-Server

Die Client-Server-Architektur ist eine sehr eingängiges Modell, weil es den Geschäftsvorgängen in unserer Dienstleistungsgesellschaft entspricht und deshalb intuitiv und überschaubar ist.

Definition 4 (Client, Server). Ein Server ist ein Programm, das einen Dienst (Service) anbietet. Ein Client ist ein Anwenderprogramm, das Anfragen an einen Server stellt und Aufträge erteilt.

In einem Client-Server-Netzwerk (siehe Abb. 6.3) sind Clients (Arbeitsplätze, Tablets, Devices) mit dem Server-Rechner verbunden, von dem sie Dienste abrufen (siehe Tab. 6.1). Es gibt also eine Arbeitsteilung und eine asymmetrische Struktur; der Client ist initiierend, der Server reagierend. Die Arbeitsteilung ist effizient, weil man die Clients und Server mit unterschiedlicher Hard- und Software ausstattet. Die Server verfügen meist über höhere Rechenleistung und mehr Speicherkapazität sowie spezialisierter Software, wie z. B. relationale Datenbanken. Die Server verfügen auch über bessere Sicherheit, sowohl was die Aufbewahrung der Daten als auch was die Sicherheit gegen Cyberkriminalität betrifft. Im

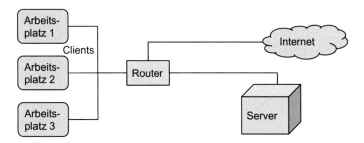

Abb. 6.3 Schematische Darstellung von drei Clients mit einem Server

Tab. 6.1 Die wichtigsten Arten von Servern, die in den meisten Betrieben einer gewissen Größe vorhanden sind

Art	Beschreibung
Application-Server	Er stellt Anwendungen zentral bereit. Ein Client startet ein Programm nicht lokal, sondern auf dem zentralen Server
Datenbank-Server	Dieser Server arbeitet mit einem geeigneten Datenbankmanagementsystem (kurz DBMS), mit dem er große Datenbestände zentral für Clients zur Verfügung stellen kann
File-Server	Ein Server zum Speichern von Benutzerdateien. Der Server-Rechner besitzt meistens mehrere Festplatten mit großer Kapazität und hoher Zugriffsgeschwindigkeit
Mailserver	Ein Server, auf dem für jeden Benutzer ein Postfach angelegt wird, sodass elektronische Briefe gesendet und empfangen werden können
Print-Server	Dieser Server stellt zentral Drucker zur Verfügung und koordiniert eingehende Druckaufträge
Proxy-Server	Dieser Server bietet für alle Benutzer einen zentralen Zugang zum Internet an und verwaltet diesen
Webserver	Ein Webserver überträgt Dokumente an Clients wie z. B. Webbrowser
DNS	Ein Nameserver ist ein Dienst, welcher die zugehörige IP-Adresse zu einer Domain kennt und in beide Richtungen übersetzen kann

Allgemeinen müssen sich aber Server- und Client-Prozesse nicht auf dedizierten Rechnern befinden, sondern können sogar auf demselben Rechner betrieben werden. Wie in Abb. 6.4 angedeutet, kann eine Anfrage weitere Anfragen beinhalten.

Die Herausforderung für Server ist der Umgang mit vielen, fast gleichzeitigen Anfragen. Dabei übersteigt die Frequenz der Anfragen die normale Verarbeitungszeit einer Anfrage. Die einfachste, aber auch nur für Dienste mit sehr kurzer Verarbeitungszeit mögliche, Konstruktion ist die vollständige Abarbeitung jedes Auftrags in der gegebenen Reihenfolge. Nach Abb. 6.5 kann man aber sehen, dass auch Server warten müssen.

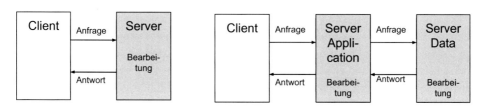

Abb. 6.4 Client-Server-Architekturen. Links: Two-Tier, rechts: Three-Tier-Architektur. Der Application-Server hier ist sowohl Client des Daten-Servers als auch Server des Clients

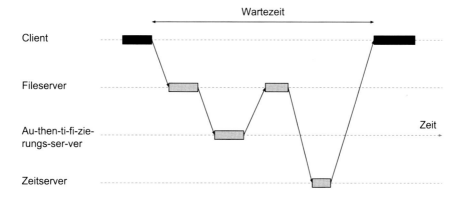

Abb. 6.5 Zeitverlauf zur Client-Server-Architektur als Illustration. Durch den mehrfachen Aufruf von Diensten addieren sich die Ausführungszeiten der Server zur Wartezeit für den Client

Eine Lösung ist die Nebenläufigkeit (*Concurrency*) von Aufträgen mit sogenannten Ausführungssträngen (*Threads*). Realisieren lässt sich diese Methodik mit Mehrkern-Prozessoren oder auch mit einem Verbund von Servern. Im letzteren Fall kommt noch ein ausgeklügelter Lastenausgleich (*Load Balancing*) im Verbund zum Tragen. Concurrency kommt etwa bei Webservern oder Suchmaschinen vor.

Das Gegenmodell zu Client-Server ist *Peer-to-Peer*. Hier fungiert jeder Client zugleich als Server für seine Partner. Deshalb sind keine (teuren) dedizierten Server notwendig. P2P wird auch als „Billiglösung" von echtem Client-Server-Computing betrachtet. In der Reinform gibt es keine zentralisierten Elemente. Dies wird auch von Marktplätzen unerlaubter Inhalte ausgenutzt, denn damit wird die Zuordnung der Verantwortung verunmöglicht. Nachteilig allerdings ist, dass die teilnehmenden Rechner leistungsfähig genug sein müssen (CPU-Leistung, Speicher etc.). Auch ist die Stabilität geringer, denn der Besitzer eines Rechners kann ihn z. B. ausschalten. Auch die Datensicherung ist problematisch.

Beim HTTP-Zugriffsprotokoll wird über den Auftrag des Clients keine Zustandsinformation beim Server gehalten. Das ist problematisch für den Online-Kauf, denn mehrere Klicks werden jeweils separat behandelt. Um dennoch den nächsten Klick demselben Kunden zuzuordnen oder „Einkaufskörbe" zu ermöglichen, muss man eine Lösung außerhalb des Protokolls suchen.

Der Server muss den Kunden erkennen können. Das kann mittels einer Nummer oder Kennung, die beim ersten Auftrag angeheftet wird, oder mit den bekannten *Cookies* geschehen. Diese sind kleine Textdateien, die der Server dem Browser des Client schickt und dort gespeichert werden. Nur der Sender darf diese später wieder lesen und so den Client identifizieren. Benutzer ärgern sich häufig, wenn ihre Online-Bestellungen nicht mehr auffindbar sind, was geschehen kann, wenn man alle Cookies verbietet.

6.3   Schichtenmodell und Protokolle

Für das Internet wurde das siebenschichtige OSI-Modell entworfen (siehe Abb. 6.6), um in öffentlichen Netzen die Kommunikation zu gewährleisten. Jede Schicht nutzt Dienste der darunterliegenden Schicht und stellt Dienste für die darüberliegende Schicht zur Verfügung.

In der Praxis hat das Modell nie die von den Initiatoren erhoffte universelle Bedeutung erlangt. Wegen des aufwendigen und zeitraubenden Standardisierungsprozesses setzten sich am Markt eher pragmatisch entstandene, aber früh verfügbare Systeme durch, wie TCP/IP (siehe Abb. 6.7).

In der obersten Schicht des TCP/IP-Modells wird mittels Protokollen kommuniziert.

Definition 5   (Protokoll). Protokolle in der Telekommunikation und Informatik sind Regeln, welche das Format, den Inhalt, die Bedeutung und die Reihenfolge gesendeter Nachrichten zwischen verschiedenen Elementen der gleichen Schicht festlegen.

Die Protokolle der Anwendungsschicht sind, nicht erschöpfend:

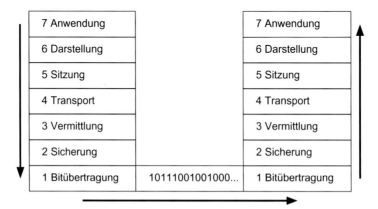

Abb. 6.6 OSI-Modell. Im Netzwerk sprechen nicht die Anwendungen von Sender und Empfänger direkt miteinander. Die Mitteilung wird mehrfach transformiert, bis eine Bit-Sequenz entsteht, die auf den Weg gebracht wird. Diese Bits werden dann empfängerseitig wieder hinauf transformiert

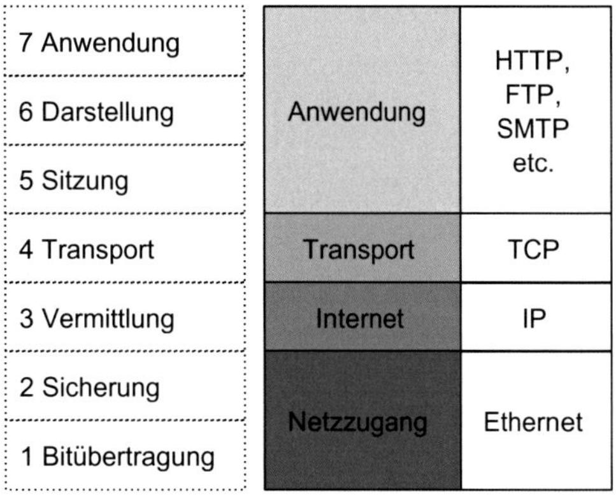

Abb. 6.7 Das OSI-Modell ist ein theoretisches Konstrukt, das in der Praxis von TCP/IP umgesetzt wird. Dabei sind nur noch vier Schichten sichtbar. In der rechten Spalte sieht man die Protokolle, die die Funktionen umsetzen

7 Anwendung		HTTP, FTP, SMTP etc.
6 Darstellung	Anwendung	
5 Sitzung		
4 Transport	Transport	TCP
3 Vermittlung	Internet	IP
2 Sicherung	Netzzugang	Ethernet
1 Bitübertragung		

- HTTP(S): Übertragung von Webseiten,
- SMTP: E-Mail-Versand,
- POP3: E-Mail-Empfang,
- IMAP: E-Mail-Empfang,
- FTP: Dateitransfer,
- TELNET: Terminalzugang,
- DHCP: IP-Adressen-Vergabe,
- DNS: Namensauflösung,
- SNMP: Netzwerkmanagement,
- NTP: Zeit-Synchronisation.

Wir werden im Verlauf dieser Schrift wieder auf einzelne Protokolle stoßen. Für den Zugriff auf den Zeitservice NTP kann man auf Windows den folgenden Kommandozeilen-Befehl absetzen und bekommt die exakte Zeit:

```
w32tm /stripchart /computer:0.ch.pool.ntp.org /dataonly.
```

6.4   Internet, World Wide Web

Definition 6 (Internet). Das Internet, umgangssprachlich auch das Netz, ist ein weltweiter Verbund von Rechnernetzwerken, den autonomen Systemen.

Die wohl erfolgreichste Nutzung des Internets ist das WWW, das wie folgt definiert ist:

Definition 7 (World Wide Web). Das World Wide Web ist ein über das Internet abrufbares System von elektronischen Hypertext-Dokumenten, sogenannten Webseiten. Sie sind durch

Hyperlinks untereinander verknüpft und werden im Internet über die Protokolle HTTP oder HTTPS übertragen.

Umgangssprachlich wird Internet und das WWW häufig synonym verwendet: „In der Ferienwohnung hat es kein Internet". Jede Schicht fügt beim Versenden von Daten steuernde Informationen im sogenannten Paketheader hinzu, die beim Empfänger auf derselben Schicht ausgewertet werden. Es ist wie bei einem großen Briefumschlag, in dem ein etwas kleinerer Briefumschlag steckt und in diesem wiederum ein ganz kleiner Briefumschlag, der letztlich erst das Blatt mit der eigentlichen Information enthält. Auf jedem Umschlag stehen dabei die Informationen, die in der jeweiligen Schicht benötigt werden (siehe Abb. 6.8).

Webseiten und Inhalte werden über eine Adresse gefunden, die als Name, z. B. springer.com, einem Nameserver (siehe Tab. 6.1) geschickt werden und von ihm in eine *IP-Adresse* 151.101.52.250 aufgelöst wird. Personen können sich Namen merken, Maschinen arbeiten mit IP-Nummern.

Die Namen, oder besser ihre Bildungsregeln (siehe Abb. 6.9), sind normiert. Von rechts nach links beginnt die Adresse mit der Top-Level-Domäne, die etwa ist:

- com: Kommerzielle Organisationen,
- edu: Ausbildungseinrichtungen, Universitäten usw.,
- gov: staatliche Organisationen,
- mil: militärische Einrichtungen,
- net: große Netzwerkbetreiber,
- org: andere, vor allem nichtkommerzielle Organisationen,
- xx: zweibuchstabiger Landescode, z. B. de, ch, at, li, lu, it, fr usw.

Abb. 6.8 Die verschiedenen Schichten des Protokolls kann man sich als Briefumschläge vorstellen, in die schichtspezifische Darstellungen der Daten ver- und entpackt werden

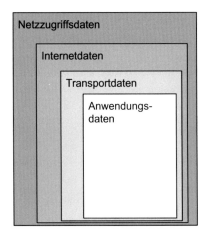

Abb. 6.9 Domain-Namen:
Aufbau und Struktur

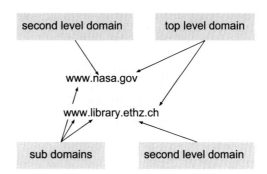

Dann folgt durch einen Punkt getrennt die Second-Level-Domäne, die wieder auch mehrere Subdomänen, durch Punkte getrennt, vorangestellt haben kann. In Großbritannien ist es allerdings wiederum etwas anders.

In der Browser-Eingabe wird das zu verwendende Protokoll vorangestellt, hinter der Adresse können noch Dateiverzeichnisse und ein Dateiname folgen, oder nach einem Fragezeichen spezielle Abfragen angehängt sein. Typische Beispiele:

- https://www.nasa.gov/sites/default/files/files/NACA_Annotated_Bibliography.pdf oder
- https://www.library.ethz.ch/Ressourcen/Digitale-Bibliothek.

Bis anhin unterschied man das Web 1.0, das seit 1994 Websites von Anbietern zur Verfügung stellt, und Web 2.0, in dem der Konsument auch zum Produzenten von Inhalten wird, ab 2004 vor allem mit den sozialen Medien. Letzteres ist immer noch vorherrschend. Diese Kategorisierung ist eine historische Betrachtung, welche man durchaus in diese zwei Perioden aufteilen kann. Nun wird immer mehr vom *Web3* geredet. Es soll zusätzlich „Vertrauen" einbauen und dezentral aufgebaut werden. Vertrauen heißt hier, die bisherigen Vertrauensanbieter wie Banken oder Behörden zu ersetzen.

Die Idee der Dezentralisierung beinhalten Blockchain-Technologien, verschiedene Kryptowährungen und Non-Fungible Token (NFTs). Wir werden darauf zurückkommen. Für die einen ist das ganze Modell eine Luftnummer, die von starken Interessen getrieben wird, also von libertären „Staatskritikern" und Ultra-Kapitalisten. Für andere ist dies eine künftige Realität. Man kann es auch als Versuch verstehen, althergebrachte Strukturen und Institutionen zu ersetzen, also z. B. Banken oder staatliche Regulierung etc.

Web3 konkurriert mit einer anderen Entwicklung, die von einer immersiveren Interaktion der Benutzerinnen mit dem Internet ausgeht. Sie tritt mit allen Sinnen ans Internet heran. Diese Alternative nennt sich *Metaverse* oder Metaversum. Auch darauf kommen wir im Abschn. 16.7 noch zu sprechen.

Bis jetzt haben sich komplexe Systeme wie das Internet mehr evolutorisch als planerisch entwickelt. Eine neue Phase zu entwerfen, scheint deshalb ein wenig vermessen.

6.5   Webservices, APIs

Eine *Schnittstelle* ist eine Verbindung zwischen zwei Systemen, die eine Kommunikation bzw. eine Übertragung ermöglicht. Beispielsweise ist eine Steckdose eine Schnittstelle, die notwendig ist, um elektrischen Strom zu übertragen.

API ist eine Abkürzung für „application programming interface", oder zu deutsch Schnittstelle zur Anwendungsprogrammierung. Wird anstatt eines Programms eine Webdienstleistung angeboten, dann gelangt man zum Webservice. Eine einheitliche Definition, was ein Webservice ist, gibt es zwar nicht, jedoch gibt es Eigenschaften, die jeder Webservice hat:

- bietet einen Dienst (Datenaustausch, Funktionalität) über ein Netzwerk an,
- ist unabhängig von einer Programmiersprache oder spezieller Hardware,
- ist eine reine Computer-zu-Computer-Kommunikation.

Eine erfolgreiche und eher einfache Realisierung von APIs wird durch den REST-Architekturstil dargestellt. REST steht für „Representational State Transfer". REST setzt auf dem Protokoll HTTP auf. Im Wesentlichen handelt es sich um einen Aufruf, den man im Browser absetzt, und der eine Datei im XML- oder JSON-Format zurück gibt. Also:

```
https://
api.trade.gov
/consolidated_screening_list
/search?
api_key=9iQw6yZ4uWCA7iMLSIqnmL7n
&q=Franzetti\%20Enterprise
```

Die Antwort auf die Abfrage ist eine JSON-File, das in der Rohfassung wie folgt aussieht:

```
{"total":0,"offset":0,"sources_used":[{"source":"Denied Persons
List (DPL) - Bureau of Industry and Security",
"source_last_updated":"2018-02-20T17:03:
16+00:00","last_imported":
"2018-02-27T16:03:05+00:00", "import_rate":"Hourly"},
{"source":"ITAR Debarred (DTC) - State Department",
"source_last_updated": "2018-01-23T16:08:46+00:00",
"last_imported":"2018-02-27T16:03:04+00:00",
"import_rate":"Hourly"},(...)"results":[]}
```

Als zweites Beispiel eine Abfrage bei der Weltbank:

```
http://api.worldbank.org/v2/countries/br/indicators/
IC.EXP.COST.CD?date=2014
```

Die Antwortet in XML:

```
<wb:data xmlns:wb="http://www.worldbank.org" page="1" pages="1
    " per_page="50" total="1" lastupdated="2018-03-01">
<wb:data>
<wb:indicator id="IC.EXP.COST.CD">Cost to export (USD per
    container)</wb:indicator>
<wb:country id="BR">Brazil</wb:country>
<wb:countryiso3code>BRA</wb:countryiso3code>
<wb:date>2014</wb:date>
<wb:value>2322.8</wb:value>
<wb:decimal>0</wb:decimal>
</wb:data>
```

Die Abfrage der Daten der Weltbank gibt die Kosten des Versands eines Containers aus Brasilien wieder. Webservices stellen wichtige Möglichkeiten dar, um spezielle Informationen zu beschaffen. Diese kann man unmittelbar in eigenen Anwendungen einbauen.

Die gezeigten Aufrufe sind nach dem einfachen Muster *request and reply*, genau so, wie wenn man im Browser eine Adresse eingibt (request) und man die Seite präsentiert bekommt (reply). Dabei stellt der Browser die erhaltenen Rohdaten schön dar.

Nun kann man aber auch reservierte Inhalte holen und schicken. Dazu muss man aber seine Berechtigung belegen. Abb. 6.10 zeigt eine oft verwendete Methode, OAuth 2.0. Ein Benutzer möchte seine Applikation Daten holen lassen, ohne aus Sicherheitsgründen ihr seine Kontendaten, Login und Passwort für den Server, zu überlassen. Es wird ein Code generiert, mit dem die Applikation beim Authorization Server des Datenanbieters sich ausweist. Er bekommt bei Gültigkeit des Codes dann einen Token, mit dem die App dann die Ressourcen herunterladen kann. Eine Token ist im übertragenen Sinn gemeint, also eine Zeichenkombination. Der Token hat eine Gültigkeitsdauer und ist nur für ein spezifische Anfrage gültig. Der Benutzer muss sich nicht darum kümmern, den Token zu zerstören. Mit einem Refresh Token kann die Gültigkeit verlängert werden. Die Methode ist darauf

Abb. 6.10 Berechtigter Zugriff
mit API mittels Authorization

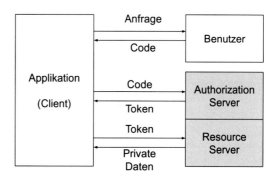

ausgerichtet, dass eine Applikation im Namen des Benutzers handelt. Eine App kann also Daten von mehreren Datenquellen anfordern und verarbeiten.

6.6   Deep Web und Darknet

Die Abb. 6.11 zeigt die Struktur des WWW. Was wir Normalbenutzer des WWW mit unseren Standard-Browsern, also Chrome, Firefox, Safari etc., sehen und durchsuchen, ist nur ein geringer Teil des globalen Netzes. Es ist der Teil, der von den Suchmaschinen durchforstet wird und auf den man normalerweise zugreifen kann. Wenn das Netz ein Eisberg wäre, dann ist es der sichtbare, über der Wasserlinie liegende Teil. Wenn wir die Anzahl Treffer für eine Suche anschauen, so kann diese Millionen davon angeben. Dennoch ist der Eindruck falsch, das sei schon das ganze Web.

Das *Deep Web* beherbergt die meisten, nicht zugänglichen Daten, die von Firmen, Staaten, Forschungseinrichtungen usw. über das Internet angeschlossen sind. Innerhalb des Deep Webs interessiert das sogenannte Darknet (oder auch Dark Web).

Das *Darknet* ist ein besonderer Bereich, der vor allem durch *Anonymität* gekennzeichnet ist. Diese wird von Kriminellen, Verfolgten, Aktivisten, Whistleblowern und anderen Schattenwesen gesucht. Voraussetzung zum Zugang ist der spezielle TOR-Browser mit VPN, der die mit „onion" bezeichneten Webseiten lesen kann. Im Darknet braucht es auch die sonstigen Hilfsmittel wie Suchmaschinen, Brieftaschen für Bitcoin- oder andere Kryptowährungen, mit denen man anonym bezahlen kann. Das wichtigste sind die Marktplätze, auf denen man Waren kaufen kann. Diese sind ähnlich wie Amazon etc. aufgebaut, nur dass hier die Waren aus einem speziellen Sortiment bestehen.

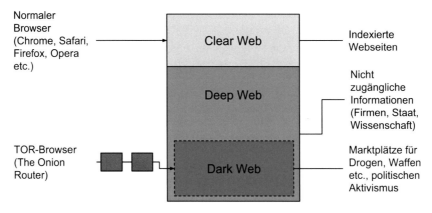

Abb. 6.11 Struktur des Webs

Die für das Deep Web verfügbaren Suchmaschinen sind:

- DuckDuckGo,
- Ahmia,
- Torch und
- Grams, das „Google des Darknets".

Die Marktplätze kommen und gehen, die einen werden plötzlich groß, die anderen verschwinden. Zum einen werden sie von den Behörden geschlossen oder, wenn es zu Betrügereien oder anderen Zwischenfällen kommt, aufgrund des schlagartig schwindenden Vertrauens hinfällig. Das bekannteste Beispiel ist *Silk Road* von Ross Ulbricht, das 2013 geschlossen wurde und dem Betreiber eine Haftstrafe von zwei Mal lebenslänglich plus 40 Jahre eintrug. Gemäß Hostettler (2017) sind momentan AlphaBay und Valhalla die bekanntesten Marktplätze.

Auf dem WWW findet man Bilder zu den Marktplätzen, woraus man dann abschätzen kann, wie das Angebot strukturiert ist. Seit Silk Road hat sich nicht viel geändert. Die Hauptposten sind:

- Drogen und Medikamente,
  - Cannabis,
  - Stimulanzien,
  - Ecstasy,
  - „Benzos"
  - Opioide,
  - Steroide etc.,
- Betrug, gefälschte Dokumente/Identitäten, Kreditkarten,
- Hacking-Angebote,
- Waffen.

Erstaunlicherweise ist Pornografie nicht groß vertreten. Diese Art von Angebot wird anscheinend eher in Peer-Netzen ausgetauscht. Das Angebot von Auftragskillern oder das „Crowdfunding" eines Mordes scheinen eher urbane Legenden zu sein. Die Schädigung einer bestimmten Person kann man aber alle Mal veranlassen.

Alles, was eine physische Lieferung bedingt, bedeutet eine erhöhtes Risiko. Während man die Identität und die Kryptowährungs-Brieftaschen sowie die Adressen verschlüsseln kann, muss man an die Lieferung herankommen. Eine große Gefahr stellt der Zoll dar. Deshalb gibt es Anbieter, die nur in ihrem Heimmarkt liefern, und Kunden, die nur von heimischen Anbietern kaufen. Zum Teil werden auch temporäre tote Briefkästen eingerichtet, z. B. an leerstehenden Häusern, um die Lieferung von der Post zu erhalten. Weitere Details zu diesem Thema kann man bei Hostettler (2017) nachlesen.

Das Darknet wendet sich mit verteilten Applikationen für Marktplätze von der Client-Server-Struktur ab, um so das Risiko für die Betreiber zu verringern. Die Software-Programmierer im Darknet sind hochprofessionell. Nur wenige Polizeikorps sind in der Lage, mit ihnen mitzuhalten.

Quiz zu Kap. 6

Quiz

Und nun das Quiz.

1. Nenne drei oder mehr Arten von Servern.
2. Was ist der Unterschied zwischen WWW und Internet?
3. Was ist ein Protokoll? Nenne zwei.
4. Was zeichnet einen Webservice aus?
5. Wie heißen die vier Schichten des TCP/IP-Modells?
6. Was ist eine API?
7. Was bewirkt ein REST-Aufruf?
8. Was unterscheidet technisch das Clearnet vom Darknet?
9. Kann das Darknet auch gesellschaftlich nützlich sein?
10. Was ist das geläufigste Handelsgut im Darknet?

Literatur

Hostettler, O. (2017). *Darknet: Die Schattenwelt des Internets*. Frankfurter Allgemeine Buch.
Wikipedia. (2018). Arpanet — Wikipedia, Die freie Enzyklopädie. Zugegriffen: 26. Nov. 2018.

Datenorganisation 7

Daten sind neben Algorithmen und der Vernetzung die wichtigsten Bestandteile von IT. Sie sind die Rohfassung von Informationen.

Daten müssen strukturiert und organisiert werden, damit man sie im Bedarfsfall suchen und finden kann. In der Verwaltung des Staates sind es die *Akten* und die Archive, die eine herausragende Rolle spielen. Im Umfeld der IT spricht man im Deutschen von Datei (File) statt Akte und von Dateisystem (Filesystem) anstatt Archiv.

Im Abschn. 5.4 haben wir die technischen Aspekte schon erläutert. In Windows ist die Ablage der Datei über den Datenträger und die Verzeichnisse organisiert. Als Beispiel ausgeschrieben:

`C:\Go\doc\articles\wiki`.

Im scharfen Gegensatz zur Verzeichnisstruktur steht die Suche mit einer Suchmaschine: durch mehr oder weniger schlaue Abfragen erhält man von der Maschine eine Liste von Treffern, ohne dass man etwas über deren Ablage oder Organisation wissen muss.

Beispiel 7.0.1 (Datenorganisation). Für den Zugriff auf Daten sind zwei Modelle in Anwendung, die ihre Entsprechung im Alltäglichen haben, nämlich: (1) der Kalender und (2) die Checkliste. Die Daten im Kalender sind direkt *adressierbar,* denn sie sind nach Tagen geordnet. Der Kalender stellt Speicherplätze zur Verfügung, die nicht gefüllt sein müssen, etwa ein Datum ohne Eintrag. Die Checkliste ist *sequenziell* geordnet, d. h., ein neuer Eintrag wird unten angehängt, das Erledigte wird gestrichen. Im Computer sind genau diese zwei Organisationsmethoden realisiert. △

Da im Grunde alles Bitmuster ist oder wird, ist es sinnvoll, in Anwendungen die elementaren Daten mit einem Typ zu versehen. Das gibt den Rohdaten Sinn (Semantik).

© Springer-Verlag GmbH Deutschland, ein Teil von Springer Nature 2023
C. Franzetti, *Essenz der Informatik*,
https://doi.org/10.1007/978-3-662-67154-2_7

Abb. 7.1 Die Ablagestruktur des Betriebssystems Windows: Beginnend beim Datenträger folgen mehrere Verzeichnisse bis zum letzten, das die Datei enthält

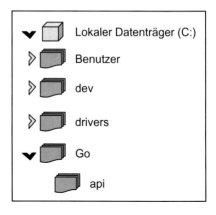

7.1　Datentypen und -strukturen

Datentypen von Daten helfen einerseits, effizient zu speichern, anderseits definieren sie, welche Operationen für sie zulässig sind. Wenn Daten aus Buchstaben bestehen, z. B. die Wörter $A = $ 'Kanal' und $B = $ 'schmutzig', so kann man die Division A/B nicht sinnvoll ausführen, obwohl dies mit ihren Bitmustern möglich wäre. Ein Datentyp legt die Menge (oder als semantische Beschreibung) der Werte fest, die eine Variable annehmen kann.

In der Tab. 7.1 sind ein paar elementare Datentypen aufgelistet. Die meisten sind ziemlich selbsterklärend. Das Blob eignet sich, beliebige Objekte zu speichern. Solche Blobs (Binary Large Objects) sind Dateien wie Text-, Audio- oder Videodateien.

Betrachtet man Sammlungen von Daten oder auch Dateien, dann kann man diese nach verschiedenen Aspekten organisieren.

Datenstrukturen bestehen aus einer Menge von Daten, bei denen man jeweils den Schlüssel und den eigentlichen Datensatz unterscheidet. Über den Schlüssel kann man den jeweiligen Datensatz identifizieren. Außerdem dient er als Kriterium für Sortier- und Suchalgorithmen. Der eigentliche Datensatz kann hingegen beliebig groß und von einem beliebigen Datentyp sein. So wäre es zum Beispiel möglich, Datensätze, von denen einer ein Bild und der andere eine Audiodatei enthält, zu sortieren, da ja nicht nach dem eigentlichen Inhalt, sondern nach dem Schlüssel sortiert wird.

Typische Datenstrukturen sind, nicht abschließend:

- Felder (Arrays),
- Listen,
- Stapel und Haufen (heaps),
- Bäume (eher Wurzeln, siehe Abb. 7.2) und
- Graphen.

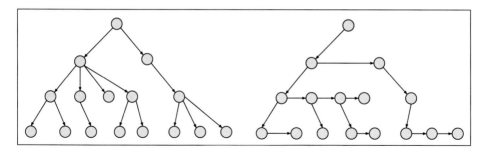

Abb. 7.2 Ein Baum mit vier Stufen. Was ist der Unterschied zwischen den zwei Darstellungen? Zähle die Endpunkte als Angabe für die Anzahl Pfade

Tab. 7.1 Einfache Datentypen von Computersystemen und Programmiersprachen

Name	Definition
integer	Ganze Zahlen (32 Bit)
float	Gleitkommazahlen
char(n)	Zeichenkette mit der festen Länge n
varchar(n)	Zeichenkette mit der maximalen Länge n
date	Datum, z. B. im Format 'YYYY-MM-DD'
time	Uhrzeit im Format 'HH:MM:SS'
datetime	Zeitstempel im Format 'YYYY-MM-DD HH:MM:SS'
blob	Binäre Zeichenfolge, evtl. mit maximaler Länge

Abb. 7.1 zeigt die wohlbekannte Ablage der Dateien. Es handelt sich um einen Baum. Jede Datei und jedes Verzeichnis gehört zu genau einem Verzeichnis. Ein Graph beseht aus Knoten und Kanten, wie es Abb. 6.2 zeigt. Auch hier bestimmt die Datenstruktur die optimale Suche von Dateien (Abb. 7.2).

7.2   Versionierung

Viele Dateien und Dokumente werden mehrmals, und bei fortgeschrittenen Applikationen auch von verschiedenen Personen, verändert. In der betrieblichen Realität stellt die kooperative Erstellung von Dateien, meist Textdokumenten, eine echte Herausforderung dar. Jeder gespeicherte Zustand bildet eine Version. Es ist deshalb naheliegend, eine Verwaltung der Versionen zu verwenden.

Definition 8 (Versionsverwaltung). Eine Versionsverwaltung ist ein System, das zur Erfassung von Änderungen an Dokumenten oder Dateien verwendet wird. Alle Versionen werden in einem Archiv mit Zeitstempel und Benutzerkennung gesichert und können später wiederhergestellt werden.

Die Abb. 7.3 und 7.4 zeigen zwei Varianten von Versionsverwaltungen. Abb. 7.3 zeigt eine Textverarbeitung in der Cloud: Zum einen erkennt man das kollaborative Element, nämlich zwei verschiedene Autoren am selben Schriftstück. Zum anderen sieht man rechts alle Versionen, die man reaktivieren kann. Die Nebenautoren werden eingeladen, wobei die Funktionen „anschauen",„kommentieren" und „editieren" vergeben werden können. Die Autoren können simultan arbeiten und gleichzeitig „chatten". Die Versionierung ist Teil des Textprogramms (und der anderen Programme).

Abb. 7.4 zeigt ein Wiki, hier Confluence, das Word-Dateien versioniert und verwaltet. Das Ziel der Wikis ist ja die Kollaboration, und zwar nicht nur über die Webseiten, die man gemeinsam erstellt. Diese sind natürlich ebenfalls versioniert. Versionsverwaltungssysteme

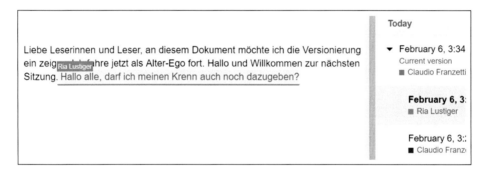

Abb. 7.3 Textverarbeitung in der Cloud mit verschiedenen Autoren und allen Versionen

Abb. 7.4 Verwendung eines Wikis, um Textdateien zu versionieren

werden typischerweise seit langer Zeit in der Softwareentwicklung eingesetzt, um Quelltexte zu verwalten.

7.3   Relationale Datenbanken

Für Menschen lesbare Daten sind Informationen. Diese bilden die Grundlage für Entscheidungen und Handlungen. Für Firmen sind sie wichtig und stellen eine besondere Ressource dar. Datenbanken helfen, Daten effizient zu ordnen und zu verwalten, sodass sie, systematisch ausgewertet, Entscheidungs- und Orientierungshilfen darstellen.

Der Begriff „relational" deutet darauf hin, dass die Relation, also die Beziehung, zwischen den Daten wichtig ist. Relationale Datenbanken bestehen aus Tabellen (auch „Entitäten") und Relationen zwischen den Entitäten.

Die Software, welche die Datenbank organisiert, heißt Relational Database Management System (RDBMS). Bekannte Produkte sind Oracle, Microsoft SQL, Postgres, MySQL, SQLite usw.

Die übliche Sprache, die verwendet wird, ist SQL für „Structured Query Language", strukturierte Abfragesprache. Diese umfasst drei Hauptgruppen von Befehlen:

- Datenmanipulation, z. B. Lesen, Ändern, Einfügen, Löschen;
- Definition des Schemas (der Datenbank), z. B. Kreiere Tabelle, Tabelle löschen;
- Rechteverwaltung und Transaktionskontrolle.

Der bei weitem wichtigste Befehl ist das selektive Lesen aus der Datenbank. Der Befehl ist so vielfältig, dass nur die gröbste Struktur gezeigt wird. Die eckigen Klammern [] umschließen optionale Argumente:

```
SELECT [DISTINCT] Auswahlliste [AS Spaltenalias]
FROM Quelle [ [AS] Tabellenalias]
[WHERE Where-Klausel]
[GROUP BY (Group-by-Attribut)+]
[HAVING Having-Klausel]
[ORDER BY (Sortierungsattribut [ASC|DESC])+];
```

Aufs Minimale zusammengedampft ergibt sich:

```
SELECT   Auswahlliste FROM Quelle ;
```

Es können mehrere Tabellen gewählt werden, deren Spalten wiederum selektiert werden
können, und zwar nach Maßgabe von Bedingungen, d. h. „where", „group by", „having"
etc.

Zur Festlegung des Schemas, des Datenmodells, verwendet man Befehle wie den folgenden für die Erzeugung einer (temporären) Tabelle:

```
CREATE [TEMPORARY] TABLE tabelle  [IF NOT EXIST]
(createklausel1, ...);
DROP TABLE [IF EXIST] name;
```

Weiter unten werden wir ein paar Abfragen antreffen. Kehren wir zu den Daten zurück.

Beispiel 7.3.1 (Bibliothekenverbund). In einem Land gibt es mehrere Universitätsbiblio-
theken. Darin finden sich Bücher, die einen oder mehrere Autoren aufweisen. Ein Buch
als Exemplar kann mehrfach vorhanden sein in einer oder mehreren Bibliotheken. Gewisse
Bücher sind in mehreren Auflagen erschienen. Ein Buch hat einen oder mehrere Autoren,
die wiederum mehrere Bücher geschrieben haben. Der Benutzer möchte das Buch „Finanzmärkte" von C. Franzetti ausleihen. Wo sind Exemplare davon vorhanden?   △

Im ersten Schritt der Datenmodellierung muss man die Entitäten bestimmen, die meist
Substantive sind. Im obigen Beispiel also etwa Autoren, Bücher, Exemplare, Bibliotheken.
Im zweiten Schritt bestimmt man die Relationen, indem man fragt: diese Entität hat eine
oder mehrere von der anderen. Also: Eine Bibliothek hat mehrere Bücher, ein Buch hat
mehrere Exemplare, eine Bibliothek hat mehrere Exemplare, ein Exemplar gehört nur zu
einer Bibliothek usw. Die Frage muss man in beide Richtungen stellen. Daraus erkennt
man, ob man eine $1 : N$ („eins zu vielen") oder eine $N : M$-Beziehung („viele zu vielen")
vorliegen hat. Letztere liegt im Beispiel von Büchern und Autoren vor. Es gibt zudem die
$1 : 1$-Beziehung, die eigentlich zwei Tabellen verwendet anstatt einer.

Zeilen einer Tabellen sind meist mit einem sogenannten Primärschlüssel (PK, primary
key) versehen. Diese sind eindeutig; der jeweilige Schlüssel kommt in der Tabelle nur einmal
vor. Sie können auch durch mehrere Felder zusammengesetzt sein. Die Primärschlüssel
stellen die Verknüpfung mit anderen Tabellen her, indem sie dort als Zeilenattribut oder
Tabellenfeld geführt werden. Dort nennt man sie Fremdschlüssel (FK, foreign key). In der
Abb. 7.7 sieht man die Schlüssel, je für einen Autor und ein Buch und dann zusammengesetzt
aus Buch- und Autorschlüssel.

Beispiel 7.3.2 (Übungsbeispiele). Die Unterscheidung von $1 : N$- und $N : M$-Beziehungen
ist fundamental. Deshalb zur Übung folgende Beispiele: Mutter–Kind, Student–Lehrperson,
Student–Klassenzimmer, Professor–Vorlesung, Farbe–Fahrzeug, Person–Nachname, Geburtsdatum–Person, Gatte–Gattin, Buch–Autor, Film–Schauspieler usw.   △

Beispiel 7.3.3 (Formularentwurf). Angenommen in einem Amt entwerfen Joe und Jane je ein Formular für Personen. Joe plant eine Liste der Kinder. Wie viele Felder soll man vorsehen? Die meisten Familien haben ein oder zwei Kinder. Ganz selten gibt es Großfamilien mit 15 oder mehr Kindern (Stern: „Jetzt erwartet Großbritanniens wohl größte Familie Kind Nummer 20"").

Janes Entwurf sieht zwei Felder für Vater und Mutter vor. Wenn sie alle Kinder finden möchte, muss sie alle Formulare nach dem Feld Mutter durchsuchen.   △

Eine wichtige Voraussetzung dieser Datenbanken ist, dass keine redundanten, also wiederkehrenden Tabelleneinträge vorliegen. Nur so kann man die Konsistenz der Daten gewährleisten. Daraus folgt, dass man $M : N$-Beziehungen (siehe Abb. 7.5) durch eine weitere Tabelle auflösen muss. Abb. 7.6 zeigt es grafisch. Abb. 7.7 zeigt den Sachverhalt an einem sehr einfachen Beispiel. Wenn man alles nun zusammennimmt, so sieht das Modell wie in Abb. 7.8 aus.

Beispiel 7.3.4 (Zuordnungstabelle). Das Buch „Credit Risk" ist von D. Duffie und K. Singleton. Von D. Duffie ist auch „Futures Markets" vorhanden. Wie sehen die Tabellen aus? Die Antwort zeigt Abb. 7.7.   △

Mehrfache Verwendung von Tabellen ist auch möglich, indem man Tabellenaliasse in der Abfrage bildet.

```
1  Select K.Vorname, K.Nachname, V.Vorname, V.Nachname
2  from Person K, Person V
3  where V.Person_ID=123
4  and K.Vater_ID=V.Person_ID
5  ;
```

Die Variablen V und K sind die sogenannten Tabellenaliasse.

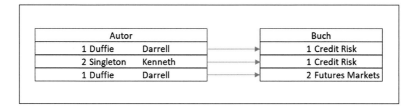

Abb. 7.5 Die nicht normalisierte Verknüpfung verbindet Autor mit Buch, sodass sowohl Autoren als auch Bücher mehrmals vorhanden sind. Dies führt zu Konflikten, nur schon mit den Primärschlüsseln

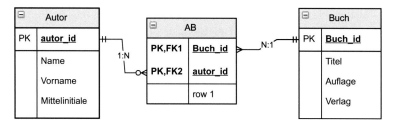

Abb. 7.6 Die Auflösung einer $N : M$-Beziehung durch eine Verknüpfungstabelle. Das obere (temporäre) Design kollidiert mit der Redundanzfreiheit der Daten. Die Entität „AB" besitzt zwei Schlüssel, die zusammen der Primarschlüssel eines Eintrags sind

Abb. 7.7 Die Zuordnungstabelle für das einfache Beispiel. Man beachte, dass in keiner Tabelle Redundanzen auftreten, d. h. die Wiederholung von identischen Zeilen. Man erkennt: Das Buch *Credit Risk* ist von Duffie und Singleton, das Buch *Futures Markets* ist nur von Duffie

Beispiel 7.3.5 (Abfrage). Wie lautet die Abfrage, welche die Bibliotheken auflistet, in denen der Autor „Franzetti, Claudio" vorhanden ist?

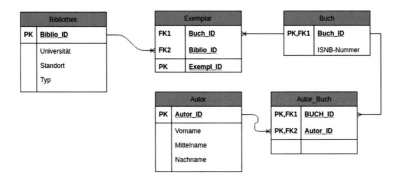

Abb. 7.8 ER-Diagramm zum Bibliothekenverbund. Es besteht aus fünf Entitäten, die nach Auflösung der $N : M$-Beziehung zwischen Büchern und Autoren benötigt werden. Je weiter weg zwei Entitäten voneinander liegen, desto länger sind die Abfragen bezüglich beider Entitäten. Fragt man, welche Autor in einer bestimmten Bibliothek vorkommt, so muss man entlang der Relationen abfragen

```
1  Select distinct B.Universitaet as 'Name'
2  from Bibliothek B, Exemplar E, Buch U, Autor_Buch AB, Autor A
3  where E.Biblio_ID=B.Biblio_ID and
4  E.Buch_ID=U.Buch_ID and
5  AB.Buch_ID=U.Buch_ID and
6  U.Autor_ID=A.Autor_ID and
7  A.Nachname='Franzetti' and
8  A.Vorname='Claudio'
9  Order by B.Universitaet DESC;
```

△

Beispiel 7.3.6 (Abfrage Person). Abb. 7.9 zeigt links eine Entität (Person), die als Kind sowohl einen Vater als auch eine Mutter hat (geklonte Individuen sind hier nicht zugelassen). Ein Kind hat eine Mutter und einen Vater, eine Person hat möglicherweise mehrere Kinder, also eine klassische $1 : N$-Beziehung. Auf der rechten Seite der Abbildung sind drei Ausprägungen der Entität gezeigt, damit man eine Abfrage ausführen kann. Denn SQL arbeitet strikt zeilenweise und vergleicht Zeile um Zeile. Eine Abfrage, Liste aller Kinder zweier Eltern, sieht dann typischerweise wie folgt aus: △

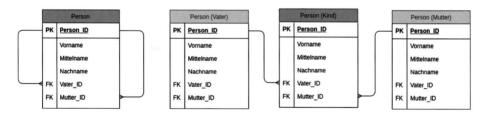

Abb. 7.9 Eine Entität, deren Relationen auf sie selbst zurückverweisen. Für eine entsprechende Abfrage muss man die Tabelle vervielfachen und mit einem Namen (Tabellenalias) versehen, hier P, V und M

```
1  Select Kind.Vorname, Kind.Nachname, Vater.Vorname, Vater.Nachname
       , Mutter.Vorname, Mutter.Nachname
2  from Person Kind, Person Vater, Person Mutter
3  where Vater.Person_ID=123
4  and Kind.Vater_ID=Vater.Person_ID
5  and Kind.Mutter_ID=Mutter.Person_ID;
```

Relationale Datenbanken sind nicht die einzigen Ablagen von Daten, die man selektieren kann. Ein anderer Mechanismus sind Webservices, die Abfragen mit Resultaten bedienen. In Abschn. 6.5 erfährt man mehr.

Viele Computer-Hochsprachen betten SQL-Abfragen ein, sodass sie mit den Selektionen als Input rechnen können. In Go sieht dies etwa so aus:

```
1  age := 27
2  rows, err := db.Query("SELECT name FROM users WHERE age=?", age)
```

7.4   NoSQL-Datenbanken

Neben den auf SQL basierenden Datenbanksystemen findet man noch die objektorientierten und die sogenannten „NoSQL"-Systeme. NoSQL steht für not-only-SQL, und nicht etwa für „kein SQL". Hier sind wir also in einem Nicht-Elefanten-Zoo, d. h., es gibt viele unterschiedliche Systeme.

Relationale Datenbanksysteme (RDBMS), worunter die Hauptanbieter Oracle, MySQL und MS SQL Server fallen, sind der De-facto-Standard der ordentlichen Datenhaltung. Schwierigkeiten tauchen dann auf, wenn sehr viele, eher ungeordnete Daten auftreten, deren Volumen beträchtlich wachsen kann. Dies ist der Fall bei Social Media und Big Data ohnehin.

In diesen Bereichen braucht es flexible, skalierbare Datenhaltungen, die nicht unbedingt transaktionssicher wie RDBMS zu sein brauchen.

Grob gesprochen erkennt man drei Hauptgruppen von alternativen Datenbankmodellen, nämlich:

- Key-Value-Stores,
- Document Stores und
- Multi-Model als Vereinigung obiger.

Hinzukommen noch die *Column Stores,* die bei Google unter dem Namen „Big Table" bekannt sind. Amazon bietet dem Suchenden Vorschläge, was andere auch noch gekauft oder angesehen haben, Soziale Medien können das Beziehungsgeflecht zwischen den Benutzerinnen darstellen. Für diese Spezialfälle eignen sich Datenbanken, die auf *Graphen* aufgebaut sind (siehe Abb. 7.2) und „Distanzen" zwischen Daten messen können.

Key-Value Stores sind die wohl einfachste Form von Datenbank-Management-Systemen, denn sie speichern nur Paare von Schlüsseln und Werten ab. Werte können sehr unterschiedliche Objekte sein, einfache Zahlen bis komplexe Dokumente. Wesentliches Merkmal ist das rasche Auffinden der Werte und im Vergleich zu den RDBMS die Tatsache, dass keine leeren Felder bestehen. Vertreter dieses Modells sind beispielsweise Redis, Amazon Dynamo und Hadoop.

CouchDB, MongoDB oder OrientDB sind Vertreter von *Document Stores.* Diese speichern beliebige Dokumente mit beigegebenen Metadaten und verzichten deshalb auf ein explizites, im Voraus bekanntes Datenmodell. CouchDB beispielsweise wird über REST angesprochen und verwendet dabei JSON. Die Abwesenheit eines Datenmodells erlaubt die mühelose Skalierung durch zusätzliche Server und die Integration von neuen Typen von Daten.

Es gibt Multi-Model-Datenbanken wie etwa MS Azur CosmosDB, die verschiedene Datenbankmodelle integrieren.

7.5 Markup-Sprachen

Definition 9 (Markup Language). Eine Markup Language („Auszeichnungssprache") ist eine maschinenlesbare Sprache für die Gliederung und Formatierung von Texten und anderen Daten.

Eine wichtige Eigenschaft von Markup-Sprachen ist die mögliche Trennung von *Struktur* und *Darstellung* der Daten oder Texte. Eine Zeichenkette in einem Text sei eine Überschrift der Ebene 2. Das ist Semantik. Die Darstellung besagt, dass solche Überschriften fett und in der Zeichenhöhe 14pt gesetzt oder gezeigt werden.

Die einen Markup-Sprachen sind spezialisiert auf die Darstellung mittels Auszeichnungen (Tags), die anderen auf die Speicherung und den Transport von Daten. Vertreter der ersten Gruppe sind eben HTML und L^ATEX; XML für eXtended Markup Language und spezifische Tag-Taxonomien, z. B. FixML oder XBRL, stehen für die zweite Gruppe.

7.5.1   XML, HTML und JSON

XML, für eXtended Markup Language, und HTML, für HyperText Markup Language, sind strukturell sehr ähnlich; man könnte HTML als spezielle Ausprägung von XML verstehen, die zusätzlich zum Text auch Programmelemente enthält.

Das Verbindende ist das textbasierte Datenformat, das mit den sogenannten Tags ausgezeichnet ist. Ein Tag sieht folgendermaßen aus:

```
<tag parameter1="wert" parameter2="wert2">Inhalt</tag>

<tag>Inhalt</tag>

<tag/>
```

Durch Verschachtelung erhält man eine hierarchische Struktur:

```
<aussen parameter1="wert1" parameter2="wert2">
   <innen>
        <ganzinnen> Hallo Velo</ganzinnen>
        <ganzinnen> keine Ahnung</ganzinnen>
   </innen>
</aussen>
```

XML Schema, abgekürzt XSD für XML Schema Definition, ist eine Definition von Strukturen für XML-Dokumente. Es wird selber in Form eines XML-Dokuments dargestellt.

XML Schema beschreibt in einer komplexen Schemasprache Datentypen, einzelne XML-Dokumente und Gruppen solcher Dokumente. Ein konkretes XML-Schema ist eine Datei mit der Endung .xsd.

Im Folgenden ist ein solches Schema wiedergegeben.

```
<xs:schema xmlns="StandardAuditFile-Taxation"
xmlns:xs="http://www.w3.org/2001/XMLSchema"
targetNamespace="urn:StandardAuditFile-Taxation"
elementFormDefault="qualified"
attributeFormDefault="unqualified" version="1.00" id="SAF-T">
<xs:annotation>
    <xs:documentation>
        <doc:Title>Standard Audit File:xx_1.01</doc:Title>
    </xs:documentation>
</xs:annotation>
<xs:complexType name="AddressStructure">
    <xs:sequence>
        <xs:element ref="BuildingNumber"/>
        <xs:element ref="StreetName">
        <xs:annotation>
            <xs:documentation>
Strasse, wenn nicht vorhanden Angabe des Ortsteiles bzw.
    Ortsbezeichnung
            </xs:documentation>
        </xs:annotation>
        </xs:element>
        <xs:element ref="AddressDetail" minOccurs="0"/>
        <xs:element ref="City"/>
        <xs:element ref="PostalCode"/>
        <xs:element ref="Region" minOccurs="0"/>
        <xs:element ref="Country"/>
    </xs:sequence>
</xs:complexType>
```

Ein *gültiges* XML-File entspricht dem zugehörigen XSD-File. Beispielsweise ist das folgende Mini-XML mit obiger XSD kompatibel.

```
<?xml version="1.0" encoding="UTF-8"?>
<AddressStructure xmlns="urn:StandardAuditFile-Taxation">
        <BuildingNumber>201<BuildingNumber/>
        <StreetName>General Wille-Strasse <StreetName/>
        <AddressDetail>Postfach<AddressDetail/>
        <City>Feldbach<City/>
        <PostalCode>CH-8714<PostalCode/>
        <Region>Zurich<Region/>
        <Country>Schweiz<Country/>
</AddressStructure>
```

Will ein Kunde oder Antragsteller per XML-File mit der Firma oder Behörde kommunizieren, so muss diese eine XSD-Datei zur Verfügung stellen, damit der andere Partner eine leicht maschinenlesbare Datei senden kann. Andere XML-Formate existieren, z. B. für mathematische Formeln:

```
<math xmlns="http://www.w3.org/1998/Math/MathML" display="block">
  <mrow>
    <mo>⌈</mo>
    <mtable rowspacing="4pt" columnspacing="1em">
      <mtr>
        <mtd>
          <msub>
            <mi>d</mi>
            <mn>1</mn>
          </msub>
        </mtd>
        <mtd>
          <mn>0</mn>
        </mtd>
        <mtd>
          <mn>0</mn>
        </mtd>
      </mtr>
      <mtr>
        <mtd>
          <mn>0</mn>
        </mtd>
        <mtd>
          <msub>
            <mi>d</mi>
            <mn>2</mn>
          </msub>
        </mtd>
        <mtd>
          <mn>0</mn>
        </mtd>
      </mtr>
      <mtr>
        <mtd>
          <mn>0</mn>
        </mtd>
        <mtd>
          <mn>0</mn>
        </mtd>
        <mtd>
          <msub>
            <mi>d</mi>
            <mn>3</mn>
          </msub>
        </mtd>
      </mtr>
    </mtable>
    <mo>]</mo>
  </mrow>
</math>
```

Grafisch sieht diese mathematische Formel wie folgt aus:

$$\begin{bmatrix} d_1 & 0 & 0 \\ 0 & d_2 & 0 \\ 0 & 0 & d_3 \end{bmatrix}$$

In LATEX ist das sehr viel kürzer, nämlich:

```
\begin{bmatrix}
    d_1 & 0 & 0 \\ 0 & d_2 & 0 \\ 0 & 0 & d_3
\end{bmatrix}.
```

Für die Kartografie gibt es einen Standard KML, der folgendermaßen aussieht:

```
<?xml version="1.0" encoding="UTF-8"?>
<kml xmlns="http://www.opengis.net/kml/2.2">
  <Document>
    <name>
      <![CDATA[Karlsbad und Luditz.]]>
    </name>
    <Style>
      <ListStyle>
        <listItemType>checkHideChildren</listItemType>
      </ListStyle>
    </Style>
    <NetworkLink>
      <Region>
        <LatLonAltBox>
          <north>50.2925419073908</north>
          <south>49.9123558227706</south>
          <east>13.4320510228989</east>
          <west>12.7317751764853</west>
        </LatLonAltBox>
        <Lod>
          <minLodPixels>128</minLodPixels>
          <maxLodPixels>-1</maxLodPixels>
        </Lod>
      </Region>
      <Link>
        <viewRefreshMode>onRequest</viewRefreshMode>
        <href>http://maps.nypl.org/warper/maps/13974.kml?DBOX
              =12.7317751764853,49.9123558227706,
                13.4320510228989,50.2925419073908,1</href>
      </Link>
    </NetworkLink>
  </Document>
</kml>
```

Zusammenfassend kann man sagen, XML erlaubt die auch von Menschen lesbare Strukturierung von Daten in Textformat.

HTML-Dokumente besitzen zusätzlich die *Hypertexts,* wie es der Name „Hypertext Markup Language" vorwegnimmt. Hypertext ist ein Text, der Links zu anderen Texten enthält oder erweitert zu Hyper-Media auch Grafiken, Videos oder Klänge enthalten kann. Zudem umfasst HTML interpretierte Programmierungen in der Sprache *JavaScript.* Solche Skripte können direkt im Text platziert sein, wobei sie in den Tags `<script>` und `</script>` gefasst sind oder in referenzierten Dateien enthalten sind. Extension solcher Skriptdateien ist das *.js*. Beispiel:

```
<script src="./myfiles/ASCIIMathML.js"></script>
```

Die Grundstruktur einer HTML-Datei sieht folgendermaßen aus:

```
<!DOCTYPE html>
<html>
    <head>
        <title>meinTitel</title>
    </head>
    <body>
        meinInhalt
    </body>
</html>
```

Form (Darstellung) und Inhalt können getrennt werden, indem sogenannte *Cascading Style Sheets,* CSS, verwendet werden. Sie beschreiben Farben, Schriften, Größen usw. der Elemente.

Die zu verwendenden Elemente oder Tags von HTML sind normiert. Die Elemente können *Attribute* und *Ereignisse* enthalten. Attribute und Ereignisse sind u. a.:

• id	• title	• onclick	• onkeypress
• class	• name	• ondblclick	• onkeydown
• style	• href	• onmousedown	• onkeyup.

In der Abb. 7.10 kann man weitere Elemente und Attribute erkennen.

`JavaScript` kann mit den Elementen umgehen, z. B. mit den folgenden oft gebrauchten Instruktionen Inhalte holen oder schreiben:

```
 1 <!DOCTYPE html PUBLIC "-//W3C//DTD XHTML 1.0 Transitional//EN"
   "http://www.w3.org/TR/xhtml1/DTD/xhtml1-transitional.dtd">
 2 <html xmlns="http://www.w3.org/1999/xhtml">
 3 <head>
 4 <meta http-equiv="content-type" content="text/html; charset=utf-8" />
 5 <meta name="viewport" content="width=1280, maximum-scale=1.0, user-scalable=yes" />
 6 <meta http-equiv="Content-Style-Type" content="text/css" />
 7 <meta http-equiv="Content-Script-Type" content="text/javascript" />
 8 <meta name="copyright" content="(C) Japan Exchange Group, Inc." />
 9 <meta name="description" content="日本取引所グループは、東京証券取引所及び大阪取引所などを傘下に持つアジアを代表
   する取引所グループです。マーケットニュースや上場会社、株式・ETF・REIT・先物・オプションなどの商品、規則及び自主規制に
   関する情報を提供します。" />
10 <meta name="keywords" content="日本取引所グループ,JPX,東京証券取引グループ,大阪証券取引所,東証,大証" />
11 <meta property="og:title" content="日本取引所グループ">
12 <meta property="og:type" content="website">
13 <meta property="og:description" content="日本取引所グループは、東京証券取引所及び大阪取引所などを傘下に持つアジ
   アを代表する取引所グループです。">
14 <meta property="og:image" content="http://www.jpx.co.jp/common/images/other/nlsgeu000000pud7-
   img/ogp.jpg">
15 <meta property="og:site_name" content="日本取引所グループ">
16 <meta property="fb:admins" content="175272119257459">
17 <link href="/common/images/icon/nlsgeu000000oie0-img/favicon.ico" rel="shortcut icon"
   type="image/x-icon" />
18 <title>日本取引所グループ</title>
```

Abb. 7.10 Der Quellcode einer japanischen HTML-Seite. Man findet englische Markups mit japanischen Zeichen als Inhalt (JPX, 2018)

```
<script>
document.getElementById("demo").innerHTML = "Hallo Velo";
document.getElementsByTagName("title").innerText;
document.getElementsByName("PLZ").innerText;
</script>
```

Und nun kommen wir zum Hypertext oder den Hyperreferenzen. Zur Erläuterung nehmen wir ein sehr einfaches Element <a> für Anker.

```
<a href="https://youtu.be/TXWDokNQgX0">Etwas Quantenmechanik?</a>
<a href="ftp://ftp.dante.de/bibliography/bibtex/JavaBib1.jpg">Ein
    Bild</a>
<a href="mailto:info@example.com?Subject=Bello">Send mail!</a>
<a href="javascript:alert('Hello World!');"> JavaScript
    ausfuehren</a>
<a href="#demo">Zum Tag springen</a>
```

Die Leserin und der Leser können sich leicht HTML-Files zur Illustration anschauen, indem sie auf der interessierenden Webseite rechts klicken und sich den Quelltext anzeigen lassen.

JavaScript ist stark mit HTML verbandelt. Anderseits enthält es auch ein Datenformat (JSON), das wiederum ein gültiges JavaScript sein soll und von JavaScript interpretiert werden kann. Es dient als kompaktes Datenformat in einer einfach lesbaren

Textform zum Zweck des Datenaustauschs zwischen Anwendungen. Es ist auch häufig eine
Alternative zu XML. Selbst ist es keine Markup Language.

Im Folgenden die Antwort in JSON auf einen API-Call z. B. eines Wetteranbieters. Die
Angaben sind recht gut verständlich.

```
{
coord: {
lon: 139.01,
lat: 35.02
},
weather: [
{
id: 800,
main: "Clear",
description: "clear sky",
icon: "01n"
}
],
base: "stations",
main: {
temp: 285.514,
pressure: 1013.75,
humidity: 100,
temp_min: 285.514,
temp_max: 285.514,
sea_level: 1023.22,
grnd_level: 1013.75
},
wind: {
speed: 5.52,
deg: 311
},
clouds: {
all: 0
},
dt: 1485792967,
sys: {
message: 0.0025,
country: "JP",
sunrise: 1485726240,
sunset: 1485763863
},
id: 1907296,
name: "Tawarano",
cod: 200
}
```

Die Daten beziehen sich auf Tawarano in Japan. Die XML- oder JSON-Dateien werden als Input von einem sogenannten Parser interpretiert.

Definition 10 (Parser). Ein Parser ist ein Computerprogramm, das für die Zerlegung und Umwandlung einer Eingabe in ein für die Weiterverarbeitung geeigneteres Format zuständig ist. Häufig werden Parser eingesetzt, um im Anschluss an den Analysevorgang die Semantik der Eingabe zu erschließen und daraufhin Aktionen durchzuführen.

Mit Kenntnis des Aufbaus der Datei kann man mit dem Parser auf die interessierenden Felder zugreifen. Im obigen Beispiel etwa auf die Windgeschwindigkeit und die aktuelle Temperatur.

7.5.2 LaTeX

LaTeX ist ein ausgefeiltes Textverarbeitungsprogramm, das Inhalt und Form durch Markups trennt. Im Gegensatz zu einfacheren Textverarbeitungsprogrammen, die nach dem *What-you-see-is-what-you-get*-Prinzip funktionieren, arbeitet der Autor mit Textdateien, in denen er innerhalb eines Textes anders zu formatierende Passagen oder Überschriften mit Befehlen textlich auszeichnet (siehe Abb. 7.11).

Donald Knuth, ein Informatikprofessor von Stanford, hat das zugrundeliegende TeX in den 1980er-Jahren entwickelt, für das Lesley Lamport Makros geschrieben hat, woraus dann der Name LaTeX für Lamport-TeX steht. Das System ist in akademischen Kreisen weit verbreitet, in vielen Fakultäten ist die Verwendung eine formale Anforderung. Wissenschaftliche Verlage und Journale habe ihre eigenen Stilvorlagen. LaTeX erzeugt Sachverzeichnisse und Literaturangaben automatisch.

Zum einen beherrscht das System die beste typografische Umsetzung von mathematischen Formeln, wie folgt:

$$\nabla \cdot \vec{D} = \lim_{V \to 0} \frac{1}{V} \oint_{A=\partial V} \vec{D} \cdot \mathrm{d}\vec{A} = \lim_{V \to 0} \frac{1}{V} \iiint_V \rho(\vec{r})\mathrm{d}r = \frac{1}{V}\rho(\vec{r})V$$

```
1  \begin{equation*}
2      \nabla \cdot \vec D = \lim_{V \to 0} { 1 \over V } \oint_{
           A=\partial V}\!\!\!\vec D\;\cdot\mathrm{d}\vec A = \
           lim_{V \to 0} { 1 \over V } \iiint_V \rho(\vec r) \
           operatorname{d} r
3  = { 1 \over V } \rho(\vec r) V
4  \end{equation*}
```

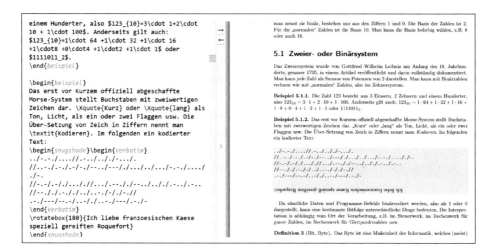

Abb. 7.11 Ausschnitt aus ShareLatex, links der Quellcode, rechts der PDF-Output

LATEX besitzt auch Pakete, um Musiknoten zu schreiben, beispielsweise sieht der Output wie folgt aus:

Im Quellcode:

```
1   \begin{music}\centering
2   \parindent10mm
3   \instrumentnumber{1}
4   \setname1{Piano}
5   \setstaffs1{2}
6   \generalmeter{\meterfrac44}
7   \startextract
8   \Notes\ibu0f0\qb0{cge}\tbu0\qb0g|\hl j\en
9   \Notes\ibu0f0\qb0{cge}\tbu0\qb0g|\ql l\sk\ql n\en
10  \zendextract
11  \end{music}
```

Auch Schachspieler können ihre Partien notieren:

1 e4

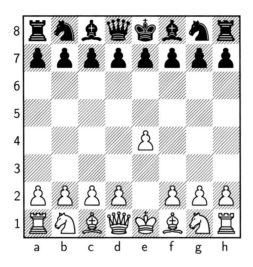

1 e4 ist die beliebteste Eröffnung. Quellcode:

```
1  \newgame
2  \mainline{1.e4}
3  \begin{center}
4  \showboard
5  \end{center}
```

Seit ein paar Jahren sind Online-Editierumgebungen verfügbar, die in der Cloud, operie-ren und von überall zugegriffen werden können. Dieses Schriftstück wurde mit ShareLatex erzeugt. Das andere bekannte Angebot heißt Overleaf. Im Vergleich zu den lokalen Installa-tionen sind diese Angebote echte Bereicherungen und Vereinfachungen. Sie enthalten eine Anbindung an Versionierungstools und sind kollaborativ nutzbar.

7.6   Datensicherung, Backup

Daten können aus mehreren Gründen verloren gehen. Zum einen werden Datenträger wegen physischer Einwirkung defekt. Zum anderen können ungeschickte Manipulationen die Daten löschen und zum Dritten gibt es bösartige externe Angriffe, welche die Daten korrumpieren, um Lösegeld zu erpressen.

Abb. 7.12 Schema einer betrieblichen Datensicherung. Die täglichen Backups werden sieben Tage aufbewahrt, die wöchentlichen 14. Zu jedem Zeitpunkt sind sechs Backups vorhanden

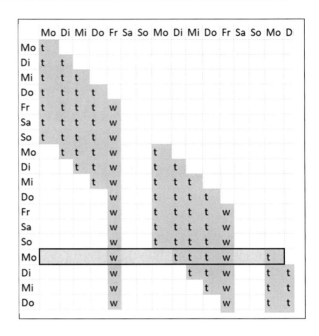

	Mo	Di	Mi	Do	Fr	Sa	So	Mo	Di	Mi	Do	Fr	Sa	So	Mo	D
Mo	t															
Di	t	t														
Mi	t	t	t													
Do	t	t	t	t												
Fr	t	t	t	t	w											
Sa	t	t	t	t	w											
So	t	t	t	t	w											
Mo		t	t	t	w			t								
Di			t	t	w			t	t							
Mi				t	w			t	t	t						
Do					w			t	t	t	t					
Fr					w			t	t	t	t	w				
Sa					w			t	t	t	t	w				
So					w			t	t	t	t	w				
Mo					w				t	t	t	w			t	
Di					w					t	t	w			t	t
Mi					w						t	w			t	t
Do					w							w			t	t

Eine generell zu befolgende Regel besagt, dass man drei Kopien anfertigen, dabei zwei verschiedene Speichertechnologien verwenden und eine in einem anderen Gebäude lagern soll. Kurz: „3–2–1".

Beispielsweise verwendet man in einem lokalen Netz die Harddisk eines Rechners, die eines einfach zu verwaltenden Dateiservers (sogenanntes Network Attached Storage, NAS) sowie einen Cloud-Server.

Die Datensicherung bedarf einer Strategie, besonders bei Unternehmungen, in denen viele Benutzer gleichzeitig arbeiten und Daten produzieren.

Daten müssen kategorisiert und mit Prioritätsmerkmalen versehen werden, die bestimmen, wie wichtig und kostbar sie sind und wie groß der Aufwand ist, sie wieder zu produzieren. Das bestimmt den Takt von Speicherungen. Für Private spielt eher der Datentyp eine Rolle. Meist sind Fotos und Videos, allenfalls Korrespondenz, die wichtigsten Daten, sodass nur solche gesichert werden.

Einmal pro Woche wird ein vollständiges Backup erstellt (siehe Abb. 7.12), am Ende des Tages meist ein inkrementelles, also nur die neu hinzugekommenen Daten betreffend.

Auch an der Datensicherung erkennt man den Vorteil von Cloud-Lösungen, die der Benutzerin diese Arbeit und Sorgen abnehmen.

Quiz zu Kap. 7

Quiz

Kurze Rekapitulation

1. Wozu dienen Datentypen?
2. Wieso ist Versionierung wichtig?
3. Wie können mehrere Autoren gleichzeitig an einem Text arbeiten?
4. Was heißt RDBMS und was bedeutet „relational"?
5. Welche Beziehungen bestehen in einem Modell zwischen SchülerIn, Klasse und Lehrperson?
6. Wie muss man eine $N : M$-Beziehung modellmäßig auflösen?
7. Was ist eine Markup Language? Beispiele?
8. XML enthält Daten und Semantik (Bedeutung). Erkläre.
9. Wo wird HTML verwendet und welche Möglichkeiten jenseits von XML bietet es?
10. Wo wird LaTeX vor allem verwendet? Wieso kann ich es zuhause einfach ausprobieren?

Literatur

JPX. (2018). Japan Exchange Group. Zugegriffen: 19. Juni 2018.

IT-Entwicklung 8

Die Entwicklung von IT-Lösungen ist meist sehr komplex. Da Computer Universal-Maschinen sind, d. h. sehr viele und sehr unterschiedliche Aufgaben lösen, ist die Entwicklung von Lösungen ebenfalls sehr unterschiedlich. Beispielsweise funktioniert eine Applikation zur Bestellung einer Bahnfahrkarte komplett anders als ein Programm zur Berechnung von Erdbeben; eine Social App ist ganz anders als eine Industriesteuerung eines Montagewerks.

Hier stellen wir die Geschäfts-IT in der Vordergrund, besonders mit Blick auf Dienstleister. Diese zeichnen sich unter anderem darin aus, dass eine potenziell große Anzahl von Kunden eine persönliche oder automatische Leistung erhält. Abb. 1.1 kann man aus konzeptionelle Ausgangsbasis annehmen.

IT-Entwicklung ist ein arbeitsteiliger Prozess, sodass meist mehrere Personen oder Gruppen zusammenarbeiten müssen. Jeder ist ein Spezialist für ein bestimmtes Sachthema; die meisten sind jedoch keine Spezialisten bezüglich der *Schnittstellenkompetenz.*

8.1 Herausforderungen

Die Entwicklung von IT ist wesentlich anders als die Einführung von Applikationen.

Ein regelmäßiger Blick in die Medien offenbart die Schwierigkeiten der öffentlichen Hand mit IT-Projekten. Man kann durchaus schließen, dass auch in den Unternehmungen die Erfolgsquoten nicht unwesentlich anders sind.

Als Hauptfehlerquellen sind schon identifiziert worden, wobei diese Liste bei Weitem nicht erschöpfend ist:

© Springer-Verlag GmbH Deutschland, ein Teil von Springer Nature 2023   91
C. Franzetti, *Essenz der Informatik*,
https://doi.org/10.1007/978-3-662-67154-2_8

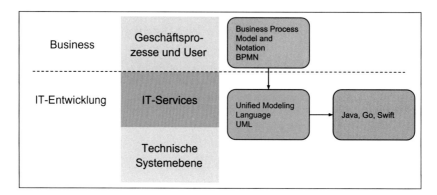

Abb. 8.1 Der Übergang von Geschäftsprozessen zu IT-Entwicklung ist auch aus kulturellen Gründen meist schwierig. Ein Ansatz zur Überwindung dieser Barriere besteht darin, die Geschäftsprozesse mit speziellen Tools systematisch stringent zu beschreiben (siehe Abb. 8.3). Diese Stringenz ist ja aber gerade häufig das Problem für die „Fachabteilungen"!

1. Unklare Zielsetzung,
2. unrealistische Leistungsversprechen, Selbstüberschätzung,
3. Unterschätzung der Komplexität,
4. mangelnde Dokumentation (des alten Projekts),
5. fehlende Normen und Standards,
6. ungenügende Qualifikation der Mitwirkenden,
7. fehlender Durchgriff auf Ressourcen,
8. fehlende Methodik (Projekt und Entwicklung),
9. fehlende Motivation, politische Agenden,
10. administrative Hürden (Beschaffungswesen) usw.

Jetzt würde man denken: Gefahr erkannt, Gefahr gebannt! Gegen den langen Schatten des öffentlichen Beschaffungswesens kann man nur mit fintenreichen Tricks angehen, die aber dann von den Ängstlichen wieder teilweise konterkariert werden. Das Schwierigste für kundigen IT-Mitwirkenden ist die fehlende Motivation der Geschäftsseite, die nur noch von einer politischen Agenda übertroffen wird, welche ein Scheitern hinnehmend oder fördernd betreibt.

Für IT-Entwicklungen gibt es verschiedene Anlässe, Motivationen, sodass Methodiken dies ebenfalls berücksichtigen müssen. Darunter findet man etwa (Becker et al., 2013, 53):

- „Grüne Wiese",
- Modernisierung einer bestehenden Lösung,

- Beschaffung von Standardsoftware,
- Entwicklung von individueller Software und
- Business-Reengineering.

Im Folgenden wollen wir uns eher an der Entwicklung von dedizierter Software orientieren. Zuerst machen wir aber einen kleinen Ausflug zu den Geschäftsprozessen, deren Management in letzter Zeit als Erfolgsbeitrag der Unternehmungen angesehen wird.

8.2   Geschäftsprozesse und IT-Entwicklung

Gemäß Abb. 8.1 erkennt man die Schnittstelle zwischen Business und IT. Formelle Beschreibungen für die jeweiligen Domänen existieren. Es stellt sich die Frage, inwieweit man daraus Nutzen ziehen kann.

Es gibt verschiedene Modelle zur Qualitätsbeurteilung oder zum Reifegrad von Prozessen, zum Beispiel das Capability Maturity Model Integration (CMMI) (siehe Abb. 8.2) oder SPICE (Software Process Improvement and Capability Determination). Der Nutzen für die IT-Entwicklung ist vor allem darin zu finden, dass die Beurteilung der Prozesse mit einer qualifizierten Methode zu einer besseren Dokumentation führt, die wiederum von den Entwicklern zu Anwendungsfällen („Use Cases") verarbeitet werden. Verfechter agiler

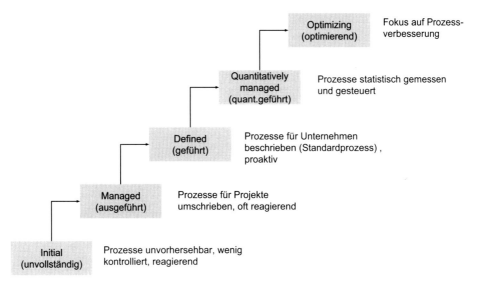

Abb. 8.2 Reifegrade nach CMMI

Methoden allerdings kritisieren vor allem den bürokratischen Aufwand, der zum Selbstzweck mutiert oder als Marketingargument verwendet wird.

Der Bürokratismus ist hilfreich bei stabilen Geschäftspraktiken, wie sie vor allem bei den Behörden zu finden sind. Diese sind jetzt fieberhaft daran, die Prozesse für die Digitalisierung fit zu machen. In sehr dynamischem Umfeld mit Produktinnovationen oder bei sehr kundenspezifischen Anforderungen oder unvorhergesehenen Ereignissen versagen die Prozessbeschreibungen und damit einhergehend die IT-Unterstützung.

Schon nicht ganz kleine Unternehmungen verfügen über eine Vielzahl von Prozessen, die für das effiziente und effektive Funktionieren der Unternehmung wichtig sind. Die Alternative zur Beschreibung sind Mitarbeiter, die alle wissen, was sie tun müssen. Diese Vielzahl von Prozessen muss beherrscht (gemanagt) werden.

Definition 11 (Business Process Management, BPM). Geschäftsprozessmanagement beschäftigt sich mit der Identifikation, Gestaltung, Dokumentation, Implementierung, Steuerung und Verbesserung von Geschäftsprozessen, und zwar in technischer, organisatorischer, strategischer, führungstechnischer und kultureller Hinsicht.

Geschäftsprozesse werden seit einigen Jahren als Erfolgsfaktoren, hier im Sinne von Effizienz und damit Kosten, aber auch Kundennähe, betrachtet, die so flexibel sein sollen, dass man sie „managen" und optimieren kann.

Thome und Papay (2011, 11) sehen folgende Schwerpunkte für BPM:

- Nicht nur wertschöpfende, sondern auch administrative Geschäftsprozesse müssen gleichermaßen in das Geschäftsprozessmanagement einbezogen sein.
- Für die effiziente Durchführung des Geschäftsprozessmanagements müssen konsequent analytische IT-Systeme eingesetzt werden.
- Die Messung der Leistung von Geschäftsprozessen muss IT-unterstützt anhand von Prozessleistungsindikatoren (PLI) erfolgen.

Die hier angesprochenen IT-Systeme sind solche, die das *Prozessmanagement* unterstützen (Metasysteme), und nicht solche, die anhand der Prozessbeschreibung die Prozesse unterstützen oder automatisieren sollen.

Für die Entwicklung der IT bedeutsam sind die *Vorgehensmodelle* und weniger stringent die *Reifegradmodelle.*

Die Prozessbeschreibung wird unterstützt durch formale Modelle und Formate, insbesondere die BPMN:

Definition 12 (BPMN). Die Business Process Model and Notation ist eine grafische Spezifikationssprache der Wirtschaftsinformatik. Sie stellt Symbole zur Verfügung, mit denen

Fach-, Methoden- und Informatikspezialisten Geschäftsprozesse und Arbeitsabläufe modellieren und dokumentieren können.

Anhand vorhandener Modelle kann die Unternehmens- oder Divisionsleitung optimie-
rende Änderungen durchspielen. Häufig werden manuelle Prozessschritte durch maschinelle
ersetzt. Die Hoffnung, dass man direkt aus den BPMN z. B. UML-Diagramme erzeugen kann
und diese dann direkt in die Programmierung einfließen, ist zu hoch gegriffen. Prozessbeschreibungen dienen, wenn überhaupt, der Effizienzsteigerung und Dokumentation.

Eine Prozessausführungs-Sprache ist *WS-Business Process Execution Language* (BPEL).
Es handelt sich um eine XML-basierte Sprache zur Beschreibung von Geschäftsprozessen,
deren einzelne Aktivitäten durch *Webservices* implementiert sind. Diese Sprache kann direkt
in Software umgesetzt werden, weil, und das ist wiederum eine Schwäche, Menschen nur
als Schnittstellen wahrgenommen werden, aber nicht als Teil des Prozesses. Anderseits
beschreibt diese Sprache die *Orchestrierung* von Webservices und kann selber als Webservice bereitgestellt werden. BPEL ist für die Service-oriented-Architecture (SOA) kongenial,
sofern man Lösungen in `Java` programmiert.

Fazit: Der Nutzen von Prozessbeschreibungen für die IT-Entwicklung ist nicht evident
und bei agilen Methoden eher hinderlich.

8.3   Problemadäquate Methoden

Probleme generell, und damit IT-Entwicklungen im Speziellen, müssen mit den richtigen
Werkzeugen angegangen werden. Es gibt eine angemessene Zuordnung von Problemtyp
zu entsprechenden Werkzeugen. Einen solchen Rahmen bietet *Cynefin* von Snowden und
Boone (Snowden & Boone, 2007). Das Modell liefert eine Typologie von Kontexten, die
Anhaltspunkte bieten, welche Art von Erklärungen und/oder Lösungen zutreffen könnten.

Das Cynefin-Framework hat fünf Domänen. Die ersten vier davon sind (Wikipedia, 2018):

Simple: Die Beziehung zwischen Ursache und Wirkung ist für alle offensichtlich. Die
Herangehensweise ist hier *Sense – Categorize – Respond* und wir können bewährte
Praktiken (best practice) anwenden.

Complicated: Die Beziehung zwischen Ursache und Wirkung erfordert eine Analyse,
eine andere Form der Prüfung und/oder die Anwendung von Fachwissen. Hier geht
man mittels *Sense – Analyze – Respond* heran und man kann gute Praktiken (good
practice) anwenden.

Complex: Die Beziehung zwischen Ursache und Wirkung kann nur im Nachhinein
wahrgenommen werden, aber nicht im Voraus. Hier ist der Ansatz *Probe – Sense
– Respond* und wir können emergente Praktiken (emergent practice) feststellen.

Chaotic: Es gibt keine Beziehung zwischen Ursache und Wirkung auf Systemebene. Hier ist der Ansatz *Act – Sense – Respond* und wir können innovative Praktiken entdecken.

Die für die IT-Entwicklung wichtigste Frage lautet: Ist mein Problem kompliziert oder komplex? Ein komplexes Problem zu einem komplizierten machen zu wollen und dann die entsprechenden Methoden zu verwenden, kann nicht funktionieren. Nebst der Reihenfolge stehen sich „Analyse" und „Probe" entgegen. „The ordered world is the world of fact-based management; the unordered world represents pattern-based management."

Die Vorgehensmodelle sind das Rückgrat der organisierten Softwareentwicklung. Ende der 1970er-Jahre wurde die Entwicklung von Software durch die Möglichkeiten und die reifere Theorie zu einem kollaborativen Unterfangen. Denn neu standen sich mehrere Auftraggeber und Benutzer mehreren Entwicklern gegenüber.

Der erste Reflex war, ein ingenieurmäßiges Vorgehen einzuschlagen. Das US-Verteidigungsministerium ist der größte Auftraggeber von Software, zugleich hat es massive Erfahrung von Großprojekten wie z. B. die Apollo-Mission. Das ingenieurmäßige Vorgehensmodell wird als Planverfahren oder *Wasserfall-Modell* bezeichnet. In den USA spricht man auch von Software Development Lifecycle (SDLC).

Ende der 1990er-Jahre kamen immer mehr Zweifel an den bestehenden Modellen auf, denn sehr häufig waren IT-Entwicklungen erfolglos. Der radikale Gegenentwurf wird durch das sogenannte „Agile Manifest" (siehe Abschn. 8.6) dargestellt (Abb. 8.3).

Es ist das Verfahren der Wahl für komplexe Probleme, denn es versucht schnell auslieferbare Teilprodukte zu erzeugen und so mit Lösungen zu „pröbeln", herumzuspielen *(probe)*.

8.4   Monolithisch versus Service

Auf der obersten Architekturebene der IT-Entwicklung stellt sich die Frage nach der besten, d. h. problemadäquaten Auslegung der betrieblichen Applikationen. Das ältere Paradigma, die Denkungsart, ging von großen, alles umfassenden monolithischen Lösungen aus. Die Software einer Firma wurde in einer Applikation mit möglicherweise einem Data-Warehouse konzipiert. Unter dem Namen Enterprise-Resource-Planning (ERP) wurden die unternehmerischen Prozesse, Ressourcen wie Kapital, Personal, Betriebsmittel, Material und Informations- und Kommunikationstechnik erfasst und verwaltet. Typische Vertreter sind SAP und Oracle, die auch mächtige Datenbanken anbieten. Heute finden sich noch viele solcher Anwendungen besonders in mittelgroßen Firmen und bereiten als abzulösende Systeme („legacy systems") erhebliche Probleme.

Mit dem Aufkommen von Webservices hat sich die Architektur angepasst. Seit einem Dutzend Jahren spricht man von der Service-oriented-Architecture, SOA. Funktionen wer-

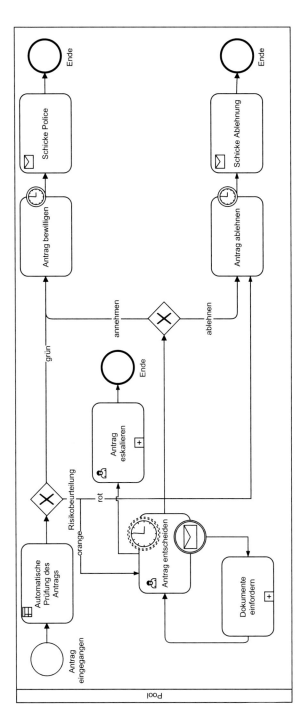

Abb. 8.3 Prozessbeschreibung in BPMN-Darstellung

Abb. 8.4 Die zwei
hauptsächlichen Methoden zur
IT-Entwicklung, die ältere
ingenieurmäßige Planmethode
und die neuere agile Methode

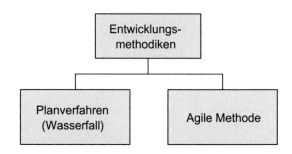

den in Module gekapselt, die netzweit Dienste mit effizienten Schnittstellen zur Verfügung stellen. Die Implementierung der Dienste, das Innenleben sozusagen, ist nicht erheblich und nicht sichtbar. Deshalb spielt die Programmiersprache, in der sie kodiert sind, keine Rolle. Die Module können relativ unabhängig entwickelt und ersetzt werden, solange die Schnittstellen unverändert bleiben. Da nicht alle Funktionen und Module die gleiche Lebensdauer oder Dynamik aufweisen – man denke an neue Produkte – lässt sich mit diesem Paradigma die Anpassung und Verbesserung viel flexibler gestalten. Häufig werden Daten bei den Modulen gehalten.

Wie bei der Objektorientierung der Sprachen werden Mitteilungen zwischen den Diensten ausgetauscht. Um eine funktionstüchtige Gesamtanwendung zu haben, braucht es noch die sogenannte *Orchestrierung,* ein Modul, das die einzelnen Module zweckmäßig ansprechen kann. Module kann man von verschiedenen Anbietern mischen, einige selber entwickeln und damit sozusagen die besten Module kombinieren („best of breed"). Allerdings ist mit einer höheren Komplexität zu rechnen, wenn man nicht alles aus einer Hand bezieht.

Die IT-Entwicklung hängt also in erheblichem Maße von der Architektur ab. Agile Methoden sind für die SOA besser geeignet. Anderseits muss man auch das betriebliche Umfeld berücksichtigen. In eher dynamischen, Änderungen unterliegenden Unternehmungen wird häufiger eine SOA-Architektur verwendet, nicht zuletzt um auch der Abhängigkeit von einem dominanten Anbieter zu entgehen.

Im nächsten Abschnitt gehen wir auf die Verfahrensmodelle ein (siehe Abb. 8.4). Heute, Stand 2018, machen agile Methoden und Wasserfall über 80 % der verwendeten Verfahren aus, resp. 45 % und zunehmend mehr agil, 38 % und abnehmend Wasserfall. Rund 12 % verwenden iterative Methoden, sich wiederholende Mini-Wasserfälle. Angaben stammen von Gartner, einer IT-Beratungsunternehmung, für 2017.

8.5   Planmethoden, Wasserfall

Tab. 8.1 zeigt, dass die Methode auch von der Projektsituation abhängt. Wir interessieren uns hier vor allem für die Entwicklung von Individualsoftware.

Tab. 8.1 Projektsituation und adäquate Vorgehensweise nach Becker et al. (2013, 108). Besonders interessant ist die Entwicklung von individueller Anwendersoftware (IASW). Die Projektsituationen wurden in Abschn. 8.1 erläutert

Projektsituation	Planmethode	Agile Methode
„Grüne Wiese"	Ja	–
Modernisierung HW und SW	Ja	–
Anschaffung (SASW)	Ja	–
Entwicklung IASW	(Ja)	Ja
Business Process Reengineering (vorgelagert)	Ja	(Ja)

Die Planmethode verwendet eine bestimmte Anzahl von *Phasen,* die in sich abgeschlossene, zeitlich gestaffelte Einheiten bilden. In Abb. 8.5 findet man am Beispiel der NASA (und des DoD) fünf Phasen. Ein anderes Beispiel stellt Abb. 8.6 dar. Wie viele Phasen man definiert, ist nicht so wichtig, solange klare Lieferobjekte festgelegt sind und zudem die Kontrollen (Meilensteine) und deren Inhalt geplant sind. Abb. 8.7 gibt einen guten Überblick auf das Vorgehen und die Projektelemente. Man beginnt mit dem Auftrag, dessen Präzision schon eine wesentliche Orientierung darstellt. Der Projektstrukturplan (PSP), englisch „Work-breakdown-structure", WBS, ist das Ergebnis einer Gliederung des Projekts in plan- und kontrollierbare Elemente (Wikipedia, 2022a). Ein Projekt wird im Rahmen der Strukturierung in Teilaufgaben und Arbeitspakete unterteilt. Teilaufgaben sind Elemente, die weiter

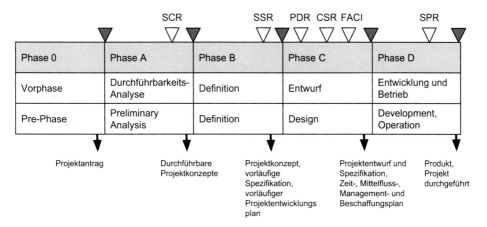

Abb. 8.5 Phasenkonzept der NASA, 1980er-Jahre nach Madauss (1984, 68) und Franzetti (1992, 27). Es bedeuten: SCR: System Concept Review, SSR: System Specification Review, PDR: Preliminary Design Review, CDR: Critical Design Review, FACI: First Article Configuration Inspection, SPR: System Production Review

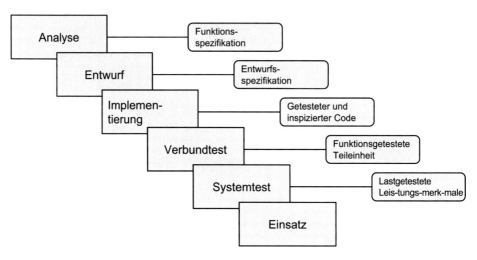

Abb. 8.6 Phasenmodell von Siemens gemäß Riedl (1990, 50)

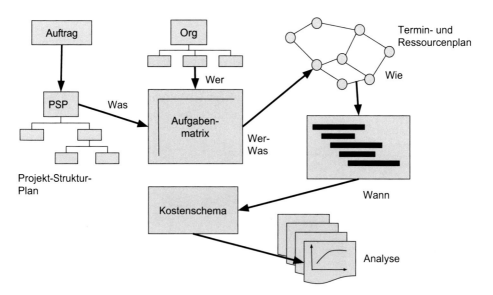

Abb. 8.7 Übersicht Projektmanagement und -controlling nach Rettel und Geiselmann (Franzetti, 1992, 26)

unterteilt werden müssen, Arbeitspakete sind Elemente, die sich im PSP auf der untersten Ebene befinden und dort nicht weiter unterteilt werden.

Die Erstellung eines Projektstrukturplans ist nach heutigem Erkenntnisstand des Projektmanagements eine der zentralen Aufgaben der Projektplanung, sofern man nicht agile Methoden verwendet.

Um die Zuordnung der Arbeitspakete auf die Verantwortlichen machen zu können, müssen diese aus der Organisation oder extern definiert werden. Die Aufgabenmatrix verknüpft das „Wer" mit dem „Was".

Der Termin- und Ressourcenplan zeigt die Abhängigkeiten der Teilleistungen und den Mitarbeitereinsatz auf. Beispielsweise kann man die Dachziegel erst anbringen, wenn der Dachstuhl steht. Daraus ergibt sich der zeitkritische Pfad mit den entsprechenden Arbeitspaketen.

Der Terminplan mit Balken vereinfacht die Darstellung der zeitlichen Dimension. Wegen seiner Einfachheit ist er ein gutes Kommunikationsmittel. Indem man Anfang und Ende eines Balkens mit anderen Balken verbindet, kann man Abhängigkeiten darstellen. Bei Änderungen verschieben sich die Balken automatisch.

Größere Projekte definieren einen *Projektcontroller*, der möglicherweise für mehrere Projekte gleichzeitig tätig ist. Er oder sie begleitet das Projekt von der kommerziellen Seite und muss dafür vom Projektleiter unabhängig sein. Das zu Kontrollierende ist das Tripel Termine (Zeit), Kosten und Leistung, wobei Plandaten mit aufgenommenen Ist-Daten verglichen werden.

Dabei kann man nicht einfach die Ist-Kosten mit den aufgelaufenen Plankosten per Stichtag vergleichen, denn die Leistung ist dabei unberücksichtigt. Deshalb macht man folgende Analyse (Franzetti, 1992, 45):

$$
\begin{aligned}
\text{Gesamtabweichung} &= \text{Istkosten} - \text{Plankosten} \\
&= (\text{Istkosten} - \text{Sollkosten}) + (\text{Sollkosten} - \text{Plankosten}) \\
\Delta G &= (IK - SK) + (SK - PK) \\
&= \text{Kostenvarianz} + \text{Leistungsvarianz}.
\end{aligned}
$$

Die Kostenvarianz zeigt, ob bezüglich des erreichten Projektstandes mehr oder weniger Kosten angefallen sind. Es ist ein Maß für die *Wirtschaftlichkeit*. Die Leistungvarianz zeigt die Abweichung bezüglich der erreichten Leistungen und gibt damit Auskunft über die *Terminsituation*. Die zeitlichen Verläufe lassen sich schön in einem sogenannten *Cost and Schedule Performance Chart* darstellen (siehe Abb. 8.8).

Die Plankosten $PK(t)$ im Zeitablauf bedingen eine präzise Voraussicht der Lieferungen auf dem Zeitstrahl und deren Kosten. Die Kurven zeigen also die Abweichungen der Leistungen und ihrer Kosten, voneinander getrennt. Die Darstellung impliziert, wie schon gesagt, dass die geplante Leistung erbracht wird, wobei sie die Abweichungen von Kosten und Terminen vorwegnimmt.

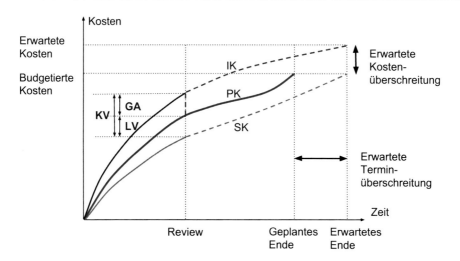

Abb. 8.8 Cost and Schedule Performance Chart. KV: Kostenvarianz, GA: Gesamtabweichung, LV: Leistungsvarianz. Siehe Franzetti (1992, 46) und Babcock (1992, 322)

8.6 Agile Methoden

„Agil" bedeutet soviel wie beweglich, wendig, flexibel und auch geschickt. Damit ist eine maximaler Kontrast zu den Planmethoden geschaffen. Diese zeichnen sich durch Beharrlichkeit und Plantreue aus. Das Agile Manifest definiert die Agilität auch im Gegensatz zur Planmethode wie folgt:

1. Individuen und Interaktionen haben Vorrang vor Prozessen und Werkzeugen.
2. Funktionsfähige Produkte haben Vorrang vor ausgedehnter Dokumentation.
3. Zusammenarbeit mit dem Kunden hat Vorrang vor Vertragsverhandlungen.
4. Das Eingehen auf Änderungen hat Vorrang vor strikter Planverfolgung.

Agiles Projektmanagement hinterfragt Rollen, Prozesse und Projektpläne des klassischen Projektvorgehens. Stattdessen legt es Wert darauf, Stakeholder während des gesamten Projekts intensiv einzubeziehen und ihnen regelmäßig Ergebnisse zu liefern. Es heißt Änderungen willkommen, weil sich nur so die besten Resultate liefern lassen. Vor allem Anforderungen, die diese ständige Entwicklung und Veränderung spiegeln, spielen hier eine wesentliche Rolle.

Die Umsetzung der Vision in das fertige Produkt erfolgt nicht durch die Aufstellung möglichst detaillierter Lasten- und Pflichtenhefte (Wikipedia, 2022b). Es werden die Anforderungen in Form von Eigenschaften aus der Anwendersicht als Listen formuliert. Die Liste dieser Anforderungen ist das Product Backlog. Die Anforderungen werden Zug um Zug in

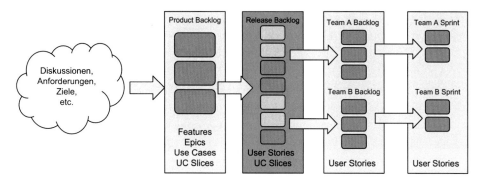

Abb. 8.9 Das Haupttool der Agilen Methode, das Backlog

ein bis vier Wochen langen Intervallen, sogenannten „Sprints", umgesetzt. Am Ende eines Sprints steht die Lieferung eines fertigen Teilprodukts („Product Increment"). Dieses sollte in solch einem Zustand sein, dass es an den Kunden ausgeliefert werden kann (*potentially shippable product*). Im Anschluss an den Zyklus werden Produkt, Anforderungen und Vorgehen überprüft und im nächsten Sprint weiterentwickelt.

Anforderungen ändern sich im Zeitverlauf. Deswegen haben sich in den vergangenen Jahren agile Projektmanagement-Methoden entwickelt und deswegen arbeiten diese mit anderen Hilfsmitteln: den Backlogs.

In Abb. 8.9 findet man vier Backlog-Sprints verschiedener Objekte:

- Features,
- Epics: großes Arbeitspaket mit mehreren Stories,
- Use Cases,
- Use Case Slices: vertikaler Querschnitt,
- Stories: kleinste Arbeitseinheit,
- Sprints: Iterationen einer Story.

Product Backlog: Es sammelt Anforderungen, die die Software erfüllen muss. Das können zum Beispiel Funktionalitäten sein, die das Team implementieren soll. Man bedient sich sogenannter User Stories, um sie aus der Sicht der Zielgruppe zu beschreiben. Anforderungen werden priorisiert und nach relativem Aufwand und Geschäftswert geschätzt. Es ist das Herz der Entwicklung.

Release Backlog: Anforderungen werden den Releases zugeordnet und nach einer gewissen Anzahl Sprints wird ein Release freigegeben.

Team Backlogs: Sind mehrere Entwicklerteams an der Arbeit, denn werden die Anforderungen zugeteilt, sodass pro Team ein eigener Backlog entsteht.

Sprint Backlog: Das Team wählt aus dem Product Backlog die User Stories mit den höchsten
   Prioritäten aus und schätzt ab, ob sie sich im typischen Sprintzeitraum realisieren lassen.
   Wenn eine User Story zu umfangreich ist, wird sie in kleinere Aufgaben (Tasks) aufgeteilt.

Umfangreiche Projekte erzeugen auch umfangreiche Backlogs. A priori ist nicht klar, welche
Anforderungen am wichtigsten sind oder wo sie relativ zu anderen stehen. Daher sollten
Methoden eingesetzt werden, um eine Priorisierung zu erreichen. Zur *Priorisierung* hat sich
das sogenannte MoSCoW-Prinzip bewährt. Für umzusetzende Funktionalitäten gilt:

Mo Must: Must-Have-Funktionalitäten, die umgesetzt werden müssen,
S Should: Funktionalitäten, die nach den Must-Haves umgesetzt werden,
Co Could: Funktionalitäten, die umgesetzt werden können, wenn sie keine Must-
   Haves oder Should-Funktionen damit beeinträchtigen und
W Won't: Funktionalitäten, die erst einmal nicht umgesetzt werden.

Der Product Owner passt zusammen mit den Entwicklern das Product Backlog und die Prio-
risierungen immer wieder an, um den aktuellen Umständen und Wünschen der Auftraggeber
gerecht zu werden.

   Die agile Methode wird von den Issue-Management-Systemen (siehe Abb. 14.2), wie
etwa Jira, bestens unterstützt, die auch Statistiken zum Verlauf von abgeschlossenen Issues,
hier dann Stories oder Sprints, produzieren. Abb. 8.10 zeigt einen Report eines Issue-
Management-Systems, in dem man die neu eröffneten Stories oder Sprints eines Backlogs
mit den gelösten vergleichen kann.

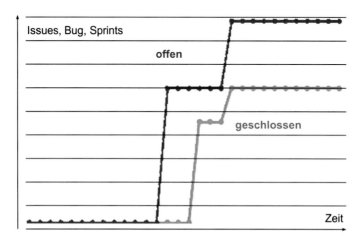

Abb. 8.10 Beispiel eines Verlaufs eines Backlogs in Issue-Tracking-Systemen wie Jira. Es sind in
30 Tagen sechs neue Issues eröffnet und deren vier gelöst worden

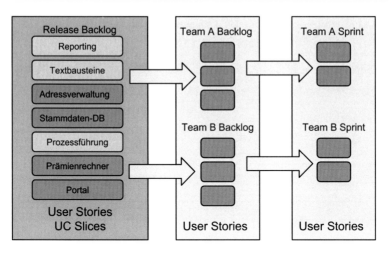

Abb. 8.11 Beispiel Backlog

Beispiel 8.6.1 (Ersatz Legacy-System). Eine Versicherung will ein veraltetes, ungenügend dokumentiertes System phasenweise ersetzen. Die Funktionalitäten des Systems werden „explodiert" und zu Modulen zusammengefasst und in das Backlog zur Abarbeitung eingebracht. Im Verlauf der Entwicklung werden neue Kundendienste geplant und ebenfalls im Backlog gestapelt. Die Abb. 8.11 zeigt die Aufstellung. △

8.7 Open Source

Als Open Source, „offene Quelle", wird Software bezeichnet, deren Quelltext unter Maßgabe von spezifischen Lizenzbedingungen öffentlich geladen, geändert und unentgeltlich genutzt werden kann.

Aus Marketinggründen wurde der Begriff eingeführt. Die ältere Bewegung der freien Software hatte Mühe, sich von *Freeware* abzugrenzen. Bei solch augenscheinlich ethischen Angeboten stecken immer streitbare Individuen dahinter, wie z. B. Richard Stallman, Gründer der *Free Software Foundation* und Entwickler des GNU-Betriebssystems, das zusammen mit dem Linux-Kern häufig einfach Linux genannt wird (anstatt GNU/Linux). Ob die Software nun nur quelloffen oder frei ist, hängt von den Lizenzmodellen ab. Stallman wollte die größtmögliche Freiheit unter Beachtung von sozialethischen Aspekten. Seine als GPL bekannte Lizenz verpflichtet die Nutzerin, ihre Weiterentwicklung oder Anwendung ebenfalls unter dieser Lizenz freizugeben. Das ist natürlich für Entwickler unter einem kommerziellen Gesichtspunkt wenig attraktiv. Dennoch sind die größten Projekte unter GPL lizenziert, z. B. Linux, C++-Compiler, MySQL-Datenbanken usw.

Tab. 8.2 Die größten Open-Source-Projekte (Quelle: Battery 2017)

Rang	Projekt	Leader
1	Linux	Red Hat, Ubuntu
2	Git	GitHub
3	MySQL	Oracle
4	Node.js	NodeSource
5	Docker	Docker
6	Hadoop	Cloudera
7	Elasticsearch	Elastic
8	Spark	Databricks
9	MongoDB	MongoDB
10	Selenium	Sauce Labs

Aus der akademischen Welt, wo entwickelte Software vom Steuerzahler finanziert wurde, ist die BSD-Lizenz benannt nach der Berkeley Software Distribution, einer Unix-Variante von der Uni Berkeley. Hier wird, einfach gesagt, nur ein Vermerk zum Copyright und zur Garantie gemacht. Die Software kann beliebig verwendet, verändert, eingebaut und auch kommerziell weitergegeben werden. Dieses Modell ist die Antithese zu GPL, immer plakativ gesprochen. Unternehmen, die Open-Source-Software verwenden, sollten die Lizenzen genau kennen.

In der Tab. 8.2 sehen wir die größten Open-Source-Projekte nach wirtschaftlichem Wert. Linux ist alleine im zweistelligen Milliarden USD-Bereich. Hier nicht aufgeführt ist der Apache-Webserver, der weltweit rund 70 % aller Webserver darstellt. Zusammen mit Linux, MySQL und PHP macht er den LAMP-Stack aus. Die meisten Sprachen und ihre Compiler oder Interpreter sind frei, wie etwa `Java`, `PHP`, `Ruby`, `Python`, aber auch `HTML`. Ohne diese freien Komponenten wäre das Internet von heute nicht vorstellbar. Neben GNU/Linux ist auch Android ein Open-Source-Projekt.

Die Tabelle zeigt auch, dass Open Source das ganze Spektrum von persönlichen Tools bis zur unternehmerischen Infrastruktur beherrscht.

Das Entwicklungsmodell ist auf freiwilliger Kollaboration aufgesetzt. Es können einzelne Personen, Gruppen oder auch Unternehmungen teilnehmen. Große Unternehmungen wie IBM, Oracle usw. sind in Open-Source-Projekte involviert. Das Projekt muss folgende vier Bereiche effizient abdecken:

- Organisatorischer Aufbau,
- Entscheidungsfindung,
- Code-Integrationsprozess,
- Release-Management.

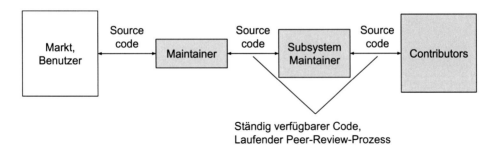

Ständig verfügbarer Code,
Laufender Peer-Review-Prozess

Abb. 8.12 Open-Source-Entwicklungshierarchie. Der organisatorische Aufbau ist hierarchisch mit Verantwortlichkeiten der Integration von Teilen. Die Contributors schreiben den Code, der von den Maintainern verwaltet wird

Die Maintainer führen das Projekt in einer nach Teilsystemen organisierten Hierarchie (siehe Abb. 8.12).

Das Release-Management, die Zur-Verfügung-Stellung des Codes, stellt die Software in verschiedenen Zuständen dar. Typischerweise sieht ein solcher Lebenszyklus z. B. folgende Zustände vor:

- Pre-patch, Nightly Builds für Entwickler,
- Mainline, Release Candidate,
- Stable, Official Release, mit Bug-Fixes,
- Longterm,
- Archivierung.

Für Software-Unternehmen, die ein starkes Interesse an einer Lösung eines Problems haben, das weder exklusiv noch für das Projekt alleinstellend ist, stellt Open Source eine günstigere, schnellere und sicherere Option der Entwicklung dar. Da mit Open Source direkt kein Geld verdient wird, gibt es kommerzielle Unterstützung durch Beratung.

Für Unternehmen, die Open-Source-Software einsetzen, sind die fachlichen Anforderungen an die interne IT meist höher als bei Gesamtpaketen, weshalb auch externe Hilfestellungen verwendet werden.

Open-Source-Software ist potenziell durch Einbau von copyright-geschütztem Code durch die Contributors gefährdet. Dessen Abwehr ist auch Aufgabe des Managements der Projekte.

Die Entwicklung von Open-Source-Software ist im Idealfall äußerst agil mit häufigen Releases. Neben Quellcode werden auch kompilierte ausführbare Elemente für die Betriebssysteme angeboten.

8.8   Diskussion

Die agile Methode hat klare Vorteile den Planverfahren gegenüber, was die Erreichung der Funktionalitäten betrifft. The Standish Group, eine Beratungsunternehmung im Bereich von IT-Projekten, erhebt periodisch die Erfolgsquoten der Verfahrensmodelle. Das erste, was verblüfft, ist die Tatsache, dass die Erfolgsquoten stabil bleiben in der Zeit, also keine Verbesserung stattfindet. Zum anderen liegen die Quoten enorm niedrig. Die agile Methode schlägt den Wasserfall in allen Größenordnungen von Projekten (siehe Tab. 8.3).

Das Führen von agilen IT-Entwicklungen ist in gewissen Firmen, z. B. in Bundesagenturen oder bei staatlichen Leistungserbringern, kaum möglich. Die Regierungen sind von den Beschaffungsrichtlinien bei der Vergabe gebunden. Einige Staaten, die USA – die US-Regierung ist der größte Auftraggeber weltweit – und Großbritannien, haben die agilen Methoden klar als wünschenswert benannt. Die traditionellen Vergabegesetze hingegen möchten nach objektiven Kriterien den besten Anbieter auswählen. Dazu definieren sie klassischerweise ein detailliertes Lastenheft[1], in dem die zu liefernde Leistung genauestens beschrieben ist. Bei einem langjährigen Projekt bekommt man im besten Fall, was man Jahre zuvor als Ziel festgelegt hat. Dies erzwingt man, indem man stur am Plan festhält.

Anderseits ändern sich in der IT die Möglichkeiten und Anforderungen immer schneller. Somit führt ein effizientes Projekt fast zwangsweise zu einem suboptimalen Ergebnis (siehe Abb. 8.13).

Tab. 8.3 Erfolgsquote nach Verfahrensmodell (Quelle: Standish Group, 2015). Die Zahlen sind über die Größe der Projekte aggregiert. Je umfangreicher eine Projekt, desto geringer die Erfolgsaussichten

Verfahrensmodell	Erfolgreich	Kritisch	Gescheitert
Agil	39 %	52 %	9 %
Wasserfall	11 %	60 %	29 %

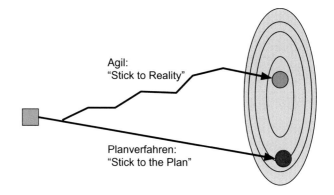

Abb. 8.13 Die Planmethode lebt und stirbt mit der Einhaltung des Plans. Idealerweise erreicht man das ursprüngliche Ziel, das nach langer Entwicklung immer noch gültig sein sollte. Die agile Methode vollführt sogenannte „Sprints", die einem veränderlichen Ziel näher kommen sollen

Agil:
"Stick to Reality"

Planverfahren:
"Stick to the Plan"

---

[1] Im Deutschen wird zwischen Lastenheft (des Auftraggebers) und Pflichtenheft des Anbieters unterschieden. In der Schweiz nennt man das Lastenheft Pflichtenheft oder Cahier de charge.

Ein Bericht des britischen Unterhauses hält als Hauptschwierigkeiten, agile Methoden im öffentlichen Beschaffungswesen zu verwenden wie folgt fest (House of Commons, 2011)[2]:

> Vorgaben Der aktuelle Genehmigungsprozess sucht nach einer detaillierten Spezifikation als Zeichen, dass ein Projekt gut durchdacht wurde. Aber solche Spezifikationen werden normalerweise nicht für die agile Entwicklung erstellt, da sich die Spezifikation im Laufe der Projektentwicklung ändern wird.
>
> Wirtschaftlichkeit Die Bevorzugung von Verträgen mit festem Preis, die zu einer bestimmten Lösung führen, verstärkt die Tendenz beider Seiten, vorab eine hohe Detailgenauigkeit zu verlangen.
>
> Kulturelle Probleme Zurückhaltung bei der Delegation und Zuweisung hoher Verantwortung auf untere Ebenen der Organisation, zusätzlich zu einer generellen Scheu vor Veränderungen innerhalb der Behörden.

Abb. 8.14 zeigt schematisch die Schwerpunkte der zwei Methodenklassen. Die drei Ziele des magischen Dreiecks sind nach eher fest und eher variabel geordnet. Das japanische Sprichwort: „Wer zwei Hasen jagt, lässt den einen laufen und den anderen verliert er" legt es nahe. Mehrere Ziele erfolgreich zu erreichen, ist illusorisch. Auch hier zeigt sich der Unterschied zum Hausbau. Fast immer wird das Gebäude fertiggestellt, wobei Termine und Kosten angepasst werden müssen. Bei der agilen Methode verbessern sich tendenziell die Teilleistungen, bis die Ressourcen erschöpft sind.

Die Schweizer Bundesverwaltung benutzt seit 1978 das Phasenmodell „Hermes", in der letzten Fassung „auch mit Agile", die Bundesrepublik Deutschland verwendet ein Phasenmodell „V-XT", XT für *Extreme Tayloring*. Die letzte Version unterstützt auch bis zu einem bestimmten Grad „Agile". Dabei stehen Prototypen im Vordergrund.

Da die Bürger ein Anrecht auf Rechenschaft zur Verwendung ihrer Steuergelder haben, erscheinen nur die negativen Beispiele in den Medien. Dennoch ist die geringe Zielerreichung eklatant und eine Korrelation zur verwendeten Methodik höchstwahrscheinlich nicht von der Hand zu weisen.

Beispiel 8.8.1 (Gescheiterte Projekte). Tab. 8.3 besagt, dass es zwischen erfolgreich und gescheitert einen großen Bereich gibt, der als kritisch bezeichnet wird. Darin finden sich die

---

[2] **Governance issues:** The current approval process looks for a detailed specification as a sign that a project has been properly thought out, but such specifications are not normally produced for Agile development as the specification is expected to change as the project develops; **Commercial processes:** A preference for fixed price contracts to deliver a particular solution reinforces the tendency for both sides to demand a high level of detail up-front; **Cultural issues:** A reluctance to delegate and assign high levels of responsibility at lower levels of the organisation, in addition to a more general wariness of change from inside Government.

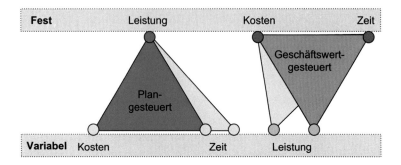

Abb. 8.14 Die beiden Methoden im Vergleich der Schwerpunkte der drei magischen Dimensionen. (Quelle: microtool.de)

Tab. 8.4 Das Bimodalmodell von Gartner, 2015. „Ceremony" bedeutet viel Dokumentation und Formalismus, IID steht für Iterative and Incremental Development

	IT-Industrieansatz	Digitalisation
	Traditionell und sequenziell	Explorativ, nichtlinear
Sinnbild	Marathonläufer (Samurai)	Sprinter (Ninja)
Ziel	Verlässlichkeit	Agilität
Ansatz	Wasserfall, V-Modell, „high ceremony IID"	Agile, Kanban, „low ceremony IID"
Steuerung	Plangeleitet, freigabebasiert	Empirisch, kontinuierlich, prozessbasiert
Kultur	IT-zentrisch, entfernt vom Kunden	Geschäftszentriert, nahe am Kunden
Periode	Lang: Monate	Kurz: Tage, Wochen
Wert	Kosten pro Leistung	Ertrag, Marke, Kunden

Projekte, die nicht in der Zeit oder im Budget waren oder die Leistungsziele verfehlt haben. Somit ist die Bezeichnung „gescheitert" bis zu einem gewissen Grad auch Ansichtssache.

Dennoch kann man klare Fehlleistungen benennen. Dies sind in Deutschland unter vielen anderen zwei Projekte, die eindeutig gescheitert sind:

• FISCUS (Föderales Integriertes Standardisiertes Computer-Unterstütztes Steuersystem) – 400 Mio. EUR,
• RobasO (Rollenbasierte Oberfläche) der Bundesagentur für Arbeit – 60 Mio. EUR. △

Gescheiterte Projekte sind nicht auf einzelne Länder beschränkt, sondern sind überall zu finden.

Beispiel 8.8.2 (Zielerreichung). Die NZZ vom 21.11.2014 schreibt:

> „116 Mio. Franken wurden mit dem Informatik-Projekt Insieme in den Sand gesetzt. Entsprechend gespannt wurde der Untersuchungsbericht der Arbeitsgruppe (…) erwartet.
>
> Die Liste der Verfehlungen der involvierten Akteure ist lang. Sie reicht von unklaren Zuständigkeiten über die mangelhafte Dokumentierung bis zum bewussten Nichteinhalten von Regeln und Vorgaben, sei es bei der Beschaffung oder beim Projektmanagement."

Die Schlüsse sind: mehr vom Gleichen, d. h. mehr Kontrolle, mehr Plantreue. Dass die Methode hinterfragt würde, ist nicht bekannt.   △

Die agilen Methoden sind rund 15 Jahre alt. Viele Mitglieder der obersten Führungsebene kennen sie nicht. Dafür haben sie sicher schon die Planverfahren kennengelernt und vor allem die grafischen Terminpläne („Gantt-Charts") in Erinnerung, sei es aus dem IT-Bereich, sei es beim Hausbau. Deshalb steht ein Projektmanager, der agil arbeitet, vor dem Dilemma, diese Entscheider mit modellfremden Reportinggrößen zu bedienen oder zu versuchen, diese Gremien in die Methodik einzuführen. Dies ist ein weiterer kultureller Stolperstein (Tab. 8.4).

Fazit: Das Durchführen von IT-Projekten, oder Entwicklungsprojekten generell, braucht die richtige Methode und die richtigen Leute. Diese müssen die erfahrensten, flexibelsten und motiviertesten sein. Man kann nicht fehlende Intelligenz oder Wissen durch Methodik (oder Berater) ersetzen. Es braucht auch Leute, die gewillt sind, die Ziele zu erreichen.

Quiz zu Kap. 8

Quiz

Und hier die Fragen.

1. Welche Elemente bilden das magische Dreieck der Projekte?
2. Welche zwei Klassen von Verfahrensmodellen kennst Du?
3. Wofür steht PSP und was bedeutet es?
4. Welchen Zusammenhang zwischen Beschaffungswesen und Verfahrensmodell gibt es?
5. Ein Projekt hat eine positive Kostenvarianz und eine negative Leistungsvarianz. Wie ist das Projekt zu beurteilen?
6. Was ist ein Backlog und zu welchem Modell gehört es?
7. Wieso hat die Kultur einen Einfluss auf die Wahl der Verfahrensmodelle?
8. Was heißt Agilität?
9. Wie schnell sollte bei agilem Entwickeln ein Inkrement erzeugt werden?
10. Welches Verfahren würdest Du für die IT-Entwicklung eines Start-ups wählen?

Literatur

Babcock, D. (1992). *Managing engineering and technology: An introduction to management for engineers*. Simon & Schuster.

Becker, M., Haberfellner, R., Pasternak, R., & Grünwald, S. (2013). *IT-Wissen für Anwender: Das Informatik-Handbuch für die Praxis*. Orell Füssli.

Franzetti, C. (1992). *Ansätze zum Controlling von Forschungs- und Entwicklungsprojekten – Grundlagen und praktische Anwendungen*. Master's thesis, Hochschule St. Gallen für Wirtschafts-, Rechts- und Sozialwissenschaften, St. Gallen.

House of Commons. (2011). *Twelfth Report: Government and IT – A Recipe For Rip-Offs: Time For A New Approach*. Technischer Bericht, House of Commons, UK Parliament, Public Administration Committee, London.

Kitson, N., Ravisanskar, R., & Soudamini, R. N. (2012). *Managing chaos: Unstructured processes and dynamic BPM*. Technischer Bericht, Cap Gemini, Paris.

Madauss, B. (1984). *Handbuch Projektmanagement: Mit Handlungsanleitungen für Industriebetriebe, Unternehmensberater und Behörden*. Schäffer-Poeschel.

Riedl, J. (1990). *Projekt-Controlling in Forschung und Entwicklung: Grundsätze, Methoden, Verfahren, Anwendungsbeispiele aus der Nachrichtentechnik*. Springer.

Snowden, D. J., & Boone, M. E. (2007). A leader's framework for decision making. *Harvard Business Review, 85*(11), 68–76.

Thome, R., & Papay, C. J. (2011). *Zukunftsthema Geschäftsprozessmanagement*. Technischer Bericht, PriceWaterhouseCoopers AG, Frankfurt a. M.

Wikipedia. (2018). Cynefin-Framework – Wikipedia, Die freie Enzyklopädie. Zugegriffen: 24. Aug. 2022.

Wikipedia. (2022b). Projektstrukturplan – Wikipedia, Die freie Enzyklopädie. Zugegriffen: 24. Aug. 2022.

Wikipedia. (2022d). Scrum – Wikipedia, Die freie Enzyklopädie. Zugegriffen: 24. Aug.

IT-Organisation

9

Eine alte Weisheit von Alfred Chandler lautet: „Structure follows Strategy", oder deutsch: Die Organisation leitet sich aus der Strategie ab. Was ist nun eine Strategie? Nach Chandler (1962, 13):

> „Strategy is the determination of the basic, long-term goals and objectives of an enterprise, and the adoption of courses of action and the allocation of resources necessary for those goals."

Die Elementarteilchen sind also: Ziele, Maßnahmen und Ressourcen.

In einer Unternehmung kann die Bedeutung der IT aus systembedingten Aspekten stark variieren: Eine Fluglinie und eine Pharmaunternehmung haben andere Anforderungen. Dennoch hängt die IT entscheidend von der Strategie ab. Wir wollen im Folgenden drei typische Ausprägungen der IT darstellen, nämlich die Rollen (1) Unterstützungsfunktion, (2) Erfolgsfaktor und (3) „Disruptor". In dieser Reihenfolge steigt die Bedeutung der IT für eine Unternehmung. Gartner, ein bekanntes IT-Beratungsunternehmen, verfasste den Slogan, dass heutzutage jede Unternehmung eine IT-Unternehmung sei. Daraus kann man nicht ableiten, dass solche Firmen sich nicht ändern müssten.

9.1 Strategie der IT

Eine ernstzunehmende Strategie muss Ziele für die IT definieren, resp. aus den Unternehmenszielen ableiten. Somit sind die drei Ausprägungen als Hausmarken zu verstehen. Die Menge und Qualität der benötigten Ressourcen ist ebenfalls unterschiedlich.

© Springer-Verlag GmbH Deutschland, ein Teil von Springer Nature 2023
C. Franzetti, *Essenz der Informatik*,
https://doi.org/10.1007/978-3-662-67154-2_9

9.1.1   IT als Unterstützungsfunktion

Die Beziehung zwischen IT und ihren kommerziellen oder technischen Benutzern wird auch in Analogie zum Paartanz dargestellt. Eine Seite muss die andere auffordern, allenfalls den Tanzstil festlegen und den Partner koordinieren, genannt „führen". „It takes two to tango" soll heißen, zwei Seiten müssen mitmachen, damit etwas herauskommt.

Stellt die Strategie die Effizienz der kommerziellen Abwicklung in den Vordergrund, so ist die IT der Tanzpartner, der vom „Business" geführt wird. Sie unterstützt die kommerziellen Geschäftsfelder, die bestimmen, welche Art von Unterstützung benötigt wird. Logischerweise erarbeiten sie die Pläne, die in den Budgets ihren Niederschlag finden. Die IT ist Auftragsempfänger und firmeninterner Dienstleister.

Da sich die IT stark ändert in der Zeit, also eine hohe Dynamik aufweist, ist die betriebliche IT-Abteilung ein natürlicher „Gatekeeper", also Pförtner, für Technologie und Innovation. Diese Rolle muss von den kommerziellen Geschäftsbereichen übernommen werden.

Firmen, die diese Ausrichtung aufweisen, verfügen meist nicht über einen „Chief Digital Officer" und der Leiter der IT ist hierarchisch einem Geschäftsleitungsmitglied unterstellt, der sich mit Ressourcen beschäftigt, also Finanzen, Personal und IT.

9.1.2   IT als Erfolgsfaktor

Bei dieser Zielrichtung werden die Möglichkeiten der IT konsequent ausgeschöpft, die Kunden besser zu bedienen und an sich zu binden, mehr Produkte zielgruppengerecht zu entwickeln und anzubieten, Märkte und Kanäle konsequent durch die IT-Brille zu entwickeln.

Die Erfolgsfaktoren hierfür sind z. B.:

- mehr Flexibilität in Produktion und Vertrieb sowie Steigerung von Produktivität und Innovationskraft bei gleichzeitiger Verkürzung der Time-to-Market,
- Vernetzung und Bildung von Plattformen,
- Effizienzsteigerung durch konsequenten IT-Einsatz.

Um diese Erfolgsfaktoren zu heben, ist es in den meisten Unternehmen nicht mehr getan mit den gängigen Restrukturierungs- oder Effizienzsteigerungsmaßnahmen. Stattdessen bedarf es in den allermeisten Fällen einer tief greifenden Transformation über die gesamte Wertschöpfungskette und Geschäftsprozesse. Der IT kommt bei derartigen Transformationsvorhaben eine erfolgskritische Rolle als „Enabler" zu. Um dieser Rolle gerecht werden zu können, muss nicht zuletzt die IT selber weiterentwickelt werden.

Der Stellenwert der IT ist wesentlich höher als im Unterstützungsmodus. Bei der Konzipierung der Geschäftsstrategie ist die IT substantiell beteiligt, gibt mögliche Ziele vor und bewertet Geschäftsziele aus der IT-Warte. Ein Chief Information Officer ist Mitglied der Geschäftsleitung.

9.1.3   IT als Disruptor

Wer die IT, und speziell neue Möglichkeiten derselben, als „Disruptor" und als zerstörerische Hand des Bestehenden und Ersatz durch etwas ganz anderes versteht, bietet der Unternehmung ein alternatives Geschäftsmodell an. Die Unternehmung erkennt einen Paradigmenwechsel und entwickelt die Alternative für den Fall, dass das alte Modell ausläuft. Für eine bestimmte Zeit werden die beiden Ansätze koexistieren müssen und damit leben, dass sie miteinander in Wettbewerb stehen.

Es wird bis zu einem bestimmten Maß eine Frage der Ressourcen sein, wie sich dieser Wettlauf entwickelt. Es ist aber klar, dass das neue Unternehmen auf die agilen Methoden der IT setzen muss, um innerhalb nützlicher Fristen ein minimal lebensfähiges Produkt („minimal viable product") anbieten zu können.

Die althergebrachten Projekte und Programme werden durch digitale Produkte ersetzt, die von einem Champion vorangetrieben werden und die sich zur Vernetzung eignen. Die Arbeitsweise ist ausschließlich agil, sogenannte Planverfahren sind überholt. Produkte sind kontinuierlich in Weiterentwicklung.

Häufig klafft eine riesige Lücke zwischen Anspruch (und Rhetorik) und Wirklichkeit. Viele Top-Manager möchten gerne als Innovatoren und Disruptoren auftreten, sind dann aber in Wirklichkeit dem Modus „Unterstützung" verhaftet. Es gilt das Wort von Niccolò Machiavelli, das am Anfang des Buches zitiert wird.

9.2   Management der Informationssysteme

Mit Informationssystem als Oberbegriff sind verschiedene Typen gemeint, die häufig als Kombination in Unternehmungen anzutreffen sind. Wir sehen folgende Unterscheidung:

- Transaktionsverarbeitung,
- Büroautomation,
- Kommunikationssysteme,
- Expertensysteme,
- Führungsinformationssysteme.

Für technische Firmen oder Softwarefirmen kommen noch Entwicklungssysteme und technische Steuerungen hinzu.

Das Management von Informationssystemen wiederum kann man sich, je nach Management-Modell, auf fünf Ebenen vorstellen. Diese sind:

- Konzept: grobe, langfristige Vorgehensweise;
- Architektur: Daten, Funktionen, Organisation;
- Portfolio: Reihenfolge der Projekte, Migrationsplan, Ressourceneinsatz etc.;
- Projekte: Ausführung einzelner Vorhaben;
- Betreuung: Änderungsmanagement, Schulung, Support.

Zu Betrieb, Erhalt und Entwicklung des Managements eines Informationssystems bedarf es noch der ausführenden Organe. Diese sind typischerweise drei, nämlich:

- Fachbereiche,
- Stellen des IT-Bereichs, zentral oder dezentral und
- Ausschüsse.

Wie im Konkreten das Management abläuft, hängt von sehr vielen Faktoren ab, wie z. B. der Größe der Unternehmung, der Strategie, den vorhandenen Ressourcen und Fähigkeiten etc. Deshalb möchten wir nicht über diese paar Tupfer hinausgehen, denn sonst kommt man schnell ins Fahrwasser der Managementtheorien und Glaubenssyteme. Aber es gibt mehrere Modelle für die Erbringung von IT-Dienstleistungen. Da IT auch ein Thema für die Wirtschaftsprüfung ist, vereinfachen Vorlagen das Leben der IT-Führung. Im nächsten Kapitel gehen wir etwas tiefer diesem Thema nach.

Großunternehmen, wie internationale Banken, weisen meist ein sehr heterogenes Portfolio von Systemen und Applikationen auf. Zum einen müssen sie enorme Anstrengungen unternehmen, um den Weiterbetrieb und die bestehenden Funktionen aufrecht zu erhalten. Diese sogenannten Legacy-Systeme verbrauchen den größten Teil der Ressourcen. Es dürfte sich um rund 80 % der Budgets handeln und mehrere Milliarden Euro oder Franken umfassen. Das Neue, das den Fortbestand des Geschäfts garantieren soll, ist meist viel kleiner dotiert.

Das Alte und das Neue unterscheiden sich zum Teil massiv in der Art und Weise, wie sie ausgeführt werden. Neues muss mit agilen Verfahren (siehe Abschn. 8.5) entwickelt werden mit unerprobten Technologien, z. B. Blockchain. Das bedingt häufig eine Trennung zwischen Legacy-Betreuung und Entwicklung.

9.3   IT-Service-Management

Im vorausgegangenen Kapitel haben wir die betriebliche IT vom obersten Unternehmensstandpunkt, oder bei großen Firmen vom divisionalen Standpunkt betrachtet. Der IT-Verantwortliche muss unmittelbar seinen internen und mittelbar den Firmenkunden Dienste oder Services anbieten, die von diesen (virtuell) bezahlt werden. Alle Firmenteile operieren unter dem Regime knapper Ressourcen. Dies führt zu einer priorisierten Allokation der Mittel, was sich in sogenannten Service-Level-Agreements, also Vereinbarung von Diensten, zeigt.

Für die Funktion IT sind ein paar konzeptionelle Rahmenmodelle entworfen worden, um der IT-Werkzeuge zur Beherrschung der Aufträge zu vereinfachen. Oder anders ausgedrückt: Methoden, die nötig sind, um die bestmögliche Unterstützung von Geschäftsprozessen durch die IT-Organisation zu erreichen. Die bekanntesten Methoden sind:

- ITIL (IT Infrastructure Library),
- Cobit (Control Objectives for Information and Related Technology) und
- FitSM (Fit Service Management).

Das letztgenannte ist ein Leichtgewicht, einfacher, überschaulicher und eher für kleinere Firmen gedacht[1]. Es handelt sich um ein EU-Projekt. ITIL hingegen gilt für große Firmen als Quasi-Standard. Wir wählen das kleine Modell als Illustration. In Abb. 9.1 sind die vier, resp. sieben, Elemente des Rahmenwerks aufgezeigt.

Der IT-Verantwortliche muss gemäß FitSM die folgenden 14 Managementprozesse führen, die eine gute Struktur für die praktische Umsetzung abgeben. FitSM wird in den Unterlagen als Prozessmodell bezeichnet (M. steht für Management):

1 Service Portfolio M.	8 Supplier Relationship M.
2 Service Level M.	9 Incident & Service Request M.
3 Service Reporting M.	10 Problem M.
4 Service Availability & Continuity M.	11 Configuration M.
5 Capacity M.	12 Change M.
6 Information Security M.	13 Release & Deployment M.
7 Customer Relationship M.	14 Continual Service Improvement M.

Wir wollen hier nicht alle Elemente weiter beschreiben. Ein paar Worte zu drei herausgepickten Prozessen: *Configuration Management* erstellt und pflegt ein logisches Modell aller *Konfigurationselemente* und ihrer Beziehungen und Abhängigkeiten. Diese Elemente sind solche, die zur Bereitstellung eines oder mehrerer Services oder Servicekomponen-

---

[1] http://fitsm.itemo.org/, abgerufen am: 1. November 2018.

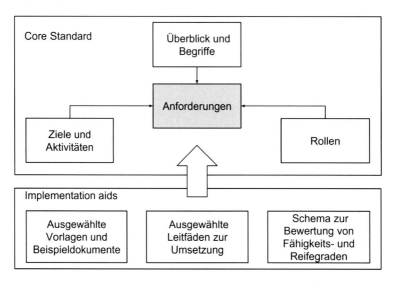

Abb. 9.1 Überblick FitSM

ten beitragen. Beispiele sind: Computer-Hardware, Netzkomponenten, Software, aber auch Dokumente wie Service-Level-Agreements, Betriebshandbücher, Lizenzdokumentation etc.

Change Management soll sicherstellen, dass Änderungen an Konfigurationselementen in kontrollierter Weise geplant, genehmigt, implementiert und überprüft werden, um nachteilige Auswirkungen auf Services oder Kunden zu vermeiden.

Das *Release & Deployment Management* fasst Änderungen an einem oder mehreren Konfigurationselementen zu Releases zusammen, sodass diese Änderungen gemeinsam getestet und anschließend in die Live-Umgebung ausgerollt werden können.

Der Anwendungsteil umfasst 16 allgemeine Anforderungen an ein Service-Management-System, unterteilt in 7 Kategorien, sowie 69 prozessspezifische Anforderungen, unterteilt in 14 Kategorien gemäß FitSM-Prozessmodell.

Die generischen Rollen im Modell sind: (1) Service Management System owner, (2) SMS manager, (3) Service owner, (4) Process owner, (5) Process manager, (6) Case owner und (7) Mitarbeiter des Prozesses.

Das mitgelieferte Bewertungsmodell für die Anforderungen kategorisiert die Aufgaben oder Aktivitäten als „ad hoc", „wiederholbar" und „definiert"; die Ergebnisse als „initial", „teilweise" oder „vollständig". Daraus wird dann der Reifegrad bestimmt.

Für das *Release & Deployment Management* gilt es folgende Sorgfalt walten zu lassen:

- verschiedene Umgebungen vorhalten,
- Änderungen außerhalb der Umgebungen berücksichtigen;
- Bereitstellungsprozess zwischen den Umgebungen vorsehen;

> - Bewilligungsverfahren beim Ausrollen einhalten;
> - Verweigerung des Zugangs zwischen Umgebungen.

Je nach Größe und Zielsetzung, also ob man Software selber entwickelt, sind unterschiedliche Umgebungen vorzusehen. Zudem macht es einen Unterschied, ob man eine monolithische Hauptapplikation betreiben und warten muss oder ob man eine modulare Architektur mit sehr vielen, gleichzeitig sich entwickelnden Software-Lösungen oder Konfigurationselementen berücksichtigen muss. Idealerweise sind vier Umgebungen vorhanden, nämlich:

> 1. Produktionsumgebung (production environment),
> 2. Annahmeumgebung (acceptance environment),
> 3. Testumgebung und
> 4. Entwicklungsumgebung (development environment).

Die Umgebungen sind normalerweise weder im gleichen Konfigurationszustand – softwaremäßig, aber auch bezüglich des zu unterstützenden Geschäftsprozesses. Um diese komplexe Situation zu beherrschen, ist es notwendig, eine Konfigurationsdatenbank und Versionierungssysteme zu führen.

Beispiel 9.3.1 (Deployment-Prozess). Knight Capital, ein Wertpapierhändler, betrieb acht Server, die Aktien kauften und verkauften. Im Jahr 2012 spielte die Firma eine neue Version der Software hoch, vergaß aber einen Server. Die neue Version vergab einem vorhandenen Flag eine neue Bedeutung, sodass der alte Code auf der einen Maschine in den Testmodus verfiel, der Preise zusätzlich veränderte, um den Algorithmus zu testen. In nur 45 min verlor die Firma 400 Mio. US$ und war bankrott. Der Deployment-Prozess war komplett mangelhaft. △

Quiz zu Kap. 9

Quiz

Lernkontrolle

1. Welche drei Ausprägungen der betrieblichen IT findet man in den IT-Strategien?
2. Welchen Einfluss hat die Strategie auf die Strukturen?
3. Wer ist die Einlasspforte (Gatekeeper) für Innovation bei einer IT, die nur unterstützt?
4. Was bedeutet die Disruption für die Organisation einer Unternehmung?
5. Welche Typen von Informationssystemen kennst Du?
6. Nenne ein paar von fünf Ebenen von Management für IT-Systeme?

7. Was ist ein Projekte-Portfolio?
8. Welche Organe findet man typischerweise in der betrieblichen Informatik?
9. Welche Rahmenwerke für die IT-Leistungserbringung kennst Du?
10. Wie viele Umgebungen sollte man idealerweise betreiben?

Literatur

Chandler, A. D. (1962). *Strategy and structures: Chapters in the history of the industrial enterprise.* MIT Press.

Programmierung 10

Die Programmierung, Zusammenstellen von Anweisungen, erfolgt meist in einer sogenannten Hochsprache, die dann von speziellen Maschinen-Programmen (Compiler, Interpreter) für den Computer übersetzt wird.

Wie jede Sprache umfassen Computersprachen:

- einen Wortschatz,
- eine Syntax
- und die Semantik.

Im Rahmen dieser Schrift und mit dem Zielpublikum der Benutzer kann kein Programmierkurs angeboten werden. Einen ersten und bleibenden Eindruck möchten wir aber schon vermitteln.

Programmierung ist als ein wesentlicher Baustein innerhalb der Software- oder Applikationsentwicklung zu sehen, die ja zusätzliche Elemente wie die Bedarfsaufnahme, das Testen und Einführen etc. umfasst.

Zur Begriffsbildung möchten wir noch festhalten, dass Programm und Algorithmus nicht ganz deckungsgleich sind. Es soll gelten:

Definition 13 (Algorithmus). Ein Algorithmus ist eine eindeutige, aus endlich vielen, wohldefinierten Einzelschritten bestehende Handlungsvorschrift zur Lösung eines Problems.

Definition 14 (Programm). Ein Programm ist eine Folge von Operationen oder Befehlen, die in einer für Rechner verständlichen Sprache dargestellt werden.

© Springer-Verlag GmbH Deutschland, ein Teil von Springer Nature 2023
C. Franzetti, *Essenz der Informatik*,
https://doi.org/10.1007/978-3-662-67154-2_10

Ein Programm kann einen Algorithmus beschreiben, aber auch sinnlos und ohne Ende laufen.

Definition 15 (Programmieren). Programmieren ist die Tätigkeit, die Algorithmen in Programme umzuschreiben.

Das ist vielleicht ein bisschen pingelig, aber hilft, uns besser zu verständigen. Angrenzend an den Begriff Algorithmus befindet sich *Heuristik,* ein Lösungsverfahren, das bei geringer Information ein zwar nicht optimales, doch aber brauchbares Ergebnis liefert. Für die Abstraktion und den Entwurf einer Lösung werden häufig zwei Ansätze verwendet, nämlich:

- Top-Down oder „divide et impera": Das Problem wird in Teilprobleme zerlegt, für die Lösungen gefunden werden. Diese werden dann zusammengefügt.
- Bottom-Up: Es wird von Teilproblemen und deren Lösung ausgegangen, um sie zum Gesamtproblem zusammenzusetzen.

Es existiert ein Fundus an speziellen Lösungen für viele Probleme, die man für das eigene Problem verwenden kann.

Die Erzeugung eines ausführbaren Elements folgt der Darstellung von Abb. 10.1 mit den „Artefakten" Algorithmus, Programm, ausführbares Element mit den Arbeitsschritten: Lösung erarbeiten, übersetzen und realisieren.

Beispiel 10.0.1 (Größter gemeinsamer Teiler). Ein einfaches Beispiel für einen Algorithmus ist die Methode von Euklid, den größten gemeinsamen Teiler (ggT) von zwei ganzen Zahlen zu bestimmen. Der Algorithmus geht folgendermaßen: Von der größeren Zahl zieht man sooft wie möglich nacheinander die kleinere Zahl ab bis zum Rest. (Alternativ bestimmt man den Rest der Division.) Sodann verfährt man gleich, wobei man nun die größere Zahl

Abb. 10.1 Schritte der
Problemlösung

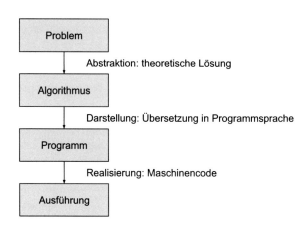

durch die kleinere ersetzt und die kleinere durch den Rest. Dies wiederholt man bis der Rest null ist. Mit Zahlen: Wir suchen den ggT von 493 und 145. Aus $493 : 145 = 3 + R58$ wird $145 : 58 = 2 + R29$ und $58 : 29 = 2 + R0$. Der ggT ist somit 29.

Hier erkennt man, dass die Division der fortlaufenden Subtraktion des Divisors entspricht.

In ein Programm übersetzt könnte es wie folgt in der Sprache Go aussehen. Der Rest der Division wird mit der im Vorrat der Programmiersprache vorhandenen Funktion % erreicht. Um den Tausch von a und b zu vollziehen, braucht es die temporäre Variable t.

```
func ggT (a, b int) int {
for b != 0 {    \\solange b nicht null ist
t := b
b = a \% b
a = t
}
return a
}
```

△

10.1 Voraussetzungen

Um ein Programm zu schreiben, muss man zuerst für ein bestimmtes Problem eine Lösung in der Form eines entsprechenden Algorithmus finden. Von hier braucht man dann die Kenntnisse einer Programmiersprache. Das gilt auch für Spiele, deren Ziel nicht unmittelbar eine Lösung ist.

Vom Problem zum Algorithmus oder zur Simulation führt der Weg meist über ein Modell, das eine Vereinfachung, eine Reduktion des Problems auf das Wesentliche darstellt. Man kann auch das Problem anfänglich übersimplifizieren, um dann die Schwierigkeiten nach und nach wieder einzuführen.

Die Entwicklung eines Modells ist eine *Abstraktion,* eine geistige Darstellung des Wesentlichen. Diese wiederum umfasst Grafiken, Zusammenhänge und formale Vereinfachungen. Ich könnte sagen, ein privatrechtlicher Vertrag sei $V(\{A, B\}, C)$ und meinen, zwei Parteien A und B vereinbaren etwas zugunsten von C; eine Lebensversicherung beispielsweise.

Die Abstraktion kann als Brücke dienen zwischen verschiedenen Problemstellungen aus komplett unterschiedlichen Gebieten (siehe Abb. 10.2). Sehr häufig gelingt es, Modelle mit entsprechenden Lösungen zu übertragen. Der Mathematik kommt hier eine Sonderstellung zu, weil sie komplett aus dem menschlichen Geist geboren ist und keine unmittelbare Korrespondenz in der realen Welt hat. Im Folgenden wollen wir das Gesagte mit ein paar Illustrationen belegen.

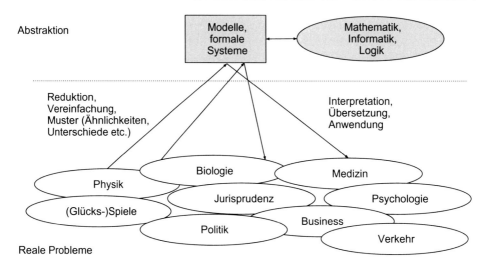

Abb. 10.2 Abstraktion als Brücke zwischen den realen Problemfeldern

Beispiel 10.1.1 (Raubfische in der Adria). Der Biologe D'Ancona stellte kurz nach Ende des Ersten Weltkriegs fest, dass die Fangquote von Raubfischen während des Krieges wesentlich höher war als davor und danach. Sein Schwiegervater in spe, der Mathematiker Vito Volterra, begann mit der Lösung, indem er sagte: Angenommen die Raubfische seien x und die Beutefische y. Damit wird das Problem extrem stark reduziert, weil nur zwei Typen von Fischen betrachtet werden.

Lebewesen haben eine Geburtsrate, wobei hier die der Beutefische von jener der Raubfische et vice versa abhängt. Denn wenn die Beutefische unter eine gewisse Schwelle fallen, finden die Räuber keine Nahrung und können sich auch nicht vermehren. Im Idealfall bildet sich ein Gleichgewicht. Wird dieses durch den im Krieg reduzierten Fischfang gestört, beginnt ein Auf-und-ab-Schwingen der Bestandsgrößen. Bei erhöhtem Fischfang erhöht sich der Anteil der Beutefische.   △

Beispiel 10.1.2 (Gleichgewicht). Ein Apfelbaum steht auf der Grenze zwischen zwei Nachbarn, einem jungen Sportler und einem Rentner. Beide versuchen das Fallobst in den Garten des anderen zu werfen. Am Anfang liegen auf beiden Seiten ähnlich viele Äpfel. Der Jüngere ist flink und wirft anfänglich viele Äpfel hinüber, während der Rentner langsamer unterwegs ist. Da mit der Zeit viele Äpfel auf seiner Seite nahe beieinander zu liegen kommen, wird er wiederum effizienter aufgrund der kurzen Laufwege. Umgekehrt muss der Jüngere immer weiter laufen, um die Äpfel zu holen. Es bildet sich ein stabiles Gleichgewicht, wenn dann gleich viele Äpfel hin und her geworfen werden.

Dieses Beispiel ist aus der Chemie entnommen (Felixberger, 2017, 114), um das chemische Gleichgewicht einer Reaktion zu erläutern. Anderseits kann man erkennen, dass es dasselbe abstrakte Problem wie in Beispiel 10.1.1 darstellt.   △

Weitere Beispiele finden sich in Abschn. 15.4.4.

Zur Abstraktion gehört auch die *Kategorienbildung,* also Objekte, die Elemente mit gewissen Merkmalen oder Ähnlichkeiten zusammenfassen. In der Realität gibt es Würmer und Quallen, aber „Wirbellose" sind abstrakt. Es gibt Automobile, Motorräder etc., die zur Klasse Fahrzeuge gehören.

Die Fähigkeit, Kategorien oder Klassen bilden zu können, ist für die Programmierung sehr hilfreich.

Modelle brauche nicht perfekt zu sein, es reicht, wenn sie gut genug sind. Das Bohr'sche Atommodell hat gereicht, um die Atombombe zu entwickeln, obwohl es seit Langem als überholt gilt.

Braucht es besonderes Talent für die Informatik oder kann man das sogenannte „Computational Thinking" lernen? Sehr wahrscheinlich ist es wie überall in der menschlichen Sphäre: Ohne Fleiß kein Preis. Zur wahren Meisterschaft ist aber ein gewisses Talent vonnöten. Was aber hilft, ist gute Didaktik, wie es etwa das Buch von Gallenbacher (2017) vormacht.

10.2 Philosophie

Zwei Philosophen der Antike, Demokrit und Heraklit, hatten sehr unterschiedliche Schwerpunkte, um die Welt zu erklären. Demokrit behauptete, die Welt bestehe aus Materie, die man Atome nennt. Heraklit anderseits behauptete, alles sei im Fluss, d. h. in Bewegung. Diese zwei Aussagen widersprechen sich nicht; es sind zwei verschiedene Blickwinkel. Genau diese zwei Ansichten findet man bei der Programmierung[1]. Hier nennt man sie *objektorientiert* (Demokrit) und *prozedural* (Heraklit).

- Prozedurale (oder imperative) Programmierung: Der Algorithmus wird als Abfolge von Anweisungen aufgefasst, welche jeweils Zustandsübergänge auf den Daten bewirken. Die Befehlsausführung wird durch Kontrollstrukturen gesteuert. Bestimmte Teilfunktionen werden zu Unterprogrammen zusammengefasst. Typische Programmiersprachen: `Fortran`, `C`, `Pascal`.
- Objektorientierte Programmierung: Hier werden die Daten in Klassen gekapselt. Auf den Daten werden bestimmte zu den Klassen gehörende Funktionen (Methoden) ausgeführt. Typische Programmiersprachen: `C++`, `Java`, `Delphi`.

Die objektorientierten Sprachen sind den prozeduralen nachgefolgt, was darauf hindeutet, dass man an einem bestimmten Punkt mit ersteren nicht mehr ganz zufrieden war. Das Hauptthema ist ja die Bewältigung der Komplexität, die mit der Zeit gestiegen ist. Die ganz neuen Sprachen sind wieder weniger objektorientiert als die typischen oben genannten.

---

[1] In der Betriebswirtschaft spricht man von Aufbau- und Ablauforganisation, von Organisationseinheiten und Prozessen.

Es gibt aber auch Sprachen, die nicht in diese zwei Kategorien gehören. Sie sind häufig recht experimentell und haben deshalb höchstens eine Nische besetzt. Die populären Sprachen fallen in obiges zweiwertiges Schema.

10.3   Compiler und Interpreter

Ein Programm muss den von Menschen geschriebenen Quellcode in eine für die Maschine ausführbare Befehlssequenz übersetzen (siehe Abb. 10.3). Ein solches Programm ist entweder ein Compiler oder ein Interpreter.

Definition 16 (Compiler). Ein Compiler ist ein Computerprogramm, das Programm-Quellcodes einer bestimmten Programmiersprache in eine Form übersetzt, die von einem Computer mit einem bestimmten Betriebssystem ausgeführt werden kann.

Definition 17 (Interpreter). Ein Interpreter ist ein Computerprogramm, das einen Programm-Quellcode einliest, analysiert und ausführt. Die Übersetzung des Quellcodes erfolgt also zur Laufzeit des Programms.

Dadurch sind die Interpreter meist langsamer, z. T. sehr viel langsamer, als die kompilierten Codes. Ein Interpreter kann auch eine sogenannte Virtuelle Maschine sein (siehe Abschn. 5.6). Ein Zwischending bilden die sogenannten *Zwischencodes,* compilierte Übersetzungen, die nicht direkt ausgeführt werden, sondern von einer Laufzeitumgebung noch-

Abb. 10.3 Compiler und Linker

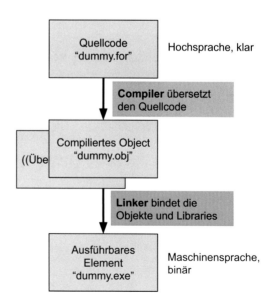

mals übersetzt werden. Sie ermöglichen die Portabilität zwischen Plattformen, also beispielsweise von Linux auf Windows.

Kompilierte Sprachen sind immer Hochsprachen, Skriptsprachen sind meist interpretiert, es gibt aber auch interpretierte Hochsprachen.

Ein Compiler gibt Meldungen wie z. B. Warnungen und Fehlermeldungen heraus, um den Programmierer auf Schwachstellen und unzulässige Befehle aufmerksam zu machen. Compiler verfügen meist über eine *Debugger*-Option, sodass während der Kodierung und der Tests des Programms Haltepunkte und Einzelschrittverarbeitung von Befehlen den Ablauf zeigen, Werte von Variablen und Daten in Speichern eingesehen und Daten modifiziert werden können.

Definition 18 (Linker). Der Linker oder Binder ist ein Computerprogramm, das einzelne kompilierte Programmmodule (.obj, .lib) zu einem ausführbaren Programm (.exe) zusammenbindet.

Mit dem Linker kann man sich in der Entwicklung viel Kompilierzeit sparen, weil geprüfter Code oder fremde Bibliotheken nicht ständig kompiliert werden müssen.

10.3.1 Grammatik*

Die ersten Computersprachen wurden in den 1950er-Jahren entwickelt. Zur selben Zeit systematisierten Sprachwissenschaftler wie Noam Chomsky Grammatiken von menschlichen Sprachen.

Eine Grammatik G für eine Sprache definiert man durch Angabe eines Viertupels (V, T, P, S) mit:

1) V syntaktische Variablen („Hauptsatz"„Prädikat", „IF", „THEN" etc.),
2) T Zeichen oder Zeichenfolgen des Alphabets („Affe", „springt" etc.),
3) P Menge von Produktionsregeln (Satz –> Satz „und" Satz),
4) S ein Startsymbol („PROGRAM", „Procedure").

Die Produktionsregeln nennt man *Syntax*.

Eine Programmiersprache und der entsprechende Compiler oder Interpreter bauen auf solchen Grammatiken auf. Wie bei einer natürlichen Sprache kommt es darauf an, was man sagen will, dies allerdings nur korrekt.

Der Unterschied zu den menschlichen Sprachen liegt im sehr viel geringeren Umfang an Produktionsregeln und an Variablen.

10.4   Einfache Blocksprache – Einführung Programmieren

Zum Erlernen grundlegender Konzepte der Programmiersprachen empfiehlt es sich, sogenannte Blocksprachen zu verwenden. Sie sind grafisch-visuell ausgelegt. Die wohl bekannteste ist `Scratch`[2] Erwachsene sollte sich nicht von der kindlichen Gestaltung abhalten
lassen. Die Anleitung zum Anfangen findet sich in Abschn. A.

Die Elemente der Sprache sind in folgende Blöcke zusammengefasst, die sich farblich
unterscheiden:

- Bewegung • Ereignisse
- Aussehen   • Steuerung
- Klang   • Fühlen
- Malstift   • Operatoren
- Daten   • Weitere Blöcke (z. B. Funktionen)

Die Elemente von „Bewegung" setzen ein x-y-Koordinatennetz voraus, das für die Zeichenfläche gilt. Die blauen Befehle zur Bewegung umfassen: gehen, drehen, positionieren und
vom Rand abprallen. Standardmäßig beziehen sich die Befehle auf die Katze. Zusammen
mit dem Block „Malstift" kann die Katze zeichnen, indem sie eine Spur oder einen Strich
auf ihrem Weg hinterlässt. Der Malstift kann ein- und ausgeschaltet werden, die Strichfarbe
und Dicke bestimmt und die Malspuren weggewischt werden. Diese zwei Blöcke bilden
sozusagen die Zutaten für geometrische Darstellungen.

Ein Programm muss man starten. Dies geschieht in `Scratch` mit Elementen von „Ereignisse", die auf eine bestimmte Benutzeraktion hin das Programm starten. Das Element
„Wenn angeklickt" reagiert auf einen Klick.

Die „Steuerung" bestimmt den Verlauf der Abarbeitung der Befehle. Die grundlegenden
Elemente aller Programme sind darin enthalten, nämlich:

1. Schleifen oder Wiederholung und
2. bedingte Ausführung und
3. Kombination beider.

`Scratch` ist so ausgelegt, dass die Kombination der Elemente einen regulären Text ergibt.
Das zeigen wir nun in einem ersten Beispiel.

---

[2] Unter https://scratch.mit.edu/download (abgerufen am 1. November 2018) ist die lokal zu instal-
lierende Offline-Version erhältlich. Es gilt folgender Hinweis für alle Bilder zu Scratch: Scratch is
developed by the Lifelong Kindergarten Group at the MIT Media Lab. See http://scratch.mit.edu.

10.4.1 Schleifen, Parameter

Beispiel 10.4.1 Auf dem Zeichenfeld ist die Katze anfänglich in der Mitte, wo der Ursprung des x-y-Koordinatennetzes liegt. Zuerst definieren wir den Start durch den Befehl aus dem Block „Ereignisse", dann schalten wir den Stift ein. Wir befehlen der Katze, 10 Mal 10 Schritte zu gehen. Das „10 Mal" ist eine Wiederholung. Dann soll sie sich um 90 Grad im Uhrzeigersinn drehen. Das Resultat sieht man rechts, nämlich ein blauer horizontaler Strich und die gedrehte Katze.

Man beachte, dass man das Programm lesen kann. Es lautet: „Wenn Fahne angeklickt, schalte Stift ein, wiederhole 10 mal: gehe 10er-Schritt, drehe dich im Uhrzeigersinn um 90 Grad."   △

Anregung 10.4.1 *Ersetze die Schleife mit 10 Mal 10 Schritten mit nur einem Befehl, nämlich „gehe 100er-Schritt". Was hat sich geändert?*

Beispiel 10.4.2 Nun erweitern wir das Beispiel 10.4.1, indem der innere Programmcode in eine weitere Schleife eingebettet wird. Vier Mal soll dieser Strich mit anschließender Drehung ausgeführt werden. Das Resultat ist ein Quadrat.

△

Beispiel 10.4.3 Nun erweitern wir das Beispiel 10.4.2. Nach einem Quadrat soll die Katze um 90 Grad im Gegenuhrzeigersinn gedreht werden, damit sie in eine neue Richtung marschieren kann. Dieses Quadrat mit Zurückdrehen setzen wir in eine Schleife, die vier Mal durchlaufen wird. Es entsteht ein großes Quadrat aus vier kleinen.

△

Beispiel 10.4.4 Nun ändern wir das Beispiel 10.4.3, indem wir die sogenannten Parameterwerte ändern. Anstatt vier Quadrate, die um 90 Grad gedreht sind, wollen wir z. B. 45 Quadrate zeichnen, die sich jetzt allerdings um 8 Grad drehen müssen, denn $4 \cdot 90 = 45 \cdot 8$.

Es entsteht eine sehr regelmäßige Figur, bestehend aus 45 Quadraten. Schon ist eine Art Kreis zu sehen, dessen Tangenten die Quadratseiten sind.   △

Anregung 10.4.2 *Suche den Befehl, um die Katze verschwinden zu lassen. Konsultiere den Block „Aussehen".*

10.4.2 Variablen, Unterprogramme

Neu definieren wir *Variablen*, welche die Parameter verallgemeinern. Variablen werden im Block „Daten" erzeugt. Dabei werden auch noch ein paar grundlegende Funktionen verfügbar gemacht, z. B. um einen Wert zuzuordnen.

Beispiel 10.4.5 (Variable benutzen). Für das Zeichnen der Rosette müssen wir bis jetzt die Anzahl Quadrate und den Drehwinkel vorgeben. Nun wissen wir, dass der Winkel sich als 360/Anzahl Ecken ergibt. Die Variable soll also die Anzahl Ecken sein. Wir geben ihr den einfachen Namen „Ecken". Zuoberst im Code weisen wir der Variablen einen Wert zu, hier 9. Die Schleife wird also Ecken-mal durchlaufen. Um den Winkel zu berechnen, müssen wir den grünen Block „Operatoren" zuhilfe nehmen. Wir benötigen eine Division, für die ein Element besteht. Wo früher ein Parameterwert für den Winkel stand, ist jetzt eine grüne Formel eingetragen. Der Code mit Zeichnung sieht wie unten aus.

△

Schon einer der ersten Programmierenden, nämlich Frau Hopper, ist aufgefallen, dass bestimmte Code-Teile immer wieder vorkommen, resp. dass man Code-Teile mehrmals nutzen kann. Diese Tatsache führt zu den Unterprogrammen (Subroutinen) und folglich zu einem Hauptprogramm. Ein Unterprogramm ist ein Quellcode, der mit seinem Namen vom Hauptprogramm aufgerufen werden kann. Häufig werden vom Hauptprogramm auch Parameterwerte an das Unterprogramm weitergegeben. Um ein Unterprogramm zu realisieren, brauchen wir den violetten Block „Weitere Blöcke".

Anregung 10.4.3 *Versuche durch Abändern vom obigen Beispiel eine rechteckige Spirale zu zeichnen. Die Drehung kann wegfallen, die Schrittlänge muss jeweils zunehmen (oder abnehmen).*

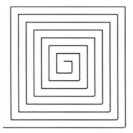

Beispiel 10.4.6 (Unterprogramm). Unsere Subroutine soll Rosette heißen und die bekannten Quadrate zeichnen. Als Parameter müssen wir die Anzahl Ecken übergeben.

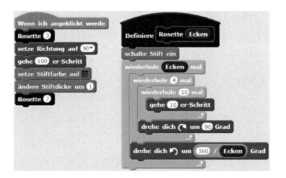

Jetzt schreiben wir noch ein Hauptprogramm, das die Subroutine Rosette mehrmals aufruft. Im konkreten Beispiel wird zuerst eine Rosette mit 3 Quadraten gezeichnet, dann nach rechts gerückt, die Maleigenschaften verändert und eine Rosette mit 7 Quadraten gezeichnet.   △

Die Strukturierung in Untereinheiten ist ein sehr wirksames Mittel, um Übersicht zu wahren, Fehler zu verringern und den Code zu verkleinern. Unterprogramme kann man in Bibliotheken zusammenfassen. Die meisten Programmiersprachen liefern umfassende Bibliotheken aus. Es empfiehlt sich sehr, diese zu prüfen und nur das Notwendige selber zu programmieren.

10.4.3 Listen, Operatoren

Eine Erweiterung der Variablen sind die *Listen*. Es handelt sich um eine Struktur mit einem Namen, in der Elemente aufgereiht sind. Folgende Elemente sind für Listen verfügbar:

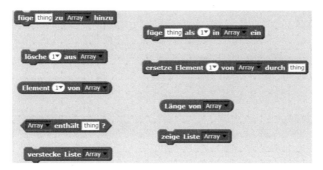

Man erkennt drei Typen von Elementen: Befehle, Daten mit abgerundeten Enden und eine Frage mit spitzen Enden. Eine Frage ist eine sogenannte logische Variable.

Beim Erzeugen der Liste ist diese noch leer und hat keine Elemente.

Operatoren oder Funktionen kennen wir vom Taschenrechner oder dem Rechner auf dem Smartphone. In `Scratch` sind folgende Funktionen, neben den Grundfunktionen von Addition, Subtraktion, Multiplikation und Division, vorhanden:

- Betrag
- abrunden
- aufrunden
- Wurzel

- sin
- cos
- tan
- asin

- acos
- atan
- ln
- log

- e^x
- 10^x
- mod.

Die Funktion „mod" für Modulo ist eine interessante Funktion. Sie gibt den Rest einer Division zurück. Man schreibt $R = (a \mod b)$ für den Rest. Dabei ist $0 \leq R < b$, also wird eine beliebig große Zahl a in ein Intervall abgebildet. Unsere Uhren zeigen diese Tatsache gut. Jetzt ist es ein Uhr. Welche Zeit ist in 25 h? Zwei Uhr. Und in 714 h? 7 Uhr.

Beispiel 10.4.7 (Mehrere Unterprogramme). Wir wollen eine Subroutine entwickeln für das Zeichnen von n-Ecken, wobei n der Parameter sei. Die n-Ecke sollen ungefähr gleich groß sein. Das Prinzip ist: Kante zeichnen, um eine Winkel drehen usw. Das Hauptprogramm liest in einer Schleife jeweils n aus einer Liste. Diese wurde vorher mit Zufallszahlen befüllt. Es zeichnet die n-Ecke übereinander.

Das „gleich groß" soll heißen, dass die Strecke von Mittelpunkt zu den Ecken konstant ist[3]. Der Winkel, um den sich die Katze drehen soll, beträgt 360/n. Es ist nicht so wichtig,

---

[3] Wenn diese Strecke r konstant sein soll, dann muss die Kantenlänge k den Wert $r \cdot \sin \frac{180}{n}$ betragen.

das nachvollziehen zu können, denn beim Zeichnen wird man sehen, ob es klappt.

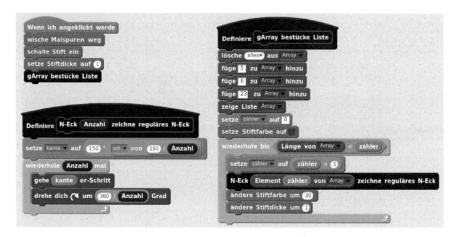

△

Hier erkennen wir, dass ein Hauptprogramm ein Unterprogramm aufruft, das wiederum eine anderes Unterprogramm aufruft.

10.4.4 Bedingte Anweisungen

Bedingte Anweisungen setzen ein Steuerungselement voraus, das eine Frage stellt und je nach Antwort entscheidet, in welcher Richtung die Weiterverarbeitung der Befehle erfolgen soll. Im Beispiel des n-Ecks ist klar, dass ein solches nur für $n > 2$ existiert. In unserer Subroutine könnte man durchaus 2 oder -1 eingeben. Erst bei der Abarbeitung wird ein Fehler auftreten (run-time error) oder zumindest ein unsinniges Resultat gezeigt. Es entspricht guter Gepflogenheit, solche Fehler vorwegzunehmen. Die Frage lautet also: Ist n größer als 2? Wenn ja, dann zeichne das n-Eck, wenn nein, mach nichts (oder etwas anderes).

Die Bedingung hat zwei Varianten:

- Falls *dies,* dann *das,* und
- Falls *dies,* dann *das,* sonst *jenes.*

Daraus lassen sich auch verschachtelte Bedingungen erstellen. Falls die Bedingung lautet: Wenn A dann X, wenn B dann Y sonst Z, dann muss man die Elemente verschachteln.

Beispiel 10.4.8 (Einfache Bedingung). Wir wollen das Unterprogramm von Beispiel 10.4.7, d. h. n-Eck, verbessern, indem wir einen Parameterwert von kleiner als 2 abfangen. Falls n nicht zulässig ist, soll ein Text ausgegeben werden. Wir haben also eine Bedingung mit Alternative.

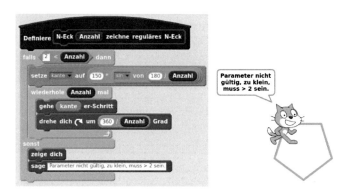

△

Wir kommen hier auf die Verschachtelung zurück und machen das einfachste Beispiel.

Beispiel 10.4.9 (Verschachtelte Bedingungen). Wie sieht der Code-Ausschnitt aus, der den Bedingungen $\{A, B, \text{sonst}\}$ die entsprechenden Anweisungen zuordnet? Eine Lösung:

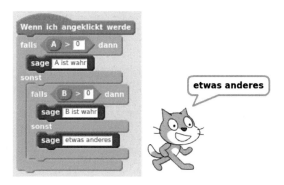

Man beachte, dass B nicht ausgeführt wird, wenn sowohl A als auch B wahr sind.

△

10.4.5 Weitere Beispiele

Die einführenden Beispiele drehten sich vor allem um Geometrie. In diesem Abschnitt wollen wir zur Illustration noch andere Bereiche berühren. Das erste Beispiel stammt aus der Statistik, das zweite ist eine Sortierung.

Beispiel 10.4.10 (Glockenkurve). Im Block „Operatoren" ist ein Zufallsgenerator vorhanden, der gleichverteilte Zahlen erzeugt. Es ist sozusagen ein verallgemeinerter Würfel. Es ist bekannt, dass die Summe gleichverteilter Zufallszahlen gegen die sogenannte Normalverteilung konvergiert. Diese ist wegen ihrer Glockenform einfach zu erkennen.

Wir schreiben ein Unterprogramm, das neun gleichverteilte Zufallszahlen von 1 bis 100 addiert. Im Hauptprogramm rufen wir dieses Unterprogramm 2000 Mal auf. Das Resultat wird in einer Liste verwendet. Wir erzeugen eine Liste mit 30 Elementen. Die Zufallszahl umspannt das Intervall von 0 bis 900. Mit 30 Elementen umspannt ein Element jeweils 30 Zahlen, z.B. Element 2 reicht von 31 bis 60, das Element 3 geht von 62 bis 90 etc. Wenn wir also die Zufallszahl durch 30 dividieren und auf ein ganze Zahl runden, dann haben wir die Nummer des Elements gefunden, in das die Zufallszahl gehört. So werden die 2000 Zufallszahlen auf die Elemente der Liste verteilt. Sie enthalten also die Häufigkeiten. Nun lassen wir die Kurve zeichnen.

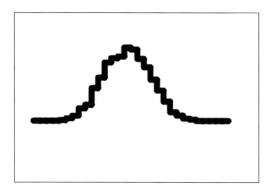

Das Resultat ist bei jedem Lauf anders, nämlich zufällig. Dennoch erkennt man ansatzweise eine Glockenkurve, was die Korrektheit unserer Berechnung erhärtet.   △

Beispiel 10.4.11 (Bubble-Sortierung). Ein häufig auftretendes Problem ist die Sortierung von Listen oder Tabellen. Dafür sind seit Langem einige schnelle Algorithmen bekannt. Die Bubble-Sortierung, obwohl nicht sehr effizient, ist deshalb beliebt bei Lehrerinnen und Didaktikern, weil man es mit Probanden spielen kann. Dazu fordert man ein paar Probanden auf, sich in einer Reihe aufzustellen. Zufälligerweise wird die Reihe nicht nach Größe sortiert sein. Der Algorithmus geht wie folgt: der erste in der Reihe vergleicht sich mit der zweiten, ist er größer, tauscht er den Platz, sonst geschieht nichts. Jetzt kommt die zweite an die Reihe und vergleicht sich mit der dritten, wenn größer, wird der Platz getauscht, sonst passiert nichts. Dies geht bis zum zweitletzten so weiter. Nun beginnt der zweite Durchgang. Im schlechtesten Fall, wenn nämlich die Reihe umgekehrt sortiert war, braucht man $N - 1$ Durchgänge, wenn die Reihe N Probanden umfasst.

Der Name des Algorithmus stammt aus einer Analogie zu den Blasen im Mineralwasser, die an die Oberfläche treiben. So werden die großen nach oben durchgereicht.

In der folgenden Tabelle ist der Algorithmus illustriert. Man beachte, dass mit roher Gewalt alle Vergleiche angestellt werden, auch wenn schon die korrekte Sortierung erreicht worden ist.

2		2	2	2	2		2	2	2	2		2	2	
16		16	16	16	16		16	9	9	9		9	8	
17		17	17	9	9		9	16	8	8		8	9	
9		9	9	17	8		8	8	16	16		16	16	
8		8	8	8	17		17	17	17	17		17	17	

Der Algorithmus enthält zwei Schleifen und eine Bedingung, die zum Tausch der Inhalte von zwei Nachbarn führt. Es wurden vier Variablen definiert sowie die zu sortierende Liste.

10.5   Hoch-Sprachen

Im Folgenden sind drei verschiedene Implementierungen desselben Algorithmus wiedergegeben. Damit lässt sich ein Eindruck über die Sprachen erlangen. Es handelt sich um Fortran und C. Die Funktion sucht eine Nullstelle zu einer einzugebenden Funktion mittels des sogenannten Bisektionsverfahrens.

Die Problemstellung zeigt die folgende Abbildung einer Funktion mit Nullstelle:

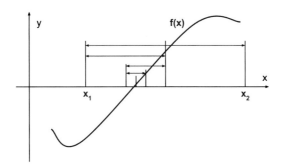

Ein typisches Beispiel für die Lösung dieses Problems ist die Bestimmung des Effektivzinses einer Obligation. Dies zeigen wir im folgenden Beispiel 10.5.2 (Press et al., 1992, 347).

```
 1        FUNCTION rtbis(func,x1,x2,xacc)
 2        INTEGER JMAX
 3        REAL rtbis,x1,x2,xacc,func
 4        EXTERNAL func
 5   C    Maximum allowed number of bisections.
 6        PARAMETER (JMAX=40)
 7   C    Using bisection, find the root of a function func known
 8   C    to lie between x1 and x2. The root, returned as rtbis,
 9   C    will be refined until its accuracy is +-xacc.
10        INTEGER j
11        REAL dx,f,fmid,xmid
12        fmid=func(x2)
13        f=func(x1)
14        if(f*fmid.ge.0.) pause 'root must be bracketed in rtbis'
15        if(f.lt.0.) then
16   C    Orient the search so that f>0 lies at x+dx.
17           rtbis=x1
18           dx=x2-x1
19        else
20           rtbis=x2
21           dx=x1-x2
22        endif
23   C    Bisection loop
24        do 11 j=1,JMAX
25           dx=dx*.5
26           xmid=rtbis+dx
27           fmid=func(xmid)
28           if(fmid.le.0.) rtbis=xmid
29           if(abs(dx).lt.xacc .or. fmid.eq.0.) return
30        enddo 11
31        pause 'too many bisections in rtbis'
32        END
```

Derselbe Algorithmus jetzt in C, einer prozeduralen Sprache, die etwas neuer ist als
Fortran.

```
1   #include <math.h>
2   #define JMAX 40
3
4   float rtbis(float (*func)(float), float x1, float x2, float
        xacc)
5   {
6     void nrerror(char error_text[]);
7     int j;
8     float dx,f,fmid,xmid,rtb;
9
10    f=(*func)(x1);
11      fmid=(*func)(x2);
12      if (f*fmid >= 0.0) nrerror("Root must be
13          bracketed for bisection in rtbis");
14      rtb = f < 0.0 ? (dx=x2-x1,x1) : (dx=x1-x2,x2);
15      for (j=1;j<=JMAX;j++) {
16          fmid=(*func)(xmid=rtb+(dx *= 0.5));
17          if (fmid <= 0.0) rtb=xmid;
18          if (fabs(dx) < xacc || fmid == 0.0) return rtb;
19      }
20      nrerror("Too many bisections in rtbis");
21      return 0.0;
22  }
23  #undef JMAX
```

Und nun eine Version in der Programmiersprache Python.

```
1   from math import exp, log, cos, tan
2   import sys
3
4   def rtbis(fn, x1, x2, xacc, jmax=40):
5
6       fa, fb = fn(x1), fn(x2)
7       if fa * fb >= 0:
8           raise ValueError, "Root must be bracketed for
                bisection"
9
10      rtb, dx = (x1, x2-x1) if fa < 0 else (x2, x1-x2)
11      print "\nBisection rtbis"
12      hstr = "i(r)\trtb(ar)\txmid(cr)\tdx\tfn(xmid)"
13      print hstr
14      print '=' * len(hstr) + '=' * 4 * len(hstr.split('\t'))
15      for i in range(jmax):
16          dx = dx * 0.5
17          xmid = rtb + dx
18          fmid = fn(xmid)
19          print "%d\t%f\t%f\t%f\t%f" % (i, rtb, xmid, dx, fmid)
20          if fmid <= 0:
21              rtb = xmid
22          if abs(dx) < 10**(-xacc) or fmid == 0:
23              root = round(rtb, xacc)
24              print "Calculated root: %f" % rtb
25              print "Root to %d d.p.: %s" % (xacc, root)
26              return root
```

Schon der jeweilige Anfang ist unterschiedlich: Hier ist der Programmstart durch „FUNC-TION" markiert, gefolgt vom Namen und der Input-Parameterliste, dort ist die Funktion implizit, nämlich durch das Vorhandensein einer Parameterliste bestimmt. Den Codes entnimmt man, dass die Variablennamen kurz und nicht selbstredend sind. Bei Fortran 77 ist die Länge auf 6 Zeichen beschränkt. Die neuen Sprachen lassen viel längere Namen zu, was der Lesbarkeit und Nachvollziehbarkeit sehr hilft.

Eine kursorische Drübersicht zeigt, dass die C-Implementierung am schlechtesten lesbar ist, weil sie viele Klammern und „;" aufweist. Fortran und Python gehen von einem Befehl pro Zeile aus, die allenfalls verlängert werden muss. C, sowie einige andere Sprachen, schließen die Befehle immer mit dem Strichpunkt ab. Python verwendet die Einrückung als Element, wogegen die anderen Sprachen dies nur zur besseren Lesbarkeit verwenden.

Beispiel 10.5.1 (Übergabe von Variablen). Bei der obigen Funktion „rtbis" werden Parameter übergeben. Dabei kommen zwei Möglichkeiten in Betracht, die ich anhand eines ganz anderen Problems erläutere. Als mein Sohn in Bad Homburg v. d. H. geboren wurde, fragte mich der Standesbeamte, ob er Franzetti oder wie der Vater heißen sollte. Da ich ja Franzetti heiße, schien das eine merkwürdige Frage. Die Aufklärung ergab, dass der Unterschied in der Namensänderung des Vaters besteht. Wenn ich adoptiert würde und den Namen änderte, dann würde im ersten Fall mein Sohn immer noch Franzetti heißen, aber im zweiten Fall ebenfalls den Namen ändern. Bei der Funktion oder Subroutine unterscheiden sich die Sprachen eben darin. Die eine Methode heißt „by reference", die andere „by value". Wenn man den Wert übergibt, dann kann das Unterprogramm die Variable nicht verändern.   △

Beispiel 10.5.2 (Anwendung zur Bisektion). Zur Bisektion, wie wir sie in drei verschiedenen Implementierungen illustriert haben, möchten wir nun eine Anwendung zeigen. Dazu suchen wir den Effektivzins einer Schuldverschreibung oder Obligation. Der theoretische Preis der Obligation bestimmt sich aus der Lauflänge n in Jahren, dem Coupon (oder Kupon) c und dem Effektivzins r als

$$P_T = \sum_{i=1}^{n} \frac{c}{(1+r)^i} + \frac{1}{(1+r)^n}.$$

Der Preis der Obligation P sei bekannt, gesucht wird der Zinssatz r. Damit muss man die Nullstellen oder Wurzeln der folgende Funktion, eines Polynoms n-ten Grades, finden:

$$F(r) = \sum_{i=1}^{n} \frac{c}{(1+r)^i} + \frac{1}{(1+r)^n} - P = 0.$$

Jetzt folgt die Implementierung in Python:

Listing 9.1 Anwendung zur Bisektion

```
1   def bondprice (r):
2        P=1.1
3        n=7
4        c=0.04
5        sum=0
6        for i in range(n):
7             sum=sum+c*(1+r)**(-i-1)
8        sum=sum+1*(1+r)**(-n)
9        return sum-P
10
11  print rtbis(bondprice,0.0,0.08,5)
12  print(range(7))
```

Dieser Code wird an das obige Listing 10.5 angehängt und ausgeführt. Das Programm liefert den folgenden Output:

```
Bisection rtbis
i(r) rtb(ar)        xmid(cr)    dx          fn(xmid)
==================================================
0    0.080000       0.040000    -0.040000   -0.100000
1    0.040000       0.020000    -0.020000    0.029440
2    0.040000       0.030000    -0.010000   -0.037697
3    0.030000       0.025000    -0.005000   -0.004759
4    0.025000       0.022500    -0.002500    0.012179
5    0.025000       0.023750    -0.001250    0.003670
6    0.025000       0.024375    -0.000625   -0.000554
7    0.024375       0.024062    -0.000313    0.001555
8    0.024375       0.024219    -0.000156    0.000500
9    0.024375       0.024297    -0.000078   -0.000027
10   0.024297       0.024258    -0.000039    0.000236
11   0.024297       0.024277    -0.000020    0.000104
12   0.024297       0.024287    -0.000010    0.000039
Calculated root: 0.024297
Root to 5 d.p.: 0.0243
0.0243
[0, 1, 2, 3, 4, 5, 6]
[Finished in 0.035s]
```

Wie man sieht, ist der Effektivzins 2,43 %. Wäre $P = 1$ gewesen, so hätte der Zins 4 % betragen müssen.   △

10.5.1 Prozedurale Sprachen

Bis hierhin haben wir ausschließlich prozedurale oder imperative Programmiersprachen gezeigt. An den Scratch-Beispielen kann man das *imperative* gut ablesen: Alle Elemente enthalten ein Verb in der Befehlsform, also setze, wiederhole, setze ein, lösche etc.

Die Betrachtung ist *top-down,* d. h., das zu lösende Problem wird in vernünftige Teile zerlegt, die man bis zu einem bestimmten Grad autonom erstellen, in Bibliotheken einordnen und vielfach wiederverwenden kann. Somit erzielt man ein übersichtliches Hauptprogramm, an dem man den allgemeinen Ablauf erkennen kann.

Das Standard-Hilfsmittel ist das *Flussdiagramm* (siehe Abb. 10.4), das ja eben den Fluss (Heraklit) oder Ablauf des Programms darstellt. Diese Diagramme kann man für jede Abstraktionsstufe zuschneiden, indem man die Blöcke weniger oder mehr detailliert wiedergibt.

Abb. 10.4 Flussdiagramm
zum Programm rtbis

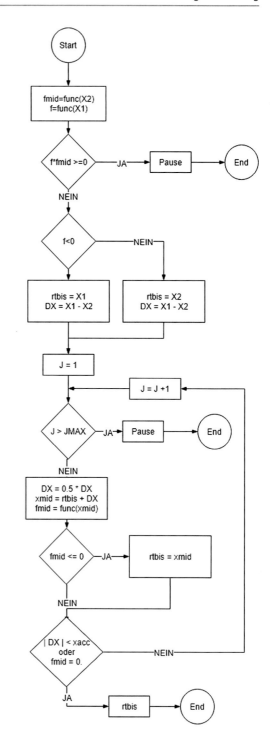

10.5.2 Objektorientierte Sprachen

Objektorientierung ist eher ein *Bottom-up*-Ansatz: Es werden *Klassen* definiert mit Strukturen wie Daten und Funktionen, die hier Attribute und Methoden heißen. Es wird auch darin festgehalten, wie ein konkretes Objekt erzeugt wird. Die Klasse beschreibt ein Auto, d. h. Typ, Länge, Farbe, Fahrer, Besitzer, Nummer etc. und Methoden wie beschleunigen, fahren, bremsen, kaufen usw. Ein Objekt ist dann ein konkretes Auto, das eine Limousine ist, 5,5 m lang, blau, von mir gefahren und besessen wird. Es unterscheidet sich vom Auto meiner Frau und dem meiner Nachbarn. Aus Klassen erzeugte Objekte nennt man Ausprägungen oder *Instanzen*.

Klassen bilden *Hierarchien,* die Eigenschaften vererben. Die abgeleitete Klasse Auto gehört zur Basis-Klasse Fahrzeug, zu der ebenfalls die abgeleitete Klasse Motorrad zählt. Die Gemeinsamkeiten von Auto und Motorrad werden von Fahrzeug vererbt, beispielsweise Fahrer, Besitzer, Nummer, fahren, bremsen etc. Die Klasse Fahrzeug ist bloß abstrakt, weil es kein konkretes Fahrzeug gibt. Es gibt nur Autos, Motorräder und andere, die zu den Fahrzeugen zählen. Neue Arten von Klassen können auf der Basis bereits vorhandener Klassendefinitionen festgelegt werden. Es können neue Bestandteile hinzugenommen werden oder vorhandene überlagert werden.

Objekte müssen untereinander kommunizieren, Nachrichten austauschen können. Dies geschieht durch Aufrufe der von den Klassen zur Verfügung gestellten Methoden.

In Programmiersprachen, die nicht auf Objektorientierung eingerichtet sind, werden Daten und Programmteile bewusst getrennt; sie müssen separat deklariert werden. Im Vergleich hierzu erhebt das objektorientierte Programmierparadigma den Anspruch, Daten und zugehörige Programmteile zu einer Einheit zusammenzufassen und somit Organisationsstrukturen aus der realen Welt besser nachzubilden.

Der Informatiker Alan Kay, Erfinder von `Smalltalk-80`, der ersten und reinsten objektorientierten Sprache, umschreibt Objektorientierung folgendermaßen (Kay, 1993):

1. Alles ist ein Objekt,
2. Objekte kommunizieren durch das Senden und Empfangen von Nachrichten,
3. jedes Objekt ist die Instanz einer Klasse,
4. die Klasse beinhaltet das Verhalten aller ihrer Instanzen,
5. um eine Programmliste auszuführen, wird die Ausführungskontrolle dem ersten Objekt gegeben und das Verbleibende als dessen Nachricht behandelt.

Im folgenden Code-Abschnitt zeigen wir, wie man in `C++` Klassen definiert und wie ein dazugehöriges Hauptprogramm aussieht:

```
1   #include <iostream>      // Einbinden von Bibliotheken
2   #include <windows.h>
3   using namespace std;
4
5   class Fahrzeug{
6   // ...
7   }
8   class Auto : public Fahrzeug
9   {
10  public:           //Oeffentliche Variablen
11      char * colour;
12
13      //Konstruktor-Aufruf erzeugt Objekt
14      Auto (char * farbe)
15      {
16          colour = farbe;
17      }
18      void fahre ()      //Die Methode fahre
19      {
20          cout<<"Das fahrende Auto ist"<<colour<<".\n";
21      }
22  };
```

Ein mögliches Hauptprogramm, das immer „main()" heißt, sieht dann wie folgt aus:

```
1   #include <windows.h>
2   using namespace std;
3   int main()    // Die Haupt-Funktion
4   {
5       //Objekte der Klasse Auto erzeugen
6       Auto meinAuto("blau");
7       Auto ihrAuto("gelb");
8
9       meinAuto.fahre();      //meinAuto fahren lassen
10
11      Sleep(1000);    //Pause
12
13      ihrAuto.fahre();    //ihrAuto fahren lassen
14
15      system("Pause"); //Das Programm wird angehalten.
16
17      return 0;
18  }
```

An diesem stilisierten Beispiel sieht man zuerst die Bildung einer Klasse (Auto), die wiederum von der Basisklasse Fahrzeug erbt. Die von anderen Programmteilen erreichbaren Daten (colour) und Methoden (fahre()) bilden die Struktur der Objekte. Das Hauptprogramm erzeugt zuerst die Objekte (Instanziierung) und spricht dann die Methoden an. Die Kontrollstruktur ist also recht unterschiedlich zu den prozeduralen Sprachen.

Wo prozedurale Sprachen Daten und Ablauf streng trennen und damit vor allem Algorithmen abarbeiten oder einfach gesagt „rechnen", trifft für objektorientierte Programme eher der Begriff *Simulation* zu.

Beispiel 10.5.3 (Objektorientiertes Scratch-Spiel). Wir wollen mit `Scratch` ein Spiel programmieren, und zwar in einer objektorientierten Art und Weise. Als Erstes legen wir einen Hintergrund („Bühne") fest, der aus einem zurechtgeschnittenen digitalen Foto besteht (siehe Abb. 10.5). Die Figuren laden wir aus dem Fundus unter Figuren/Unterwasserwelt. Für jede Figur gibt es drei Reiter mit Skript, Kostümen und Klängen. Durch Rechtsklicken auf die Figur kommen noch Eigenschaften zutage, darunter Einstellung der Bewegungs- und Drehrichtung.

Die Krake von Abb. 10.5 beispielsweise bewegt sich vertikal, der rote Fisch horizontal. Wenn man mit den gelben Fischen zufrieden ist, kann man sie duplizieren.

Abb. 10.5 Darstellung der Simulation mit Scratch

Der Haifisch frisst die gelben Fische und bekommt dafür Punkte. Beide Objekte sind vom gleichen Ereignis betroffen. Wir haben das so realisiert, dass der gelbe Fisch eine *Nachricht* an den Hai sendet.

Links in obiger Tabelle sieht man die Hauptfiguren des Beispiels. Der Haifisch hat drei „Kostüme". Damit lässt sich das Fressen darstellen, indem das Kostüm gewechselt wird, d. h. Maul zu (aggressiv), Maul auf, Maul zu. Beim Berühren des roten Fisches erklingt ein Würg-Ton und der Hai wechselt zu Maul zu (missmutig).

Und nun die Analogie zur Objektorientierung. Es gibt zwei Basisklassen, nämlich Bühnen und Figuren. Alle Figuren verfügen über denselben Methodenumfang, z. B. gehe 10-Schritt, zeige dich, spiele Klang etc. Man kann Variablen definieren und festlegen, ob sie nur für die Figur (private) oder für alle (public) gültig sind. Nach der Auswahl der Figuren macht man sie zu Instanzen oder Objekten. Nun kann man sie kopieren. Mit dem Skript zur jeweiligen Figur werden sie zum Leben erweckt und ihr Verhalten bestimmt. Objekte kommunizieren auch über Nachrichten, die veröffentlicht und von den Adressaten als Input verwertet werden. Der gelbe Fisch erzeugt die bedingte Nachricht: Falls von Haifisch berührt, dann sende „Werdegefressen" an alle. Der Haifisch wiederum lauscht und reagiert. Wenn ich „Werdegefressen" empfange, wechsle ich Kostüm (Fressen) und der Zähler erhöht sich.

Es gibt kein eigentliches Hauptprogramm, das Spiel wird durch das Anklicken der grünen Fahne in Gang gebracht.   △

10.5.3 Neuere Trends

Neue Hochsprachen wie `Go` (oder `Golang`) sind eine Art Mischung aus prozeduraler und objektorientierter Sprache, die aber den Schwerpunkt auf die Mitläufigkeit *(Concurrency)* legen, da diese mit der neueren Architektur der Chips, d. h. CPU neben GPU, ein großes Leistungspotenzial aufweist. Concurrency trägt aber nur Früchte, wenn das zu lösende Problem ebenfalls parallelisierbar ist (Tab. 10.1).

Die Sprache verwendet keine Hierarchien von Typen, keine Vererbung und benutzt Interfaces in einer einfacheren Art. Aus dieser Perspektive handelt es sich eher nicht um eine objektorientierte Sprache.

Tab. 10.1 Drei Fischobjekte von Scratch zum Beispiel 10.5.3

10.6   Skript-Sprachen

Das Universum der sogenannten Skriptsprachen ist so groß, dass man diese Sprachen nur durch das Vorhandensein von bestimmten Merkmalen definieren kann. Typischerweise sind sie:

- interpretiert (und nicht kompiliert),
- für kleinere, spezifische Probleme geeignet,
- häufig Erweiterungen von Anwendungen und in diese eingebettet oder
- zur systemnahen Steuerung von Programmen verwendet oder
- als dynamische Komponenten in Webanwendungen enthalten,
- von eher geringem Sprachumfang und geringer -komplexität.

Es gibt aber auch Sprachen, die man durchaus als Skriptsprachen ansehen kann, bei denen es sich jedoch gleichzeitig um Hochsprachen handelt. Bestes Beispiel ist `Python`, das in verschiedenen Formen gebraucht werden kann.

10.6.1 Kommandosprachen

Einige Skriptsprachen dienen der Automatisierung von Aufträgen (Jobs) und werden vom Kommandozeilen-Interpreter ausgeführt. Die Befehle für diesen Interpreter werden in einem File gesammelt und dann mit Aufruf ausgeführt. Da sie systemabhängig sind, ist in Linux `sh` („shell") und `bash` implementiert, in Windows sind es die „alten" DOS-Befehle für die `.bat`-Files oder die neuere Powershell.

Im folgenden Beispiel zur Einbettung von Schriften in PDF-Files sieht man die Automatisierung an der Schleife (for ... do etc.), in der der Kommandozeilenbefehl `ps2pdfwr` mehrmals aufgerufen wird.

```
1  #!/bin/bash
2
3  for FILE in *.pdf
4  do
5
6  ps2pdfwr -dNOPLATFONTS -dEmbedAllFonts=true -dNOPAUSE -dSAFER
       -r600 -dPDFSETTINGS=/printer -dMaxSubsetPct=100 -
       dSubssetFonts=true $FILE $FILE.pfx
7  done
```

Im Folgenden ein Beispiel von `command.com`, dem Batch-File von Windows.

```
 1   @echo off
 2   rem Convert PostScript to PDF 1.4 (Acrobat 5-and-later
         compatible).
 3   rem use ps2pdf12 or ps2pdf13 if you want a specific level.
 4   rem The current default compatibility level is PDF 1.4.
 5
 6   echo -dCompatibilityLevel#1.4 >_.at
 7   goto bot
 8
 9   :top
10   echo %1 >>_.at
11   shift
12   :bot
13   if not %3/==/ goto top
14   call ps2pdfxx %1 %2
```

Obwohl diese Beispiele sehr einfach sind, darf man sich nicht täuschen: Für den Betrieb von Computersystemen sind solche Kommandoskripte sehr wichtig, um die Wartung für einen ganzen Maschinenpark zu gewährleisten.

10.6.2 Eingebettete Sprachen

Viele Standard-Applikationen werden auf die Bedürfnisse der Anwender zugeschnitten. Dies geschieht mittels der sogenannten Customization:

Definition 19 (Customization). Customization ist die Anpassung eines Serienprodukts an die Bedürfnisse eines Kunden.

Dies geschieht je nach Möglichkeiten durch Auswahl von Konfigurationen und anderen parametrisierten Einstellungen. Häufig reichen diese Anpassungen nicht aus oder man will dem Anwender noch weiterreichende Möglichkeiten einräumen. Dann schlägt die Stunde der Skriptsprachen. Im Folgenden wollen wir stellvertretend nur auf zwei Sprachen weiter eingehen.

Das ist nun ein Code-Ausschnitt in der Skriptsprache `JavaScript`.

```
1  var name=prompt('Name of the new group?');
2  var gRDF = new RDFFile(treeFile,'root','http://garx.com/tree-
     rdf#');
3  function nGrouper(name){
4  try{
5    if (name=='') {return;}
6
7    if (gRDF.loaded==true){
8      if(gRDF.doesSeqExist(name)==false) {
9        gRDF.addSeq(name);
10       gRDF.setAttribute(name,'label',name);
11       gRDF.setAttribute(name,'date',now());
12       createGroupDir(name);
13     }
14     gRDF.flush( );
15     onload();
16   }
17  }catch(err){alert('Operilda::arbor:nGrouper '+err);}
18  }
```

JavaScript ist *die* in HTML eingebettete Sprache *par excellence*. Trotz des Namens hat diese Sprache nichts mit Java zu tun. Typische Anwendungsgebiete von JavaScript im Webbrowser sind:

- dynamische Manipulation von Webseiten,
- Datenvalidierung von Formulareingaben,
- Anzeige von Dialogfenstern,
- Werbebanner oder Laufschriften,
- Schreib- und Lesezugriff auf Cookies,
- Verschleierung von E-Mail-Adressen und vieles mehr.

JavaScript wird im Browser in einer sogenannten *Sandbox* ausgeführt, damit man im Allgemeinen nur Zugriff auf die Objekte des Browsers hat, und nicht etwa auf das Dateisystem des Rechners. Denn sonst wären den Hackern Tür und Tor geöffnet. Zudem wird jede Website oder Webanwendung innerhalb des Browsers isoliert ausgeführt, um sogenanntes *Cross-Scripting* zu verhindern. Das Skript kann also nicht auf Ressourcen des Servers zugreifen, außer es startet eine HTTP-Anfrage im Hintergrund.

Für das Web werden Skriptsprachen wie Perl, PHP etc. häufig auf den Servern verwendet, um dynamische Seiten oder ganze Webanwendungen zu erstellen. Dies geschieht zum Beispiel bei den Wikis, bei Foren und bei Online-Geschäften.

Für die Entwicklung von *Spielen* ist die aus Brasilien stammende Skriptsprache Lua, portugiesisch für Mond, die beliebteste. Sie ist beispielsweise auch eingebettet in kommerzielle Anwendungen wie Adobe Photoshop Lightroom, Angry Birds, Apache HTTP Server,

Apache Traffic Server, Firefox-Browser, MediaWiki und World of Warcraft. Sie wird u. a. in den Game-Engines Lumberyard von Amazon und in CryEngine verwendet.

10.7 Und Tabellenkalkulatoren?

Wie der Name es auf deutsch schon sagt, handelt es sich um Anwendungen, die Tabellen darstellen, wobei in den Zellen Formeln und Formatierungen hinterlegt sein können. Jede Zelle hat eine Adresse, mit der sie von anderen Zellen referenziert werden kann. Auf einer abstrakten Ebene handelt es sich um einen komplexen Graphen (siehe Abb. 6.2).

Eine weitere Funktion ist die Darstellung von Daten, wie sie aus Datenbanken bezogen werden können sowie die einfache Darstellung von Datenreihen als Grafiken (siehe Abb. 11.2).

Was aber entscheidend fehlt, um vom Umgang mit Tabellenkalkulatoren als Programmierung zu sprechen, ist die *zeitliche Dimension* in der Form von Wiederholungen und Schleifen. Deshalb lassen sich viele numerische Probleme nicht lösen. Unser Algorithmus zur Bestimmung von Nullstellen (siehe Abb. 10.4 aus Press et al. (1992, 347)) lässt sich nicht mit den Tabellenfunktionen implementieren. In den Tabellen werden Änderungen, je nach Einstellung, sofort oder nach Klick in allen Zellen simultan berechnet.

Um diese wesentliche Lücke zu füllen, benötigt man die eingebetteten Skriptsprachen. Im weit verbreiteten Excel von Microsoft, wie auch in den anderen Office-Anwendungen, kommt die Skriptsprache VBA zum Einsatz. In Excel ist eine VBA-Entwicklungsumgebung aufrufbar, in der programmiert werden kann (siehe Abb. 10.6).

Die Antwort auf die Frage „Werden Tabellenkalkulationen programmiert?" lautet also: Auf der Oberfläche sicher nicht, aber in der eingebetteten Skriptsprache.

Abb. 10.6 VBA-Programmierumgebung

10.8   Umgebung und Tools

10.8.1 Integrierte Entwicklungsumgebung

Programme werden mit Editoren erstellt und sind eigentlich Textdateien. Neben Editoren braucht es einen Compiler, Linker und Debugger. Bei interpretierten Sprachen auch eine Laufzeitumgebung. Je nach Sprache oder Betriebssystem, z. B. Android, werden sogenannte SDKs zur Verfügung gestellt.

Definition 20 (Software Development Kit). Ein Software Development Kit (SDK) ist eine Sammlung von Programmierwerkzeugen und Programmbibliotheken, die zur Entwicklung von Software dient.

In der Regel gibt es zu jeder Programmiersprache ein Software Development Kit. Das SDK ist unbedingt notwendig.

Um effizient und damit auch auf das Wesentliche konzentriert sowie möglichst fehlerfrei zu programmieren, verwendet man eine integrierte Entwicklungsumgebung, oder englisch *integrated development environment*, IDE. Integriert meint, dass mit obigen Elementen des SDKs in einem einheitlichen System gearbeitet werden kann. Gewisse Anbieter wie Google bieten ein SDK mit IDE an, genannt Android Studio. Bis vor ein paar Jahren wurde das SDK in Eclipse, einem sehr verbreiteten und mächtigen IDE-Framework als Plug-in eingebaut. Solche generischen IDEs sind beispielhaft und illustrativ:

- Eclipse, ursprünglich von IBM,
- NetBeans von Sun,
- Visual Studio von Microsoft oder
- Atom-IDE als Open Source von GitHub (siehe Abb. 10.7).

Die meisten Hilfsmittel sind um den Editor herum organisiert, da ja dort primär die Entwicklung stattfindet. Die Editierhilfen umfassen typischerweise:

- Autocomplete, Vervollständigen von angefangenen Wörtern,
- Diagnostics, Fehler und Warnungen zu den Textstellen,
- Anzeigen von Referenzen und Verweisen,
- Formatierung und Verschönerung des Codes,
- Einblenden von Informationen beim Mauszeiger (Hovering),
- Referenzen simultan anzeigen (Mauszeiger auf einem Wort beleuchtet alle),
- grafische Layouteditoren u. v. m.

Abb. 10.7 Die generische Entwicklungsumgebung Atom

Der provisorische Code wird dann kompiliert, und zwar unter Zuhilfenahme des *Debuggers,* eines typischen Entwicklungstools. Häufig kann der Compiler in einen entsprechende Modus geschaltet werden, um zusätzliche Diagnostiken zu erzeugen. Mit dem Debugger kann man Befehle schrittweise ausführen und gleichzeitig die Werte von Variablen einsehen. Zudem kann die Entwicklerin Haltepunkte definieren, um den Code stückweise ausführen zu lassen. Das Debuggen ist eine Haupttätigkeit der Programmierer, denn Fehler und Unklarheiten kommen in der Entwicklung sehr häufig vor. Debugger können auch verwendet werden, um Programme zu „re-engineeren".

10.8.2 Entwicklungs-Tools

Wir haben im obigen Abschnitt schon wesentliche Werkzeuge der Softwareentwicklung benannt: Editoren und Editierhilfen, Debugger, Versionierungstools etc. Deshalb konzentrieren wir uns hier eher auf Entwurfswerkzeuge.

Für Programme, die mit prozeduralen Sprachen umgesetzt werden, sind (1) die Untergliederung in Unterprogramme sowie (2) das Flussdiagramm für den Ablauf die wichtigsten Werkzeuge.

Für objektorientierte, also eher bottom-up konzipierte Programme, hat sich ein Satz von Diagrammen als hilfreich erwiesen, die man in statische und dynamische Diagramme unterteilt, nämlich:

- Statische Diagramme:
  - **Klassendiagramm,**
  - Objektdiagramm,
  - Komponentendiagramm,
  - Einsatzdiagramm;
- Dynamische Diagramme:
  - **Anwendungsfalldiagramm,**
  - **Sequenzdiagramm,**
  - **Zustandsdiagramm,**
  - Aktivitätendiagramm.

Wir können hier nicht auf alle Diagramme eingehen. Deshalb beschränken wir uns auf diejenigen, die fett gedruckt sind.

Die Anwendungsfälle, englisch *Use Cases,* sind die typischen Anforderungen, welche die Anwendungssoftware meistern können muss. Im Entwurf kommt diese Analyse am Anfang. In der Sprache der Diagramme sieht dieses Tool wie in Abb. 10.8 in der einfachsten Form dargestellt aus.

Das *Sequenzdiagramm* (siehe Abb. 10.9) stellt den zeitlichen Ablauf von Interaktionen dar. Die Programmelemente werden auf ihrer Lebenslinie (Vertikale) zum Handeln erweckt und geben Informationen oder Zustandsänderungen nach einer möglichen Verarbeitung zurück. Mit diesem Diagramm sieht man also die betroffenen Komponenten und den zeitlichen Verlauf der Sequenz.

Das *Klassendiagramm* ist wohl das wichtigste Instrument der objektorientierten Programmierung überhaupt. In Abb. 10.10 zeigen wir eine Darstellung nach dem UML-Standard. Das Beispiel ist schon bekannt; es zeigt Autos und Motorräder als Klassen der Basisklasse Fahrzeug. Sie erben deren Eigenschaften. Im Kasten sind sowohl die Daten als auch die Methoden

Abb. 10.8 Beispiel Anwendungsfalldiagramm. Der Actor kommuniziert mit dem Fall der Anwendung X. Die Fälle können Spezialisierungen von allgemeineren Fällen sein

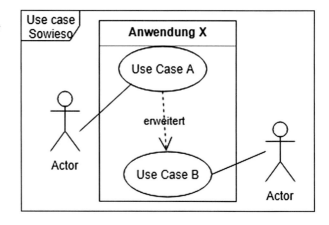

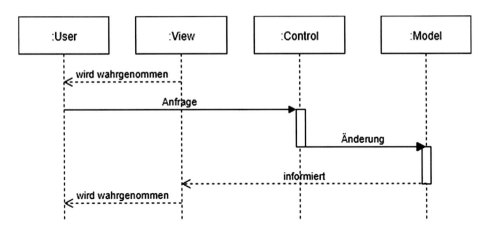

Abb.10.9 Beispiel Sequenzdiagramm. Ein Benutzer und drei Komponenten interagieren miteinander in zeitlicher Abfolge. Die Zeit wird als Lebenslinien der Elemente dargestellt, die von oben nach unten verlaufen

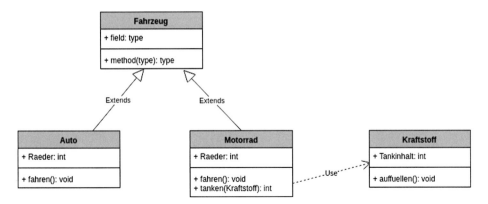

Abb.10.10 Beispiel Klassendiagramm. Hier wird die Vererbung sowie die Kapselung von Daten und Methoden in den Klassen gezeigt. Es wird auch dargestellt, dass eine Methode Daten einer anderen Klasse benutzt

aufgelistet. Das Vorzeichen gibt an, ob die Elemente privat oder öffentlich sind, d.h. von anderen Methoden verwendet werden können oder nur innerhalb des Objekts zugänglich sind.

Aus Klassendiagrammen im UML-Format lassen sich die entsprechenden Gerüste für den Quellcode erzeugen.

Da die Daten in den Klassen definiert sind, kann man diese nicht tabellarisch wie in relationalen Datenbanken verwalten. Dies ist der Preis der Dezentralisierung.

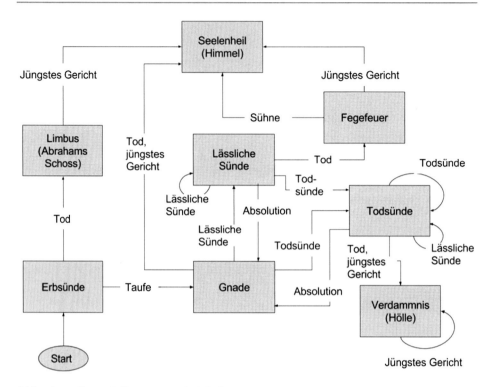

Abb. 10.11 Zustandsdiagramm, Beispiel: die Theologie des Thomas von Aquin (Hayes, 1983)

Mit der Gesamtheit der Darstellungen hat man eine tief gehende Analyse der Anwendung erreicht. Sie stellt auch eine ausgezeichnete Dokumentation dar, sofern sie ständig aufdatiert wird.

An der Abb. 10.11 zeigen wir die Darstellung eines Zustandsdiagramms. Die Methode ist nicht nur technischen Systemen vorbehalten, sondern lässt sich auch auf andere abstrakte Zusammenhänge anwenden. Im Grunde genommen sind die Kanten des Graphen Verben, die zu bestimmten Zuständen (Adjektiven) in den Knoten führen. Als einfachstes Beispiel: Einwerfen einer Münze öffnet das Drehgatter der Badeanstalt. Ein technisches Beispiel findet sich als Abb. 11.13.

10.9   Architektur und Muster

Was eigentlich am Anfang stehen sollte, kommt jetzt zum Schluss: Große Programmpakete und komplexe Anwendungen, insbesondere interaktive Applikationen, müssen eine gewisse Architektur aufweisen.

Der Begriff setzt voraus, dass eine Vielzahl von Elementen als System entworfen werden sollen. Wie beim Bau von Gebäuden, wo man von der Hundehütte über Mehrfamilienhaus und Mehrzweckhalle bis zum Flughafenterminal sehr unterschiedliche Anforderungen antrifft. Früher dachte man bei Businessapplikationen an Generalunternehmer, die alles aus einer Hand in einem riesigen System anbieten. Das hat sich nur sehr partiell bewährt und mit den heutigen Gegebenheiten wie dem Internet meist überlebt. Überhaupt ist die Analogie zum Bauwesen stark hinkend, weil Applikationen ständig erweitert, angepasst und umgebaut werden müssen. Da sich das Geschäft, d. h. Produkte, Vertriebskanäle usw., immer schneller ändert, muss das Applikationssystem sich ebenfalls ähnlich schnell mitändern. Es gibt neben Geschäftsapplikationen noch andere, nicht minder komplexe Anwendungen, so z. B. in der Spieleindustrie.

Die Begriffe Architektur, Architekturmuster und Entwurfsmuster sind nicht scharf konturiert, d. h. stehen oft nebeneinander. Wir beschränken uns auf folgende häufigen Architekturmuster, die sich auch stark überschneiden können:

- Monolithen,
- Schichtenarchitektur,
- komponentenbasiert,
- Client-Server,
- Peer-to-Peer,
- Serviceorientierte Architektur (SOA),

Ein Monolith ist eine Applikation, die Daten, Prozesse und Interaktion mit dem Benutzer in einer Softwarekomponente vereint. Das Muster ist der metaphorische Generalunternehmer. Man findet sie noch bei den sogenannten ERP-Systemen, wobei ERP für Enterprise-Resource-Planning steht. Mit dem Schlagwort Enterprise, der Gesamtunternehmung, ist schon der Umfang der Zielsetzung abgesteckt. Als Verkörperung dieses Ansatzes kann man die Produkte von der Firma SAP ansehen, die als sehr teuer gelten. Meist sind die Monolithen sogenannte Legacy-Systeme, also solche, die abgelöst werden sollen und technologisch als überholt gelten. Für ganz spezielle Bedingungen kann ein Monolith dennoch sinnvoll sein.

Bei der Schichtarchitektur wird versucht, dass eine oben liegende Schicht nur Dienste und Daten aus Schichten unterhalb bezieht. Die Struktur ist sehr hierarchisch.

Die komponentenbasierte Architektur ist eine schon frühe Vorstellung von Aufteilung der Aufgaben, die man in der Form von Software-Bibliotheken findet. Später sind mit diesem Muster vor allem Objekte im Sinne der objektorientierten Programmierung zu verstehen.

Client-Server haben wir bereits in Abschn. 6.2 ausführlich betrachtet. Ein Server ist ein Programm, das Dienste den anfordernden Clients anbietet, die wiederum Anwenderprogramme sind. Es ist ein Vertreter der verteilten Systeme.

Bei Peer-to-Peer besteht ein Netzwerk von gleichberechtigten Knoten, die Dienste sowohl in Anspruch nehmen als auch zur Verfügung stellen können. Die Knoten können zu Gruppen gehören, die spezifische Aufgaben übernehmen. Es ist eine Art demokratischer Client-Server. Kritisch ist die Tatsache, dass die Peers autonom und nicht immer verfügbar sind.

Gemäß Wikipedia ist SOA:

> „Ein Architekturmuster für verteilte Systeme, um Dienste von IT-Systemen zu strukturieren und zu nutzen. Durch Zusammensetzen (Orchestrierung) werden damit Geschäftsprozesse durch Dienstimplementierungen abgebildet. Durch Orchestrierung von Diensten niedriger Abstraktionsebenen können so recht flexibel und unter Ermöglichung größtmöglicher Wiederverwendbarkeit Dienste höherer Abstraktionsebenen geschaffen werden."

Die Orchestrierung muss je nach Verkehrsaufkommen (Anzahl Abfragen, Kunden, Mitarbeiter, Vorgänge) und Komplexität unterschiedlich organisiert werden. Orchestrieren ist zwar anspruchsvoll, bietet aber die Möglichkeit, flexibel auf Bedürfnisse zu reagieren.

SOA wird allenthalben mit neuen Bezeichnungen versehen, um deutlich zu machen, dass sich Entwicklungen ergeben haben. So wird häufig von *Microservices* gesprochen. Es soll zum Ausdruck bringen, dass die Dienste auch sehr engen Umfang aufweisen und lose gekoppelt sein können. SOA ist meist die Wahl zur Ablösung von Legacy-Systemen. Vor sehr vielen Jahren fürchtete man sich vor Interfaces, die zwischen Monolithen geschoben wurden. SOA profitiert von den Applikation Programming Interfaces, API (siehe Abschn. 6.5), die auf effiziente Art die Anfrage (Request) und die Antwort (Reply) bestimmen. Denn so funktioniert das Internet schon seit mehr als dreißig Jahren.

Für stark interaktive Applikationen, wie zum Beispiel Spiele, gilt das Entwurfsmuster Model View Controller, MVC, zur Unterteilung einer Software in Komponenten zur Entkopplung von wesentlichen Funktionen. Als solche werden angesehen:

- User, der Anwender,
- View, die Präsentation,
- Control, die Ablauflogik und
- das Modell mit dem Inhalt.

Je nach Anwendung, z. B. Warenkorb im Online-Shopping, Gaming etc., sind unterschiedliche Kombinationen und Aufgaben der drei Komponenten sinnvoll. In Abb. 10.12 sieht man einen sehr einfachen Anwendungsfall: Der Benutzer sieht die Oberfläche und macht eine Anfrage. Das Kontrollelement veranlasst das Modell entsprechend zu reagieren, meist mit einer Änderung des Zustands. Das wird dem View mitgeteilt, der allenfalls das Modell nochmals anfragt und dem Control die neue, dem Benutzer angezeigte Sicht berichtet.

Während die Abgrenzung zwischen View und den anderen Komponenten meist gut machbar ist, stellt die reine Aufteilung in Ablauf und Inhalt eine größere Herausforderung dar. Denn Inhalt und Ablauf sind sehr stark verquickt. Wie sehr häufig gilt auch hier, dass man die Theorie mit einem Körnchen Salz anwendet.

Abb. 10.12 Übersicht MVC.
Gängige, aber nicht die einzige
Möglichkeit, die drei Elemente
zu verknüpfen

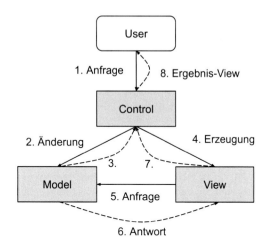

Bei der Programmentwicklung lohnt es sich immer wieder, Distanz zum Programm zu gewinnen und die großen Linien zu überdenken.

Die Festlegung der Architektur ist vielleicht die bedeutendste Frage für Unternehmungen. Dabei ist es nicht hilfreich, wenn ein wenig IT-kundiges Management einfach nur auf ihm bekannte Schlagwörter zurückgreift. Es kann hilfreich sein, sich die Modelle der ganz Großen anzuschauen wie Amazon, Netflix usw.

10.10 Composable Model, MACH-Architektur

Der Wunsch von modernen Unternehmungen ist die flexible, schnelle und effiziente Anpassung ihrer Applikationen an die sich ändernde Umgebung. Am liebsten würde man gar nicht kodieren, also Software schreiben, sondern Komponenten wie Lego-Steine zusammensetzen.

Daraus kann man Funktionsprinzipien ableiten für ein Unternehmensmodell, wie es Gartner, eine IT-Beratungsfirma, vorschlägt:

1. Beschleunigung durch *Entdeckung* (Discovery),
2. größere Agilität durch *Modularität,*
3. *Orchestrierung* zur Führerschaft,
4. autonome *Geschäftsresilienz* (*autonomous business resilience*).

Die *Entdeckung* funktioniert über eine Abfrage, welche einen maschinenlesbaren Servicekatalog mit entsprechenden Metadaten zurück liefert, also APIs. Der anfragende Client erfährt den Umfang und den Umgang mit angebotenen Ressourcen. Es soll ihm ermöglichen, sich von alleine ohne vorheriges Detailwissen zu den Services „durchzuhangeln". Das System beinhaltet eine brauchbare Darstellung von sich selbst. Eine Beschleunigung soll möglich sein, weil man kein zusätzliches Vorwissen aus anderen Quellen suchen muss.

Modularität ist eine ziemlich offensichtliche Forderung, die nur noch von den Monolithen abgelehnt wird. Module sind vereinfacht gesagt Softwarekomponenten, die spezifische Aufgaben und Dienste leisten.

Orchestrierung ist das Zusammenführen mehrerer Serviceoperationen zu einer höherwertigen Funktionalität. Meist wird sie durch eine entsprechende *Engine* unterstützt. Nehmen wir eine Großküche als Analogie, bei der ein Tellergericht am Tresen des Chefkochs vorbeigeht. Der Teller wird erst dann ausgeliefert, wenn der Fisch, die Sauce, der Reis und das Gemüse darauf sind. Die vier Komponenten werden von verschiedenen Stellen beigesteuert und sind asynchron. Wenn der Reis ausgegangen ist, muss man warten. Im Unterschied eine Kleinküche mit nur einem Koch, der alles selber machen muss. Er ist ein einfaches Laufzeitprogramm, das seine Tätigkeiten abspult. Neben dem Problem der Ungleichzeitigkeit herrscht Uneinigkeit über die Umsetzung der Orchestrierung. Die einen wollen einen sogenannten Enterprise Service Bus, ESB, andere schlauere Endpunkte, d. h. Services. Man spricht von *Choreografie,* wenn kein zentrales Element vorhanden ist.

Die Geschäftsresilienz, d. h. hier die Verfügbarkeit und Anpassungsfähigkeit des Geschäfts und seiner informatischen Abbildung, wird durch Autonomie und Selbständigkeit kleiner Einheiten angestrebt.

Gartners Vorstellung ist hierarchisch, ausgehend von Microservices, die zu *Packaged Business Capabilities* (PBCs) als umgrenzte Geschäftskapazitäten zusammengefasst werden und auf dritter Stufe eben dann *Composable Applications* bilden. Die Vorstellung ist konzeptionell.

Ein opportunistischer Entwickler schaut sich bei den bestehenden Komponenten um und versucht, diese Forderungen umzusetzen. Dazu wählt er einen Stack.

Als *Stack* wird eine Schichtenstruktur bezeichnet, bei der Funktionskomponenten, also Software, logisch übereinander gestapelt sind. Als Beispiel führen wir den Stack LAMP an, das für Linux (Betriebssystem), Apache (Webserver), MySQL (Datenbank) und PHP (Programmiersprache) steht. Oder auch der MEAN-Stack: Er verbindet MongoDB, Express.js, AngularJS und Node.js.

Ein solcher Stack für Composable ist MACH[4], der einige Aufmerksamkeit genießt. Er besteht aus folgenden Komponenten:

- **M:** Microservices,
- **A:** API First,
- **C:** Cloud Native SaaS,
- **H:** Headless

---

[4] Ernst Mach (1838–1916) war ein österreichischer Physiker und Philosoph, welcher der dimensionslosen Geschwindigkeit seinen Namen gab. Es wird mit Mach eine hohe Geschwindigkeit assoziiert.

Alle vier Elemente sind nicht neu, nur diese Zusammenfassung hat Neuigkeitswert. Es wird also impliziert, dass alles schon vorhanden ist, um die vorgenannten Ziele zu erreichen.

Microservices sind einzelne, auf konkrete geschäftliche Anforderungen abgestimmte Funktionen, die von den jeweiligen Teams individuell erstellt und gepflegt werden. Microservices können unabhängig voneinander bereitgestellt werden. Dadurch lassen sich Updates schneller ausrollen und der Zugriff auf neue Funktionen beschleunigen.

APIs spielen in modernen Anwendungen eine entscheidende Rolle beim Ausführen von Diensten, z. B. dem Übertragen von Daten, dem Lesen eines Formulars etc. Ihre Spezifikation sollte maschinell abrufbar sein. Das Frontend, die Interaktion mit dem Benutzer, nutzt ebenfalls APIs.

Der Begriff *Cloud-native* besagt, dass die Softwarekomponenten oder Applikationen spezifisch auf die Cloud und deren Computing-Architektur hin entwickelt werden. Sie sind unabhängig von Hardware, Betriebssystemen oder Programmiersprachen. Der Ansatz beinhaltet ein verteiltes System von Microservices, das in Containern verpackt sein kann. Ein Container bietet mehr Effizienz und Geschwindigkeit als eine virtuelle Maschine. Er vereinfacht die Bereitstellung vieler unterschiedlicher Microservices. Diese sind dynamisch auf den verschiedenen Servern der verwendeten Cloud-Umgebung ausführbar und so für den Benutzer verfügbar. Die Cloud hat den großen Vorteil, dass immer genau die richtige Menge an Rechen- und Speicherkapazität vorhanden ist und man sich nicht um den Unterhalt der Infrastruktur kümmern muss. Sicherheitsbedenken hinsichtlich proprietärer Daten sind auch nur noch wenige vorhanden.

Unter *Headless* versteht man die Entkopplung des Frontends vom Backend (siehe Abb. 10.13). Eigentlich sollte es flexibler, wählbarer Kopf und nicht kopflos heißen. Man trennt also die Benutzeroberfläche, das sogenannte Frontend, von den nachgelagerten Prozessen, dem Backend. Beide Schichten kommunizieren über eine Programmierschnittstelle (API) und tauschen darüber Informationen aus. Ziel ist es, Daten und Logik einer möglichst großen Zahl von Benutzeroberflächen zur Verfügung zu stellen, wie z. B. Websites oder mobile Apps. Diese Entkopplung haben wir bereits im Entwurfsmuster MVC gesehen.

Zusammenfassend kann man erkennen, dass *Headless* und *Cloud Computing* ausreichen, um MACH zu beschreiben, denn Microservices und API sind natürlich schon inbegriffen. Composable und MACH sind in den E-Commerce-Applikationen verbreitet.

In der betrieblichen Applikationslandschaft ist sicherlich die Orchestrierung/Choreografie die schwierigste Aufgabe. Denn sie versucht, die bestehenden Geschäftsprozesse und Leistungserstellungen abzubilden. Nun sind Prozesse ein Teil der Ablauforganisation, die mit der Aufbauorganisation die Unternehmung abstrahiert. Diese duale Sicht ist uralt. Es stellt sich aber die Frage, ob sie angesichts der Möglichkeiten der Informatik noch zeitgemäß ist. Es wird impliziert, dass das Bestehende durch die Informatik einfach unterstützt, vereinfacht, vielleicht beschleunigt wird. Es wäre ja denkbar, dass aus der informatischen Leistungserstellung heraus die betriebliche Organisation entworfen wird. Die Informatik, die „Hacker", bestimmt die Organisation. Das wäre in einem *Metaversum* ohnehin nachvollziehbar. Aber

Abb. 10.13 Das
Headless-Muster mit APIs

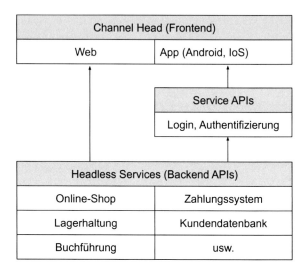

betriebliche Änderungen bedeuten immer eine Machtverschiebung, die vom bestehenden Management oft behindert wird.

Weiterführende Literatur ist z. B. Dowalil (2018) und Tilkov et al. (2015). Sie ist aber nur für Entwickler geeignet.

Quiz zu Kap. 10

Quiz

Ein paar Fragen gefällig?

1. Welche zwei Programmier-Philosophien kennst Du?
2. Zu welcher Philosophie passen Fluss- und zu welcher Klassendiagramme?
3. Worin unterscheiden sich gesprochene Sprache und Programmiersprachen?
4. Erkläre Compiler und Interpreter.
5. Nenne vier Programmiersprachen.
6. Was sind typische Kontrollelemente?
7. Was ist typisch für Skriptsprachen?
8. Nenne vier Entwicklungstools.
9. Was ist ein Debugger?
10. Woraus besteht das hier gezeigte Architekturmuster MVC?

Literatur

Dowalil, H. (2018). *Grundlagen des modularen Softwareentwurfs: der Bau langlebiger Mikro- und Makro-Architekturen wie Microservices und SOA 2.0*. Hanser.

Felixberger, J. (2017). *Chemie für Einsteiger*. Springer.

Gallenbacher, J. (2017). *Abenteuer Informatik: IT zum Anfassen für alle von 9 bis 99 – vom Navi bis Social Media*. Springer.

Hayes, B. (1983). Computer recreations: On the finite-state machine, a minimal model of mousetraps, ribosomes and the human soul. *Scientific American*, *249*(6), 19–28.

Kay, A. C. (1993). The early history of smalltalk. *SIGPLAN Notices*, *28*(3), 69–95.

Press, W., Teukolsky, S., Vetterling, W., & Flannery, B. (1992). *Numerical recipes in FORTRAN: The art of scientific computing*. Cambridge.

Tilkov, S., Eigenbrodt, M., Schreier, S., & Wolf, O. (2015). *REST und HTTP: Entwicklung und Integration nach dem Architekturstil des Web* (3., aktualisierte und erw. Aufl.). dpunkt-Verlag.

Applikationen 11

Unter Applikationen verstehen wir Benutzeranwendungen, die entweder aus Standardsoftware oder individueller Software bestehen (siehe Abb. 11.1). Die weitverbreitete Abkürzung „App" leitet sich daraus ab.

11.1 Systematik

Abb. 11.1 zeigt eine mögliche Struktur von Software. Systemsoftware umfasst Betriebssysteme und Hilfsprogramme, Treiber, Netzwerksoftware etc., alles was sehr nahe an der Hardware ist. Hinzuzählen kann man auch die Hilfsmittel für die Programmentwicklung, also Integrated Development Environments, Entwicklungsumgebungen, Versionierungstools, Compiler und Virtuelle Maschinen. Hier interessieren aber die Anwendungssoftware und Applikationen.

Anwendersoftware kann man in Standardsoftware, wie etwa dem Office-Paket, Browser, E-Mail-Systeme, Wikis usw. untergliedern. Im Gegensatz dazu gibt es individuelle, also für einen Anwender oder eine Gruppe von Anwendern entwickelte Software. Eine Zwischenstellung nehmen Standardsysteme ein, die stark „customisiert" werden können, also Flexibilität für den Kunden über veränderte Einstellungen ermöglichen. Das kann soweit gehen, dass der Kunde mit Skriptsprachen sehr individuelle Bedürfnisse abdecken kann. Daraus kann man zu Recht schließen, dass beinahe ein Kontinuum, ein glatter Übergang von Standard- zu Individualsoftware besteht.

In der Beschaffung von Anwendungen wird immer die Frage nach „Make-or-Buy" gestellt. Aber auch bei der Individualsoftware ist es sehr empfehlenswert, soweit wie sinnvoll Rahmenwerke (Frameworks) zu verwenden, um nicht wirklich bei Null zu beginnen.

© Springer-Verlag GmbH Deutschland, ein Teil von Springer Nature 2023   167
C. Franzetti, *Essenz der Informatik*,
https://doi.org/10.1007/978-3-662-67154-2_11

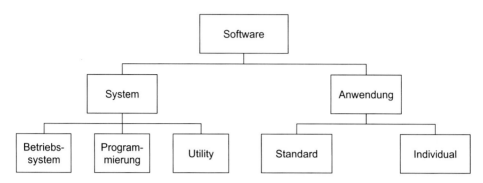

Abb. 11.1 Synopsis Software. Anstatt Anwendung kann man auch Applikation sagen; die System-software dient dem Management oder der Entwicklung von Systemen

Mit der Verbreiterung der Device-Landschaft (Tablets, Smartphones etc.) stellt sich die Frage, auf welchem Gerät eine App betrieben wird, ob sie durchgängig auf Smartphone und PC läuft, ob eine Anbindung an die Cloud vorgesehen ist, ob sie auch ohne Internet funktioniert und so fort. Dass der Fokus der Anwendungen immer mehr auf die „Benutze-rerfahrung", besser *User Experience*, UX, ausgerichtet wird und sich von einer technischen Sicht löst, hat sicher wesentlich zur Verbreitung von Apps geführt.

Die Schlachtrosse der betrieblich-individuellen IT sind die sogenannten Office-Anwen-dungen, die Schreibmaschine, Tischrechner und Hellraumprojektor-Folien abgelöst haben.

11.2   Office: Schreibmaschine 4.0

Die älteren Personen sind über die Verwendung der Schreibmaschine zur elektronischen Datenverarbeitung gekommen. Es ist erstaunlich, wie viele Leute immer noch Tabulatoren und Sonderzeichen wie den „Wagenrücklauf" etc. anzeigen lassen. Nicht zufällig heißt das erfolgreiche Programmpaket von Microsoft „Office", weil es die typische Büroumgebung von früher umfasst. Typischerweise wird für das Büro Folgendes angeboten (Abb. 11.2):

- Schreibprogramm (z. B. MS Word, Google Doc, siehe Abb. 11.3),
- Tabellenkalkulator (z. B. MS Excel, Google Sheet, LibreOffice Calc, siehe Abb. 11.2),
- Präsentationsfolien (z. B. MS PowerPoint, Google Slide) und
- Mail-Programm (z. B. MS Outlook, Thunderbird).

Die physische Post wurde durch die elektronische Post, *E-Mail,* ergänzt und größtenteils ersetzt.

Abb. 11.2 Typisches Aussehen eines Tabellenkalkulations-Programms, hier LibreOffice Calc

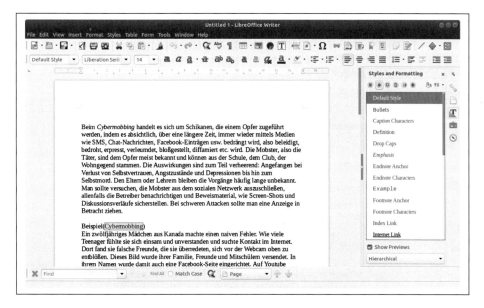

Abb. 11.3 Typisches Aussehen eines Textprogramms, hier LibreOffice. Immer neuere Versionen wie bei Word, die sich nur durch das Layout, aber nicht durch Funktionalitäten unterscheiden, sind ein Graus

Bei der Einstellung von Büropersonal wird häufig auf Fertigkeiten mit diesen Applikationen Wert gelegt, wobei dann von „IT-Kenntnissen" gesprochen wird.

Im Alltag wird implizit auch davon ausgegangen, dass die Privatpersonen und die Schüler über die entsprechenden Grundfertigkeiten verfügen. Im Verkehr mit den Behörden sind handschriftliche Briefe vermutlich sehr selten geworden. Durch zu wenig Übung ist die Handschrift auch als Kulturelement akut bedroht.

Jüngere IT-Nutzer, „digital natives", also solche, die in die vielfältige Applikations- und Device-Landschaft „hineingeboren" wurden und mit kindlichem Eifer diese Welt erkundet haben, kennen zuerst soziale Medien und Inhalte wie Video, Musik, Foto, Kurzmitteilung etc.

Die verschiedenen Generationen unterscheiden sich in einem wesentlichen Aspekt: Die jungen Leute haben keine Angst etwas auszuprobieren, auf Knöpfe zu drücken und zu schauen, was dann passiert. Dadurch erlangen sie viel schneller einen Überblick und können eine Applikation schneller und effektiver nutzen.

Die *Textprogramme* und die anderen Office-Anwendungen sind schon seit rund fünfundzwanzig Jahren ausgereizt und ändern nur noch das Aussehen. Funktional sind sie total überladen, vor allem wenn man sie lediglich als Schreibmaschinen benutzt. Eine mächtige Funktionalität von Word, die Formatvorlagen den Paragrafen zuzuordnen, zeigt Abb. 11.6.

Allerdings wartet Google Drive seit ein paar Jahren mit einer *Spracherkennung* auf, die ohne vorheriges Trainieren und Vorsprechen von Standardtexten, also auf Anhieb, verblüffende Resultate produziert. In den Abb. 11.4 und 11.5 sieht man zwei Proben, eine auf Deutsch und eine auf Französisch. Sie sind roh, ohne irgendwelche Korrekturen. Dies ist ein gutes Beispiel, wie unspektakulär die Künstliche Intelligenz, die sich dahinter verbirgt, in den Alltag Eingang findet.

Die *Tabellenkalkulation* hat sich im Lauf der Jahre immer mehr zu einem Reporting-Werkzeug für die Unternehmungen entwickelt und dabei bei Weitem das ursprünglich gedachte Anwendungsziel überschritten. Es gibt drei Hauptprobleme mit den Spreadsheets im betrieblichen Alltag (Panko, 2016):

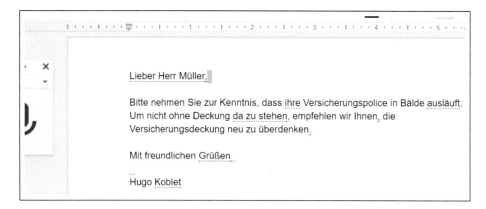

Abb. 11.4 Eingabe eines Textes mittels der Spracherkennung von Google Drive, und zwar ohne Training und noch unkorrigiert

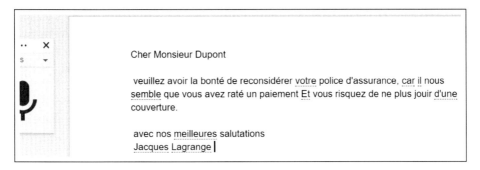

Abb. 11.5 Spracherkennung auch in Fremdsprachen

Abb. 11.6 Formatvorlagen für
Word in der Entwurfsansicht

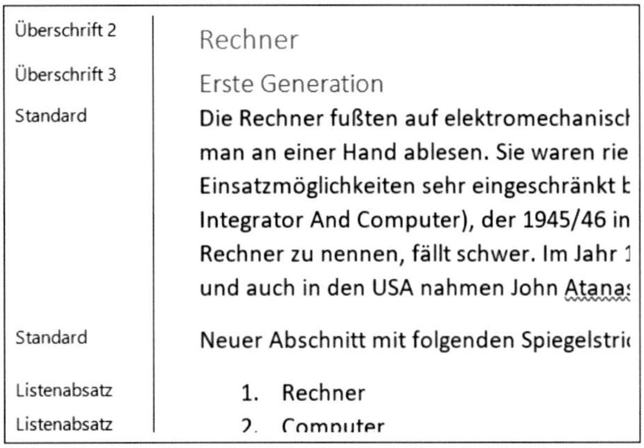

Überschrift 2	Rechner
Überschrift 3	Erste Generation
Standard	Die Rechner fußten auf elektromechanisc man an einer Hand ablesen. Sie waren rie Einsatzmöglichkeiten sehr eingeschränkt b Integrator And Computer), der 1945/46 in Rechner zu nennen, fällt schwer. Im Jahr 1 und auch in den USA nahmen John Atana:
Standard	Neuer Abschnitt mit folgenden Spiegelstri(
Listenabsatz	1. Rechner
Listenabsatz	2. Computer

1. Fehlerquote einer einzelnen Zelle ist rund 3 % ,
2. Fehler sind extrem schwer zu finden und zu korrigieren und
3. die Nutzer sind zu gutgläubig hinsichtlich der Korrektheit.

Für eine Unternehmung, die ihre Management-Informationen aus Spreadsheets bezieht, gibt es noch weiteres Ungemach (hier kleine Auswahl, siehe auch Panko, 1998):

- Tabellendaten sind statisch und meist manuell (copy-paste) gepflegt,
- Daten sind redundant, in verschiedenen Kopien möglicherweise nicht konsistent und nicht generell aufdatierbar,
- Zellen sind zu wenig strikt mit Datentypen,
- Formeln kann man nicht „debuggen",
- verschiedene Sprachen und Versionen sind nicht kompatibel usw.

Beispiel 11.2.1 (Gravierende Fehler). Eine Hochschule hat den Prüflingen die Resultate gesendet, wer also bestanden hat und wer nicht. In der Zeitung konnte man dann lesen, dass ein paar Tage später eine Korrektur verschickt wurde. Ein Verantwortlicher wurde zitiert: „Die Ursache des Fehlers ist technischer Natur, man habe festgestellt, dass eine Liste [in Excel] ab einem gewissen Buchstaben falsch sortiert war."

Eine Beratungsunternehmung hat ihrem Klienten einen Business Plan vorgeschlagen, wobei in der Tabellenkalkulation fälschlicherweise das Datum der Kopfzeile zum Gewinn addiert wurde.   △

Für revisionsfestes Berichtswesen, für betrieblich wichtige Informationen muss man Datenbanken und Programme verwenden. Spreadsheets mögen als grafische Ausgabe und Präsentation dienen.

In Präsentationen werden kurze Texte oft mit Grafiken gezeigt. Die Bilder können unterschiedliche Quellen aufweisen, wie etwa Tabellenkalkulatoren, Fotografien etc. Bilder lassen sich in zwei Hauptklassen von Darstellungsmethoden einteilen:

- Raster- und
- Vektordarstellung.

Bei der Rasterdarstellung wird die Zeichenfläche in gleichgroße Felder, meist Quadrate, aufgeteilt, die jeweils mit einer Farbe gefüllt sind. Die Genauigkeit der Wiedergabe hängt von der Feinheit der Gitter ab. Bei Vergrößerungen wird das Bild immer unschärfer (sieh Abb. 11.7). Im Gegensatz dazu verwendet die Vektordarstellung nur ausgezeichnete Punkte des Bildes, die mit beliebig genauen x-y-Koordinaten beschrieben sind. Es gibt Befehle für Grundfiguren wie Strecken, Kreise usw. Der Vorteil, neben dem höheren Verarbeitungsaufwand, ist die beliebige Skalierbarkeit, wie Figura zeigt. Die entsprechende Datei-Extension .svg wird in der Auszeichnungssprache XML dargestellt (Abb. 11.8).

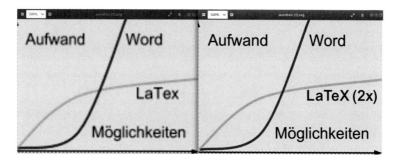

Abb. 11.7 Vergleich von Raster- und Vektordarstellung in der Vergrößerung

Abb. 11.8 Screenshot von
einer Business-App, hier Slack,
die wie ein WhatsApp für das
Geschäft funktioniert

11.3 Generische Anwendungen

Anwendungen, die man sowohl im privaten als auch im geschäftlichen Umfeld antrifft, sind
beispielsweise:

- Webbrowser,
- Suchmaschinen,
- E-Mail,
- PDF-Reader,
- Wiki und
- Video-Telefonie, Instant Messaging.

11.3.1 Webbrowser

Die Nutzung von Webinhalten setzt die sogenannten Webbrowser voraus. Der Begriff oder
besser das Verb „to browse" heißt soviel wie herumschmökern.

Definition 21 (Webbrowser). Webbrowser sind spezielle Computerprogramme zur Darstellung von Webseiten im World Wide Web und zum Laden von Dokumenten und Daten. Neben dem Protokoll HTTP(S) verstehen sie auch FTP.

Befehle im Browser sehen wie folgt aus:

> https://www.nasa.gov/connect/apps.html
> ftp://ftp.dante.de/tex-archive/macros/latex/contrib/natbib/
> file:///etc/emacs/site-start.d/

Die HTTP-Aufrufe im Suchfeld sind so eingestellt, dass automatisch und unsichtbar ein GET-Befehl vorangestellt wird.

Ein Browser hat rund sieben Hauptkomponenten oder Funktionen (siehe auch Abb. 11.9):

1. User Interface: Adresszeile, Vor/Zurück-Knopf, etc., alles um das Anzeigefeld herum.
2. Browser Engine: orchestriert Aktionen zwischen Benutzeroberfläche und Wiedergabe (rendering engine).
3. Rendering Engine: gibt angeforderten Inhalt wieder. Dazu muss es HTML und CSS verstehen.
4. Networking: HTTP- und FTP-Anforderungen plattformunabhängig vermitteln.

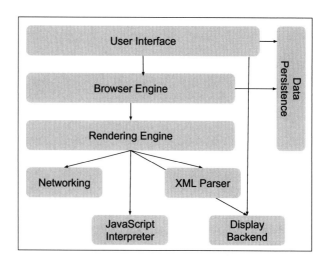

Abb. 11.9 Die Architektur eines Browsers

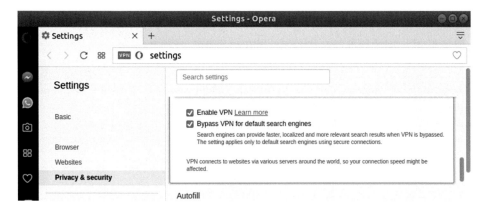

Abb. 11.10 Einstellungen des Opera-Browsers. VPN steht für Virtual Private Network

> 5. UI/Display Backend: generisches Interface, um Widgets und Windows auszugeben.
> 6. JavaScript Interpreter: liest Skripte und führt den Code aus.
> 7. Data Storage/Persistence: Der Browser legt gewisse Daten wie Cookies oder Favoriten in Datenbanken oder auf dem Dateiverzeichnis ab.

Der führende Anbieter, heute Chrome von Google, hält häufig einen dominierenden Marktanteil. Früher war es Netscape, dann Internet Explorer und schließlich Chrome mit über 55 %. Es gibt aber auch kleine Anbieter wie Opera, die mit zusätzlichen Features ausgestattet sind. In der Abb. 11.10 sieht man, dass der Browser auch mit VPN „surfen" kann. Das bietet den Vorteil, dem Server nicht mitzuteilen, von wo man den Dienst aufruft. Viele Angebote versuchen den Preis nach Land und Kaufkraft zu steuern. Mit diesem Browser kann man tiefere Preise erlangen, ohne dass man sich einen VPN-Service mieten muss.

Ein ganz anderer Browser ist TOR, der für anonymes Surfen auch im versteckten Darknet (siehe Abschn. 6.6) verwendet wird. Ursprünglich wurde er von der US-Navy in Auftrag gegeben und dann auf freiwilliger Basis weiterentwickelt.

11.3.2 Suchmaschinen

Eine der wichtigsten Anwendungen des WWW, und damit für den Nutzer des Internets, sind die Suchmaschinen.

Definition 22 (Suchmaschine). Eine Suchmaschine ist ein Programm zur Recherche von Dokumenten, die v. a. in einem Computernetzwerk wie dem World Wide Web gespeichert sind.

Dieses läuft beim Anbieter, der dem Nutzer eine Schnittstelle zur Verfügung stellt und die Resultate nach seiner Relevanz zurückgibt.

In den Einstellungen des Browsers wird meist festgelegt, welche Suchmaschine man als Standard auswählt. Sofern man keine gültige WWW-Adresse im Eingabefeld eingibt, wird die Eingabe als Suchauftrag verstanden.

Allgemein lassen sich Suchmaschinen in drei Typen einteilen:

- indexbasierte Suchmaschinen,
- Katalogsuchmaschinen und
- Metasuchmaschinen.

Die Metasuchmaschinen sind solche, die Resultate von anderen Suchmaschinen zusammenfassen und neu darstellen. Sie werden immer weniger benutzt, obwohl sie potenziell einen größeren Bestand befragen und weniger Benutzerdaten sammeln.

Katalogsuchmaschinen verwenden häufig von Menschen zusammengestellte Listen, die nach alphabetischen oder thematischen Kriterien geordnet sind. Sie sind nicht so mächtig wie die indexbasierten.

Der häufigste Suchmaschinentyp verfolgt eine indexbasierte Suche. Die Maschine durchforstet mithilfe von sogenannten Crawlern oder Spyders automatisch eine Vielzahl von WWW-Dokumenten, analysiert sie algorithmisch und legt dann einen Index an, der bei späteren Anfragen durchsucht wird. Der Index enthält einerseits Index-Begriffe, anderseits die Angabe darüber, auf welchen Webseiten die Begriffe vorkommen. Dieses virtuelle Verzeichnis umfasst Milliarden von Begriffen und Verweisen. Die bekanntesten Beispiele sind Google von Alphabet und Bing von Microsoft. Ihr Vorteil ist die Schnelligkeit, mit der die jeweiligen Ergebnisse angezeigt werden.

Wie wir schon in Abschn. 6.6 beschrieben haben, bildet das sichtbare und damit indexierte WWW nur einen Teil des Webs ab. Um in die Tiefe hinabzusteigen, muss man einen TOR-Browser und spezielle Suchmaschinen wie etwa Ahmia oder Torch verwenden.

Womit werden die Betreiber von Suchmaschinen bezahlt? Auch wenn die Bezahlmodelle kompliziert sind, gibt es auf diese Frage eine einfache Antwort: Werbung und Daten eindampfen. Zum eine bezahlen Firmen dafür, auf der Trefferliste ganz oben zu erscheinen. Dann wird auch das Anklicken von Anzeigen verrechnet. Zum anderen mit Daten. Wenn eine Suche durchgeführt wird, speichern die Server der Suchmaschinen automatisch verschiedene Informationen, die man als sogenannten Protokolle bezeichnet. Diese enthalten die IP-Adresse des Internetanschlusses, den der Nutzer verwendet. Weiterhin werden die Suchanfrage, Datum und Zeit der Anfrage sowie eine eindeutige Cookie-Nummer gespeichert. Diese Nummer identifiziert ein Cookie, das auf dem Computer des Nutzers beim ersten Besuch abgelegt wurde.

Aus diesen Daten lassen sich haufenweise Rückschlüsse ziehen auf Alter, Geschlecht, Haushaltsgröße, Kaufverhalten, Einkommen, Bildung etc. Die Betreiber können auch Trendanalysen[1] anstellen. Zum Beispiel weiß Google ziemlich genau, wie sich eine Grippe-Epidemie ausbreitet und wie schwer sie ist. Die staatlichen Informationen über die Meldepflichten der Ärzte hinken oft mehrere Wochen hinterher.

Gesellschaftlich bedenklich sind die stark personalisierten Angebote und Resultate. Obwohl dadurch der Nutzer möglicherweise besser bedient wird, kann nur er entscheiden, was er braucht. Wenn eine Person nur noch das bekommt, was sie ohnehin schon glaubt oder ihrer Gesinnung entspricht, verzerrt sich ihre Weltsicht erheblich.

11.3.3 E-Mail

Der E-Mail-Versand ist eine der ersten Anwendungen des Internets. In den 1970er-Jahren wurde das erste Mail im ARPANET verschickt, indem von einem Rechner Daten auf einen anderen kopiert wurden. Der Erfinder der E-Mail, Ray Tomlinson, musste sich überlegen, wie er die Mail adressiert. Name des Empfängers und Rechnername würden reichen, aber wie darstellen? Ein Zeichen, das in keinem Namen vorkommt, sollte die zwei Teile trennen. So kam das @ ins Spiel, das die Angelsachsen für die Buchhaltung brauchen. Das „at" nennt man auf Deutsch auch Klammeraffe, auf Italienisch Schnecke, in Tschechien Rollmops und in Israel Shtrudl.

Der Austausch von E-Mails wird vom Simple-Mail-Transfer-Protocol SMTP organisiert. Die folgenden Auszüge sind rein zur Illustration, denn Benutzer kommen mit diesen Protokollen nicht in Berührung.

---

[1] https://trends.google.de/trends/, abgerufen am 1. November 2018.

```
>> telnet mail.infomaniak.com   25
Trying 2001:1600:4:2::3...
Connected to mail.infomaniak.com.
Escape character is '^]'.
220 smtp8.infomaniak.ch ESMTP Infomaniak Network Relay Mail Servers;
Thu, 8 Mar 2018 16:26:18 +0100
>> ehlo smtp8.infomaniak.ch
250-smtp8.infomaniak.ch Hello dynamic.wline.6rd.res.cust.swisscom.ch
pleased to meet you
250-ENHANCEDSTATUSCODES
250-PIPELINING
250-8BITMIME
250-SIZE
250-DSN
250-AUTH LOGIN PLAIN
250-STARTTLS
250-DELIVERBY
250 HELP
>> AUTH LOGIN
334 VXcm5hbN1WU6
>>c21tbGFjXWBnYXJy24ubGFubdWx1cy5jb20=
334 UGFzc3dvcmQ6
>>YXJpYW51
235 2.0.0 OK Authenticated
>>MAIL FROM:<simon.lagare@garrulux.com>
250 2.1.0 <simon.lagare@garrulux.com>... Sender ok
>>RCPT TO:<claudio.franzetti@bluewin.ch>
250 2.1.5 <claudio.franzetti@bluewin.ch>... Recipient ok
>>DATA
354 Enter mail, end with "." on a line by itself
>>Subject: Mittagessen
>>Hoi Claudio,
... vielleicht in der Kronenhalle? Oder doch lieber im Terrasse?
UeAwg  Simon
.
250 OK, message accepted for delivery: queued as 12345
>>QUIT
221 Bye
```

Heute wird einem das relativ primitive Editieren in der Kommandozeile erheblich vereinfacht, weil Programme wie Outlook oder Thunderbird auf der Anwenderschicht arbeiten.
Dennoch, tief im Innern werden diese SMTP-Befehle benutzt.

   Die E-Mail kann man auf verschiedene Arten auf den Client herunterladen. Zum einen
über das Protokoll IMAP.

```
>>telnet mail.infomaniak.com 143
Trying 2001:1600:4:2::3...
Connected to mail.infomaniak.com.
Escape character is '^]'.
* OK [CAPABILITY IMAP4 IMAP4REV1 SORT THREAD=REFERENCES MULTIAPPEND UNSELECT
LITERAL+ IDLE CHILDREN NAMESPACE LOGIN-REFERRALS QUOTA XLIST STARTTLS]
perdition ready on 2001:1600:4:2::3 0002d4d1
>>01 LOGIN simon.lagare@garrulux.com passwordxyz
* CAPABILITY IMAP4rev1 LITERAL+ SASL-IR LOGIN-REFERRALS ID ENABLE IDLE SORT
SORT=DISPLAY THREAD=REFERENCES THREAD=REFS THREAD=ORDEREDSUBJECT MULTIAPPEND
URL-PARTIAL CATENATE UNSELECT CHILDREN NAMESPACE UIDPLUS LIST-EXTENDED
I18NLEVEL=1 CONDSTORE QRESYNC ESEARCH ESORT SEARCHRES WITHIN CONTEXT=SEARCH
LIST-STATUS SPECIAL-USE BINARY MOVE XLIST QUOTA
01 OK You are so in
>>. list "" "*"
* LIST (\\HasNoChildren) "/" "Deleted Messages"
* LIST (\\HasNoChildren) "/" Drafts
* LIST (\\HasNoChildren) "/" Friends
* LIST (\\HasNoChildren) "/" Keepers
* LIST (\\HasNoChildren) "/" Sent
* LIST (\\HasNoChildren) "/" Spam
* LIST (\\HasNoChildren) "/" Trash
* LIST (\\HasNoChildren) "/" Archives
* LIST (\\HasNoChildren) "/" INBOX
. OK List completed.
01 LOGOUT
* BYE Logging out
01 OK Logout completed.
Connection closed by foreign host.
```

Ebenso lädt das POP3-Protokoll die E-Mails auf den Client runter, allerdings werden sie dann auf dem Server gelöscht. Für Benutzer, die von verschiedenen Geräten oder auch unterwegs E-Mails lesen wollen, ist POP3 also nicht geeignet.

```
>>telnet mail.infomaniak.com 110
Trying 2001:1600:4:2::3...
Connected to mail.infomaniak.com.
Escape character is '^]'.
+OK POP3 perditon ready on 2001:1600:4:2::3 0002b69a
>>USER simon.lagare@garrulux.com
+OK USER simon.lagare@garrulux.com set, mate
>>PASS ********
+OK You are so in
>>LIST
+OK 1176 messages:
1 50130
2 17519
3 12062
(...)
>>1Retr 1
+OK 50130 octets
Return-Path: <delivery_20170331134207.9286301.18382@mx.sailthru.com>
Received: from mta-gw7.infomaniak.ch (mta-gw7.infomaniak.ch [83.166.132.55])
        by mda295.infomaniak.ch (8.14.5/8.14.5) with ESMTP id v2VHgIih011922
        for <simon.lagare@garrulux.com>; Fri, 31 Mar 2017 19:42:18 +0200
(...)
>>QUIT
+OK Logging out.
Connection closed by foreign host.
```

Die Benutzerin kommt mit diesen Protokollen höchstens beim Einrichten des E-Mail-Systems in Berührung. Die Mail-Applikationen maskieren die Protokolle, obwohl sie in einer tieferen Schicht verwendet werden.

Und nun von der Theorie zur Praxis. Jugendliche finden E-Mail gehöre zum Establishment, zur verstaubten Erwachsenenwelt. Doch bald sind auch sie mit diesem Medium konfrontiert.

Für den Gebrauch des E-Mails kann man ein paar Regeln befolgen, um das Ganze etwas effizienter zu gestalten.

In meiner Firma habe ich folgende Merkpunkte festgehalten, deren Befolgung aber nur teilweise stattfindet:

1. Zeitlich dringende Angelegenheiten sollten wenn möglich mit dem Telefon kommuniziert werden. Versuche auch das Mobiltelefon und hinterlasse Voice-Mails oder wähle „Rückruf".

2. Eine Mitteilung/Anforderung/Auftrag pro E-Mail. Vermeide tunlichst sogenannte „Omnibus"-E-Mails, in denen eine Agenda an alle, ein Auftrag spezifisch an Alberto, die Termine dreier Sitzungen etc. aufgeführt sind. Mache, wenn auch widerwillig, mehrere E-Mails.

3. Halte dich kurz. E-Mails, die mehr Platz brauchen als auf Anhieb auf dem Bildschirm zur Verfügung steht, werden ungern, später oder nicht gelesen. Aber eine einigermaßen korrekte Schreibweise ist ein Ausdruck von Höflichkeit.

4. Dokumente in den Anhang. Zu dokumentierende Tatsachen sollten in einem Anhang/ Attachment beigefügt werden, sodass das E-Mail gelöscht werden kann. Gehe nicht davon aus, dass die E-Mails archiviert und immer verfügbar sind. Sollte der E-Mail-Text selber wichtig sein, so ist der E-Mail-Text ebenfalls separat abzulegen.

5. E-Mails mit Aufträgen sollten in einem spezifischen Ordner abgelegt und von dort abgearbeitet werden.

6. Sammle nicht E-Mails, sondern entschließe dich kühn, die E-Mails zu dezimieren, sofern nicht gesetzliche Pflichten bestehen.

7. Sei nicht ständig auf Empfang, nicht zuhause und nicht in den Ferien. Je nach Tätigkeit ist es produktiver zwei- oder dreimal pro Tag die E-Mails nicht nur zu lesen, sondern zu bearbeiten. Erledige die E-Mails, die nur ein paar Zeilen als Antwort benötigen, sofort.

8. Gehe nicht davon aus, dass der Adressat nur auf deine E-Mail wartet. Dringende Angelegenheiten müssen anders kommuniziert werden.

9. Sei effizient mit *reply/reply to all, forward* etc. Stelle deine E-Mail-Applikation so ein, dass die Anhänge nicht automatisch angeheftet bleiben. Editiere die E-Mails in Hinblick auf die neuen Adressaten.

10. Vermeide allzu große Anhänge. Anhänge über 15 MB sind problematisch und kommen möglicherweise nicht an. Komprimiere die Daten.

11. Aufrichtigkeit. Wenn Du eine E-Mail nicht beantworten musst oder willst, dann lösche sie.

12. Verwende Textbausteine, wenn Du wiederkehrende Antworten geben musst.

13. Sichere dich nicht ständig mit ZK/CC-Kopien an den Chef ab.

14. Gehe nicht davon aus, dass deine E-Mail vor Dritten geschützt ist oder nicht durch unbedarften Gebrauch zugänglich wird. Vermeide deshalb missverständliche oder zu persönliche oder sonstige Aussagen.

15. Mache im Betreff/Subject klar, was der Inhalt des E-Mails ist (besonders bei reply etc.).

16. Im Betreff/Subject sollte stehen, was Du von den direkten Adressaten willst oder erwartest. Verwende dazu Ausdrücke wie:

- TERMINSACHE,
- EILT,
- BIS. 31.2.2021,
- NUR ZUR INFO,
- AUFTRAG,
- ENTSCHEIDUNG,
- ACTION REQUIRED.

17. Für zK/CC-Adressierte gilt generell, dass das E-Mail nur zur Information gedacht ist und kein sonstiger Auftrag damit verbunden ist.

18. Jeder und jede muss einen Stellvertretenden festlegen. Damit wird auch klar, dass das betriebliche E-Mail nicht für Privatangelegenheiten gedacht ist.

19. Benutze die Möglichkeiten deiner E-Mail-Applikation. Lasse dir Termine im Kalender eintragen. Der persönliche Kalender ist den Kollegen zugänglich zu machen.

20. Bei längerer Abwesenheit setze die *Out-of-Office Reply* mit Angabe eines Stellvertreters.

Beispiel 11.3.1 (Verschwendung von Speicherplatz). Für $N : M$-Kommunikation ist das E-Mail-System denkbar ungeeignet. Das Baby einer Mitarbeiterin ist endlich da, der Chef verschickt an alle 50 Mitarbeitenden eine E-Mail mit einem Foto von 10 MB und bittet sie, sich für die Party an- oder abzumelden. Die eine Hälfte der Mitarbeiter antwortet allen, die andere ist etwas smarter und antwortet nur dem Sender. E-Mails werden im Unternehmen mit Kopien gesichert, zentral und lokal auf dem Rechner, zudem werden sie auf einem externen Server repliziert. Wie viel Speicherkapazität wird verbraucht?   △

Man sollte Diskussionen in Foren oder Wikis führen, um effizienter mit den Ressourcen umzugehen.

11.3.4 PDF-Reader

PDF für Portable Data Format ist ein seit 1993 von Adobe veröffentlichtes Dateiformat, das mit dem Ziel entwickelt wurde, Dateien unabhängig vom ursprünglichen Anwendungsprogramm, vom Betriebssystem oder von der Hardwareplattform originalgetreu wiederzugeben. Es hat viele Eigenschaften von PostScript übernommen, das zusätzlich noch eine vollständige Programmiersprache darstellte. Heute entspricht PDF einer ISO-Norm und ist somit weltweit standardisiert.

Das Wort originalgetreu impliziert, dass die PDF-Datei eigentlich nicht editiert und verändert werden sollte. Dennoch erweiterten die ursprüngliche Reader ihre Funktionalität, sodass in gewissem Rahmen die Dokumente verändert werden können. Beispielsweise eignet sich Acrobat Reader, um Druckfehler zu berichtigen, oder auf einer höheren Ebene ganze Seiten einzufügen, wegzulassen und mit anderen PDF-Dateien zu mischen.

Im PDF-Format lassen sich Formulare mit Eingabemöglichkeiten entwerfen und Sicherheitseigenschaften wie qualifizierte Signaturen einfügen. Es eignet sich besonders für die Archivierung. Abb. 11.12 zeigt die Oberfläche von Okular. Auf Linux verwendet man z. B. Ghostreader oder Okulus, auf Windows Adobe Acrobat Reader.

11.3.5 Wiki

Ein Wiki, angeblich ein Wort aus dem Hawaiianischen für schnell, ist eine Website, deren Inhalte von den Benutzern gelesen und zusätzlich auch direkt im Webbrowser bearbeitet und geändert werden können. Die Absicht ist, Erfahrung und Wissen kollektiv zu sammeln und in für die Interessierten verständlicher Form zu dokumentieren.

Die Autoren erarbeiten hierzu gemeinsame Texte, die durch Fotos oder andere Formate ergänzt werden. Ermöglicht wird dies durch eine Wiki-Software oder Wiki-Engine, die einem vereinfachten Content-Management-System entspricht.

Das Wiki bietet die Chance, die unvernünftigerweise allen gesendeten E-Mail zu ersetzen und betriebliches oder kollektives Wissen zu dokumentieren. Wiki müssen unterhalten werden, wenn man nicht ein völliges Ausufern verhindern will.

In Abb. 7.4 haben wir schon ein Wiki namens Confluence für die Versionierung vorgestellt.

11.3.6 VoIP, Video-Telefonie, Instant Messaging

Schon früh entwickelte man Anwendungen, um über das freie Internet-Protokoll zu telefonieren. Ein bekanntes Beispiel ist Skype, das nun im Microsoft-Universum integriert ist. Die Verbindung zu nicht IP-Telefonen wird durch Gateways ermöglicht.

Der Schritt von Sprache zu Bild ist in diesem Medium kein allzu großer. Von einer anderen Seite her kommen die Instant-Messaging-Applikationen, die Textnachrichten oder weitere Formate augenblicklich einem oder mehreren Adressaten zusenden. Viele Instant-Messenger unterstützen zusätzlich die Übertragung von Dateien und Audio- und Video-Streams. Bekannteste Applikation ist WhatsApp, heute Facebook gehörend. Speziell für Unternehmen sind Anwendungen wie Slack in Gebrauch, siehe Abb. 11.8. Instant-Messaging hat zum großen Teil das SMS abgelöst, das meist kostenträchtig ist.

Neuere Versionen von Skype oder Hangouts von Google, im Browser Chrome integriert, vereinen beide Funktionalitäten, sodass man damit Face-to-Face, aber auch Face-to-Screen oder beides gleichzeitig kommunizieren, Dokumente austauschen oder zusätzlich noch an einem Dokument kollaborativ arbeiten kann.

11.4 Geschäfts-Anwendungen

Neben den typischen drei Office-Anwendungen zusammen mit der Mail-Applikation, häufig MS Outlook, ist im betrieblichen Alltag weiter zu finden (Abb. 11.11):

- Desktop Publishing,
- Issue-Tracking-System,
- Customer Relationship Management, CRM,
- Content Management System, CMS,
- Data Management System, DMS,
- analytische Informationssysteme.

Als Zwischending möchten wir noch Acrobat erwähnen, das in verschiedenen Versionen unterschiedlich mächtig ist: vom Reader oder Leseprogramm für PDF-Dateien bis zum Editor und Manipulator inklusive elektronische Signatur. Abb. 11.12 zeigt eine fortgeschrittene Version.

11.4.1 Desktop Publishing

Der Begriff heißt „Publizieren vom Schreibtisch aus", so die getreue Übersetzung von Desktop Publishing, DTP.

Es stellt den computergestützten Satz von Dokumenten dar, die aus Texten und Bildern bestehen und später als Publikationen ihre Verwendung finden, wie zum Beispiel Bücher, Broschüren, Magazine oder Kataloge. „Satz" bezeichnet die Überführung einer Vorlage in eine druckfähige Form.

Um 1985 sind die verschiedenen Elemente zusammengekommen, die für das DTP notwendig sind: ein grafikorientierter Rechner (McIntosh von Apple), eine grafikbeschreibendes Format (Postscript von Adobe), elektronische Lettern (Linotype) und Software (z. B. PageMaker von Aldus). Von den damaligen Applikationen sind heute vor allem zwei, nach verschiedenen Versionen, noch in Gebrauch, nämlich:

- Adobe InDesign und
- QuarkXpress.

Weil das Setzen ein traditionelles Handwerk, wenn nicht Kunst, darstellt, ist das Erlangen von entsprechenden Fertigkeiten wichtig. Besonders anfänglich wurde das DTP von den Druckern als dilettantisches Machwerk abgetan.

Beim Setzen geht es vor allem um die Gestaltung von grafischen Layoutelementen, die aus Text, Bild, Farben etc. bestehen. Im Gegensatz zur Textverarbeitung, bei denen eben der Text das Hauptelement darstellt, sind hier die Layoutelemente gleichberechtigt. Als Beispiele diene Abb. 11.11, die Scribus darstellt.

Wichtige Druckerzeugnisse sollte man von Profis erstellen lassen, um Risiken des schlechten Geschmacks zu vermeiden.

Abb. 11.11 Desktop Publishing mit der freien Software „Scribus"

11.4.2 Issue-Tracking-System

Issue-Tracking-Systeme sind Fallbearbeitungssysteme für die Erfassung, Behebung und Dokumentation von Problemen. Diese Systeme sind eine Verallgemeinerung der sogenannten Bug-Tracking-Systeme, welche seit der Jahrtausendwende verstärkt in der Wartung von Software eingesetzt werden. Nichts hält einen davon ab, anstatt Programmfehler, also „Bugs", betriebliche Probleme zu erfassen.

Solche Systeme ermöglichen es, verschiedene Problemfelder oder Projekte zu definieren und einen entsprechenden Ablauf (Workflow) und Zustände zu definieren. Tritt ein Problem auf, z. B. bei einem Antragsportal, dann erfasst der betreffende Mitarbeiter im richtigen Projekt das Problem, und zwar so, dass ein zweiter das Problem replizieren kann. Der Projektverantwortliche weist das Problem einem Mitarbeiter zu und setzt eine Priorität. Das Problem wird behandelt, allenfalls anderen Mitarbeitern zugewiesen, bis es behoben und die Lösung getestet und abgenommen ist. Die Abb. 11.13 zeigt ein vereinfachtes Zustandsdiagramm des Issue-Trackings.

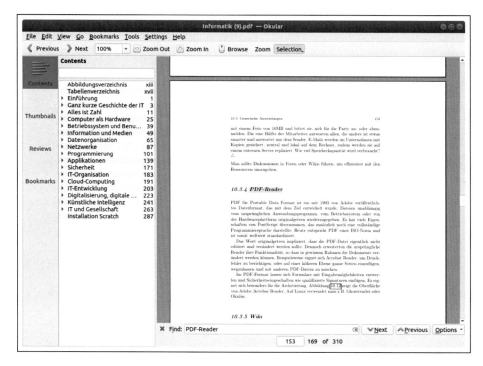

Abb. 11.12 Editieren einer PDF-Datei mit Okular

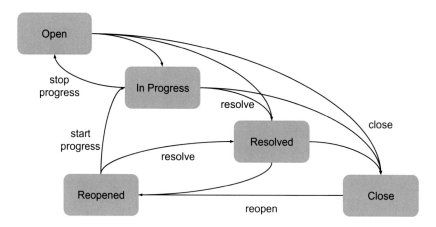

Abb. 11.13 Zustandsdiagramm eines Issue-Tracking-Systems zur Bearbeitung von Problemen

11.4.3 Customer Relationship Management, CRM

Die Kundenpflege bedarf der Systeme, um wirkungsvoll gestaltet zu werden. Eine wichtige Aufgabe der CRM-Systeme ist die Pflege der Adressdaten. Diese Aufgabe und das dazugehörige Hintergrundwissen wird notorischerweise unterschätzt. Bei Geschäftskunden sind sowohl Daten über die Firma als auch zu den Kontaktpersonen gespeichert. Firmen ändern ihren Namen, Adresse, Gesellschaftsform, verschmelzen mit anderen, werden liquidiert, Mitarbeiter verlassen die Firmen etc.

Das CRM sollte die ganze Konversation mit den Kunden organisieren, also Briefwechsel, E-Mails, Telefonnotizen, Besuchsberichte usw. Es muss eine Verbindung mit anderen Systemen besitzen, die Kunden-Stammdaten, Bewegungsdaten aus dem Angebotswesen und der Auftragsabwicklung halten. Eine gut organisierte Unternehmung kann aus den Daten zu den einzelnen Kunden Kategorien zur Profitabilität bilden, Profile zum Kaufverhalten und weitere typische datenanalytische Auswertungen erstellen. Eine mir bekannte Firma mit einer ausgeprägten Relationship-Kultur konnte zu den wichtigen Kundenvertretern auch persönliche Daten produzieren. Vor dem Treffen konnte der Manager lesen, wie die Frau, die Kinder und der Hund heißen, welche Hobbys die betreffende Person verfolgt, seinen Lieblingsfußballklub, ob seine Frau Blumen oder Schokolade bevorzugt etc. Mit dem neuen Datenschutzgesetz sind solche Informationen heikel.

Das CRM ist auch eine wichtige Basis für das Marketing und die Kundenansprache. Je mehr man über den Kunden weiß, desto effizienter und kostengünstiger kann man ihn ansprechen. CRMs unterstützten deshalb das sogenannte *Kampagnenmanagement,* das meist zeitlich befristete Aktion mit einem definierten Zielpublikum organisiert.

Entgegen seiner Benennung ist es durchaus vernünftig, auch andere Außenkontakte mit dem System zu verwalten, wie beispielsweise Lieferanten, Behörden, Aktionäre usf.

11.4.4 Content und Data Management Systeme

Content Management umfasst die systematische und strukturierte Beschaffung, Erzeugung, Pflege, Zusammenstellung, Gestaltung, Prüfung, Freigabe, Publikation und Archivierung von Inhalten, meist Dokumenten. Dafür braucht es einen Bereitstellungsprozess und eine Infrastruktur, die man eben Content Management System nennt.

Solche Systeme sind eine Konsequenz des WWW, denn Mitte der 1990er-Jahre mussten Unternehmungen ihre Inhalte, nebst traditioneller Mittel wie Broschüren, Rundbriefe etc., auf Webseiten ebenfalls präsentieren. Dies erforderte eine systematische Infrastruktur für die Inhalte.

CMS umfassen deshalb grundsätzlich drei Methoden, nämlich:

- Editieren,
- Speichern und
- Publizieren.

Diese Methoden werden in einem geführten Prozess angewendet, sodass man auch nachvollziehen kann, wer wann was gemacht hat oder welcher Kunde was bekommen hat. Zum Teil werden solche CM-Systeme auch den folgenden analytischen Systemen zugerechnet. CMS dienen auch als Schnittstellen zu den Kunden in der Form von publizierten Webseiten.

Das Speichern kann noch erweitert werden, um gewissen Aufbewahrungspflichten nachzukommen. Somit kann das CMS auch Inhalte einer Archivierung des Datenmanagement-Systems zuführen.

CMS-Angebote sind Legion; es gibt ein Vielzahl von kommerziellen und Open-Source-Angeboten.

Mit Inhalten befassen sich auch die *Lernplattformen* wie etwa die Open-Source-Plattform *Moodle*. Viele Schulen und Institutionen benutzen solche auf dem Server laufenden Anwendungen, um den Schulstoff oder betriebliche Lerninhalte, in welcher Form auch immer, zu verwalten, zugänglich zu machen und Online-Lernangebote zur Verfügung zu stellen.

11.4.5 Analytische Informationssysteme

Analytische Informationssysteme sollen generisch gesprochen der Unternehmensleitung oder dem Management Auswertungen aufgrund von vorhandenen Daten liefern, um die Unternehmung effizienter und wirkungsvoller zu steuern. Das kann in der Rückschau geschehen, aber auch Prognosen für die Zukunft enthalten. In diesem Kreis sind viele Werkzeuge entwickelt und neu benannt worden. Hierzu gehört etwa:

- Management Information System, MIS,
- Decision Support System, DSS,
- Business Intelligence System, BIS,
- Data Warehousing, „analytische Daten",
- Content Management System, CMS,
- Online Analytical Processing, OLAP,
- etc.

Datensammlung, hier *aufbereitete* Daten, und Analyse gehen Hand in Hand. Daten erlauben Auswertungen, Analysen bedingen die Sammlung der entsprechenden Daten. Wenn die Daten in großen Mengen vorhanden sind, etwa durch den Einsatz von IoT, dann können auch Methoden des Maschinellen Lernens eingesetzt werden.

Die betriebliche und finanzielle Rechnungslegung liefert ebenfalls einen Beitrag zu Führung einer Unternehmung. Man nennt diesen Teil auch „Reporting".

11.4.6 E-Commerce-Systeme

Das Wesen der Unternehmung ist der entgeltliche Verkauf von Waren, Produkten oder Diensten. Die Unternehmung kann Produkte selber herstellen und je nach Fertigungstiefe Vorprodukte kaufen und montieren. Der Verkauf ist das Wesen der Wirtschaft. Der Verkäufer hat Lieferanten, sodass er auch Käufer ist. Es werden folgende Konstellationen nach Verkäufer und Käufer unterschieden:

- Business to Consumer, B2C,
- Business to Business, B2B, und
- Consumer to Consumer, C2C.

Von Kunde zu Kunde, also C2C, sind z. B. private Verkäufe eines Gebrauchtwagens über eine Vermittlungsplattform, die das Produkt anpreist und bei der Abwicklung des Geschäfts hilft. Bekanntes Beispiel ist der Online-Marktplatz eBay, der schon 1995 gegründet wurde.

Business to Consumer B2C bezeichnet das klassische Online-Geschäft zwischen Unternehmen und privaten Konsumenten oder Endverbrauchern, meist über einen Online-Shop als Website. Häufig besteht noch ein Laden als ursprünglicher stationärer Vertriebskanal. Fast jedes Einzelhandelsunternehmen hat eine Webpräsenz mit Online-Shop. Zum Teil ist das Sortiment anders als im Laden. Größere Verteiler zeigen an, ob das Produkt und in welcher Filiale vorrätig ist. Es gibt also ein Zusammenspiel von Online und physischem Laden.

Business to Business B2B ist im Grunde nicht wesentlich anders als B2C. Ein Stahlhändler, der an Schlossereien oder Maschinenfabriken liefert, wickelt das Geschäft ähnlich ab wie ein Einzelhändler, allenfalls unterscheidet sich die Auslieferung und die Rechnungsstellung bezüglich Mehrwertsteuer. Beim Online-Shoppen ist die Sicherheit vor Betrug ein großes Thema, und zwar in beide Richtungen. Der Verkäufer muss Vorkehrungen treffen, um gestohlene Identitäten oder Tricks mit der Stornierung von Käufen zu erkennen. Besonders gefährdet sind Verkäufe gegen Rechnung. Der Käufer anderseits muss Gewissheit haben, dass die bestellten Waren auch geliefert werden in der versprochenen Qualität. Hilfreich sind Verifikationen von Dritten und echte Kundenbewertungen. Eine Suche im Internet kann auch hilfreich sein. Der Umgang mit Kundendaten ist für den Käufer ebenfalls kritisch (Abb. 11.14).

Der Handel über Zollgrenzen hinweg, z. B. zwischen der EU und der Schweiz, stellt ein zusätzliches Problem dar. Viele Shops liefern lieber nicht, als dass sie die Schwierigkeiten bewältigen, oder dann werden hohe zusätzliche Gebühren verlangt.

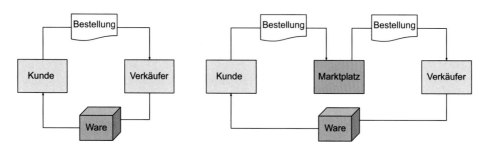

Abb. 11.14 Schematischer Handel, direkt und über Marktplatz

11.5   Hobby-Anwendungen

Es gibt eine Unzahl von Hobbys, für die Apps geschrieben wurden. Uns interessieren aber Anwendungen, mit denen der Benutzer selbst arbeiten kann. Deshalb konzentrieren wir uns auf zwei Anwendungen im Bereich von Fotografie und Audio. Weil aber die Anwendungen erhebliches Wissen verlangen, wenn man sie ausreizen will, wollen wir hier nur ganz oberflächlich darüber berichten.

Damit die Leserin und der Leser die vorgestellten Applikationen selber testen können, ist es folgerichtig, dass wir hier vor allem frei zugängliche Produkte zeigen. Solche Applikationen werden von Enthusiasten in unbezahlter Arbeit erstellt. Es ist klar, dass milliardenschwere Software-Unternehmungen mehr Ressourcen einsetzen können, sodass die kommerziellen Angebote meist den freien überlegen sind. Dennoch kann man nicht behaupten, dass es für kleinere Geldbeutel nicht auch sehr mächtige Substitute gibt. Für Professionelle, wie Fotografen, Grafiker etc., ist nur das Beste gut genug.

11.5.1 Gimp, PhotoShop

Im Bereich Fotografie beherrschen Photoshop und sein Gratis-Pendant GIMP die Szene. GIMP ist frei zugänglich, Photoshop hingegen läuft nicht auf Linux. Beide Bildbearbeitungsprogramme sind sehr mächtig und damit ist die Lernkurve anfangs eher flach. Neuerdings ist ein weiterer Anbieter aufgetaucht, Affinity Photo (Abb. 11.15).

Die Hauptanwendung ist die Verbesserung und das Retuschieren von Fotos. Das betrifft Verzerrungen und Perspektiven, Farben und Fehler, die man entfernt etc. (siehe Abb. 11.16). Fotos werden in Schichten (Layers) aufgeteilt, die übereinander liegen. Man kann Layer hinzufügen, z. B. mit Text, oder Vordergrund von Hintergrund trennen usw. Zusätzlich sind Zeichenwerkzeuge vorhanden, sodass man Bilder aus Fotos und Zeichnungen mischen kann.

Aus der Presse oder dem WWW sind immer wieder Beispiele zu sehen, in denen mit Bildbearbeitungen Fotos verändert worden sind. Bekannt ist ein Foto von nordkoreanischen Soldaten, in dem gewisse Einzelne mehr als 3 m hoch sein müssen, oder Gruppenfotos, in

Abb. 11.15 Manipulierte
Fotografie; Josef Stalin mit und
ohne den Wasser-Kommissar
Nikolai Yezhov. Bilder
gemeinfrei

denen bestimme Personen drei Beine aufweisen. So geschehen der Schauspielerin Reese Witherspoon in der Zeitschrift *Vanity Fair*. Auf demselben Bild hat Oprah Winfrey drei Hände. Kürzlich wurde Angela Merkel aus einer Fotografie entfernt, die in einer orthodoxen Tageszeitung erschien.

Manipulation von Fotos hat eine lange Tradition auch zu politischen Zwecken. Beispielsweise gibt es Fotos von Stalin, in denen immer wieder andere Personen auf demselben Foto zu sehen sind (Abb. 11.15).

11.5.2 Audacity, LMMS, GarageBand

Im Bereich von Audio-Editing ist das Programm Audacity weit verbreitet. Es handelt sich um einen Mehrspur-Editor für alle Betriebssysteme. Das Programm umfasst das einfache Aufnehmen, Abspielen und Editieren von digitalen Audio-Trägern. Es enthält viele Effekte, Filter und Möglichkeiten der Spektralanalyse. Ein sehr häufiger Anwendungsfall ist das Erstellen von Klingeltönen, die in einer Unendlichschleife abgespielt werden. Abb. 11.17 illustriert die Applikation.

Abb. 11.16 Spielereien an
einem Foto mit GIMP. (Foto:
Roman Dober)

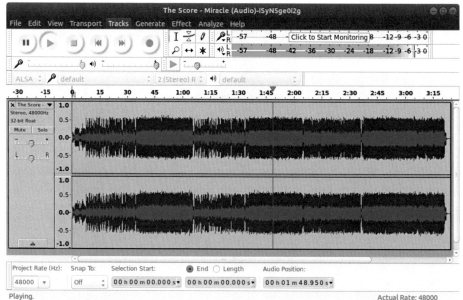

Abb. 11.17 Benutzer-Interface von Audacity, einem Audio-Editor

LMMS als freie Software und GarageBand von Apple sind Applikationen zur Herstellung von Sounds und Musikstücken. Sehr viele „Instrumente", wie etwa Perkussions-, Bass-, Klavier-Inputs etc. können überlagert werden, sodass man sehr eingängige Stücke komponieren kann. Diese Anwendungen sollen so leicht für engagierte, aber nicht sehr kundige Personen nutzbar sein. Die im WWW vorhandenen Demos sind zum Teil überwältigend. Abb. 11.18 zeigt einen nur sehr oberflächlichen Eindruck der weitreichenden Möglichkeiten.

Abb. 11.18 Ausschnitt aus dem User Interface von LMMS

Quiz zu Kap. 11

Quiz

Ein paar Fragen.

1. Welche zwei großen Klassen von Anwendungssoftware gibt es?
2. Welches sind typische Büroanwendungen (Office)?
3. Welche Applikationen sind sowohl im Geschäft als auch privat im Gebrauch?
4. Gib ein paar Funktionalitäten der Browser an.
5. Wie kann man E-Mails effizient adressieren?
6. Was unterscheidet Desktop Publishing von Textverarbeitung?
7. †Was sind Analytische Informationssysteme und wozu dienen sie?
8. Welchen Beitrag hat die Spieleindustrie an der Beschleunigung von Rechenoperationen geleistet?
9. In welchen Bereichen sind Simulationen wichtig?
10. Wer war Josef Stalin?

Literatur

Panko, R. (2016). *What we don't know about spreadsheet errors today: The facts, why we don't believe them, and what we need to do.* ArXiv e-prints, Proceedings of the EuSpRIG 2015 Conference "Spreadsheet Risk Management".

Panko, R. R. (1998). What we know about spreadsheet errors. *Journal of End User Computing, 10*(2), 15–21.

Cloud Computing **12**

Das Wort *Cloud* stammt aus einer einer Patentanmeldung aus dem Jahr 1994, in der eine grafische Darstellung von einem Netzwerk mit angeschlossenen Endgeräten so bezeichnet wurde. Die Cloud ist auch ein Business Modell, siehe Tab. 12.1.

Definition 23 (Cloud Computing). Cloud Computing ist die Bereitstellung von Computingdiensten (Server, Speicher, Datenbanken, Netzwerkkomponenten, Software, Analyseoptionen und mehr) über das Internet („die Cloud").

Die Cloud hat für die Benutzer von IT-Diensten große Vorteile, wie in Abb. 12.1 dargestellt. Je nach Dienstleistungsangebot werden drei oder vier Typen unterschieden, die aufeinander aufgeschichtet werden können:

- IaaS (Infrastructure-as-a-Service): Server und virtuelle Computer, Speicher, Netzwerke und Betriebssysteme werden genutzt,
- PaaS (Platform-as-a-Service): Eine bedarfsgesteuerte Umgebung für Entwicklung, Test, Bereitstellung und Verwaltung von Softwareanwendungen wird bereitgestellt,
- SaaS (Software-as-a-Service): Auf Abonnementbasis werden spezifische Applikationen zur Verfügung gestellt und gewartet.

Ein spezieller Typ von SaaS ist das Gaming-as-a-Service, in dem sogar die großen Anbieter wie Amazon und NVIDIA tätig sind. Generisch spricht man auch von XaaS, für „everything as a service".

Die Art des Angebots wird nach Verantwortung für die Hardware unterschieden in:

© Springer-Verlag GmbH Deutschland, ein Teil von Springer Nature 2023 195
C. Franzetti, *Essenz der Informatik*,
https://doi.org/10.1007/978-3-662-67154-2_12

Tab. 12.1 Die 10 größten Cloudanbieter im November 2017. (Quelle: Forbes)

Rang	Unternehmung	Rang	Unternehmung
1	Microsoft	6	Oracle
2	Amazon	7	Google
3	IBM	8	ServiceNow
4	SalesForce	9	Workday
5	SAP	10	VMWare

Abb. 12.1 Cloud Computing macht die Benutzer standort- und geräteunabhängig (sofern Internetanbindung vorhanden ist). Es ermöglicht auch die kollaborative Zusammenarbeit

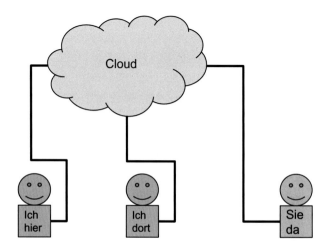

- Public Cloud,
- Private Cloud und
- Hybrid Cloud.

Die *Public Cloud* oder öffentliche Cloud ist ein Angebot eines frei zugänglichen Providers, der seine Dienste offen über das Internet für jedermann zugänglich macht. Webmailer-Dienste oder die bekannten Google Docs sind Beispiele für Public-Cloud-Angebote.

Aus Gründen von Datenschutz und IT-Sicherheit ziehen es Unternehmen häufig vor, ihre IT-Dienste weiterhin selbst zu betreiben und nur ihren eigenen Mitarbeitern zugänglich zu machen. Werden typische webbasierte Cloud-Dienste angeboten, wie z. B. eine skalierbare IT-Infrastruktur oder installations- und wartungsfreie IT-Anwendungen, spricht man von einer *Private Cloud*. Sie muss nicht zwingend beim Unternehmen lokalisiert sein, sondern kann auch bei einem Anbieter liegen.

Mit *Hybrid Clouds* werden Mischformen dieser beiden Ansätze bezeichnet (siehe Abb. 12.2). So laufen bestimmte Dienste bei öffentlichen Anbietern über das Internet, während datenschutzkritische Anwendungen und Daten in der Private Cloud betrieben und

Abb. 12.2 Cloud
Konfiguration

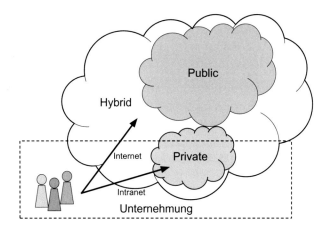

verarbeitet werden. Die Herausforderung liegt hier in der Trennung der Geschäftsprozesse in kritische und unkritische.

Ebenso cloudtypisch sind zudem die benutzerfreundlichen, browserbasierten Dashboards, welche die Ressourcenbestellung und Kontoverwaltung für IT-Mitarbeiter und Entwickler vereinfachen. Einige Cloud-Computing-Dienste können zudem mit REST- und per Befehlszeilen-Schnittstelle genutzt werden, sodass Entwickler von verschiedenen Optionen profitieren.

12.1 Infrastruktur

Infrastructure-as-a-Service ist eine unmittelbar nutzbare Computing-Infrastruktur, die über das Internet bereitgestellt und verwaltet wird. Die Ressourcen dieser Infrastruktur können nach Bedarf zentral hoch- oder herunterskaliert werden, wobei man häufig nur für die Ressourcen zahlt, die man auch effektiv nutzt. Server und Speicher, Firewalls und Netzwerke sowie die dazugehörige Infrastruktur wird zur Verfügung gestellt und vermietet.

Während der Kunde Software (Betriebssysteme, Middleware und Anwendungen) selber erwirbt, installiert, konfiguriert und verwaltet, übernimmt der Cloudanbieter das Handling der Infrastruktur.

Typische Verwendungszwecke der Infrastruktur als Dienstleistung sind:

- Test und Entwicklung,
- Websitehosting,
- Speicher, Sicherung und Wiederherstellung,

- High Performance Computing,
- Big-Data-Analyse.

Für eine schnellere Einführung neuer Anwendungen können Entwickler von Software rasch und einfach Entwicklungs- und Testumgebungen einrichten und wieder auflösen. Dadurch werden Investitionen für Spitzenlasten verringert und die Testbarkeit von Software verbessert.

Unternehmen umgehen die Kosten für Speicher und die Komplexität der Speicherverwaltung, für die üblicherweise qualifizierte Mitarbeiter benötigt werden. IaaS ist ideal geeignet, um unvorhersehbare Anforderungen sowie steigende Speicherkapazität zu erfüllen. Zudem vereinfacht IaaS die Planung und Verwaltung von Sicherungs- und Wiederherstellungssystemen.

Mit High Performance Computing auf Supercomputern, in Grid-Computing-Konfigurationen oder auf Clustern von Rechnern lassen sich komplexe Simulationen ausführen, die haufenweise FLOPS benötigen. Dazu zählen z.B. Erdbeben- und Protein-Faltungssimulationen, Klima- und Wettervorhersagen, die Erstellung von Finanzmodellen und die Bewertung von Produktentwicklungen.

Big Data impliziert große Datenmengen, die potenziell Muster, Trends und Zusammenhänge enthalten. Um zur Ermittlung der versteckten Muster ein Data Mining für diese Datenbestände durchzuführen, wird eine enorm hohe Verarbeitungsleistung benötigt. Und diese kann IaaS auf wirtschaftliche Weise bieten.

12.2 Plattform

PaaS (Platform-as-a-Service) ist eine vollständige Entwicklungs- und Bereitstellungsumgebung in der Cloud, über die man Zugang zu den erforderlichen Ressourcen erhält, um Lösungen bereitstellen zu können, von einfachen Apps bis hin zu ausgereiften cloudfähigen Unternehmensanwendungen. Der Benutzer mietet die erforderlichen Ressourcen gestützt auf ein nutzungsabhängiges Zahlungsmodell und greift über eine sichere Internetverbindung darauf zu.

Genau wie IaaS umfasst PaaS Infrastrukturkomponenten wie Server, Speicher und Netzwerkelemente. Zusätzlich bietet PaaS jedoch Middleware, Entwicklungstools, Business-Intelligence-Dienste (Geschäftsprozesse u. ä.), Datenbank-Verwaltungssysteme etc. Mit PaaS lässt sich der gesamte Webanwendungs-Lebenszyklus unterstützen – vom Erstellen, Testen und Bereitstellen der Anwendungen bis hin zu deren Verwaltung und Aktualisierung.

Bei PaaS verwaltet der Kunde die Anwendungen und Dienste, die er selbst entwickelt, während der Cloudprovider üblicherweise die Verwaltung aller anderen Komponenten übernimmt.

12.3   Services

SaaS (Software-as-a-Service) ist eine Methode zur Bereitstellung von Softwareanwendungen über das Internet. Diese Bereitstellung erfolgt nach Bedarf und üblicherweise auf Basis von Abonnements. Bei SaaS werden zusätzlich zur Infrastruktur Softwareanwendungen von Cloudanbietern „gehostet" und verwaltet. Auch alle Wartungsaufgaben, z. B. das Aufspielen von Updates, Upgrades und Sicherheitspatches werden vom Provider übernommen. Benutzer verbinden sich über das Internet mit der Anwendung und verwenden dazu üblicherweise einen Webbrowser auf ihrem Mobiltelefon, Tablet oder PC. Häufige Anwendungen sind E-Mail-, Kalender- und Office-Tools, z. B. Microsoft Office 365 oder Google Drive.

Beispiel 12.3.1 (Kollaborative Arbeit). Zwei Schülerinnen sollen einen Vortrag über ein bestimmtes Thema erarbeiten. Die Aufgabenstellung verlangt einen Vortrag mit Präsentationsfolien und eine Zusammenfassung. Das eine Mädchen, im Besitz eines kostenlosen Google-Kontos, setzt in Google-Drive einen Ordner auf und eröffnet darin zwei Dokumente, ein Google Doc und ein Google Slide. Dann teilt sie den Ordner, indem sie eine Einladung an die E-Mail-Adresse ihrer Kollegin schickt, wobei diese Editierrechte bekommt. Somit können beide gleichzeitig an den Dokumenten arbeiten, Kommentare und Vorschläge anbringen, diese akzeptieren oder verwerfen. Gleichzeitig können sie über Hangout miteinander audiovisuell verbunden sein. Nach Fertigstellung werden die Dokumente heruntergeladen, am besten im PDF-Format.   △

12.4   Architektur: Cloud, Fog, Edge

Aus der Definition des Cloud Computings kann man erkennen, dass das unterliegende Modell Geräte in der Peripherie, am Rand, umfasst, die als Datenquellen die Cloud als zentrale Datenhaltung und Rechenkapazität speisen. Das setzt genügend Bandbreite voraus, um die Datenmengen und die analytischen Resultate zu transportieren. Die Datenmenge kann je nach Anwendung stark variieren. Cisco, eine Unternehmung der Telekommunikation, zitiert Folgendes: Ein Offshore-Bohrturm generiert 500 GB Daten pro Woche, ein Passagierflugzeug 20 TB pro Stunde. Die Datenmenge und ihr Transport können zeitkritisch sein.

Die offensichtliche Antwort ist, am „Rand", bei den Datenquellen mehr vom Zentrum anzusiedeln. Also Datenspeicher und Rechenkapazität. Diese Konfiguration nennt man *Edge Computing*. Konzeptionell ist dies nicht viel Neues, wir kennen das von zuhause, wo dumme Geräte wie ein Fernseher an einen intelligenten Anbieter angeschlossen sind.

Nun liegt eine Zwischenlösung auch nicht fern, die von der Firma Cisco als *Fog Computing* bezeichnet wird. Näher am Device, aber schon etwas vernetzt (Cisco, 2023).

Die konkreten Aufgaben müssen sicher und zeitgerecht gelöst werden. In Abhängigkeit von Daten und Antwortzeiten, Sicherheit und vielen zusätzlichen Anforderungen (Ska-

Abb. 12.3 Cloud, Fog und
Edge. Edge Computing setzt
Geräte mit höheren
Qualifikationen voraus, der
Nebel befindet sich vor allem
im lokalen Netzwerk

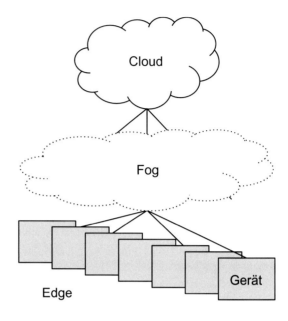

lierbarkeit, Offenheit, Autonomie, *Reliability*, *Availability*, *Serviceability* etc.) kann man
zwischen den Schichten, allenfalls sogar dynamisch, Aufgaben verteilen (Abb. 12.3).

12.5   Elastizität

Definition 24 (Elastic Computing). Elastisches Computing ist die Möglichkeit, Prozessor-,
Arbeitsspeicher- und Speicherressourcen schnell zu erweitern bzw. zu vermindern (Microsoft, 2023b).

   Diese Fähigkeit ist den Betreibern der Cloud vorbehalten, denn mit den vielen Kunden,
die sich statistisch nahe beim Mittelwert der Beanspruchung bewegen, lassen sich Spitzen-
belastungen Einzelner ausgleichen. Verwendet man autarke Lösungen in der Unternehmung,
dann ist man gezwungen, Kapazitäten für die Spitze vorzuhalten. Das ist weder ökonomisch
noch ökologisch sinnvoll, außer die Sicherheitsanforderung ist von höchster Stufe.
   Der Kunde möchte für den Gebrauch der Ressource und nicht für die Ressource selber
zahlen. Somit ist Elastizität für den Anbieter ein zu beherrschender Kostenfaktor.
   Elastisches Computing wird von den großen Cloudbetreibern wie MS Azure, AWS usw.
angeboten. Sie können die *Load*, die gesamte Anforderung, ausbalancieren. Große Cloud-
farmen können auch die Abwärme der Rechner verwerten.

Quiz zu Kap. 12

Quiz

Lust auf ein paar Fragen?

1. Welche Firmen sind die Anbieter von Cloud-Infrastruktur?
2. Was ist eine Cloud und welche Typen gibt es?
3. Was ist das Problem mit dem Datenschutz und der Datensicherheit?
4. Wie kann man kollaborative Arbeit am besten organisieren?
5. Was gibt es alles „as a service"?
6. Was sind verschiedene Architekturen?
7. Wie kann man Daten und Rechnen trennen?
8. Was bedeutet Elastizität hier?
9. Wieso kann man mit der Cloud an Reservekapazitäten sparen?
10. Wieso ist Cloud vor allem für Firmen geeignet, die kleine IT-Abteilungen haben?

Literatur

Cisco. (2023). What is Edge Computing? https://www.cisco.com/c/en/us/solutions/computing/what-is-edge-computing.html.

IONOS SE. (2020). Edge-Computing – Rechnen am Rand des Netzwerks. https://www.ionos.de/digitalguide/server/knowhow/edge-computing-erklaerung-und-definition/.

Microsoft. (2023a). Was ist Cloud Computing? Leitfaden für Einsteiger: Microsoft Azure. https://azure.microsoft.com/de-de/resources/cloud-computing-dictionary/what-is-cloud-computing.

Microsoft. (2023b). Was ist elastisches Computing oder Cloudelastizität? https://azure.microsoft.com/de-de/resources/cloud-computing-dictionary/what-is-elastic-computing.

Sicherheit

Daten und Informationen können auch einen kommerziellen oder emotionalen Wert darstellen. Dabei denke man an Geschäftsgeheimnisse, militärische „Intelligence" usf. Firmen sind verpflichtet, bestimmte personenbezogene Daten vor fremdem Zugriff zu schützen. Private möchten nicht, dass jedermann Bankkontenstände, Löhne oder Besitz kennt.

Anderseits besteht ein großes Bedürfnis nach Echtheit von Dokumenten, Prozessen, Sachen und Objekten oder Identitäten. Für die sogenannte „Industrie 4.0" ist die Echtheit von Fabrikaten von ausschlaggebender Bedeutung. Für die Lebensmittelindustrie und den Konsumentenschutz sind Echtheit unerlässlich.

Die Verschlüsselungstechnologie bietet hier die Lösungen an.

13.1 Verschlüsselung

Die Vorstellung eines Tresors, Käfigs oder Zimmers, das man mit einem Schlüssel abschließen kann, ist verlockend. In Kriminalfilmen sieht man drei Personen, die nur gemeinsam einen Tresor öffnen können. In diesen realen Gegebenheiten ist klar, dass ein Schlüssel sowohl öffnen als auch schließen kann. Und hier endet auch die Tragweite dieses Modells. Möchte ich die Daten einschließen und mein Freund soll sie wieder herausholen, so braucht er den Schlüssel. Diesen muss ich ihm zusenden, was gefährlich ist, oder er besitzt ein Duplikat, das auch geheim gehalten werden muss.

Beispiel 13.1.1 (Koffermodell). Eine funktionierendes Modell ist ein Koffer, an dem ich mein Schloss anbringe und den ich verschicke. Der Empfänger hängt sein Schloss daran und schickt mir den Koffer zurück. Ich nehme mein Schloss weg und schicke den Koffer

© Springer-Verlag GmbH Deutschland, ein Teil von Springer Nature 2023
C. Franzetti, *Essenz der Informatik*,
https://doi.org/10.1007/978-3-662-67154-2_13

wieder ab. Der Empfänger öffnet den Koffer, weil er den Schlüssel seines Schlosses besitzt. Der offensichtliche Nachteil ist das dreimalige Versenden des Koffers.   △

Die heute gebrauchten Methoden benutzen die Möglichkeit, dass das Verschlüsseln (Tresor schließen) mit einem öffentlich bekannten Schlüssel erfolgt aber die Entschlüsselung (Tresor öffnen) nur mit einem dazugehörigen privaten Schlüssel möglich ist. Dieses Verfahren nennt man eine *asymmetrische Verschlüsselung* (siehe Abb. 13.1). Damit ist die Analogie mit dem physischen Schlüssel gebrochen. Wenn nur ein Schlüssel verwendet wird, nennt man das Verfahren „symmetrisch". Allerdings muss der Schlüssel dann geheim bleiben.

Für den Betrachter kann die Vorstellung schwierig sein, dass man aus dem öffentlichen Schlüssel nicht den privaten berechnen kann, oder richtiger, dass man nicht in vernünftiger Zeit mit angemessenen Ressourcen den Schlüssel ermitteln kann.

Beispiel 13.1.2 (Faktorzerlegung). Der RSA-Algorithmus basiert auf der Faktorzerlegung großer Zahlen, resp. der Multiplikation großer Primzahlen. Für den Hacker stellt sich die Frage, aus welchen Faktoren besteht die Zahl 8704143553785700723? Antwort: 38805001 und 224304685723. Die Hin-Operation ist lediglich die Multiplikation dieser Zahlen. Dieses Problem ist völlig harmlos im Vergleich zur Faktorisierung.   △

Eine wichtige Eigenschaft der Verschlüsselung ist die Tatsache, dass man die Reihenfolge von Ver- und Entschlüsseln umkehren kann. Es sei **R** die Verschlüsselung mit dem privaten, **U** mit dem Public Key. Dann gilt für den Klartext K:

$$K = \mathbf{U}\big(\mathbf{R}(K)\big) = \mathbf{R}\big(\mathbf{U}(K)\big).$$

An dieser Stelle sei erwähnt, dass alle Daten und Informationen eine Lebensdauer haben, nach deren Ende sie nicht mehr interessieren. Die Entschlüsselungsversuche sollten länger dauern als diese Zeitspanne.

Beispiel 13.1.3 (Einmalpasswort). Wenn ein Passwort abgefangen wird, kann man sich als Client wiederholt in einen Server einloggen (Replay). Um dies zu verhindern, werden Einmalpasswörter vergeben, die wie es der Name sagt, nur einmal gültig sind. Es wird aus

Abb. 13.1 Asymmetrische Verschlüsselung

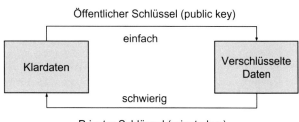

einem ersten Passwort W zusammen mit einer Startnummer r ein Hashcode $S = \mathbf{H}(W \& r)$ erzeugt. Dann wird mit einem Schlüssel $\mathbf{R}$ die Liste von Kennwörtern $K_i = \mathbf{R}^i(S)$ mit $i = 1, 2, \ldots, n$ erzeugt. Der Server kennt K_n und $\mathbf{R}$. Vom Client bekommt er K_{n-1}, rechnet $\mathbf{R}(K_{n-1})$ und vergleicht mit K_n. Wenn es übereinstimmt, behält er nun K_{n-1} anstatt K_n für den nächsten Versuch und K_n ist abgestrichen. $\triangle$

13.2 Identität und Echtheit

Beide Begriffe sind miteinander verschränkt, da Echtheit die Identität einer Person meist voraussetzt. Das gibt die Reihenfolge der nächsten Abschnitte vor.

13.2.1 Identität

Wenn ein Kind geboren wird, muss das Krankenhaus oder das Geburtshaus die Geburt dem Standesamt melden. Bei einer Hausgeburt stellt die Ärztin oder die Hebamme eine Geburtsbescheinigung aus, die binnen gegebener Frist dem Standesamt vorgelegt werden muss. Damit beginnt die aktenmäßige Existenz einer Person in der Form einer Geburtsurkunde (siehe Abb. 13.2). Wie wird aber die Zuordnung zur physischen Person, hier Säugling genannt, hergestellt? Angenommen es werden Drillinge geboren oder das Krankenhaus muss evakuiert werden?

In Deutschland sollen in Anwesenheit von mindestens einem Elternteil zwei Bändchen mit einer speziellen Zange an beiden Handgelenken des Säuglings angebracht werden. Und die Identität des Kindes soll erneut geprüft werden, bevor es aus der Klinik entlassen wird.

Abb. 13.2 Zuerst sind die Daten „ich", dann bin ich die Daten. Bertolt Brecht, ironisch in den Flüchtlingsgesprächen: „Der Paß ist der edelste Teil eines Menschen. (...) Man kann sagen, der Mensch ist nur der mechanische Halter eines Passes"

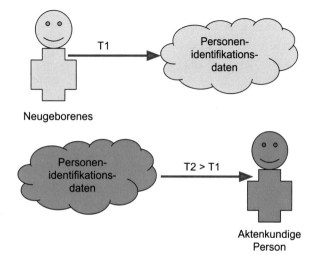

Neugeborenes

Aktenkundige Person

Die Übereinstimmung von Akten und physischer Person ist also durch ein Bändchen gewährleistet. Gemäß einer Studie in den USA würden auf 100.000 Verordnungen 38 Babys falsch identifiziert. Da Kleinkinder viel weniger stabile Identitätsmerkmale oder biometrische Attribute als Erwachsene aufweisen (Augen- und Haarfarbe, Höhe, Statur, besondere Merkmale etc.) ist bis zum ersten amtlichen Foto die Zuordnung zwischen Akt und Physis wenig sicher. DNS-Erhebungen wären eine sichere Möglichkeit, die jedoch nicht routinemäßig durchgeführt wird.

Definition 25 (Zivile Identität). Die zivile Identität (Schweiz) steht für die Gesamtheit der Personenidentifizierungsdaten, die für eine Person in den staatlichen Personenstandsregistern erfasst ist.

Einige wenige dieser Attribute oder der neu eingeführte eindeutige Personenidentifikator genügen angeblich schon, um eine zivile Identität eindeutig zu bestimmen. Die Personenidentifizierungsdaten sind den Daten ähnlich, die man auf den Personalausweisen findet, nämlich:

- Eindeutiger Identifikationsschlüssel,
- Name,
- Vornamen,
- Geburtsdatum,
- Sozialversichertennummer,
- Geschlecht,
- Geburtsort,
- Zivilstand,
- Nationalität,
- Aufenthaltsstatus,
- Gesichtsbild,
- Ausweisnummern (Personalausweise),
- Unterschriftenbild.

In Deutschland wurde 2010 der neue Personalausweis (Schweiz: Identitätskarte) ausgegeben, der einen RFID[1]-Chip mit PIN enthält. Er kann optional die Fingerabdrücke des linken und rechten Zeigefingers speichern. Der Ausweis kann mithilfe eines Kartenlesers und Software einen elektronischen Identitätsnachweis (eID) über das Internet erbringen. Auf der Karte kann zusätzlich eine qualifizierte elektronische Signatur (QES) gespeichert werden.

Authentifizierungsfaktoren sind vor allem folgende drei, wobei man je nach Sicherheitsniveau auch mehrere gleichzeitig verwendet:

---

[1] RFID: radio-frequency identification.

1. *Besitz* eines personalisierten Objektes (Schlüssel, Karte, Ausweis),
2. *Kenntnis* eines Geheimnisses (Passwort),
3. biometrische *Eigenschaft* der Person (Unterschrift, Fingerabdruck, Irisbild, DNS-Sequenz).

Beim Vergleich von physischer Person und Ausweis, der Identifizierung oder Identitätsfeststellung, kommt die erkennungsdienstliche Behandlung (ED) zum Zug, das heißt die Abnahme von Fingerabdrücken und das Anfertigen eines Fotos, wie sie bei den Polizeibehörden in aller Welt praktiziert und in US-Filmen ständig gezeigt wird. Das ID-Gerät („Authentifikator", früher „Token") verifiziert beim Einsatz der eID die physische Präsenz der Person, indem er zum Beispiel überprüft, ob der richtige PIN-Code oder das persönliche biometrische Merkmal vorhanden ist. Auch der physische Träger einer digitalen Identität, also Smartcard, Smartphone, Personalausweis etc., der fest im Besitz einer Person ist, hat die Funktion eines Authentifikators. Die Identifikation erfolgt einmalig durch persönliches Vorstelligwerden, wobei eine qualifizierte Person den vorgelegten Ausweis mit dem Antragsteller vergleicht.

13.2.2 Echtheit

Physische Gegenstände werden mit einem mitgelieferten Zertifikat versehen. Ein kostbares Bild, eine Edelstein usw. sind Beispiele.

In der Geschäftswelt sind es vor allem Dokumente wie Briefe, Verträge, amtliche Verfügungen, Gerichtsurteile, die bis anhin auf Papier gedruckt und per Post zugestellt wurden. Sehr wichtige Dokumente steckt man in Briefumschläge, versiegelt das Lid mit Siegellack und drückt einen Stempel in den noch heißen Lack. Die Post wiederum bringt einen Stempelabdruck auf, der die Zeit der Aufgabe festhält. Daraus lassen sich die drei fundamentalen Voraussetzungen für die Echtheit ableiten:

1. Echtheit des Senders alias Stempelabdruck im Siegel,
2. ungebrochenes Siegel (und unversehrter Umschlag) alias Unveränderbarkeit und
3. Zeitstempel.

Diese drei Anforderungen sind in der sogenannten Qualifizierten Elektronischen Signatur (QES) umgesetzt. In der Schweiz hat der Gesetzgeber die qualifizierte elektronische Signatur der handschriftlichen Unterschrift gleichgestellt (Art. 14 Abs. 2bis OR). Alle Signaturservices der Post stützen sich auf das Bundesgesetz über die elektronische Signatur (ZertES) und sind geprüft durch die Anerkennungsstelle KPMG, einer Wirtschaftsprüfungsgesellschaft. In der EU sind die Signaturen schon lange auf Personalausweisen gespeichert.

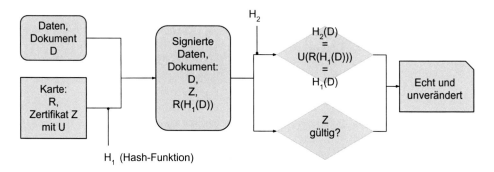

Abb. 13.3 Signieren von Dokumenten mit QES. H_1 und H_2 sind verschiedene Implementierungen desselben Algorithmus

Wie funktioniert das nun im Konkreten? Als Erstes muss man sich die elektronische Identifikation beschaffen, indem man bei der entsprechenden Stelle vorstellig wird und sich ausweist. Die elektronische ID ist auf einem Träger, z. B. USB-Stick oder Chip, gespeichert, den man auch Signaturkarte nennt. Sie besteht aus Namen und E-Mail-Adresse oder unverwechselbarem Pseudonym sowie den zwei Schlüsseln, privat und öffentlich, als lange Zeichenfolgen für die Verschlüsselung. Den privaten kann man nicht auslesen, sodass er geheim bleibt. Die öffentlichen Informationen werden als Zertifikat von der Zulassungsstelle auf die Signaturkarte aufgebracht. Damit ist die Zugehörigkeit von Zertifikat und Signaturkarte gegeben. Zugriff erlangt man durch richtige Eingabe eines Passwortes. Zur Signatur (siehe Abb. 13.3) startet man die entsprechenden Anwendung, nachdem das zu signierende Dokument, E-Mail oder PDF-Dokument, erstellt wurde. Die Karte mit dem Zertifikat wird eingelesen. Nach Kontrolle des Dokuments D wird das Zertifikat angeheftet und die Daten mit der Hashfunktion $\mathbf{H}_1(D)$ verrechnet. Der Hashwert wird dann mit dem privaten Schlüssel $\mathbf{R}()$ verschlüsselt und auch angeheftet. Dieser Wert ist dann $\mathbf{R}(\mathbf{H}_1(D))$.

Die Prüfung sieht (1) die Kontrolle der Echtheit und Gültigkeit des Zertifikats bei einer Prüfstelle vor und (2) die Neuberechnung des Hashwertes $\mathbf{H}_2(D)$. Dieser Wert wird mit dem Resultat von $\mathbf{U}(\mathbf{R}(\mathbf{H}_1(D)))$ verglichen. Sind sie identisch, dann wurde das Dokument nicht verändert und der öffentliche Schlüssel $\mathbf{U}$ passt zum geheimen $\mathbf{R}$.

13.3 Zugang

Zugang zu IT-Ressourcen wird meist durch Benutzername und Passwort erlangt. Sowohl Betriebssystem von einzelnen Rechnern als auch Webportale verlangen diese zwei Elemente.

13.3.1 Passwörter

Für die Sicherheit maßgeblich ist die *Länge* der Passwörter. Sind sie 12 oder mehr Stellen lang und enthalten Zeichen aus dem ganzen verfügbaren Alphabet, so sind sie schwer zu knacken. Anstatt Passwörter sollte man deshalb ganze Sätze, ohne Leerstellen und Umlaute, verwenden. Beispielsweise: „001@Schneewittchen_und_die_sieben_Geisslein" oder „12%tei_es_tup_sco_ign_vadi". Absolut verboten sind soziale Merkmale wie Geburtsdaten, „17101948", Namen von Hund oder Kind, „Kevin21" etc., die von Bekannten erraten werden können. Jeder Login sollte ein unterschiedliches Passwort besitzen, damit nicht ein erratenes Passwort alle Zugänge öffnet. Passwörter notieren ist ebenfalls eine sehr schlechte Idee.

Passwörter können geknackt werden, indem man spezielle Tabellen („Hashtables", „Rainbow-Tables") für spezifische Betriebssysteme verwendet. Diese werden in sehr langer und mühsamer Arbeit erzeugt und sind je nach Umfang (Alphabet, Passwortlänge) im GB- bis TB-Bereich[2]. Diese Tabellen sind sehr viel effizienter als „rohe Gewalt" (brute force), wobei alles durchprobiert wird, oder das Testen von Lexikon-Einträgen, deren Erfolgsquote geringer ist. Hochstätter (2011) schreibt:

> „Mittels Rainbow-Tabellen und Knackprogrammen, die man im Internet herunterladen kann, lassen sich Windows-Passwörter mit einer Länge von bis zu etwa zehn Zeichen von jedermann mit normalem Heimequipment mit hoher Wahrscheinlichkeit knacken. Das ist selbst mit leistungsschwachen Rechnern meist nur ein Frage von Minuten."

Regierungen und Geheimdienste, die Laptops von Reisenden konfiszieren, besitzen noch bessere Tabellen und mehr Rechenleistung. Man lasse Vorsicht walten. Sind die Daten in der Cloud, muss man sie nicht mitführen.

Unter dem Begriff *Phishing* versteht man den Versuch, über gefälschte Webseiten, E-Mails oder Kurznachrichten an persönliche Daten eines Internetbenutzers zu gelangen. Diese fordern den Empfänger auf, auf einer präparierten Webseite oder am Telefon geheime Zugangsdaten preiszugeben.

Ein zweistufiger Zugang, wie es etwa das Online-Banking verwendet, ist sicherer. Dabei muss man die Zugangsdaten auf zwei unterschiedlichen Kanälen beibringen. Die Überlegung dahinter ist die Gefahr, dass ein Kanal von einem Hacker, hier „Man-in-the-Middle", gekapert wird. Die Wahrscheinlichkeit, dass zwei Kanäle geknackt werden können, also beispielsweise Mobiltelefon und Internetzugang, ist sehr gering. Infrage kommen als zweiter Kanal das Mobiltelefon, eine per Post zugestellte Liste mit Streichdaten, ein elektronisches Gerät mit Kartenleser usw. Der Mittelsmann täuscht den beiden Kommunikationspartnern jeweils den anderen vor und kann alles mitlesen.

---

[2] Siehe http://project-rainbowcrack.com/table.htm, abgerufen am: 1. November 2018.

13.3.2 Firewall

Firewalls sind eigentlich Filter, die auf den verschiedenen Schichten (siehe Abb. 6.6) des Datenflusses wirken. *Paketfilter* arbeiten nur auf der Internet- und Transportschicht, *Proxies* („Stellvertreterprogramme") auf der Applikationsschicht.

Bei der Netzanbindung *ohne Bereitstellung von Diensten*, wie sie im Heimbereich oder bei sehr kleinen Firmen der Fall ist, erlaubt man nur den Zugang ins Internet und das Holen von bestimmten Paketen wie etwa E-Mail. Von außen kann man nicht auf den oder die Rechner zugreifen. Als Firewall wird ein *Screening Router* eingesetzt, der alle Verbindungen von außen sinnvoll abblockt. Das bedeutet, dass bei Anfragen Antworten verschickt werden, die so aussehen, als ob überhaupt kein Rechner oder Netzwerk unter dieser IP-Adresse verfügbar wäre. Sollen Dienste (FTP, HTTP, SMTP, etc.) extern angeboten werden, ist ein sogenanntes *Grenznetz*, ein Subnetz, das auch „demilitarisierte Zone" (DMZ) genannt wird, unerlässlich. Diese Zone befindet sich zwischen dem Internet und dem Intranet. In ihr findet man alle Server, auf denen die öffentlichen Dienste bereitgestellt werden. Die DMZ ist a priori als unsicher einzustufen.

In der Abb. 13.4 ist eine gängige Architektur abgebildet. Zwei Router, die jeweils einen Paketfilter (Screening Router) und einen Proxy-Host betreiben. Unter einem *Bastion-Host* versteht man einen Server, der Dienste für das öffentliche Internet anbietet oder als Proxy bzw. Mailserver auf das öffentliche Internet zugreift und daher besonders gegen Angriffe geschützt werden muss. Auf diesem Rechner sollte es keine Benutzerkonten und fehler-

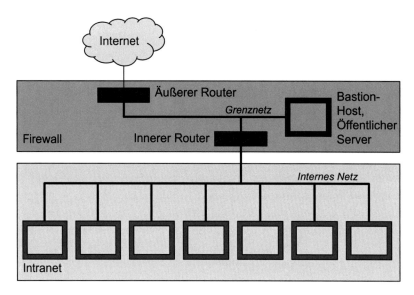

Abb. 13.4 Aufbau und Verortung der Firewall

anfällige oder überflüssige Software geben, da er prinzipiell als Angriffsziel von Hackern gelten muss.

Firewalls können die Sicherheit eines Netzwerks zwar deutlich erhöhen, aber nicht zu hundert Prozent gewährleisten. Durch das Sperren von nicht benötigten Ports und Vergabe von spezifischen Zugriffsrechten für bestimmte externe Netze und Benutzer auf bestimmte interne Dienste wird die potenzielle Angriffsfläche jedoch deutlich verkleinert.

Einfallstore ins Intranet sind auch Einwahlzugänge von Administratoren zur Fernwartung von daheim. Diese müssen natürlich speziell gesichert werden, da sie an der Firewall vorbeigehen. Es werden aber auch Angriffe aus dem eigenen Netz von frustrierten Benutzern gestartet, die keine Berechtigung für manche Dienste haben und versuchen, die Sicherheitsmechanismen zu umgehen und lokale Administratorenrechte zu erlangen.

13.4 Hacking und Malware

13.4.1 Hacking

Definition 26 (Hacking). Hacking bezeichnet das unerlaubte Eindringen in fremde Computersysteme, meist durch unbemerkte Sicherheitslücken. Es erlaubt, Inhalte und Strukturen des Systems heimlich zu verändern.

Die Beweggründe der Hacker sind grob gesprochen zwei: (1) der Diebstahl wertvoller Daten zu monetären Zwecken und (2) Protestaktionen von politisch-religiös motivierten Aktivisten. Letztere nutzen „gehackte" Webseiten, um sie zu verunstalten und so vermeintliche Missstände von Unternehmungen und öffentlichen Stellen, aber auch Privatpersonen anzuprangern. Im Englischen spricht man von „Defacement". Bekannte Beispiele liefert z. B. WikiLeaks, die meist von Insidern gelieferte vertrauliche Informationen öffentlich macht. Wertvolle Daten sind vor allem Kreditkartennummern und andere Stammdaten.

Anderseits wird auch in E-Mail-Systeme eingedrungen, um die E-Mail-Adressen zu missbrauchen, z. B. für den Versand von Spam.

Wie man sich vorstellen kann, sind Hackerprogramme frei verfügbar. Die Programme werden einerseits von Sicherheitsleuten gebraucht, um ihre Netzwerke und Computer zu prüfen („white hat hacker"). Anderseits verwenden sie Hacker („black hat hacker") mit unlauteren Absichten. Die einfachen Programme greifen mit Phishing, also einem Klick auf eine präparierte E-Mail, auf den Browser des Betroffenen zu und können mittels `JavaScript` den Rechner kapern. Dies ist also verhältnismäßig einfach, denn Phishing ist trotz aller Warnung recht erfolgreich.

Interessierte Leser finden diese Software auch ohne dieses Buch. Deshalb im Folgenden ein paar bekannte Tools, aus verschiedenen Top-Listen auszugsweise zusammengestellt:

- Metasploit: eine Werkzeugkiste,
- Nmap: Network Mapper,
- Wireshark: Web Vulnerability Scanner,
- John The Ripper: Passwort-Hacking.

Der Autor lehnt jede Verantwortung ab. Ebenso handelt es sich hier nicht um eine Empfehlung, etwas auszuprobieren.

Beispiel 13.4.1 Wir machen den einfachsten Scan mit nmap auf unserem Rechner und erhalten: Beim Nmap-Scan fremder Adressen begehen Sie nicht nur einen unfreundlichen Akt, sondern können sich strafbar machen.

Hier wird nur der allereinfachste Befehl für den Eigengebrauch gezeigt. Nmap wird gerne in Filmen verwendet, wenn es darum geht, einen Hacker bei der Arbeit zu zeigen, etwa in *The Matrix Reloaded*, *Die Hard 4*, *Girl With the Dragon Tattoo*, *The Bourne Ultimatum* und weiteren acht Spielfilmen.

```
nemo@ubu:~$ nmap 192.168.1.119
Starting Nmap 7.80 ( https://nmap.org ) at 2022-09-04 15:00 CEST
Nmap scan report for servux.home (192.168.178.34)
Host is up (0.73s latency).
Not shown: 989 closed ports
PORT STATE SERVICE
22/tcp open ssh
80/tcp open http
111/tcp open rpcbind
139/tcp open netbios-ssn
443/tcp open https
445/tcp open microsoft-ds
554/tcp open rtsp
873/tcp open rsync
2049/tcp open nfs
3306/tcp open mysql
5000/tcp open upnp
5001/tcp open commplex-link

Nmap done: 1 IP address (1 host up) scanned in 1.15 seconds
```

Das Ausnutzen und der Missbrauch von fremden Servern folgt einem typischen Muster, das häufig in sieben Schritten dargestellt wird. Diese sind:

1. Erkundung,
2. Ausrüsten („Bewaffnung", *weaponization*),

3. Ausliefern,
4. Ausnutzen,
5. Installieren,
6. Kontrolle übernehmen,
7. Schaden im Zielsystem ausführen.

Um die eigenen Systeme zu testen oder testen zu lassen, sind die letzten Schritte offensichtlich nicht notwendig.

Hacker beginnen mit der Erkundung der Zielunternehmung, indem sie Namen, Titel, E-Mail-Adressen etc., und zu günstigen Kandidaten soziale Daten, wie Hobbies, Clubs, Familie etc. im Internet suchen. Später werden sie eine oder ein paar Personen definieren, die sie mit einem sogenannten *Spear-Phishing,* der individualisierten und spezialisierten Köderung, anpeilen. Technisch interessiert das Betriebssystem und ähnliche Angaben, zu denen spezielle Datenbanken mit Schwachstellen veröffentlicht werden. Bekannt ist Mitres online Zusammenstellung der Common Vulnerabilities and Exposures[3]. Hier ein minimaler Auszug aus über 200.000 Einträgen:

```
CVE-2022-35861,Candidate,pyenv 1.2.24 through 2.3.2 allows
local users to gain privileges via a .python-version file in the
current working directory. An attacker can craft a Python version
string in .python-version to execute shims under their control..
CVE-2022-24435,Candidate,Cross-site scripting vulnerability in
phpUploader v1.2 and earlier allows a remote unauthenticated
attacker to inject an arbitrary script via unspecified vectors..
CVE-2022-35793,Candidate,Windows Print Spooler Elevation of
Privilege Vulnerability.
```

Nicht nur dem Hacker stehen Code-Bibliotheken zu Verfügung, die er verwenden will. Code muss an das erspähte Ziel angepasst werden im Lichte der verwendeten Systeme und Software, welche das Ziel verwendet. Es muss dort lauffähig gemacht werden.

Die Auslieferung erfolgt meist über ein gezieltes Phishing einer oder weniger Personen des Zielunternehmens. Dabei sind detaillierteste Kenntnisse der Person notwendig, um in einem Mail ein ganz spezielle Geschichte erzählen zu können, die dann zu einem Aktivieren eines Links führt. Der Finanzchef hat einen Sohn, der Eishockey im Club der Pinguine spielt, und ist selber als Spendensammler für einen Clubbus unterwegs. Die Familie geht gerne zelten und ist sportlich sehr aktiv. Die Mutter rezensiert gerne Yoga-Bücher etc. etc.

Dem Finanzchef wird ein E-Mail geschickt: „Lieber Franz, wir haben neulich beim Match über Transportmöglichkeiten und Yoga gesprochen. Ich habe einen fast neuen Minibus mit Fahrer, den ich mal zur Verfügung stellen möchte. Unter diesem Link findest Du Angaben

---

[3] https://cve.mitre.org/

dazu. Liebe Grüße und hopp Pinguine, Larry Hackermann." Der Finanzchef kann sich zwar nicht an Hackermann erinnern, er muss ihn offensichtlich vergessen haben.

Wenn das E-Mail überzeugend ist, und hier wird Empathie verlangt, besteht eine wirklich große Chance, dass der Link angeklickt wird. Mit dem Klick wird die schädliche Software geladen und kann sich festsetzen. Ziel ist der Zugang zum System.

Die installierte Software wird sich beim Hacker melden. Nach einer gewissen Wartezeit wird der Hacker das System durchforsten und erkunden. Zum Beispiel sucht er, wie geplant, die Kundendatenbank, um die meist nicht verschlüsselten Daten zu beschaffen. Sie wird auf einen externe Speicher kopiert.

Nun kann der Hacker die gestohlenen Daten verarbeiten und versilbern. Anderseits kann auch das Unternehmen erpresst werden.

Es braucht also sehr gutes technisches, aber dazu auch noch menschliches Verständnis, um eine Person zu einer unüberlegten Handlung zu verführen.

13.4.2 Malware, Botnets

Definition 27 (Malware). Malware, oder Schadsoftware, sind Programme, die unerlaubt auf ein fremdes Computersystem gelangt sind und dort Schaden anrichten.

Automatisierte Schadprogramme, sogenannte Bots (von Robots), können eine vernetzte Gruppe bilden, die man Botnet nennt. Dabei werden lokale Daten und Ressourcen angezapft und die Netzwerkanbindung der betroffenen Rechner unerlaubterweise benutzt.

Sie agieren unauffällig im Hintergrund, ohne dass PC-Besitzer etwas davon bemerken. Ein stillgelegtes Botnet namens Bredolab umfasste rund 30 Mio. Rechner. Es wurde auch schon behauptet, dass jeder dritte Rechner in Deutschland Teil eines Bots sei. Neuerdings stillen Botnets den Hunger nach Rechenleistung von Kryptowährungen, denn die darin enthaltene Verschlüsselung und das Mining benötigt ungeheure Leistung.

Der PC-Besitzer bemerkt nicht viel, außer das die Maschine langsamer läuft und die Stromrechnung höher ist. Es gibt aber auch gutartige Botnets, die für Forschungszwecken Rechenleistung von privaten bekommen. Ein bekanntes Projekt befasst sich mit der Suche nach außerirdischem Leben.

13.4.3 „Epidemiologie"

Die Vehikel und Verfahren der Hacker lehnen sich an die Biologie an: Man spricht von Infekten, Viren und Würmern. Die drei wichtigsten Vehikel der Infektion, sprich Malware, sind:

- Viren,
- Würmer und
- Trojaner.

In der Natur sind Viren keine echten Lebewesen, denn sie bestehen nur aus einer Eiweißhülle, die Erbgut enthält. Das Erbgut ist sozusagen die Malware, die von Körperzellen ausgeführt wird und neue Viren erzeugt. Bekanntes Virus ist *WannaCry,* das 2017 nicht aufdatierte Windows-Rechner befiel und erpresserisch androhte, verschlüsselte Daten nicht wieder zu entschlüsseln. Es gehört in die Klasse der „Ransomware".

Würmer befallen den Wirt, d. h. fremde Rechner, und vermehren sich, indem sie sich mittels E-Mail und dem gefundenen Adressbuch fortbewegen. Sie gelten als die Nachfolger der Viren, da die Infektionsrate wesentlich höher ist. Falls kein genügender Schutz durch Firewall und aktuelle Virenprogramme vorliegt, gelangen die Mails in den Briefkasten. Sehr viele Personen, auch als Firmenmitarbeiter, sind naiv, und lassen sich zum Öffnen oder Anklicken von Beilagen von Mails verleiten. Berühmtes Beispiel ist „Mydoom", das sich 2004 in einer gefälschten Non-Delivery-Notification versteckte. Geschätzter Schaden: 38 Mrd. USD.

Trojaner werden von gutgläubigen Benutzern auf den Rechner heruntergeladen, denn diese Anwendungen erwecken den Anschein, unverdächtig und sinnvoll zu sein. Wie in der Homer'schen Sage beschrieben, steigen dann nächtlicherweile die Griechen aus dem Holzpferd und überrumpeln die Trojaner[4].

Welche Absichten hegen die Eindringlinge? Unter anderen:

- Ausspionieren von sensiblen Daten, z. B. Bankzugangsdaten, Kreditkarten etc.,
- Erpressung,
- Kontrolle des Rechners erlangen, z. B. Rechenleistung stehlen, Attacken konzertieren („(Distributed) Denial of Service") etc.,
- Infrastruktur schädigen, z. B. Terrorangriffe, Cyberkrieg.

In Deutschland wird es seit 2017 per Gesetz der Polizei erlaubt, sogenannte Staatstrojaner zu verwenden. Damit kann sie alle vorhandenen Daten eines Mobiltelefons, Tablets und Computers ausspähen.

Diese Vehikel dienen auch der Kriegsführung. Im Jahr 2008 wurden die Steuerkomponenten der Gaszentrifugen einer Anlage im Iran, welche die Anreicherung von Uran betrieb, auf raffinierte Weise angegriffen. Die Drehzahlen wurden so erhöht, dass die Zentrifugen zu Bruch gingen, ohne dass man dies erkennen konnte. Da hochsensible Anlagen nicht am Internet angeschlossen sind, wurde der Trojaner Servicefirmen untergejubelt, die mittels

---

[4] Eigentlich sollte diese Malware „Grieche" oder „Danaer" heißen, denn die Trojaner waren die Leidtragenden. „Ich fürchte die Danaer, auch wenn sie Geschenke bringen".

USB-Sticks Wartungsarbeiten erledigten. Aufgrund der Raffinesse und des vorhandenen Detailwissens um die eingebetteten Systeme gehen die meisten Spezialisten davon aus, dass es sich hier um eine Kooperation von der US-Behörde NSA und dem israelischen Militärgeheimdienst handelt. Das Vehikel wurde STUXnet genannt. Im Gegenzug haben die Iraner ihre Cyberkrieger stark aufgestockt. In den USA kam es zu erfolgreichen Angriffen auf Banken. Es ist eine Spekulation, ob ein „Weltkrieg 3.0" schon in Gang ist.

Ein Exploit (Ausnutzung) bezeichnet in der Informatik eine systematische Möglichkeit, Schwachstellen von Computersystemen auszunutzen. Hacker suchen solche Exploits, verkaufen sie auf dem Schwarzmarkt – auch Regierungsagenturen können als Käufer auftreten – oder bieten sie den Systemherstellern an, damit diese mit einem Update die Gefahr bannen können. Je größer die Reichweite, d. h. Smartphones, desto teurer der Exploit. Werden solche Exploits gehortet und nicht öffentlich gemacht, dann spricht man von Zero-day-Exploit, weil dem Hersteller keine Zeit bleibt, die Schwachstelle zu beseitigen.

Hacker verfügen über sehr tiefes Detailwissen um die Funktionsweise von Computersystemen. Da Hacker auch im Staatsdienst arbeiten, gilt dies ebenso für die betreffenden Regierungen.

Quiz zu Kap. 13

Quiz

Ein paar Fragen.

1. Was ist die zivile Identität?
2. Was ist asymmetrische Verschlüsselung?
3. Was ist der Unterschied zwischen einem öffentlichen und einem privaten Schlüssel?
4. Wie sind gute Passwörter gebaut?
5. Was braucht es für eine QES?
6. Was ist und wie funktioniert die Firewall?
7. Was sind die Ziele und Absichten der Hacker?
8. Wie funktioniert „social hacking"?
9. Welche Arten von Malware (Vehikel) kennst Du?
10. Wozu benutzt der Staat Trojaner?

Literatur

Hochstätter, C. H. (2011). Rainbow Tables: Windows-Passwörter nicht mehr sicher. *ZDNet*, **0**(11.1.2011).

Information und Medien 14

Nochmals zur Erinnerung: Wir haben schon eingangs darauf hingewiesen, dass wir in dieser Schrift Kommunikation als Bestandteil von Information verstehen. Ebenso sind Medien, die „in der Mitte" stehen, als Teil von Information anzusehen. Dies ist ein Postulat der Einfachheit innerhalb des Kontexts dieses Buchs. Dies kann man mit Fug und Recht auch anders sehen.

14.1 Kommunikation

Zur Einleitung ein kleiner Dialog aus einem Cartoon von Loriot. Ein Ehepaar am Frühstückstisch redet aneinander vorbei (v. Bülow, 1977):

Er: Das Ei ist hart!!!

Sie: Ich habe es gehört ...

Er: Wie lange hat das Ei denn gekocht?

Sie: Zu viele Eier sind gar nicht gesund!

Er: Ich meine, wie lange dieses Ei gekocht hat ...?

Sie: Du willst es doch immer viereinhalb Minuten haben ...

Er: Das weiß ich ...

Sie: Was fragst du denn dann?

Er: Weil dieses Ei nicht viereinhalb Minuten gekocht haben kann!

Sie: Ich koche es aber jeden Morgen viereinhalb Minuten.

Er: Wieso ist es dann mal zu hart und mal zu weich?

Sie: Ich weiß es nicht ... ich bin kein Huhn!

© Springer-Verlag GmbH Deutschland, ein Teil von Springer Nature 2023
C. Franzetti, *Essenz der Informatik*,
https://doi.org/10.1007/978-3-662-67154-2_14

Er: Ach! ... Und woher weißt du, wann das Ei gut ist?

Sie: Ich nehme es nach viereinhalb Minuten heraus, mein Gott!

Er: Nach der Uhr oder wie?

Sie: Nach Gefühl ... eine Hausfrau hat das im Gefühl ...

Er: Im Gefühl? Was hast du im Gefühl?

Sie: Ich habe es im Gefühl, wann das Ei weich ist ...

Er: Aber es ist hart ... vielleicht stimmt da mit deinem Gefühl was nicht ...

Diesen Dialog kann man mit der Abb. 14.2 in Verbindung bringen, die das bekannte Modell von Claude E. Shannon zur Kommunikation darstellt. Die Hauptkomponenten bilden ein Sender und ein Empfänger (Receiver). Der Sender kodiert einen Gedanken, indem er ihn schreibt oder spricht, einem Transportmedium oder Kanal (Luft, Telefon, Chat o. ä.) anvertraut, der ihn zum Empfänger leitet, wo er dekodiert wird.

14.1.1 Mensch zu Mensch

Im obigen Beispiel erkennt man, dass die Voraussetzungen und die Interessenlage der Gesprächspartner unterschiedlich ist, sodass die Mitteilung nicht eindeutig ist. Die Kommunikation zwischen Menschen kann schwierig sein. Dort wo das Verständnis eindeutig sein muss, im Militär, bei Rettungskräften etc. wird ein vordefiniertes Vokabular verwendet und durch Redundanz verdeutlicht, wie z. B. in „orange warning", „red alert".

In der direkten Kommunikation kommen noch andere Aspekte hinzu. Mimik und Gestik tragen je nach Intensität erheblich zur Beeinflussung des Empfängers bei. Besonders können Mimik und Gestik den Sinn bis ins Gegenteil dessen verkehren, was man aus einem Wort-Protokoll lesen würde. Dazu vergleiche man den obigen Dialog mit dem Film, wenn man dazu die Mittel hat.

Beispiel 14.1.1 (Vier-Seiten-Modell). Gemäß dem Psychologen Friedemann Schulz von Thun hat die menschliche Kommunikation vier Aspekte, die in der folgenden Tabelle gezeigt werden (Wikipedia, 2022b).

Aspekt	Sender	Empfänger
Sachebene	Da ist etwas Grünes	Da ist etwas Grünes
Selbstoffenbarung	Ich weiß nicht, was es ist	Mir schmeckt das Essen nicht
Beziehung	Du wirst es wissen	Du bist eine miserable Köchin!
Appell	Sag mir, was es ist!	Lass das nächste Mal das Grüne weg!

Das Beispiel zeigt einen nicht ganz gelungenen Austausch zwischen Sender und Empfängerin.   △

Im betrieblichen Alltag sind Akten und Notizen, E-Mails und Präsentationen die Kommunikationsmedien. Den *Präsentationen* kommt eine besondere Stellung zu, da eine riesige Spanne von Möglichkeiten besteht, den Inhalt vom Sender zum Empfänger zu transportieren.

Beispiel 14.1.2 (Länge von Reden). Der US-amerikanische Präsident wurde nach einer kurzen Ansprache gefragt, wie lange er für die Erarbeitung von Reden benötige. Darauf antwortete Woodrow Wilson: „Es hängt davon ab. Wenn ich zehn Minuten sprechen soll, benötige ich eine Woche; für fünfzehn Minuten drei Tage; für eine halbe Stunde zwei Tage und für eine Stunden bin ich jetzt schon bereit." Auch schon Goethe soll sich mit den Worten entschuldigt haben: „Lieber Freund, entschuldige meinen langen Brief, für einen kurzen hatte ich keine Zeit." Es scheint also einen Konflikt zwischen Anspruch und Wirklichkeit zu geben.   △

Beispiel 14.1.3 (Präsentation). Mit Präsentationen werden oft Entscheidungen vorbereitet oder eingefordert. Sie haben dann Antragscharakter. Folgende Inhalte sind obligatorisch:

- Ziel und Zweck,
- die Fakten,
- die Begründung,
- die Empfehlung.

Je nach Einschätzung der Zuhörerschaft kann man die Reihenfolge etwas variieren. Ungeduldige Menschen mögen die Empfehlungen zu Beginn.   △

Der Philosophie-Professor Harry Frankfurt hat vor ein paar Jahren ein aufsehenerregendes Buch mit dem Titel *On Bullshit* geschrieben. Dabei kann man „Bullshit" als dummes Geschwätz verstehen. Er schreibt (Frankfurt, 2005, 63):

> „Bullshit ist unausweichlich, wenn die Umstände Menschen dazu zwingen, über Dinge zu reden, von denen sie nichts verstehen. Die Produktion von Bullshit wird also dann angeregt, wenn ein Mensch in die Lage gerät oder gar verpflichtet ist, über ein Thema zu sprechen, das seinen Wissensstand hinsichtlich der für das Thema relevanten Tatsachen übersteigt. Diese Diskrepanz findet sich häufig im öffentlichen Leben ..."

Die Abb. 14.1 zeigt eine schematische Kurve von Selbstvertrauen in Abhängigkeit von Fachwissen. Die lässt sich auch in folgendem Satz fassen: „Wenn jemand inkompetent ist, dann kann er nicht wissen, dass er inkompetent ist." Die Ausstrahlung von Selbstsicherheit ist eine wichtige Komponente in der menschlichen Kommunikation. Kein Patient mag einen

Abb. 14.1 Gemäß psychologischen Studien von Kruger und Dunning (1999) führt Unwissenheit oft zu mehr Selbstvertrauen als Wissen. Die Diskrepanz ist bei Laien am größten. Die Kurve ist schematisch dargestellt

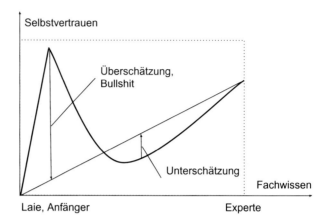

Arzt, der unsicher wirkt. Anderseits muss man sich vor allzu zuversichtlichen Laien in Acht nehmen. Ähnlich geht es im Management zu, Selbstsicherheit wird allzu oft mit Kompetenz verwechselt.

14.1.2 Mensch-Maschine

In der Beziehung zwischen Mensch und Maschine spricht man auch von Interaktion anstatt von Kommunikation, sodass man Tastenklicks, Mausbewegungen und dergleichen mitein-bezieht.

Die Kommunikationsmedien sind vor allem Tastatur und Maus für den Sender und der Bildschirm oder die Lautsprecher für die Maschine.

Es ist ein ständiges Bestreben der Entwickler, diese Kommunikation intelligenter, d. h. menschenähnlicher, zu machen. Das beginnt bei der Spracherkennung und dem Verstehen der Gestik, wie z. B. auch der Augenbewegung. Hier werden noch einige Fortschritte erzielt werden. Futuristen glauben an die Möglichkeit, mittels Implantaten direkt zwischen dem menschlichen Hirn und der Maschine zu kommunizieren.

Beispiel 14.1.4 (Spracherkennung). Sprachassistenten werden immer populärer. Die Akteure in diesem Gebiet sind Amazon mit Alexa, Apple mit Siri, Google Assistant und Microsofts Cortana. Es handelt sich hier um die Front der Künstlichen Intelligenz. In Abschn. 11.2 zeigen wir ein paar Beispiele der Spracherkennung und Umwandlung in Text mit Google Drive. Ich finde es recht bemerkenswert.   △

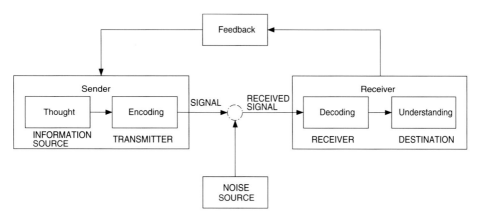

Abb. 14.2 Das Kommunikationsmodell von Shannon, erweitert

14.1.3 Maschine zu Maschine

Die Kommunikation zwischen Maschinen bedingt eine Eindeutigkeit und Fehlerlosigkeit. Wie in der Abb. 14.2 gezeigt, kann das Signal durch den Übermittlungskanal gestört sein. In elektrischen Leitern hört man häufig ein Rauschen. Zur Behebung werden Filter eingesetzt und Selbstkorrekturmaßnahmen wie Hemming-Kodierung und Prüfziffern mitgegeben. Mit der Größe der Mitteilungen wächst auch die Fehlerquote. Deshalb sind verlustfreie Komprimierungen auch für die Fehlerquote günstig.

Maschinen kommunizieren aufgrund von sogenannten Protokollen, die den Datenverkehr regeln.

Für den Benutzer des WWW nicht direkt ersichtlich „verhandeln" die Maschinen untereinander, was dem Menschen gezeigt werden, resp. welche Angebote ihm im Browser vorgelegt werden sollen. Man erkennt aber, wenn man beispielsweise eine Gummiente gesucht hat, dass diese immer wieder, auch beim Besuch ganz fremder Seiten, wieder auftaucht.

14.1.4 Entropie*

Wir wollen hier nur einen ganz oberflächliche Beschreibung des Informationsgehalts von Mitteilungen geben. Ausgangspunkt ist die Tatsache, dass Transmissionswege von Informationen häufig eine Kapazitätsgrenze aufweisen, sodass es lohnenswert ist, Daten zu komprimieren. Zu diesem Zweck muss man eine Methode entwickeln, um den Informationsgehalt bestimmen zu können.

Wenn man annimmt, dass eine Mitteilung aus N Bits besteht, dann braucht man ungefähr $\log_2(N)$ Ziffern, um N im Binärcode darzustellen[1]. Dabei ist $\log_2$ der Logarithmus zur Basis

---

[1] $N_{10} = 2^x \Leftrightarrow \log(N_{10}) = x \log(2) \Leftrightarrow x = \log_2(N_{10})$.

2. Anstatt die N Bits zu kopieren, kann man einmal die Nullen und Einsen zählen, also n_1 und n_0. Für die Übertragung dieser Information braucht man ungefähr $2 \cdot \log_2(N)$ Bits. Nun sind die möglichen Mitteilungen aus der Kombinatorik bestimmbar zu:

$$\frac{(n_0 + n_1)!}{n_0! \cdot n_1!}$$

Diese Anzahl von Zeichenketten braucht also ungefähr

$$\log_2 \left(\frac{(n_0 + n_1)!}{n_0! \cdot n_1!} \right)$$

Bits. Das kann man als $- \log_2(n_0!) - \log_2(n_1!) + \log(N!)$ schreiben. Mit der sogenannten Sterling-Formel $\log(w!) \approx w \cdot \log(w) - w$ gelangt man mit ein bisschen Umformen zu:

$$N \left(\frac{n_0}{N} \log_2(\frac{n_0}{N}) + \frac{n_1}{N} \log_2(\frac{n_1}{N}) \right).$$

Ersetzt man die Brüche durch die Häufigkeiten h_0 und h_1 und dividiert durch N, dann kann man die berühmte Formel schreiben als

$$S = -h_0 \log_2(h_0) - h_1 \log_2(h_1).$$

Besteht die Mitteilung aus N Nullen (oder Einsen), dann ergibt die Formel 0 als Entropie. Für $h_0 = h_1$, wenn also beide Zeichen gleich häufig auftreten, dann ergibt sich die Entropie zu 1. Das sind die beiden Extremwerte. Der Nutzen der Funktion besteht darin, dass es ein Maß für die Kompressionsfähigkeit der Mitteilung darstellt. Falls $0 < S < 1$ kann man die Mitteilung effizienter ohne Informationsverlust schreiben.

Beispiel 14.1.5 (Häufigkeiten). Man muss nicht nur binäre Zeichenketten betrachten, sondern kann auch die Entropie auf andere Alphabete anwenden. Im deutschen Schrifttum sind die Häufigkeiten auszugsweise wie folgt vorhanden (Quellen: verschiedene):

Einzelbuchstabe	Bigramme	Trigramme
E 0,174	ER 0,0409	EIN 0,0122
N 0,098	EN 0,0400	ICH 0,0111
I 0,076	CH 0,0242	NDE 0,0089
S 0,073	DE 0,0227	DIE 0,0087
R 0,070	EI 0,0193	UND 0,0087
A 0,065	ND 0,0187	DER 0,0086
T 0,062	TE 0,0185	CHE 0,0075
D 0,051	IN 0,0168	END 0,0075
H 0,048	IE 0,0163	GEN 0,0071
U 0,044	GE 0,0147	SCH 0,0066

Diese Daten sind charakteristisch für die verschiedenen Sprachen, sodass man die Sprache längerer Texte anhand solcher Tabellen erkennen kann. Einfachste Verschlüsselungen, z. B. Verschieben von Buchstaben, können damit geknackt werden.   △

14.2   Desinformation, Propaganda, Fake News

Das Mittel hat einen Einfluss auf den Inhalt. Die Möglichkeit fast aller Internetbenutzer, unverzüglich Texte und Bilder einer großen Gemeinschaft zu übermitteln, verkürzt die Zeitspanne, Inhalte auf ihren Wahrheitsgehalt zu prüfen, auf beinahe null. Die sogenannte Vierte Macht im demokratischen Staat, hat Mühe, Tatsachen zu verifizieren und muss auf Ereignisse immer im Konjunktiv berichten, wenn nicht angebliche Tatsachen völlig unzuverlässig scheinen oder gefälscht sind.

In der Psychologie ist der Rashomon-Effekt, nach einem Film von Kurosawa, bekannt, wonach Interessenlagen und Motive die Wahrnehmung einer Situation maßgeblich beeinflussen. Diese Verzerrung muss nicht willentlich geschehen.

Falsche Nachrichten können mit Absicht gestreut werden. Die Propaganda hat ihren Ursprung im Aufkommen der Massen und deren Steuerung. Allzu offensichtliche Versuche sind nicht mehr erfolgreich; umso gefährlicher ist die Desinformation, die man nicht entlarven kann. Viele denken, im WWW sei alles gratis. Aber man muss nun Leute bezahlen, wenn sie die Wahrheit recherchieren sollen. Wie die US-amerikanische Spitzenbeamtin Madeleine Albright (2018, 20) schreibt: „Die erste Regel der Täuschung lautet: Oft genug wiederholt, klingt fast jede Behauptung, Geschichte oder Verleumdung glaubwürdig".

Beispiel 14.2.1 (Alternative Fakten). Der erste Pressesprecher von Präsident Donald Trump wurde beauftragt zu behaupten, dass bei der Amtseinführungszeremonie noch nie so viele Zuschauer vor Ort und in den Medien präsent gewesen seien. Nach Bildervergleichen mit der Zeremonie von Barack Obama aus dem Jahr 2009 war offensichtlich, dass früher etwa dreimal mehr Anwesende teilgenommen hatten. Dennoch beharrte der Sprecher auf seiner Aussage. Das war die Geburtsstunde der „Alternativen Fakten", was man auch schon als Bullshit (Frankfurt, 2005) bezeichnet hatte.   △

Die Falschinformationen kommen auf allen Kanälen vor, also Text, Bild und Video. Gerade letztere sind sehr eindrücklich, z. B. gestellte Erschießungen, getürkte Kriegshandlungen etc. Deren Aufdeckung ist reine Detektivarbeit, denn Suchmaschinen für Bilder und Videos sind nicht sehr treffsicher.

Definition 28 (Fake News). Fake News sind bewusst gestreute Meldungen im WWW, die nicht der Wahrheit entsprechen. Sie sollen die Meinungen beeinflussen, sind häufig politisch motiviert, dienen dem persönlichen Interesse oder verfolgen eine kriminelle Absicht.

Leider hat die Fälschung und Klitterung eine lange Tradition. Bekannte Beispiele sind die Konstantinische Schenkung und das Protokoll der Weisen von Zion.

Fake News haben in der Wahl des US-Präsidenten möglicherweise auch eine Rolle gespielt. Fremde Mächte, d. h. Russland, haben mit orchestrierten News über Tausende von falschen Benutzern versucht, die eine Kandidatin mit falschen Anschuldigungen zu verunglimpfen. Das sind neue Dimensionen, die demokratische Spielregeln gefährden.

Beim Beurteilen von Nachrichten muss man kritisch sein. Ein guter Startpunkt ist die Frage „Wem nützt die News?" Inhaltlich stellen sich die Fragen:

- Ist das Gesagte und Gezeigte plausibel, sind die Beweggründe der Akteure nachvollziehbar?
- Wieso gerade jetzt kommt diese Nachricht heraus? Und ganz wichtig:
- Gibt es mehrere unabhängige Quellen?

Im nächsten Kapitel werden wir noch auf die Manipulationen in den sozialen Medien zu sprechen kommen.

Beispiel 14.2.2 (Auswirkung Fake News). Im Jahr 2018 sind in Indien fast ein Dutzend Menschen gelyncht worden, die verdächtig wurden, Kinder zu entführen. Auf WhatsApp wurde die falsche Nachricht gestreut, dass Banden von Kindesentführern unterwegs seien und bald in die Region der Empfänger der Mitteilung kommen. Prompt wurden Fremde verdächtigt, verfolgt und ermordet. Besonders Gruppen, die sich wenig mit Medien auskennen, also ärmliche und kaum alphabetisierte Leute, sind für Falschmeldungen empfänglich. Technisch wurde dann die Vorkehrung getroffen, dass man nur noch an wenige Teilnehmer der Apps Meldungen schicken kann. Fake News können töten.   △

14.3   Soziale Medien

Klassifikationen von sozialen Medien gibt es viele. Eine einfache, einleuchtende ist die folgende Dreiteilung nach *Zweck*:

1. Selbstdarstellung,
2. Beziehungspflege und
3. Informationsbeschaffung.

Diese drei Bestimmungen kommen in unterschiedlichen Maßen in den Medien und in den Apps zusammen vor. Da Kommunikation eine Sender-Empfänger-Struktur voraussetzt, ist des einen Selbstdarstellung des anderen Information; und keine Gemeinschaft, ohne sich

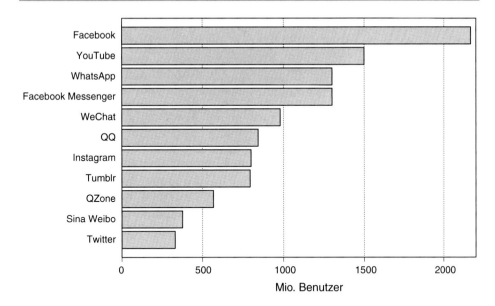

Abb. 14.3 Benutzer-Rennliste der Sozialen Medien, Stand 2017. (Quellen: Geschäftsberichte der Anbieter)

persönlich vorzustellen. Abb. 14.3 zeigt die enorme Reichweite in der Form von Benutzern der beliebtesten Applikationen.

Bei der *Selbstdarstellung* helfen die medialen Apps den Benutzern, sich selektiv präsentieren zu lassen. Die möglichen Aspekte drehen sich um Interessen, Meinungen, Wissen und Kontaktdaten. Die Mittel sind persönliche Weblogs (Blogs) in der Form von Online-Tagebüchern, Podcasts, Videocasts u. ä. Aufgrund von Werbemodellen ist es auch möglich, eine kommerzielle Tätigkeit daraus zu machen. YouTuber mit Millionen von Followern verdienen rechte Summen.

Das *Beziehungsmanagement* umfasst den Aufbau und die Pflege von Beziehungen zu einzelnen Personen, Gruppen oder Communities, also Gemeinschaften von Personen, die Gemeinsamkeiten besitzen. Berufliche Kontaktplattformen wie LinkedIn oder Xing (die einen sprechen Crossing) enthalten eine rechte Portion Selbstdarstellung, denn das persönliche Profil soll auch Personalvermittler ansprechen.

Die *Informationsbeschaffung* dreht sich um das Auffinden, Erfassen und Verwalten von relevanten Informationen. Diese können in der Blogosphäre, in Wikis und in kollaborativen Verschlagwortungssystemen (Tagging) gefunden werden. Will z. B. jemand den Screen seines Smartphones selber wechseln, so findet er auf Youtube selbstproduzierte Anleitungen.

Die meisten Informationen werden über die Suchmaschinen geliefert. Bekanntlich werden vor allem die ersten Resultate konsultiert, wobei zuoberst die „gesponserten" Treffer landen. Die Suchmaschinen legen die Reihenfolge mit Algorithmen fest. Es ist deshalb ein Irrglaube, wenn man annimmt, dass die Suchmaschinen etwas über die inhaltliche Qualität des Resultats aussagen. Deshalb ist eine Quellenkritik aus der *Bewertungskompetenz* wichtig.

14.4 Medienkompetenz

Das fundamental Neue am WWW und seinen sozialen Medien ist die Tatsache, dass der Benutzer Inhalte („user generated content", UGC), *nutzergenerierte Inhalte*, schaffen und verbreiten kann. Im Postkutschenzeitalter waren Leserbriefe die einzige Möglichkeit für den Nutzer, eigenständigen Inhalt zu veröffentlichen. Heute gibt es Kommentarfunktionen in Blogs, Videoportale wie YouTube oder Vimeo, Webforen, Twitter und Dienste wie Technorati und digg.com oder das Usenet. Mit Wikis können Ad-hoc-Autorenteams gegründet, mit Podcasting können Audio- oder Videodateien über das Internet produziert und angeboten werden.

Besonders für Jugendliche bergen die sozialen Medien große Gefahren. Diese entstehen durch das Zusammentreffen von großer Reichweite der Informationen gepaart mit einer noch wenig ausgeprägten *Menschenkenntnis*. Letztere ist stilles Wissen; es lässt sich nicht einfach lehren und schnell lernen. Es braucht Erfahrung und damit Zeit, aber man muss nicht alles selber erfahren.

Nicht alle Teilnehmer der sozialen Netzwerke sind aufrichtig an positiven sozialen Kontakten interessiert. Es gibt die unerfreuliche Spezies der *Trolle*, die absichtlich ständig die Anstandsregeln brechen und Konflikte heraufbeschwören. Von den Psychopathen wollen wir gar nicht sprechen. Sie verbergen sich hinter falschen Identitäten („Sockenpuppen"), sodass man sie schlecht bekämpfen kann. Es existieren Troll-Fabriken, die im Staatsauftrag Propaganda betreiben. Mitarbeiter führen ein Dutzend falscher Identitäten, mit denen sie versuchen, Beiträge mit bestimmter Färbung zu verbreiten.

Die *Unmittelbarkeit* der Verbreitung von Inhalten erlaubt es, plötzliche Eingebungen, rohe Impulse, Emotionen und Affekte sogleich zu realisieren, möglicherweise ohne selbst naheliegende Konsequenzen abzuwägen. Es fehlt die Notwendigkeit, Gefühle abkühlen zu lassen, Sachverhalte zu überdenken, nochmals darüber zu schlafen. Die Unumkehrbarkeit von Beiträgen in den Medien, das lange Gedächtnis des WWW gepaart mit ungebremster Impulsivität birgt ein erhebliches Schadenpotenzial.

Die grassierende Suggestion, dass überall „Freunde" existieren, wo man ständig von Fremden die „Freundschaft" angeboten bekommt, vermittelt ein völlig falsches Bild dieses für die Gesellschaft so wichtigen Konzepts. Wie kann es sein, dass jemand 600 Freunde hat?

Die Losung heißt auch hier: kritisch bleiben, vieles hinterfragen, im Zweifel ablehnen.

Beispiel 14.4.1 (Datenweitergabe). Im Frühjahr 2018 hat Facebook eingestehen müssen, dass Daten von 87 Mio. Benutzern über einen Wissenschaftler, dem für Forschungszwecken Datenzugang eingeräumt wurde, an eine private Institution, Cambridge Analytica, gelangt sind, die für die Wahl-Kampagnen in den USA missbraucht wurden. In diesem Zusammenhang ist auch aufgefallen, dass Facebook wie eine Testumgebung für Algorithmen funktioniert. Je nach Profil werden verschiedene Inhalte oder Darbietungsformen angeboten und die Effekte davon gemessen. Beispielsweise wurden mögliche Wähler am Abstimmungstag selektiv zur Teilnahme aufgefordert.   △

14.4.1 Gefahren

Gemäß Behördenangaben in der Schweiz sind mit den elektronischen Medien folgende Gefahren verbunden:

- Gewalt
- Cybermobbing,
- Pornografie, Sexting, Sextortion und Cyber-Grooming,
- Spielsucht,
- Datenmissbrauch,
- Extremismus,
- Fake News und Manipulation.

Medienkonsumenten, insbesondere Jugendliche, müssen sich darüber im Klaren sein, dass gewisse selbst erstellte oder publizierte und verbreitete Inhalte *Straftaten* darstellen. Ebenso kann der Konsum oder das Speichern von Inhalten kriminell sein, d. h. geahndet und bestraft werden. Neben der Weiterverbreitung von Inhalten werden häufig *Urheberrechte* verletzt, indem geschützte Texte, Fotos, Videos, gar ganze Filme oder Serien heruntergeladen, verwendet oder verbreitet werden. Mit Fotos und Darstellungen gehen auch *Personenschutzrechte* einher. Es ist verboten, Fotos Dritter ohne deren Einverständnis ins Netz zu stellen. Andernfalls können diese ihr Recht gerichtlich durchsetzen.

Neben der strafrechtlichen Gefahr kann eine negative Wirkung des Medienkonsums auf die *Gesundheit* und *Entwicklung* der Jugendlichen bestehen.

Gewalt ist im WWW sehr weit verbreitet. Gemäß Studien hat die Mehrheit der männlichen Jugendlichen schon Brutalo- oder Pornofilme gesehen. Die Gewaltdarstellung kann emotionale Reaktionen hervorrufen wie Wut, Verunsicherung, Irritation oder Verängstigung. Auch können gewaltdarstellende Medien bei häufigem Konsum und gleichzeitigem Auftreten von Risikofaktoren die Aggression steigern. Zu den Risikofaktoren gehören u. a. der frühe Beginn des Konsums von Mediengewalt, ein bereits vorhandenes Aggressionspotenzial, Introvertiertheit sowie männliches Geschlecht. Gegenmaßnahmen fordern von den Eltern, die Alterskennzeichnungen bei Spielen und Filmen zu beachten und Jugendschutzfilter zu installieren. Einschränkung des zeitlichen Konsums ist logischerweise auch hilfreich.

Beispiel 14.4.2 (Aufruf zu Hass und Gewalt). Im Völkermord an den muslimischen Rohingya aus Myanmar zwischen Oktober 2016 und Januar 2017 hat laut offiziellen Untersuchungen Facebook eine nicht unerhebliche Rolle gespielt, weil Hassreden und Aufrufe zum Mord an der Minderheit ungehindert verbreitet worden sind. Ähnlich war die Situation in Äthiopien im bürgerkriegsähnlichen Konflikt im Tigray im Jahr 2020. Es sind Aufrufe, Zivilisten aus Tigray zu töten und Appelle, sie in Konzentrationslager zu stecken, an Hunderttausende Follower gepostet worden. Facebook macht viel zu wenig, um außerhalb der USA solche Posts zu kontrollieren. △

Beim *Cybermobbing* handelt es sich um Schikanen, die einem Opfer zugefügt werden, indem es absichtlich, über eine längere Zeit, immer wieder mittels Medien wie SMS, Chat-Nachrichten, Facebook-Einträgen usw. bedrängt wird, also beleidigt, bedroht, erpresst, verleumdet, bloßgestellt, diffamiert etc. wird. Die Mobster, also die Täter, sind dem Opfer meist bekannt und können aus der Schule, dem Club, der Wohngegend stammen. Die Auswirkungen sind zum Teil verheerend: angefangen bei Verlust von Selbstvertrauen, Angstzustände und Depressionen bis hin zum Selbstmord. Den Eltern oder Lehrern bleiben die Vorgänge häufig lange unbekannt. Man sollte versuchen, die Mobster aus dem sozialen Netzwerk auszuschließen, allenfalls die Betreiber benachrichtigen und Beweismaterial, wie Screenshots und Diskussionsverläufe sicherstellen. Bei schweren Attacken sollte man eine Anzeige in Betracht ziehen.

Beispiel 14.4.3 (Cybermobbing). Ein zwölfjähriges Mädchen aus Kanada machte einen naiven Fehler. Wie viele Teenager fühlte sie sich einsam und unverstanden und suchte Kontakt im Internet. Dort fand sie falsche Freunde, die sie überredeten, sich vor der Webcam oben zu entblößen. Dieses Bild wurde ihrer Familie, Freunde und Mitschülern versendet. In ihrem Namen wurde damit auch eine Facebook-Seite eingerichtet. Auf Youtube zeigte sie dann Karten mit ihrer Leidensgeschichte, bevor sie sich umbrachte. △

Pornografie ist neben Gewalt eine sehr umfangreiche Kategorie von verfügbaren Inhalten. Eigentlich ist es in vielen Ländern verboten, gewissen Altersklassen pornografische Inhalte zur Verfügung zu stellen. Aber die Kontrolle des Alters ist meist nicht sehr wirkungsvoll und erschöpft sich in der Selbstangabe des Benutzers. In vielen Ländern ist die sogenannte „harte" Pornografie verboten, sodass Herunterladen und Besitz problematisch sein kann. Der Besitz von kinderpornografischen Inhalten ist, wie es nicht anders sein darf, verboten. Wer darauf stößt, kann eine Meldung an die Behörden machen; diese stellen dafür spezielle Kanäle zur Verfügung. Bis anhin haben die Behörden ihre Ressourcen im Bereich Cyberkriminalität besonders in diesem Bereich konzentriert.

Wenn Minderjährige Nacktfotos oder Filme von sexuellen Handlungen an sich oder anderen Minderjährigen aufnehmen, dann produzieren sie Kinderpornografie. In der Schweiz jedoch bleiben Jugendliche über 16 Jahren straflos, wenn sie voneinander einvernehmlich pornografische Gegenstände oder Vorführungen herstellen, diese besitzen oder konsumieren.

Man spricht von Sexting, als Kunstwort von Sex und Texting, bei Versenden oder Hochladen von erotischen Selbstaufnahmen. Die Inhalte werden über Medien wie etwa Facebook, WhatsApp und Snapchat an eine Person oder an eine Gruppe gesendet. Was anfänglich als Liebesbeweis beginnt, kann als Cybermobbing enden.

Sextortion ist eine Erpressungsmethode, bei der Nutzer von Chats oder von Partnervermittlungen motiviert werden, erotisches Bild- oder Videomaterial von sich zu senden, sich vor der Webcam zu entblößen oder sexuelle Handlungen zu filmen. Das Material wird dann zur Erpressung genutzt. Dieser Art von Erpressung unterliegen vor allem männliche Jugendliche und Männer. Neben dem generellen Abraten vor der Veröffentlichung solcher Inhalte wird zudem empfohlen, wenn man sich nicht enthalten mag, dass beim Videochat Gesicht und Körper nicht gleichzeitig im Bild sichtbar sind.

Cyber-Grooming, die „Anmache" besonders von Kindern, bezeichnet den Umstand, dass Erwachsene sich als Jugendliche ausgeben und in den Chats, Foren und anderen Medien Kontakt mit einem Kind suchen, um sexuelle Handlungen vorzunehmen. Diese sogenannten Pädosexuellen wollen herauszufinden, ob es Möglichkeiten gibt, potenzielle Opfer im realen Leben zu treffen. Kinder müssen angeleitet werden, misstrauisch zu sein, keine persönlichen Kontaktdaten oder Fotos zu teilen und eine Chatbekanntschaft niemals alleine zu treffen. Wenn überhaupt ein Treffen stattfinden soll, dann nur in Begleitung eines Elternteils an einem öffentlichen Ort.

Der ungebremste Konsum von Computerspielen kann zur *Online-Sucht* führen. Sozial ängstliche, depressive Jugendliche oder solche mit einem geringen Selbstwertgefühl sind stärker gefährdet. Insgesamt sind mehr männliche Spieler von Sucht betroffen als weibliche. Die negativen Folgen sind vielfältig: Leistungsabfall in Schule oder Lehre, Probleme im familiären Zusammenleben, sozialer Rückzug und Vernachlässigen von Freundschaften, Schlafmangel, fehlendes Interesse an körperlicher Betätigung usw. Als Maßnahmen kann man in Betracht ziehen, die Zeit am Computer pro Tag oder Woche zu beschränken und alternative Ideen zur Beschäftigung mit dem Kind zu entwickeln. In schweren Fällen kann man eine Suchtberatung aufsuchen, denn dann unterschieden sich die Symptome nur wenig von einer klassischen Drogensucht.

Beispiel 14.4.4 (Sucht). Die zwei wichtigen Klassifikationssysteme für psychische Krankheiten, das internationale ICD und das amerikanische DSM, werden in Kürze das „Gaming Disorder" als Krankheitsbild einführen oder haben es bereits als Forschungsdiagnose *(condition for further study)* verwendet. Als diagnostische Kriterien gelten gedankliche Eingenommenheit, Entzugssymptome, Toleranzentwicklung, exzessive Nutzung und Vertuschung sowie abnehmendes Interesse für reale Interaktionen. Häufig liegt eine weitere Erkrankung wie Hyperaktivismus, Schulschwierigkeiten, Angststörungen, geringe soziale Integration und Depression vor. Es fehlen aber noch Langzeitstudien zu dieser Gefährdung mit komplexem psychosozialen Hintergrund (Paulus et al., 2018).

Das Suchtpotenzial von Spielen wird durch (1) soziale Interaktion, (2) Belohnungssystem und (3) das Fehlen eines Endpunktes der Spielhandlung gefördert.   △

Extremismus kann in viele Richtungen zeigen. Soziale Netzwerke, Blogs und Kommentarspalten bieten die Möglichkeit, extremistische Meinungen zu äußern, öffentliche Diskurse zu führen, Propaganda zu betreiben und Hassreden zu verbreiten. Eine weitergehende Zielsetzung ist die Anwerbung von Mitgliedern für radikale Gruppen. Von IS-Mitgliedern heißt es dann in den Medien, sie seien im Netz radikalisiert worden. Radikale Gruppen sind u. a.: fremdenfeindliche Rechtsextreme, Rassisten, Sexisten und Homophobe, Islamfeindliche und Dschihadisten.

Zu Fake News haben wir schon im Abschn. 14.2 einiges gesagt. Zum Missbrauch von persönlichen Daten, *Identitätsdiebstahl* etc. kommt es, wenn nur schon wenige Daten einer Person, wie etwa Name, Geburtsdatum und Adresse bekannt sind. Damit kann man sich Waren auf Rechnung bestellen, wobei Liefer- und Rechnungsadresse natürlich unterschiedlich sind. Kreditkarten enthalten auch nur vier wesentliche Informationen, vollständiger Name, Nummer, Ablaufdatum und Kontrollzahl. Wenn ein E-Mail-Konto gehackt wurde, wird es besonders einfach, denn die meisten Portale senden im Fall von vergessenen Passwörtern neue an die E-Mail-Adresse.

Der Katalog der Gefahren ist lang; die Gefährdung ist eine Funktion von Alter und Lebenserfahrung, Erziehung zum kritischen Denken und soziale Einbettung, Beistand der Eltern und der Behörden, der Aufklärung und der Gesetzgebung. Man kann also der Gefahr aus dem Weg gehen.

14.4.2 Chancen

Die Chancen und Vorteile von sozialen Medien und des WWW sind so evident und vielfältig, von Nutzer zu Nutzer unterschiedlich, dass wir sie hier nur kurz erwähnen, um nicht den einseitigen Eindruck entstehen zu lassen, dass es nur Gefahren gibt. Mark Zuckerberg spricht immer von den „guten" Kontakten, die seine Produkte ermöglichen. Die Möglichkeit, Leute mit ähnlichen Interessen zu finden oder alte Bekanntschaften aufrecht zu erhalten, ist eine schöne Sache. Wir verweisen auf die eingangs genannten Möglichkeiten von sozialen Medien, nämlich (1) die Selbstdarstellung, (2) die Beziehungspflege und (3) die Informationsbeschaffung.

Jeder Nutzer hat die Möglichkeit, diese Ziele persönlich gewinnbringend zu verfolgen. Dies geschieht aber am besten, wenn er sich nicht nur an den Möglichkeiten orientiert, sondern sich der Gefahren bewusst ist und weiß, wie er diese umgehen kann.

14.5   Werbung, Influencing, Monetarisierung

Was ist der tiefere Sinn des Internets? *Das Internet ist eine Verkaufsmaschinerie!* Im Grunde dreht sich alles um Kommerz, auch wenn die Internetbenutzer den Eindruck haben, vieles sei gratis. In unserer individualistischen Kultur, in der man nur durch *Erfolg* aus der Masse herausgehoben werden kann, dreht sich alles ums Geld. Wieso sollte irgendjemand Geld ausgeben, ohne auf größeren Rückfluss zu hoffen? Leute, die Erfolg als persönliche Anerkennung, Ruhm oder andere immaterielle Erfolgsmaße betrachten, gibt es immer weniger. Natürlich existieren auch uneigennützige Angebote und nicht nur geldfixierte Menschen.

14.5.1 Werbung, Marketing

Mark Zuckerberg wurde in einer Anhörung gefragt, womit er Geld mache und die Antwort war lapidar: Werbung. Soziale Medien verknüpfen die Menschen, was ja gut sein könnte, aber es gibt immer einen Schatten. Das Geschäftsmodell lautet einfach: Leistung gegen Daten. Eine Alternative wäre aber ganz konventionell: Leistung gegen Bezahlung, wie es die Plattform *Vero* von Ayman Hariri versucht. Wir unterliegen aber den Sirenengesängen des scheinbar Freien und Kostenlosen.

Ein Marketing-Grundsatz lautet (Wikipedia, 2022a): „Je ähnlicher Verkäufer und Kunde einander sind, desto größer ist die Wahrscheinlichkeit, dass ein Kauf zustande kommt." Daraus folgt auch, je ähnlicher sich die Käufer sind, desto ähnlicher ihr Kaufverhalten. Der Verkäufer muss sich auf den Kunden einstellen können, was ihm dann besonders gelingt, wenn er viel Information über den potenziellen Käufer besitzt. Ähnlichkeit wird als Distanz gemessen von in Zahlen transformierten Ausprägungen von Eigenschaften. Die Rechnung ist wie ein mehrdimensionaler Satz des Pythagoras. Es gibt in der Statistik einige Verfahren, um aus Katalogen von Eigenschaften Klassen oder Cluster zu bilden, also Zusammenfassungen von ähnlichen Typen. Je mehr Informationen vorhanden sind und je mehr Rechen- und Speicherplatz verwendet wird, desto feingliedriger die Klassen.

Innerhalb des Materialismus entstand in den 20er-Jahren des vergangenen Jahrhunderts die psychologische Forschungsströmung der *Behavioristen*. Ganz vereinfacht ist ihr Ansatz in der Abb. 14.4 dargestellt. Der Mensch reagiert auf Reize mit Verhalten. Was dazwischen liegt, interessiert nicht. Angenommen Hans glaubt, dass Regen kommt. Deshalb sei er disponiert, die Fenster zu schließen, Gartenwerkzeug wegzuräumen und einen Schirm einzupacken (Searle, 1994, 50). Was Disposition ist, wäre zu klären. Wenn die Fenster schon zu sind, er keinen Garten hat und zuhause bleibt, dann ist kein Verhalten festzustellen. Es gibt viele Witze über die Behavioristen, z. B. (Searle, 1994, 51): „Behaviorist zu Behavioristin, nachdem sie gerade miteinander geschlafen haben: ‚Für dich war's toll, wie war's für mich?'"

Für diese psychologische Schule ist fast alles erlernt, bis auf Instinkte und Triebe. Das bedeutet, dass man Verhalten erlernen muss. Das bietet die Möglichkeit der *Konditionierung*. Bekannt ist der Pawlow'sche Hund, ein Verhaltensexperiment von 1905: Auf die Darreichung von Futter (Reiz), folgt Speichelfluss als unbedingtes Verhalten. Beim Bimmeln einer Glocke, ein neutraler Reiz, passiert nichts. Wenn aber das Glockengebimmel wiederholt in unmittelbarem Zusammenhang mit dem Füttern ertönt, reagiert der Hund mit der Zeit nur

Abb. 14.4 Die simple
Vorstellung des Behaviorismus:
Es geht ihr einzig um die
Korrelation von Eingabe-Reiz
zu Ausgabe-Verhalten. Mentale
Zustände wie Angst, Begierde
usw. sind nur Verhalten

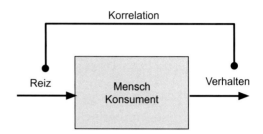

schon auf den Ton mit Speichelfluss. Dieses Phänomen bezeichnete der Forscher Iwan P. Pawlow als Konditionierung.

Es mag als Theorie für die reine Wissenschaft überholt sein, aber als Modell kann es trotzdem funktionieren, und das tut es auch.

Browser, Websites, Trackingsoftware – alle sammeln Daten zum Verhalten. Zudem werden Korrelationen, vorausgehendes Verhalten vor dem Kauf u. ä. mit dem Verhalten korreliert, d. h. eine Verknüpfung, die zur Vorhersage taugt, erstellt. Dies kann man in unterschiedlicher Feinheit machen, von Gruppen oder Clustern bis zum Individuum. Ist der Benutzer einmal katalogisiert, mehreren Clustern zugeordnet, dann wird er regelmäßig mit entsprechenden Reizen konfrontiert. Diese „Katalogisierung" ist ein Wertgegenstand, der wiederum hinter den Kulissen gehandelt werden kann.

Diese Korrelationsanalyse und Katalogisierung ist eine typische Aufgabe für die Künstliche Intelligenz. Während Korrelation eine sehr einfache Methodik darstellt, kann man KI als sehr viel tiefere Analyse und Prognosemittel von Reiz und Verhalten betrachten. Korrelation ist hier eine *façon de parler*, eine Redensart. Fortgeschrittene E-Commerce-Lösungen verwenden solche Analysetools.

Ein weiterer Merksatz der Werbung lautet: „People don't know what they want until they know what they can get". Das ist logisch, denn die Phantasie des Einzelnen ist geringer als die vieler. Den Konsumenten muss man die Kaufobjekte präsentieren und möglicherweise das Bedürfnis, sie zu besitzen, erst erzeugen („inspirieren"). Das Bedürfnis ist ein Gefühl des Mangels. Um den potenziellen Konsumenten nicht zu überfordern, ist es wichtig, die Werbung zielgerichtet und nicht nach dem Gießkannenprinzip, wie etwa im Fernsehen, zu betreiben.

Die immer bessere Einordnung in eine Klasse kann zu einem toten Punkt führen; es wird immer Ähnliches präsentiert. Um dem zu entgehen, werden ab und zu zufällige Inserate und Angebote angezeigt. Damit werden andere Produkte getestet und zusätzliche Interessen des Nutzers erkundet. Denn ein Nutzer kann zu vielen Gruppen gehören, z. B. als ökologischer Technik-Fan mit Vorliebe für teure Schuhe und Abenteuerreisen.

Der Nutzer gibt Informationen hin, um Annehmlichkeiten zu bekommen. Damit bezahlt er Leistungen.

Tab. 14.1 Die Spitzenreiter im Bereich Mode und Lifestyle nach Followern in Instagram 2022. Diese Angaben sind ohne Gewähr, nur zur Illustration

Name	Follower [Millionen]	Geburtsjahr
Cole Sprouse	32,7	1992
Chiara Ferragni	20,4	1987
Camila Coelho	8,8	1988
Olivia Palermo	6,4	1986
Lauren Conrad	6,0	1986
Negin Mirsalehi	5,9	1988
Aimee Song	5,5	1986

14.5.2 Influencing

Influencing oder Beeinflussung ist eine alte Marketingstrategie. Nur durch die sozialen Medien wird sie potenziert. In der Tab. 14.1 finden wir ein paar Spitzeninfluencer, die nicht nur ihre eigene Marke und Produkte anpreisen.

Auf Youtube sind ebenfalls Leute unterwegs, die massenweise Follower mobilisieren. Beispielsweise zählt der Kanal *PewDiePie* von Felix Kjellberg, einem schwedischen Gamer, über 110 Mio. Subscriber.

Mit Millionen von Personen, die potenziell erreichbar sind, und einem Lebensstil von Influencern nacheifern, ist es wohl möglich, den Absatz beworbener Produkte erheblich zu steigern.

Die Grundidee der Beeinflussung ist, Werbeinhalte direkt von authentischen und glaubwürdigen Personen vermitteln zu lassen.

Neben den massiven Influencern gibt es auch die *Mikro-Influencer*, die rund 20.000 bis 50.000 Follower haben. Solche „Profile" werden direkt von Firmen angegangen, damit sie in ihrem Freundes- und Bekanntenkreis bestimmte Produkte, möglichst unterschwellig, bewerben. Es handelt sich also um die gesteuerte elektronische Art der Mund-zu-Mund-Propaganda. Für den Adressaten ist nicht klar, und gesetzlich ohnehin nicht erforderlich offenzulegen, dass die „Freundin" eine bezahlte Markenbotschafterin ist – im Gegensatz zu den Makro-Influencern. Solche verdeckten Tätigkeiten beschädigen möglicherweise die vermeintlich hehren Absichten der sozialen Medien, oder die Freundschaft.

14.5.3 Monetarisierung

Im Internet kann jeder zu einem Produzenten werden, weil er eigene Beiträge erzeugen und einstellen kann. Die Anzahl Besucher oder Follower ist ein Werbepotenzial. Die großen Internetwerber wie etwa Google stellen dem Nutzer als Produzenten ein Arsenal von Werkzeugen zur Verfügung, um bei seinen Internetbeiträgen Werbung zu platzieren. Das Geschäftsmo-dell ist also, den privaten Nutzer als Werber zu engagieren und partnerschaftlich Werbung einzuspeisen und sich an den Werbeerträgen zu beteiligen. Um beispielsweise mit YouTube Geld zu verdienen, ist ein Untermenü „Monetarisierung" vorhanden. Der Betreiber ver-sorgt die entsprechenden hochgeladenen Videos mit Werbung. *Google AdSense* wirbt: „Sie fügen einfach ein Code-Snippet auf Ihrer Website ein und Google platziert dann automatisch Anzeigen, die zum Layout Ihrer Website passen." In der alten Neuen Welt erinnert dies an die Plakatwerbung an Hauptstraßen, bei welchen die Landbesitzer Fläche gegen Entgelt zur Verfügung stellen.

Mit solchen Angeboten wird der Nutzer-Produzent zu einer kommerziellen Tätigkeit „verführt". Die Grenzen verschwinden und möglicherweise gibt es eine Rückkopplung an die vormals an sozialem Austausch und Spiel orientierten Internetnutzer. Das Kommerzielle, Entgeltliche schafft sich Raum und ändert unsere gesellschaftlichen Vorstellungen, Freizeit, Spiel und Arbeit verschmelzen.

Da kommerzielle Tätigkeit ab einer gewissen Größe staatlich reglementiert ist, steuerli-che und sozialrechtliche Fragestellungen auftauchen können, kann man in eine Grauzone gelangen.

Zusammenfassend lässt sich sagen, dass die Werbemethoden die alten geblieben sind, aber ans neue Medium angepasst wurden. Mit den analytischen Möglichkeiten und den üppigen Daten ist viel mehr vom alten machbar. Eher neu ist, dass man auch die Konsumen-ten zu Werbeproduzenten oder Partner in der Werbung gemacht und somit eine erhebliche Ausweitung erzielt hat.

Quiz zu Kap. 14

Quiz

Leistungsschau

1. Welche Elemente beschreiben das Kommunikationsmodell?
2. Welche Paare von Empfänger und Sender gibt es?
3. Wieso kommt es zu Fehlern in der Kommunikation?
4. Was sind Fake News?
5. Wie kann man falsche Nachrichten entlarven?
6. Welche Zwecke befriedigen die Sozialen Medien?
7. Nenne ein paar Applikationen, die zu den Sozialen Medien zählen.
8. Welche Gefahren bergen die Medien?
9. Was sollte man beim Hochladen von eigenen Inhalten bedenken?
10. Wie funktioniert Werbung im Internet?

Literatur

Albright, M. (2018). *Faschismus?: eine Warnung*. DuMont.

Frankfurt, H. G. (2005). *On bullshit*. Princeton University Press.

Kruger, J., & Dunning, D. (1999). Unskilled and unaware of it: How difficulties in recognizing one's own incompetence lead to inflated self-assessments. *Journal of Personality and Social Psychology, 77,* 1121–1134.

Paulus, F. W., Ohmann, S., von Gontard, A., & Popow, C. (2018). Internet gaming disorder in children and adolescents: a systematic review. *Developmental Medicine & Child Neurology, 60*(7), 645–659.

Searle, J. R. (1994). *Die Wiederentdeckung des Geistes*. Artemis und Winkler.

v. Bülow, V. (1977). Das Frühstücksei. https://www.youtube.com/watch?v=YcwAuS3MVmM. (Cartoon, Online; abgerufen am 30. Oktober 2018).

Wikipedia. (2022a). Verkaufspsychologie – Wikipedia, die freie Enzyklopädie. (Online; Stand 18. Oktober 2022).

Wikipedia. (2022b). Vier-Seiten-Modell – Wikipedia, Die freie Enzyklopädie. https://de.wikipedia.org/w/index.php?title=Vier-Seiten-Modell&oldid=178238949 (Online; Stand 25. August 2022).

Künstliche Intelligenz

15

Die Künstliche Intelligenz, KI, auf Englisch „Artificial Intelligence", AI, beschäftigt die Wissenschaft und Technik schon seit Langem. Grundlegende Ideen kamen in der Mitte des 20. Jahrhunderts von sehr verschiedenen Disziplinen zusammen. Darunter fallen gemäß Buchanan (2005) etwa Ingenieurwesen und Kybernetik, Biologie (neuronale Netze), Psychologie, Kommunikationswissenschaften, Mathematik (Spiel- und Entscheidungstheorie) und Statistik, Logik und Philosophie und Linguistik.

Die Möglichkeit, Rechenmaschinen zu programmieren, ermöglichte dann das Experimentieren mit dem, was man als Künstliche Intelligenz bezeichnet. Der Test von Alan Turing basiert genau darauf, dass ein Mensch elektronisch zwei Partner, wovon einer menschlich und der andere künstlich ist, befragt und anhand der Antworten klar die zwei richtig klassifizieren kann. Ein Programm ist intelligent, wenn es sich intelligent verhält.

Die Begriffe Robotik, Künstliche Intelligenz und Maschinenlernen werden häufig als sehr ähnliche Begriffe verwendet. Ich hoffe, im Folgenden diese differenziert zu behandeln. Machine Learning ist eine Art Lernen, das natürlich lernfähigen Entitäten eigen ist, wie eben auch Menschen. Lernen und Intelligenz sind sehr nahe verwandt, da sie sich gegenseitig bedingen. Der Roboter, hier in der menschlichen Gestalt des Androiden[1], stellt auch einen Zusammenhang mit dem Menschen her.

Die drei wichtigsten Themen der Künstlichen Intelligenz sind die folgenden, wobei sie sich zum Teil gegenseitig bedingen:

---

[1] Menschenähnlich, von andros (ανδρες) für Menschen auf Griechisch.

© Springer-Verlag GmbH Deutschland, ein Teil von Springer Nature 2023
C. Franzetti, *Essenz der Informatik*,
https://doi.org/10.1007/978-3-662-67154-2_15

1. Wahrnehmung (Erkennen, *perception*),
2. Vorhersage *(prediction)* und
3. Automatisierung *(automation)*.

15.1   Roboter

Definition 29 (Roboter). Ein *Roboter* ist eine technische Apparatur, die üblicherweise dazu dient, dem Menschen mechanische Arbeit abzunehmen. Roboter können sowohl ortsfeste als auch mobile Maschinen sein und werden von Computerprogrammen gesteuert. Ein *humanoider Roboter* ist ein hoch entwickeltes Maschinenwesen, dessen Konstruktion der menschlichen Gestalt nachempfunden ist (Android). In der Informatik werden Computerprogramme, die weitgehend automatisch sich ständig wiederholende Aufgaben abarbeiten, verkürzt als *Bot* bezeichnet.

In dieselbe Kategorie fallen die sogenannten *Exoskelette,* wie sie von den *Iron Man*-Filmen bekannt sind. Eine Person kann das Außenskelett überziehen und bei der Arbeit (schwere Lasten) unterstützt werden; ebenso beim Kampf (körperliche Unterstützung für Soldaten) und bei der Rehabilitation von Rückenmarkverletzten. Es gibt die passive Variante, d. h. ohne Aktuatoren oder Motoren, und die aktive, bei der viele kleine Motoren gesteuert werden, um ein kohärente Bewegung zu unterstützen.

Die Steuerung ist eine typische IT-Anwendung, die mittels Sensoren ein vernünftiges Ausgangssignal erarbeitet.

Roboter können auch als gefährlich empfunden werden. Die Asimov'schen Gesetze, vom Wissenschaftler und Science-Fiction-Autor Isaac Asimov in einer Schrift 1942 thematisiert, lauten (Wikipedia, 2022):

1. Ein Roboter darf kein menschliches Wesen (wissentlich) verletzen oder durch Untätigkeit (wissentlich) zulassen, dass einem menschlichen Wesen Schaden zugefügt wird.
2. Ein Roboter muss den ihm von einem Menschen gegebenen Befehlen gehorchen – es sei denn, ein solcher Befehl würde mit Regel eins kollidieren.
3. Ein Roboter muss seine Existenz beschützen, solange dieser Schutz nicht mit Regel eins oder zwei kollidiert.

Wenn der Mensch solche Maschinen in Umlauf bringt, sollte er sich zum Voraus genau überlegen, wie Roboter sich im Verhältnis zu Menschen verhalten sollen. Dies geschieht durch entsprechende Gesetze. Das US-Militär lässt schon lange Roboter entwickeln, etwa

Abb. 15.1 Kleiner Lernroboter Ozobot (Foto: C. Franzetti). Man kann ihn mit einer Blocksprache programmieren

bei der Firma Boston Dynamics (www.bostondynamics.com). Deren humanoider Roboter Atlas kann einen Rückwärtssalto stehen.

Beispiel 15.1.1 (Odometrie). Die vielen Roboter, wie autonome Staubsauger, müssen das Problem lösen, gleichzeitig zu bestimmen, wo sie sich befinden (Lokalisierung) und einen Entwurf der Umgebung zu erzeugen, in der sie sich befinden (Mapping). Dies ist eine Huhn-oder-Ei-Problematik. Zudem muss der Roboter Wegschätzungen aufgrund seiner Eigenbewegung vornehmen (Odometrie). Zusammenfassend spricht man auf Englisch von *Simultaneous Localization and Mapping*, SLAM. Dass dies kein einfaches Problem darstellt, erkennt man an den Geräten, die *partout* durch die Wand gehen wollen (Abb. 15.1).   △

In der Finanzwelt werden menschliche Berater von Robotern, eigentlich Algorithmen, ersetzt. Diese nennt man *Robo-Advisors*. Kunden mit weniger als einer halben Million EUR werden bei gewissen Instituten nicht mehr persönlich beraten, sondern bekommen Zugang zu den digitalen Beratern. Roboter lesen auch Jahresberichte von Firmen und schreiben vollständige Analyseberichte. Der absolute Star in dieser Domäne heißt Kensho und gehört jetzt nach einem Kauf für 550 Mio. USD der Firma Standard & Poor's.

15.2 Virtual und Augmented Reality

In diesem Abschnitt müssen wir mit einem sprachlichen Monstrum leben lernen, der „realen Realität". Denn die IT macht es möglich, dass ein Kontinuum entsteht von realer Realität, die echte Realität im Sinne von dem, was ist, und der virtuellen, scheinbaren Realität. Der Übergangsbereich ist die „Mixed Reality" oder „Augmented Reality", AR (siehe Abb. 15.2). Dies ist ein ganz spannender Bereich.

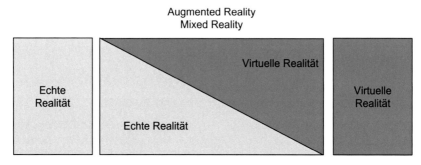

Abb. 15.2 Realität als Kontinuum

Definition 30 (Virtuelle Realität). 1) Die virtuelle Realität, VR, ist die Darstellung und gleichzeitige Wahrnehmung der Wirklichkeit und ihrer physikalischen Eigenschaften in einer in Echtzeit computergenerierten, interaktiven virtuellen Umgebung. 2) VR ist ein Kommunikationskanal, *in* dem sich die Person befindet.

Definition 31 (Augmented Reality). Augmented Reality, AR, zu Deutsch „erweiterte Realität", ist die computergestützte Erweiterung der Realitätswahrnehmung.

Der Mensch besitzt im klassischen Verständnis fünf Sinne der Wahrnehmung:

- Gehör (Ohren),
- Geruch (Nase),
- Geschmack (Zunge),
- Sicht (Augen) und
- Tastsinn (Haut).

Für den normalen Gebrauch von AR und VR werden vor allem zwei Sinne angesprochen, nämlich Sicht und Gehör. Selten wird der Tastsinn über Handschuhe oder Anzüge stimuliert.

Beispiel 15.2.1 (Alltag). Im Fernsehen läuft Fußball. Bei einem Freistoß wird die Distanz mit einem Pfeil zwischen Ball und Tor angegeben. Beim Fachsimpeln der Experten in der Pause werden Spieler beleuchtet und Mitspieler, die den Ball annehmen könnten, blinken. In der Straßenbahn wird die nächste Haltestelle automatisch angesagt aufgrund der gemessenen Position der Bahn.   △

Anwendungen von Augmented Reality findet man in fast allen Branchen und Industrien. Beispielsweise:

- Gaming • Automotive • Fertigung • Logistik
- Tourismus • Architektur • Wissensvermittlung • Medizin
- Marketing • Handel und Vertrieb.

Allerweltsmarken wie IKEA und Lego benutzen oder bieten AR-Applikationen an, um Räume zu möblieren oder zur Konstruktion von Lego-Bauten. Weitere Beispiele sind:

- Virtuelles Anprobieren von Uhren, Brillen und Kleidung als kostengünstige Alternative zu realen Kollektionen (siehe Abb. 15.3).
- Einblenden von Hintergründen und Begebenheiten durch hochwertige Darstellung der historischen Entwicklung von Sehenswürdigkeiten und Gebäuden (siehe Abb. 15.4).
- Outdoorspiele wie Geocashing oder Pokemon GO mit AR-Technologie bringen auch Phlegmatiker wieder in die Natur.
- Optimale Visualisierung von Arbeitsschritten für Fertigungs- und Servicepersonal.
- Einblenden von Daten und Grafiken auf der Windschutzscheibe des Autos.
- Wichtige Informationen zu Paketinhalten (Gewicht, Destination, Besonderheiten etc.) können mittels AR-Apps visualisiert werden.
- Visuelle Hilfestellung mit AR-Darstellungsformen bei chirurgischen Eingriffen senkt die Fehlerquoten.

Abb. 15.3 Video-Anprobe einer Brille, Beispiel (Foto: C. Franzetti). Rechts: Die Sonde Cassini im Zimmer dank der Applikation SpacecraftAR von der NASA. Man kann sich im Raum am Bildschirm um die Sonde bewegen

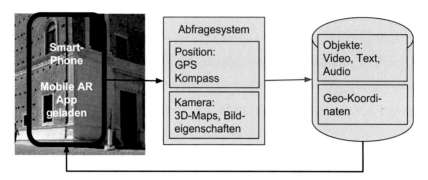

Abb. 15.4 Architektur einer AR-Applikation im Bereich „Cultural Heritage AR-Application"

- Hohe Informationsdichte durch interaktive, animierte Darstellung von geplanten oder bereits existierenden Immobilien als AR-Miniaturmodell.
- Therapie von Angststörungen.

Da die AR gleichzeitig übereinander Realität und virtuelle Inhalte, Informationen wie Bilder und Texte darstellt, geschieht dies meist auf einem Schirm, nämlich als Display oder Brille. *Brillen* gibt es von Sony, Toshiba, Google und Microsoft (Hololens), die aber wegen der aufwendigen Technologie recht teuer sind (vergleiche mit Abb. 15.5).

Als *Display* kommen Smartphones, Tablets, aber auch Windschutzscheiben (Head-up Display, HUD) infrage.

Abb. 15.5 Im Hintergrund frühe Brille mit Hörer-Kombination von 1993 (Walnum, 1993, 137), links einfaches Cardboard mit einsetzbarem Smartphone. Die heutigen Headsets haben schnittigere Designs, sind aber funktional ähnlich. (Foto: C. Franzetti)

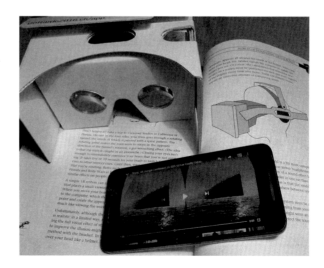

Beispiel 15.2.2 (Tourismus-App). In der Abb. 15.4 ist eine Applikation skizziert, die Touristen Kulturgüter erklärt. Die App erkennt aufgrund der Positionsdaten und der Richtung ein bestimmtes Gebäude und bietet dem Betrachter verschiedene Informationen aus einer Datenbank an, z. B. blendet sie frühere Aussehen als Modell ein, gibt Text oder Audio zur Erläuterung aus etc.   △

15.3   Arten von Künstlicher Intelligenz

Schon die ersten Rechenautomaten haben die Frage nach der Intelligenz aufgeworfen, denn man sprach ja schon vom elektronischen *Gehirn*. Was menschliche Intelligenz ist und wie man sie misst, ist nicht abschließend entscheidbar. Die sogenannten IQ-Tests sind ja ziemlich unbrauchbar, besonders da man trainieren kann. Somit kann Künstliche Intelligenz nur relativ zum Menschen festgelegt werden.

Wie wir schon oben festgestellt haben, sind die Methoden der KI multidisziplinär.

Definition 32 (Künstliche Intelligenz). Künstliche Intelligenz (KI) beschäftigt sich mit Methoden, die es einem Computer ermöglichen, solche Aufgaben zu lösen, die, wenn sie vom Menschen gelöst werden, Intelligenz erfordern.

Dieser Begriff ist also etwas schwammig. Neben der Methode interessiert vor allem die Anwendung. In den 1950er-Jahren wurde von Alan Turing vorgeschlagen, Künstliche Intelligenz dann anzunehmen, wenn ein Mensch in einer Konversation nicht entscheiden kann, ob das Gegenüber ein Mensch oder eine Maschine ist. Nach dieser Vorstellung – wir habe es bereits gesagt – ist etwas intelligent, wenn es sich intelligent *verhält*.

Die Künstliche Intelligenz wird in zwei oder drei Kategorien eingeteilt:

- Schwache KI oder „artificial narrow intelligence",
- starke KI oder „artificial general intelligence" und
- KI-Superintelligenz oder „artificial super intelligence".

Schwache oder *allgemeine KI* bezeichnet Programme, die eine einzelne Aufgabe „intelligent", also ähnlich wie ein Mensch lösen. In dieser Kategorie gehört der Deep Blue von IBM, das Programm, das 1997 den damaligen Schachweltmeister Garri Kasparow geschlagen hat, oder das Programm AlphaGo von Google, das 2016 den weltbesten Go-Spieler Lee Sedol erstmals geschlagen hat. Für spezifische Aufgaben sind Programme in der Lage, Menschen zu übertreffen. Schwache Intelligenz ist schon da.

Starke Künstliche Intelligenz, oder besser generelle KI, meint Programme, Algorithmen oder Maschinen, die sehr viele unterschiedliche Aufgaben, in einer dynamischen Umgebung, intelligent lösen können. Hier würde eine Maschine im Verhalten nicht von einem Menschen unterscheidbar. So weit sind wir noch nicht, aber gewisse Forscher gehen davon aus, dass dies in ein paar wenigen Jahren erreichbar ist. Autonomes Fahren ginge in diese Richtung.

Superintelligenz wäre die Situation, in der die Maschinen den Menschen in vielfältigen intellektuellen Leistungen übertreffen. Dabei würden sich für die Menschheit essenzielle, ja existenzielle Fragen stellen.

15.3.1 Eine bittere Erkenntnis

Die Aufarbeitung von Daten zu Informationen ist im Hinblick auf das Treffen von Entscheidungen sehr wichtig. Allgemein gesprochen werden Entscheidungen auf der Basis von Informationen als fundiert bezeichnet. Es herrscht aber nicht Einigkeit darüber, wie viele Informationen notwendig sind für „optimale" Entscheidungen. Die einen sind überzeugt, mehr Informationen sind grundsätzlich besser, andere sehen in zu viel Informationen eine Gefahr, die Entscheidungsmöglichkeiten einzuschränken. Diese zweite Meinung vertritt meist die Auffassung, dass wichtige Entscheide ohnehin vom Bauch, der Intuition oder mittels Heuristiken getroffen oder zumindest stark beeinflusst werden.

Seit dem verbreiteten Einsatz von Computern geht man in selbstverständlicher Weise davon aus, dass die Computer die vorhandenen Daten zu Informationen verdichten. Dies sieht man in den aufwendigen analytischen Informationssystemen von Unternehmungen. Darauf gestützt ist es dann die obere Leitungsebene, welche die Entscheidungen trifft. Entscheiden ist eine Manifestation der Macht. Etwas herablassend spricht man im Englischen von HiPPo, highest paid person's opinion, der Meinung des Höchstbezahlten. Wer gibt schon gern Macht ab? Abb. 15.6 zeigt diese Situation auf der linken Seite.

Eine überwältigende Anzahl von Studien und psychologischen Experimente zeigt aber, dass der Mensch bei Entscheidungen massiv beeinflusst wird, beispielsweise von Vorurteilen, von zuletzt Empfundenem, von Gruppendruck und allerlei Erwartungen. Bei einem Gerichtsurteil sollte man nicht das Pech haben, dass dieses kurz vor dem Mittagessen entschieden wird oder der Richter von der Niederlage seiner Lieblingsmannschaft erfahren hat.

Abb. 15.6 Die Grenze zwischen Mensch und Maschine. Links die landläufige Meinung, rechts eine möglicherweise realistischere Aufteilung

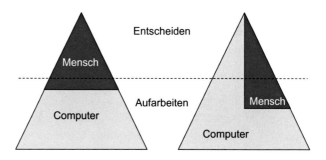

Zum einen gibt es kognitive Verzerrungen (englisch Cognitive Bias), die wohl erforscht sind und denen man ein wenig entgehen kann, wenn man sie in der Entscheidungssituation reflektiert. Zum anderen existiert die *Intuition,* die weniger mit Wissen oder Denken zu tun hat. Sie kann durch einen Hinweisreiz der Situation, der den Zugang zu im Gedächtnis gespeicherten Informationen öffnet, Entscheidungen treffen. Dazu eine Beispiel von Kahneman (2012), dem wohl einflussreichsten Kognitionspsychologen.

Beispiel 15.3.1 (Intuition). Eine Löschmannschaft der Feuerwehr dringt in eine brennende Küche ein. Plötzlich ruft der Zugführer: „Alle raus!" Als alle draußen sind, stürzt der Fußboden ein. Gefragt, wie er wissen konnte, dass der Boden einstürzen würde, antwortet er, dass er es nicht wusste, aber etwas nicht stimmte am Brandort, es sei zu leise und zu heiß gewesen. Es stellte sich heraus, dass der Brandherd im Keller war und die Küche nur später Feuer gefangen hatte.   △

Dass im Gedächtnis relevante Informationen gespeichert sind, ist eben auch für viele Experten nicht garantiert. Häufig wird, dem Beispiel zum Trotz, unbrauchbare Information evoziert, die zu krassen Fehlurteilen führt.

Beispiel 15.3.2 (Personalwahl). Die Personalabteilung einer Division von Google führte traditionell Einstellungsgespräche (McAfee & Brynjolfsson, 2017, 57), also unstrukturierte Fragen wie: „Was sind ihre größten Stärken?" Auswertungen von Leistung im Verhältnis zur Bewertung aus den Interviews fanden eine nicht hinnehmbar tiefe Korrelation. Deshalb wurde auf eine strukturierte Befragung, die für alle Bewerber gleich sein sollte, umgestiegen. Der Experte muss nun die Antworten nach gegebenen Maßstäben bewerten und als Zahlen darstellen. Es hat sich gezeigt, dass die Leistungen mit der Bewertung viel besser zusammenfielen. Ein möglicher Grund ist die bekannte *Bestätigungsverzerrung,* die Neigung, Informationen so auszuwählen und zu interpretieren, dass sie die eigenen Erwartungen erfüllen. Solche Fragen geben dem Interviewer ein gutes Gefühl.   △

Beispiel 15.3.3 (Verlochte Kosten). Menschen, und darunter vor allem Manager, haben bekanntlich die Tendenz, mehr Geld schlechten Projekten hinterher zu werfen, weil sie ja schon beträchtliche Investitionen getätigt haben. Der psychologische Grund dieses in Englisch als „Sunk-Cost-Fallacy" bekannten Phänomens ist nicht ganz klar. Ein Vermögensverwalter, der Psychologie studiert hatte, hat mir mal geraten: „Never fall in love with a stock." Es gibt eine emotionale Verbindung zwischen den schon verlochten Kosten und dem Entscheidungsträger. Neuere psychologische Experimente haben sogar gezeigt, dass diese Erscheinung nicht nur eintritt, wenn man selber die Investitionen getätigt hat, sondern auch, wenn einem ein Projekt anvertraut wird, das schon Kosten verursacht hat.   △

Aufgrund dieser Sachverhalte scheint also die Spezialität des Menschen nicht unbedingt in der Entscheidung zu liegen. Aber wo sonst? Die erste Antwort, die einem in den Sinn kommt, ist die *Kreativität*. Aber auch hier findet man Verzerrungen und Voreingenommenheiten, zumindest in der Technik. Angenommen es soll ein neuer Wärmetauscher entwickelt werden. Die Experten werden darauf angesetzt. Ihr neuer Entwurf wird fast sicher von bestehenden Formen abgeleitet werden. Im Bereich *Generative Gestaltung* gibt es Programme, die mit den Regeln, also den Gesetzen von Strömungsmechanik und Thermodynamik, Baugröße etc. und dem Ziel, größtmögliche Effizienz bei geringem Energieverbrauch, gefüttert werden. Daraus bilden sie Entwürfe, die von den Experten begutachtet werden. Diese ändern möglicherweise die Regeln oder verbessern den Quellcode, sodass ein neuer Entwurf entsteht. Frei gezeichnete Entwürfe werden dann direkt vom 3D-Drucker erstellt. Dies ist nicht Utopie; es findet bereits statt, in der Fahrzeug- und Luftfahrtindustrie, in der Architektur und sogar bei Laufschuhen[2]. Fazit ist, dass die Entwürfe z. T. massiv von bisher gekannten abweichen.

Die bittere Erkenntnis ist also, dass der Mensch erkennen muss, dass er seine intellektuellen Fähigkeiten bei Entscheidungen überschätzt und die der Maschinen unterschätzt. Nur bei einer einigermaßen richtigen Einschätzung wird eine wirkungsvolle Partnerschaft zwischen Mensch und Maschine erfolgreich sein.

15.4 Algorithmen und Machine Learning

Wie in Abb. 15.7 gezeigt, sind die Methoden der Künstlichen Intelligenz vor allem zwei, nämlich das *automatische Folgern* und das *maschinelle Lernen*. Die erste Methode war in der Frühzeit von KI sehr erfolgreich, denn in der Risikosituation, wo nachvollziehbare deterministische Regeln oder bekannte Wahrscheinlichkeiten gelten, kann man gut entsprechende Algorithmen programmieren. Beispiele sind Programme für Brettspiele, etwa Deep Blue für Schach, das den Weltmeister besiegte. Probleme der realen Welt sind aber mit Ungewissheit behaftet, sodass eine andere Klasse von Lösungsalgorithmen verwendet wird. Bei Ungewissheit werden probabilistische Methoden verwendet, die nicht von Experten beraten werden, sondern versuchen, aus den Daten Muster, Cluster und Klassen zu erkennen. Diese Problemstellung liegt bei der Erkennung von Sprache, Bildern und Verhalten vor.

Maschinenlernen lässt sich grob in drei Situationen klassifizieren, nämlich:

1. supervised *(überwacht)*,
2. unsupervised und
3. reinforcement learning („Verstärkungslernen", „Bestärkendes Lernen").

Das Supervised Learning setzt ein Modell voraus, das zur Parameterschätzung mit Daten gefüttert wird und dann Voraussagen machen kann.

---

[2] Man besuche z. B. www.autodesk.com, abgerufen am: 1. November 2018.

Abb. 15.7 Maschinelles
Lernen im Kontext

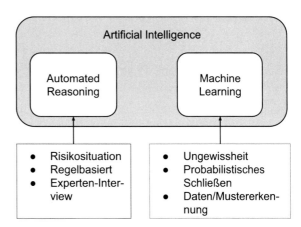

Nichtüberwachtes Lernen wird dort angewendet, wo eine Fülle von kategorisierten Daten vorliegt. Daraus werden Muster gesucht, um beispielsweise Daten nach Ähnlichkeit zu gruppieren.

Verstärktes Lernen setzt auf Versuch und Irrtum (trial and error) mit Belohnungs- und Bestrafungsstrategien, um erfolgreiches Verhalten in komplexen Umgebungen zu erzielen. Meist werden sequenzielle Entscheidungen getroffen, die sich bestens der Umwelt anpassen sollen.

Hinzu kommt noch das Semi-supervised Learning, nämlich in Situationen, in denen ein kleinerer Satz von klassifizierten Daten neben vielen unklassifizierten Datenpunkten vorkommt. Bei medizinischen Daten kann die Klassifizierung sehr aufwendig sein. Deshalb sollen entsprechende Algorithmen aus beiden Datentöpfen lernen.

Ein weiterer Begriff ist „Deep Learning", der für die weiter unten noch zu besprechenden neuronalen Netze verwendet wird. Lernen findet im Allgemeinen in drei Schritten statt, wie es in Abb. 15.8 dargestellt ist. Als Erstes wird eine Problemlösung modelliert und mit dazugehörigen Daten gefüttert. Dann wird trainiert, indem Daten für die Bestimmung von Parametern des Modells verwendet werden. Als Drittes wird sodann die Vorhersage an den restlichen Daten getestet. Es herrscht eine Analogie zum Lernen in der Schule, das eben auch dreistufig erfolgt.

Abb. 15.8 Lernen in zwei
Kontexten

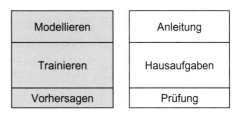

15.4.1 Intelligenz und Lernen

Die häufigsten abstrakten Problemstellungen für die Künstliche Intelligenz sind die folgenden drei, die allerdings eine lange Tradition in den statistischen Methoden der Sozialwissenschaft aufweisen:

1. Klassifizierung,
2. Clustering, d. h. Finden von Klassen, Mustererkennung,
3. Regression.

Bei der *Klassifizierung* versucht man einzelne Proben der richtigen Klasse zuzuordnen. Die Klassen sind bekannt. Beispielsweise erfassen Sensoren einen Gegenstand und ein Rechner soll bestimmen, ob es ein Auto, ein Motorrad etc. ist, oder ein Mikrofon nimmt Sprachfetzen auf und ein Programm soll die Sprache bestimmen.

Das *Clustering* versucht, aus einer großen Datenmenge Muster und Klassen zu bilden. Dabei muss man Zusammenhänge und Unterschiede des Inputs bestens trennen können. Es ist sozusagen der Problemstellung der Klassifikation vorangestellt. Ein affines Problem ist die Reduktion von Klassen oder Merkmalen, die ähnliche Aussagen zulassen.

Das Wort Regression stammt aus der Biostatistik und heißt Zurückschreiten. Die Beobachtung der Verteilung der Körperlängen einer Population zeigt, dass diese sich mit der Zeit nur wenig ändert, obwohl große Eltern größere Kinder haben sollten. Dieser Trend zurück zum Mittelwert wird mit diesem Wort bezeichnet. Dahinter steckt eine Größe, die sich Korrelation nennt. Denn jedes Kind hat eine Tendenz, sowohl den Eltern zu gleichen als auch der Population. Allgemeiner ist Regression die optimale Anpassung einer Funktion von Voraussagen an die Messdaten.

In der Kunst sind Muster allgegenwärtig. Häufig nennt man es aber Stil. Dass ein nicht allzu profunder Kenner der Musik mit recht hoher Wahrscheinlichkeit ihm unbekannte Stücke von Mozart und Beethoven zuordnen kann, ist klar. Worauf beruht aber diese Unterscheidbarkeit? Es sind plakativ gesagt Muster. Sie beziehen sich auf die Verwendung der Instrumente, die Tempi, typische Folgen usw. Dasselbe gilt für die Malerei, Bilder kann man Malern zuordnen, oder genauer Perioden ihrer Malerei.

Nun ist eine Hauptverwendung der KI gerade die Mustererkennung und, in das Gebiet der Künste transponiert, das Erkennen von Stilen.

Beispiel 15.4.1 (Künstliches Bild mit Dell-e-2). In der Abb. 15.9 hat das Programm Dell-e-2 von OpenAI aus Textfragmenten Bilder erstellt. Auf deutsch lautet die Eingabe: Erstelle ein Bild eines rauchenden Pavians im Stile von Cézanne. Das Programm versteht die Elemente Pavian, rauchen und Malstile, die sie vorgängig einzeln gelernt hat und nun zusammenstellen kann. Das Programm kann auch künstliche Fotos herstellen, oder Pixelbilder. Wir zeigen das Resultat von „psychedelische Darstellung einer explodierenden Suppenschüssel"

Abb. 15.9 Durch Sprache erzeugte Bilder. Der eingegebene Text lautet: „a smoking baboon in the style of ...", dann Cézanne, Picasso, Chagall und Rembrandt. Diese Bilder sind bis hierhin vom Autor generierte Unikate

(Abb. 15.10). Der Phantasie sind wenig Grenzen gesetzt. Für die Künstler kann es problematisch sein, wenn man von Software imitiert wird. Solche Muster sind wohl schwer zu schützen.   △

Beispiel 15.4.2 (Künstlicher Text). Mit KI-Lösungen lassen sich, neben Bildern und Musik, auch Texte generieren. Solche Apps sind u. a.: YouWrite, Sassbook, Smodin oder Neuroflash. In der Tab. 15.1 sind zwei Varianten mit verschiedenen Tonalitäten wiedergegeben. Wir haben absichtlich eine Vorgabe gemacht, die den meisten Menschen schwierig erscheint. Die Kennworte lauteten: lange Zeit nicht gesehen, unausgesprochene Liebe. In der Variante „aufgeregt" stimmt die Grammatik besser als bei „förmlich". Als Ausgangspunkt kann man

Abb. 15.10 Dell-E-2 mit den Eingaben „photo Isaak Newton eating an apple", „psychedelic explosion of a soup-bowl" und „a macro 35 mm photograph of two business men with surf board digital art"

die Texte wohl schon nutzen, aber sicher nicht unbesehen weiterverwenden. Man kann die Software immer aufs Glatteis führen. Beispielsweise wird aus Heideggers „das Nichts selbst nichtet" dann „Nichts kann sich selbst zerstören". Es fragt sich, welcher Satz unverständlicher ist. Die zweite Aussage ist sicher falsch.   △

Wie bereits erwähnt, kann man mit KI und seinen Methoden auch *Musik* generieren. Dazu gibt es sogar auch Apps für das Smartphone. Da sich diese Anwendungen auf Papier schlecht darstellen lassen, erwähnen wir nur, ohne Anspruch auf tiefere Kenntnis dieses Marktes, zum selber erkunden, die Anwendungen: Endel, Loudly Music und Flow Machines.

Die erwähnten Beispiele zeigen wieder, dass KI überall dort zur Anwendung kommen kann, wo der Mensch etwas Geistiges schafft. Dank der 3D-Drucker, der additiven Fertigung, ließen sich auch Skulpturen künstlich erschaffen.

Tab. 15.1 Mit KI erzeugter Text nach Maßgabe von Stichworten, d. h. „lange Zeit nicht gesehen, unausgesprochene Liebe" mit zwei Tonalitäten, aufgeregt und förmlich. Zugegebenermaßen, das Thema ist auf Messers Schneide, immer nah am Lächerlichen. Aber so sieht es halt das tiefe Internet oder seine Trainingsstrecke

Liebste, wenn ich dich nach so langer Zeit wiedersehe, kann ich kaum in Worte fassen, was ich fühle. Es ist, als hätte ich ein [sic!] Teil von mir selbst wiederentdeckt. Ein [sic!] Teil, den ich verloren geglaubt habe.(...) Jetzt wo ich dich wiedersehe, spüre ich all die Gefühle, die ich all die Jahre für dich empfunden habe. Gefühle, die ich nie zugegeben habe. Nicht einmal mir selbst. Aber jetzt ist alles anders. Jetzt weiß ich, dass ich dich liebe und dass ich ohne dich nicht mehr leben kann. Ich hoffe, du fühlst auch so und dass wir dieses Mal unsere Chance ergreifen und gemeinsam glücklich werden. Alles Liebe,
Sehr geehrte Damen und Herren [sic!], es freut mich sehr, Sie nach so langer Zeit wiederzusehen. Ich fühle mich, als hätte ich ein [sic!] Teil von mir selbst wiederentdeckt; einen Aspekt, den ich schon verloren glaubte. Ich bin unsicher, ob Sie es auch empfinden aber für mich ist es fast so, als wir nie getrennt worden sind [sic!]. Als könnten wir die Distanz und die Zeit überwundne [sic!] haben um endlich zusammen zu finden. (...)

15.4.2 Interview mit einem Chatbot

Zu Jahresbeginn 2023 hat OpenAI, der Hersteller der oben vorgestellten Dall-E-Applikation (Abb. 15.10), auch seinen Chatbot *ChatGPT* lanciert. Das Echo auch in den breiten Medien war und ist durchschlagend. Es ist ein riesiger Sprung in der Entwicklung von KI, vor allem auch im Bewusstsein des breiten Publikums. Microsoft wird den Bot in seinem Browser einbauen und möglicherweise Google Marktanteile abnehmen. Im Folgenden zeigen wir den Diskussionsverlauf, den wir mit ChatGPT in der Version 13. Februar geführt haben. Wir erinnern an den Turing-Test, der zur Bestimmung von Intelligenz darauf abstützt, ob ein Dialog menschlich sein kann. Und hier die Fragen und Antworten. Diese wurden nicht im Geringsten verändert.

Frage 1: Was ist ChatGPT?

„ChatGPT ist ein großer Sprachmodell, das von OpenAI entwickelt wurde, um menschenähnliche Konversationen mit Benutzern in natürlicher Sprache zu führen. Das ‚GPT' in ChatGPT steht für ‚Generative Pre-trained Transformer', was auf die Technologie hinweist, die verwendet wird, um den Sprachmodell zu trainieren und zu betreiben.

Das Modell ist in der Lage, aufgrund seines Trainings große Mengen an menschlicher Sprache zu verstehen und zu generieren, einschließlich Texten, die online verfügbar sind. Es kann auf verschiedene Weise eingesetzt werden, z. B. um Fragen zu beantworten, Ratschläge zu geben, Unterstützung zu bieten, Unterhaltung zu bieten und vieles mehr. ChatGPT wird von vielen Unternehmen und Organisationen eingesetzt, um menschenähnliche Interaktionen mit Benutzern zu ermöglichen."

Frage 2: Was ist generativ in ChatGPT?

„In ChatGPT steht ‚GPT' für ‚Generative Pre-trained Transformer'. Der Begriff ‚generativ' bezieht sich auf die Fähigkeit des Modells, neue Texte oder Sätze zu generieren, die ähnlich wie die Eingabe sind. Das Modell ist ‚generativ' im Gegensatz zu ‚diskriminativ', was bedeutet, dass es nicht darauf ausgelegt ist, Entscheidungen zwischen verschiedenen Kategorien oder Labels zu treffen, sondern stattdessen in der Lage ist, Texte aus einem bestimmten Kontext heraus zu generieren.

ChatGPT wurde auf der Grundlage eines generativen Modells entwickelt, das als ‚Transformer' bezeichnet wird und darauf ausgelegt ist, natürliche Sprachverarbeitungsaufgaben wie Text-generierung, Übersetzung und Fragebeantwortung zu bewältigen. Das Modell wird zunächst auf großen Datensätzen mit natürlicher Sprache vortrainiert und kann dann auf spezifische Aufgaben feinabgestimmt werden, um präzisere Ergebnisse zu erzielen. Durch die Verwen-dung von generativen Modellen wie ChatGPT können fortgeschrittene Sprachanwendungen wie Chatbots, automatisierte Textgenerierung und Übersetzungsprogramme erstellt werden."

Frage 3: Welche Befürchtungen generiert ChatGPT, stichwortartig?

- „Verbreitung von Fehlinformationen
- Verstärkung von Vorurteilen und Diskriminierung
- Missbrauch durch böswillige Akteure
- Verlust von Arbeitsplätzen"

Etwas ausführlicher aus der langen Antwort:

„Es ist wichtig zu beachten, dass diese Befürchtungen nicht unbedingt von ChatGPT selbst verursacht werden, sondern eher von der Art und Weise, wie das Modell trainiert und einge-setzt wird. Es gibt jedoch Schritte, die unternommen werden können, um diese Bedenken zu minimieren, z. B. die Verwendung von Trainingsdaten, die frei von Vorurteilen und Diskrimi-nierung sind, die Überwachung der Verwendung von ChatGPT durch böswillige Akteure und die Schaffung von Regulierungsmechanismen, um sicherzustellen, dass das Modell sicher und verantwortungsvoll eingesetzt wird."

Regulierung wird hier als positiv dargestellt, was einigermaßen erstaunt. Der Bot gibt also die Meinung der Trainingsquellen wieder und weniger die Meinung des Betreibers.

Frage 4: Welchen Nutzen stiftet ChatGPT, stichwortartig?

- „Unterstützung bei der Beantwortung von Fragen und Problemen
- Bereitstellung von Ratschlägen und Empfehlungen
- Verbesserung der Kundenerfahrung und -kommunikation

- Automatisierung von Kundenservice und Support-Interaktionen
- Entwicklung von personalisierten und maßgeschneiderten Lösungen
- Förderung von Forschung und Entwicklung im Bereich der Künstlichen Intelligenz und des maschinellen Lernens."

Der Nutzen wird sehr eng ausgelegt ohne gesellschaftliche Implikation.

Frage 5: Wer konkurriert mit ChatGPT im KI-Umfeld?

„Es gibt mehrere große Unternehmen und Organisationen, die im Bereich der Künstlichen Intelligenz (KI) und des maschinellen Lernens (ML) tätig sind und auch ähnliche Sprachmodelle wie ChatGPT entwickelt haben. Einige der wichtigsten Wettbewerber von ChatGPT sind:

Google: Das Unternehmen hat verschiedene Sprachmodelle wie BERT und T5 entwickelt, die für Textgenerierung und -verarbeitung eingesetzt werden können.

Microsoft: Microsoft hat das Sprachmodell Turing-NLG entwickelt, das auch in der Lage ist, menschenähnliche Texte zu generieren.

OpenAI: OpenAI, das Unternehmen hinter ChatGPT, hat auch andere Sprachmodelle wie GPT-2 und GPT-3 entwickelt, die ebenfalls menschenähnliche Texte generieren können.

Facebook: Facebook hat das Sprachmodell RoBERTa entwickelt, das für verschiedene Aufgaben im Bereich der natürlichen Sprachverarbeitung eingesetzt werden kann.

Es ist wichtig zu beachten, dass jedes dieser Modelle seine eigenen Stärken und Schwächen hat und für verschiedene Anwendungen und Szenarien geeignet sein kann. Die Wahl eines Sprachmodells hängt von verschiedenen Faktoren ab, einschließlich der spezifischen Anforderungen der Anwendung, der Art der Daten, die verarbeitet werden müssen, und der verfügbaren Ressourcen für das Training und den Einsatz des Modells."

Frage 6: Wie kann man mit solchen Modellen Geld verdienen?

„Es gibt verschiedene Möglichkeiten, wie Unternehmen und Organisationen mit Sprachmodellen wie ChatGPT Geld verdienen können. Hier sind einige Beispiele:

Lizenzierung von Sprachmodellen: Unternehmen wie OpenAI oder Google können Lizenzen für ihre Sprachmodelle an andere Unternehmen und Organisationen verkaufen, die diese Modelle für ihre eigenen Anwendungen nutzen möchten.

Entwicklung von maßgeschneiderten Lösungen: Unternehmen können maßgeschneiderte Lösungen für Kunden entwickeln, die auf Sprachmodellen wie ChatGPT basieren. Diese Lösungen können für verschiedene Anwendungen und Branchen entwickelt werden, wie z. B. Kundensupport, Chatbots, personalisierte Empfehlungen oder automatisierte Textgenerierung.

Erstellung von Datenprodukten: Unternehmen können auch Datenprodukte auf der Grundlage von Sprachmodellen wie ChatGPT erstellen, wie z. B. Datensätze für das Training von ML-Modellen oder Analysetools für Textdaten.

Verkauf von APIs: Unternehmen können auch APIs (Application Programming Interfaces) für ihre Sprachmodelle erstellen und diese an andere Unternehmen oder Entwickler verkaufen, die diese APIs für die Entwicklung von Anwendungen oder Diensten nutzen möchten.

Es ist jedoch wichtig zu beachten, dass die Kommerzialisierung von Sprachmodellen wie ChatGPT auch ethische und regulatorische Fragen aufwirft, insbesondere in Bezug auf die Verbreitung von Fehlinformationen und die Verstärkung von Vorurteilen und Diskriminierung. Unternehmen sollten daher sicherstellen, dass ihre Produkte und Dienstleistungen ethisch vertretbar sind und den Datenschutz und die Sicherheit der Nutzer berücksichtigen."

Diese Antwort ist nicht besonders eindrücklich, aber halt präzise an der Frage ausgerichtet. Nun müsste man nachfragen nach mehr Effizienz, Verbilligung, Arbeitsstellenabbau u.ä. und Substitutionen von Anbietern, z.B. betreffend die Werbeindustrie. Welche neuen Business Modelle entstehen?

Frage 7: Welchen Einfluss hat, oder ist absehbar, ChatGPT auf Schule und Wissenschaft?

„ChatGPT und andere Sprachmodelle haben bereits einen erheblichen Einfluss auf Schule und Wissenschaft. Hier sind einige Beispiele:

Sprachverarbeitung in der Bildung: ChatGPT kann in der Bildung eingesetzt werden, um Schülern zu helfen, ihre Schreibfähigkeiten zu verbessern, indem sie Feedback und Korrekturen zu ihren Texten erhalten. Lehrer können auch Chatbots basierend auf Sprachmodellen wie ChatGPT erstellen, um Schüler bei Fragen oder Aufgaben zu unterstützen.

Forschung und Entwicklung von KI-Systemen: Sprachmodelle wie ChatGPT werden von Forschern und Entwicklern verwendet, um neue KI-Systeme zu erforschen und zu entwickeln, die auf der natürlichen Sprachverarbeitung basieren. Dies kann dazu beitragen, neue Anwendungen und Dienste zu schaffen, die das menschliche Leben verbessern.

Automatisierte Textgenerierung: ChatGPT und andere Sprachmodelle können in der Wissenschaft eingesetzt werden, um automatisch Texte zu generieren, die Forschungsergebnisse, Erkenntnisse und Erklärungen enthalten. Dies kann dazu beitragen, den Prozess der Erstellung von wissenschaftlichen Publikationen zu beschleunigen und zu vereinfachen.

Verständnis menschlicher Sprache: ChatGPT und andere Sprachmodelle können auch dazu beitragen, unser Verständnis von menschlicher Sprache und der Art und Weise, wie wir kommunizieren, zu vertiefen.

Es ist jedoch wichtig zu beachten, dass der Einsatz von Sprachmodellen wie ChatGPT auch ethische Fragen aufwirft, insbesondere in Bezug auf die Verbreitung von Fehlinformationen und die Verstärkung von Vorurteilen und Diskriminierung. Es ist daher wichtig, dass Schule und Wissenschaft sich aktiv mit diesen Fragen auseinandersetzen und sicherstellen, dass ihre Anwendungen und Dienste ethisch vertretbar sind und den Datenschutz und die Sicherheit der Nutzer berücksichtigen."

Die Textgenerierung ist kritisch. Die Schule steht vor der Aufgabe, typische Aufsätze als Übung des Argumentierens, des Abwägens und des Folgerns, zu überdenken und automatische Arbeiten in eine neue Form der Schülerqualifikation zu integrieren. Die Autorschaft für Arbeiten wird unklar. Für die Forschung ist eine lückenlose Nachvollziehbarkeit von Ergebnissen methodische Notwendigkeit. Es reicht nicht, Meinungen aus einem Meer von Aussagen herauszuarbeiten.

Frage 8: Was ist der Sinn des Lebens?

„Die Frage nach dem Sinn des Lebens ist eine der grundlegenden Fragen der menschlichen Existenz und hat viele unterschiedliche Antworten und Perspektiven. Es gibt keine einheitliche Antwort auf diese Frage, da sie von verschiedenen Weltanschauungen, Philosophien und religiösen Überzeugungen beeinflusst wird.

Einige Menschen glauben, dass der Sinn des Lebens darin besteht, persönliches Glück und Erfüllung zu finden, während andere glauben, dass der Sinn des Lebens darin besteht, anderen zu helfen und einen Beitrag zur Gesellschaft zu leisten. Einige sehen den Sinn des Lebens in der Suche nach Wissen und Wahrheit, während andere den Sinn des Lebens in der Spiritualität und dem Glauben an höhere Mächte finden.

Letztendlich hängt die Antwort auf die Frage nach dem Sinn des Lebens von den individuellen Werten, Überzeugungen und Erfahrungen ab. Es ist eine Frage, die jeder Mensch auf seine eigene Weise beantworten muss und die während des gesamten Lebens weiter erforscht und reflektiert werden kann. “

Diese Antwort würde sich in einem Schulaufsatz nicht so schlecht ausnehmen.

Bei einigen Fragen folgt eine Art Warnung oder Haftungsausschluss, eingeleitet durch „es ist wichtig zu beachten ...“ Die Applikation selber weist darauf hin, dass es ethische Probleme geben könnte. Die Frage der Verantwortung ist gänzlich offen. Kann man den Betreiber, den Programmierer oder sonst irgendjemand für Nachteile oder Schäden belangen? Die EU ist daran, Gesetze für KI vorzuschlagen.

Bei diesem Interview ist kein neues Gefühl entstanden, nun mit einer Maschine zu kommunizieren. Man kann sich durchaus fälschlicherweise vorstellen, eine Armee von Heinzelmännchen sei an der Arbeit. Dieser Umstand wird die Einführung solcher Chatbots erheblich erleichtern. Aber gerade diese menschenähnliche Interaktion sollte uns verdutzen und irritieren. Der Mensch ist nicht mehr erkennbar.

15.4.3 KI der Emotionen

Neben Stilen von Künstlern kommt eine Vielzahl von Mustern vor. Beispielsweise verraten unser Gesichtsausdruck, Gestik, Wortwahl, Lautstärke unserer Sprache, Schnelligkeit des Sprechens usw. viel über unsere Gemütslage. Da Schauspieler ja gerade dies vortäuschen können müssen, ist es aber ein schwieriges „Lesen“ der Gefühle.

Künstliche Intelligenz kann trainiert werden, emotionale Muster aus audio-visuellen Daten zu erkennen. Es setzt voraus, dass universelle Muster beim Menschen vorhanden sind. Als Grundemotionen gelten: Angst, Ekel, Glück, Trauer, Überraschung und Wut. Daraus setzen sich weitere Gefühle zusammen.

Wenn man Gefühle lesen kann, ist das für den Menschen ein recht großer Vorteil im Umgang mit Menschen. Es gibt auch Leute, die weder Gefühle zeigen noch lesen können. Das Verheimlichen von Gefühlen gelingt selten, vor allem von starken Emotionen.

Auch diese Kompetenz an die Maschine abzugeben, ist unheimlich und entmenschlichend. Wer Gefühle lesen kann, kann sie dann im nächsten Schritt auch manipulieren. Man ist vielleicht versucht, dem Menschen Produkte und auch Politiker verkaufen zu wollen. Wer interessiert sich aber für solche Anwendungen? Zum einen die allgegenwärtigen Werbetreibenden, z. B. Facebook, zum anderen der Staat, vor allem in den eher tyrannischen Versionen.

Die großen Tech-Firmen leben vor allem von der Werbung. Es birgt ein großes Potenzial, das aktuelle Verhalten der Konsumenten zu monetarisieren. Man hat auch schon vom *Überwachungskapitalismus* gesprochen. Im Jahr 2014 erhielt Facebook ein Patent für „Emotionserkennung", die das Interesse des Nutzers am gezeigten Inhalt misst.

Beispiel 15.4.3 (Automatic Sentiment Analysis). Im Rahmen des EU-Forschungsprogramms Horizon2020 wurde vom Imperial College in London 2016 der Auftrag „Automatic Sentiment Analysis in the Wild", SEWA, ausgeführt. Das Programm führte zu einer Datenbank mit annotierten Gesichtsausdrücken. Sie soll das Studium des automatischen Verhaltens fördern in der Interaktion von Mensch und Maschine (*human-computer-interface*, HCI) und der sogenannten computer-vermittelten Interaktion von Angesicht zu Angesicht (*computermediated face-to-face interaction*, FF-HCI). Mit diesen etwas gestelzten Begriffen ist die Wechselwirkung von Menschen gemeint, die mittels Videokonferenz verbunden sind. Die Abbildung von Gefühlen auf Gesichtsausdrücken ist für realistische Avatare, virtuelle Darstellungen von Menschen, natürlich auch interessant.   △

Jetzt hofft die Neurobiologie, dass die Erkenntnisse anderen Wissenschaftlern dabei helfen, die psychiatrischen Behandlungsmethoden zu verbessern. Menschen mit Depressionen könnte durch die differenzierte Emotionseinteilung künftig gezielter geholfen werden, wenn die Stimmungsschwankungen über Wut und Angst hinaus eingeordnet würden.

15.4.4 Algorithmen und Bionik

Wie schon in Kap. 10 gesagt, ist ein Algorithmus eine eindeutige Handlungsvorschrift zur Lösung eines Problems bestehend aus endlich vielen, wohldefinierten Einzelschritten. Wenn das Problem „Kuchenbacken" heißt, dann ist das Kuchenrezept der passende Algorithmus. Wenn das Problem „Nullstellenbestimmung" heißt, dann löst es die Funktion „rtbis" von Abschn. 10.5 mit dem programmierten Algorithmus. Dieser ist in drei Sprachen implementiert.

Die Bionik befasst sich mit der Übertragung von Mechanismen, die man in der Natur findet, auf die Technik. Ein sehr bekanntes Beispiel sind die Klettverschlüsse, die auf die Klette, eine Pflanze mit haftenden Früchten, zurückgehen. Es gelingt allerdings nicht immer, Prinzipien zu übertragen. So war der Versuch, mit dem Schlagflügel der Vögel zu fliegen, nicht erfolgreich. Ein weiteres Beispiel für von der Natur abgeschaute Metaheuristik, eine

Art Faustregel, ist das Verhalten von Ameisen. Es wird unter anderem am schweren Problem des Handlungsreisenden (Traveling Salesman Problem, TSP) angewendet.

Beispiel 15.4.4 (Ameisenalgorithmus). Ameisen hinterlassen auf ihrem Weg Duftstoffe, die langsam verduften. Von Nest zu Futter folgen sie der stärksten Duftspur. Wenn eine neue Futterquelle gefunden wird und verschiedene Wege möglich sind, wird der kürzeste Weg mit der Zeit den intensivsten Duft aufweisen, weil in einer festen Zeitperiode mehr Ameisen und damit mehr Duftstoffe den Weg beschritten haben. Beim Problem des Handlungsreisenden gilt es, eine bestimmte Anzahl von Ortschaften auf dem kürzesten Weg zu besuchen. Die Simulation sieht vor, einen Haufen Ameisen von beliebigen Ausgangsorten loslaufen zu lassen, alle Orte zu besuchen und wieder an den Ausgangsort zurückzukehren. Dabei steuert die Duftintensität als Wahrscheinlichkeit den einzuschlagenden Pfad.   △

Beispiel 15.4.5 (Königsberger Brückenproblem). Bei Handlungsreisenden werden die zu besuchenden Städte als Knoten abstrahiert und die Wege als Kanten eines Graphen mit den jeweiligen Distanzangaben. Ähnlich verfährt man mit dem Brückenproblem (siehe Abb. 15.11), bei dem gefragt wird: Ist es möglich, alle Brücken nur einmal zu überque-

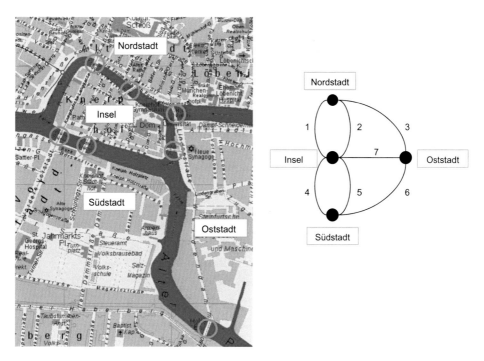

Abb. 15.11 Königsberger Brücken, links aus dem Stadtplan, rechts als Graph abstrakt dargestellt. Die Stadtteile sind Knoten, die Brücken heißen Kanten

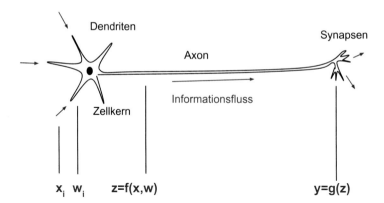

Abb. 15.12 Ein Motoneuron, eine spezielle Nervenzelle, mit Reizleitung und mathematischer Beschreibung. Die Dendriten einer Zelle sind mit den Synapsen einer anderen verbunden

ren und an den Ausgangsort zurückzukehren? Leonhard Euler hat mit dieser Fragestellung ein neues mathematisches Feld eröffnet. Die Antwort lautet nein, denn es darf höchstens zwei Knoten mit einer ungeraden Anzahl verbundener Kanten geben.   △

Da Intelligenz im Hirn entsteht, war es ziemlich offensichtlich, ein Modell desselben für die drei Problemklassen von Abschn. 15.4.1 zu versuchen. Schon in den 1950er-Jahren sind erste Modelle entstanden, in den 1990er-Jahren vermehrt eingesetzt worden und heute stellen sie die Krönung der Künstlichen Intelligenz dar. In der Abb. 15.12 sieht man eine schematische Nervenzelle, die an den vielen Dendriten Information bekommt, sie zusammenfasst, verarbeitet und als Signal an den Synapsen an andere Nervenzellen weitergibt. Bekanntlich ist die Reizleitung von Nerven nicht linear, sondern gehorcht dem Fechner'schen Gesetz. Erst nachdem der Input eine bestimmte Schwelle erreicht hat, wird ein Reiz generiert, der wiederum logarithmisch zunimmt. Im nächsten Abschnitt gehen wir noch vertieft auf die neuronalen Netze ein. Eine weitere Übertragung aus der Natur ist die genetische Weitergabe von Information an die nächste Generation. Die Mechanismen sind Vererbung, Crossing-over und Mutation.

15.4.5 Genetischer Algorithmus*

Die Analogie zwischen Algorithmus und Genetik beziehen sich auf die Veränderung von Genen, insbesondere das Crossing-over und die Mutation. Beim Crossing-over werden Teile von Sequenzen zwischen Chromosomen ausgetauscht, bei der seltenen Mutation werden einzelne Informationsträger verändert.

Für die Algorithmen sind abstrakte Lebewesen, die verschiedene Zustände annehmen und je nach Umweltinput diese ändern und eine Outputgröße erzeugen, die Ausgangslage. Zur Erinnerung: Programme sind im wesentlichen Verarbeitungen von Input zu Output.

Angenommen ein Chromosom hat drei Zustände A, B, C und die In- und Outputgrößen können jeweils 1 oder 0 sein. Damit könnte eine Verarbeitungsregel wie in Abb. 15.13 dargestellt werden. Nun wird dieses Schema in ein Chromosom umgeschrieben, etwa 1B1C0C0B1A0A. Dabei gehören jeweils vier Symbole zu den Zuständen A, B und C, wobei das erste Paar den Output und den neuen Zustand aufgrund des Umweltinputs 0 und das zweite Paar die Systemantwort auf den Input 1 festlegt. Ist das Lebewesen beispielsweise im Zustand C und es wird mit einer 1 gefüttert, dann geht es in den Zustand A über und sendet eine 0 aus. Als Ausgangslage wird eine Population von zehn Lebewesen mit entsprechend zufälligen Chromosomen oder Regeln erzeugt und für jedes ein Anfangszustand, also A, B oder C, festgelegt. Diese Population wird einem Input der Umwelt ausgesetzt. Die Fitness der Lebewesen bestehe nun darin, einen periodischen Input so gut als möglich nachbilden zu können. Dieser sei 10011, 10011, ... Nun wird diese Sequenz hundert Mal gefüttert, dann wird errechnet, wie viele richtige Voraussagen jedes Lebewesen gemacht hat. Die sechs besten überleben, die gestorbenen werden ersetzt. Dabei werden die Chromosomen des Besten und des Zweitbesten jeweils an einer zufälligen Stelle zerschnitten und die entsprechenden Teile ausgetauscht (Abb. 15.14). Dasselbe macht man mit dem Dritt- und dem Viertbesten. Somit entstehen vier neue Lebewesen als Abkömmlinge der Fittesten, welche die verstorbenen ersetzen. Dies ist das Gesetz vom Überleben der Fähigsten nach Charles Darwin.

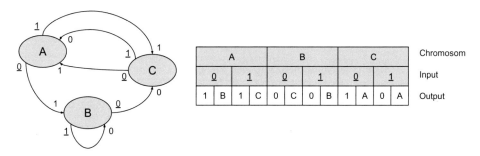

Abb. 15.13 Künstliches Chromosom mit Zuständen, Inputs und Outputs

Abb. 15.14 Crossing-over. An einer beliebigen Stelle wird das Chromosom zerteilt und rekombiniert

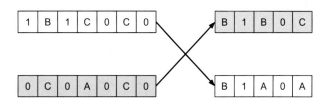

Selektion alleine ist aber nicht ausreichend für die erfolgreiche Evolution, weil nur schon angelegte Eigenschaften weitergegeben werden und sich zu gleichmäßige Populationen herausbilden. Zusätzliche Variabilität erzeugt die Mutation, bei welcher zufällig gemäß vorgegebener Wahrscheinlichkeit ein Gen, entweder Output- oder Zustandsgröße, geändert wird.

Das beste Resultat dieses sehr einfachen Beispiels besitzt das Chromosom `1BOC1A1COA1A`.

Genetische Algorithmen eignen sich für komplexe Optimierungsaufgaben.

15.4.6 Neuronale Netze

Ein häufig auftretendes Problem zeigt die Abb. 15.15, nämlich aus $x_1, x_2, \ldots, x_N$ als Eingabe $y_1, y_2, \ldots, y_M$ als Ausgabe zu bestimmen, sozusagen $\mathbf{x}$ zu $\mathbf{y}$ zu transformieren. Die einfachste Funktion ist $\mathbf{A} \cdot \mathbf{x} + \mathbf{b} = \mathbf{y}$. Falls y die Dimension 1 aufweist, dann gilt: $y = a_1 \cdot x_1 + a_2 \cdot x_2 + \ldots + a_N \cdot x_N + b$. Dies ist eine gewichtete Summe und typisch für Indizes.

Beispiel 15.4.6 (Kredit-Scoring). Ein Kreditinstitut verwendet ein sogenanntes Scoring-Modell zur Einschätzung der Kreditwürdigkeit der Antragsteller. Die Inputgrößen seien: Alter, Anzahl Kinder, Einkommen, Vermögen, liquide Mittel, Lebensversicherung, Länge der Bankbeziehung, Leumund. Einige Angaben sind Ja-Nein-Antworten, die mit 1 oder 0 kodiert sind. Eine Bank besitzt ein Modell von Gewichten a_i, mit der sie die Eingabegrößen gewichtet und zum Gesamtscore zusammenzählt. Je nach Wert wird über den Kredit entschieden.   △

Allzu einfache Modelle geben unbefriedigende Resultate. Deshalb hat man schon in den 1950er-Jahren versucht, mit den sogenannten Neuronalen Netzen komplexere Zusammenhänge zu beschreiben. Heute stellen sie die Königsklasse unter den Methoden der Künstlichen Intelligenz dar.

Abb. 15.15 Generelle Fragestellung als Black Box

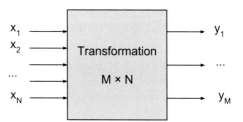

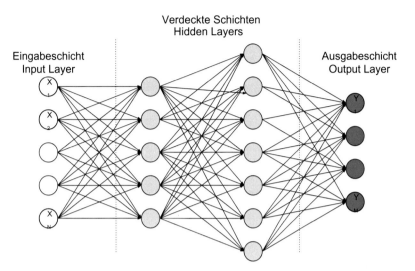

Abb. 15.16 Künstliches Neuronales Netz, engl. Artificial Neural Net, ANN, mit den von links nach rechts leitenden schematischen Neuronen. Die Anzahl verdeckter Schichten ist ein zu wählender Parameter genauso wie die Anzahl Neuronen in diesen Schichten. Rechts erscheint das Resultat als Kategorie oder Wahrscheinlichkeit

Künstliche Neuronale Netze (Artificial Neural Networks, ANN), wie in Abb. 15.16 gezeigt, sind Anordnungen von Neuronen in mindestens drei Schichten, nämlich (1) der Eingabe- und (2) der Ausgabeschicht sowie der dazwischenliegenden (3) verdeckten Schichten *(Hidden Layers)*. Die Eingabeschicht umfasst die Anzahl von Eingabewerten; die Ausgabeschicht die Anzahl von Resultaten. Die Neuronen der verdeckten Schicht funktionieren wie folgt: Den Input bekommen sie von der vorgelagerten Schicht, z. B. der Inputschicht. Besteht diese aus N Knoten, so ist der Input jeweils $x_1, x_2, \ldots, x_N$. Das Neuron rechnet einen Wert z aus, indem es jeden Input mit den variablen Gewichten w_i multipliziert und dann addiert, also $z = w_1 \cdot x_1 + \ldots + w_N \cdot x_n$. In Anlehnung an die Biologie wird der eingehende totale Reiz z zu einem Output verarbeitet. Bekanntlich ist der Reiz nicht linear. Ein Modell geht von einem Zusammenhang gemäß $y = g(z) = c_1 \cdot \log z - c_2$ aus. Es sind einige Funktionen in Gebrauch, die somit Parameter des Modells sind. Abb. 15.17 zeigt die häufigsten sogenannten Aktivierungsfunktionen.

Voraussetzung für den Einsatz eines ANN ist das Vorhandensein von am besten großen Datenbeständen **x**, Input, und **y**, dem zugehörigen Output. Diesen Satz teilt man nun in drei Teile auf: die Trainingsdaten, die Validierungsdaten und die Testdaten, wie es in Abb. 15.8 angedeutet wurde.

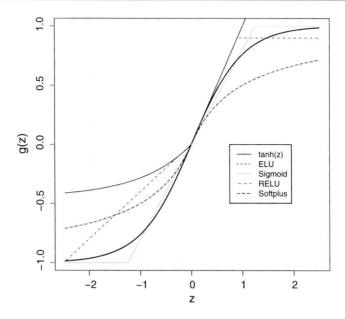

Abb. 15.17 Aktivierungsfunktionen $g(z)$ von Keras, wobei $z = a_1 \cdot x_1 + \ldots + a_n \cdot x_n$ ist. Die x_i sind die Inputs des Neurons und $y = g(z)$ der Output

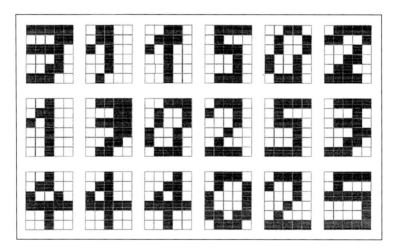

Abb. 15.18 Schriftproben von Zahlen zum Trainieren eines ANN

Die Neuronen der Verdeckten Schichten besitzen pro Eingang (Dendrit) ein Gewicht w_i. Die Gewichte sind so zu wählen, dass der Input des ANN die besten Output-Werte liefert. In einem ersten Schritt wird der Input x eingegeben, das Netz mit den aktuellen Werten liefert einen bestimmten Output y und dieser wird mit dem Sollwert verglichen. Die Abweichung wird nun rückwärts durch das Netz bewegt, um die Gewichte zu verbessern. Dabei verwendet man einen Optimierungsalgorithmus. Man nennt dieses Verfahren *Backpropagation*. Das ist das überwachte Lernen.

Wenn man Abb. 15.16 herzieht und davon ausgeht, dass jede Schicht j N_j Neuronen besitzt, so beläuft sich die Anzahl Gewichte auf $N_1 \cdot N_2 \cdot N_3 \cdot N_4$. Als Konfigurations- oder Metaparameter des Modells kann man die Anzahl Schichten, die Anzahl Neuronen der Schichten, die Aktivierungsfunktionen und die Optimierungskriterien wählen. Weiter kann man auch bestimmen, wie häufig die Backpropagation angewandt wird. Dazu teilt man die Inputdaten in sogenannte Epochen.

Beispiel 15.4.7 (Schrifterkennung). Abb. 15.18 zeigt ein typische Beispiel von Inputdaten für ein ANN, das Zahlen erkennen lernen soll. Die 30 Felder des Inputs werden durchnummeriert und jeweils mit 1 für „überdeckt" und 0 für „leer" bezeichnet. Der Input könnte also für die Nummerierung von links nach rechts und von oben nach unten folgendermaßen aussehen: 11111 00011 11110 00010 00110 11100 und das Resultat 3 produzieren. Das ist ein Paradebeispiel für neuronale Netze.   △

Beispiel 15.4.8 (Körpererkennung). In der Abb. 15.19 erkennt man eine Person, die von einer Videokamera aufgenommen wird und die gewisse biometrische Punkte verfolgt. Das Programm ist in der Lage, Augen, Ohren und Gelenke dynamisch zu erkennen. In China ist der Staat in der Lage, Millionen von Passanten mit solchen Programmen auf der Straße zu bestimmen und zu verfolgen. Auch anhand der Gelenkpunkte und der individuellen Bewegung kann man Personen identifizieren.   △

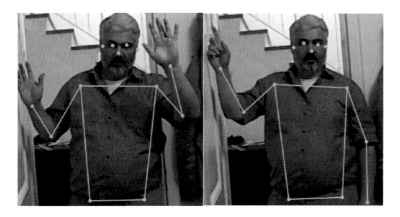

Abb. 15.19 Körpererkennung

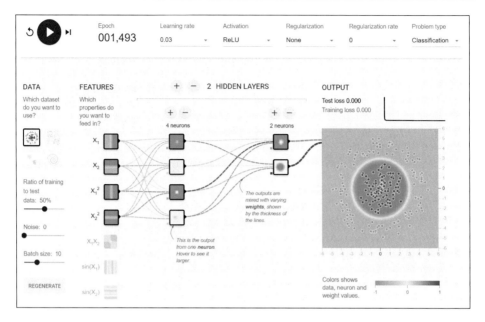

Abb. 15.20 Neuronales Netz zum Probieren. Man findet dieses Bild unter http://playground. tensorflow.org, abgerufen am: 1. November 2018. (©2018, Google, mit Erlaubnis)

Beispiel 15.4.9 (ANN-Spielwiese). In Abb. 15.20 sieht man eine Webseite mit ein paar einfachen Übungsbeispielen. Im Hintergrund läuft das mächtige Framework *Tensorflow/Keras* von Google. Ganz links erkennt man die Inputdaten, gelbe und blaue Punkte. Dann kann man Inputknoten wählen, d. h. die Positionen x_1 und x_2 sowie Funktionen davon. Dann wählt man die Anzahl verdeckter Schichten mit der entsprechenden Anzahl Neuronen. Weiter kann man sich die Aktivierungsfunktion aussuchen und die Anzahl Epochen. Zudem kann die Lernrate gewählt werden, ein Parameter, der entscheidet, wie stark die Soll-Ist-Differenz des Outputs gewichtet wird. Nachdem man das Training abgeschlossen hat, erkennt man an der Strichstärke der Verbindungen, wie wichtig die jeweiligen Synapsen sind. Versuch Dich an diesem Beispiel unter http://playground.tensorflow.org, abgerufen am: 1. November 2018.   △

Im Folgenden findet die Leserin oder der Leser eine kleine Illustration des schon erwähnten Frameworks, diesmal als Paket der Sprache R. Man erkennt die typischen Elemente, die wir erwähnt haben.

```
1   library(keras)
2   model <- keras_model_sequential()
3   model %>%
4     layer_dense(units = 25, activation = 'relu', input_shape = c
         (20)) %>%
5     layer_dropout(rate = 0.2) %>%
6     layer_dense(units = 25, activation = 'relu') %>%
7     layer_dropout(rate = 0.2) %>%
8     layer_dense(units = 20, activation = 'softmax')
9
10  model %>% compile(
11    loss = 'categorical_crossentropy',
12    optimizer = "adam",
13    metrics = c('accuracy'))
14
15  history <- model %>% fit(
16    xtrain, ytrain,
17    epochs = 49, batch_size = 10,
18    validation_split = 0.25)
19
20  model %>% evaluate(xtest, ytest)
21  model %>% predict_classes(xtest)
```

Damit wollen wir zeigen, dass solche Modelle in der Reichweite von vielen Hobby-Programmierern sind.

Die Anwendungen von ANN werden ingenieurmäßig verwendet, d. h. die Metaparameter heuristisch etwas verändert, bis man mit dem Resultat zufrieden ist. Anderseits kennt man das Phänomen des *over-fittings*. Es zeigt sich, dass Programme, die mit allzu vielen Parametern die ganze Vergangenheit bestens erklären können, dann eben gerade bei der Prognose versagen. Die Sparsamkeit von Variablen kann über längere Zeit bessere Vorhersagen bewirken.

15.5 Super-Intelligenz

Bostrom (2016) hat ein viel beachtetes Buch über Superintelligenz geschrieben. Seit der ersten Konferenz über Künstliche Intelligenz im Jahr 1956 haben viele Theoretiker darüber spekuliert, was geschehen würde, wenn eine Maschine eine übermenschliche generelle Intelligenz erreichen würde. Es wäre die letzte Maschine, die der Mensch entwickelt hätte, denn diese könnte noch intelligentere produzieren. Die Frage, die sich stellt, ist dann, wie man eine solche Maschine kontrolliert oder diese dazu bringt, es den Menschen zu verraten.

Wenn man damit rechnet, dass Superintelligenz möglich ist, dann sollte man genügend früh darüber nachdenken, wie man sie im Zaum halten kann. Das Problem ethischen Verhaltens stellt sich ja bereits bei den selbstfahrenden Autos. Andere Verfahren könnten auf die Hemmung der Fähigkeiten abzielen, Maschinen in Sicherheitsverwahrung stellen, automatische Stolperdrähte vorsehen und richtige Anreize gewähren.

Anderseits gibt es Gedankenexperimente zur Intelligenzsteigerung beim Menschen, sei es durch genetische Manipulation oder durch Smart Drugs, auch als Nootropika bezeichnet. In letzter Zeit wurde häufig das Medikament Modafinil hierzu erwähnt. Diese Schiene scheint aber auch nicht gesellschaftlich wünschenswert zu sein.

Ist die Menschheit also in ihrer Existenz bedroht? Sind die KI-Anwendungen schon so weit geschritten, dass sie sich vor den Menschen verbergen können? Ein kategorisches Nein wird niemand wagen können.

Quiz zu Kap. 15

> **Quiz**
>
> Ich sage nicht Intelligenztest.

1. Was ist ein Roboter?
2. Wie unterscheidet sich Virtual Reality (VR) von Augmented Reality (AR)?
3. Nenne vier Anwendungsbereiche von VR.
4. Welche Argumente sprechen gegen den Menschen als alleinigem Entscheider?
5. Welche drei Unterscheidungen von Künstlicher Intelligenz gibt es?
6. Wie stehen Künstliche Intelligenz und Maschinenlernen zueinander?
7. Nenne Beispiele von Algorithmen, die der Natur abgeschaut wurden.
8. Erläutere das Neuron.
9. Was ist ein ANN und woraus besteht es?
10. Was sind die Gefahren der Superintelligenz?

Literatur

Bostrom, N. (2016). *Superintelligenz Szenarien einer kommenden Revolution*. Suhrkamp.
Buchanan, B. G. (2005). A (very) brief history of artificial intelligence. *Ai Magazine, 26*(4), 53.
Kahneman, D. (2012). *Schnelles Denken, langsames Denken*. Siedler.
McAfee, A., & Brynjolfsson, E. (2017). *Machine, platform, crowd: Harnessing our digital future*. W.W. Norton & Company.
Walnum, C. (1993). *Adventures in artificial life*. Que.
Wikipedia. (2022). Robotergesetze – Wikipedia, Die freie Enzyklopädie. Zugegriffen: 24. Aug. 2022.

Virtuelle Welten

Mit Software lassen sich scheinbare, „virtuelle" Welten erschaffen. Die Welt ist vereinfacht Natur und Kultur, die gegenständliche Umwelt und der Mensch in seinen Lebensverhältnissen. Die Unterscheidung zwischen real und virtuell fällt nicht einfach. Wie muss man seine Einlagen bei der Bank taxieren? Diese sind nur als Magnetisierungen im Speicher von Bankcomputern (und vielleicht in einem Sparheft) vorhanden.

Eine Vielzahl von technischen Neuerungen, die wir hier besprechen, hat die Konstruktion von virtuellen Welten ermöglicht. Da die meisten virtuellen Welten mit der realen verschmelzen, kann man sie nicht immer nur isoliert betrachten.

16.1 Blockchain

Dass wir Blockchain hier beim Cloud Computing behandeln, hat den einfachen Grund, dass Blockchain von den Cloudanbietern extrem stark gefördert wird. Sie gehen davon aus, dass Blockchain eine lukratives Geschäftsfeld wird. Thematisch hätte man es auch bei der Verschlüsselung oder bei der Digitalisierung ansiedeln können.

Blockchain ist ein momentan „gehypter" Begriff. Eigentlich benennt er eine recht neue Technologie, die sich aus vielen altbekannten und ein paar neuen Ansätzen zusammenstellt. Bekannt sind:

- Verteilte Daten,
- gelinkte Listen, Hashchain,
- Netzwerke,
- Hashing,

© Springer-Verlag GmbH Deutschland, ein Teil von Springer Nature 2023
C. Franzetti, *Essenz der Informatik*,
https://doi.org/10.1007/978-3-662-67154-2_16

- Verschlüsselung,
- Konsens-Mechanismen.

Die neuartigen Themen betreffen die Erzeugung von Vertrauen. Vor allem zwei Methodiken heben sich hervor:

- Mining und
- Smart Contracts.

Zu den neuen oder noch nicht behandelten Themen wollen wir jetzt noch ein bisschen mehr sagen.

16.1.1 Hashing

Das Hashing hätten wir auch an einem anderen Ort beschreiben können, denn es ist eine Methode, die vielfach und zu unterschiedlichen Zwecken verwendet wird. Die Hashfunktion $H()$ ordnet einer Menge Daten K einen relativ kurzen Schlüssel S zu, der häufig eine vorgegebene Länge haben soll. Also $H : K \rightarrow S$ oder $S = H(K)$. Diese Funktion ist meist nicht eindeutig, d. h., es kann bestimmte S geben, die zu verschiedenen Daten K_1, K_2 gehören. Diese sogenannten Kollisionen kann man beliebig selten machen.

Beispiel 16.1.1 (Hashfunktion). Eine standardisierte Hashfunktion ist SHA256, die wir anwenden wollen. Als Eingabe dient das Dokument, der Text, was immer („Mein Name sei ...") plus der Schlüssel, hier nur kurz und symbolisch „myPublicKey". Die Ausgabe ist der Hashwert mit einer fixen Länge. Wir verwenden die Skriptsprache R.

```
1  library(openssl)
2  > sha256("Mein Name sei Hase", key = "myPublicKey")
3  "cb84655bb4b25078c78cb22ed03494f02e018a38f14546b3\-
      c80465339a765b3e"
4  > sha256("Mein Name sei Hasi", key = "myPublicKey")
5  "47ab35e7fd3d4260afbfacf6a27b5ed8f6280934c7f55aa9\-
      fe72f938b388e22e"
```

Obwohl die Eingabetexte sich nur in einem Buchstaben unterscheiden, sind die Hashwerte völlig unterschiedlich (siehe Abb. 16.1).   △

Abb. 16.1 Hashfunktion als Abbildung. Benachbarte Urbilder, die sich auch nur um ein Bit unterschieden, werden auf ganz unterschiedliche Funktionswerte abgebildet

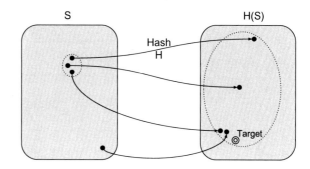

Eine offensichtliche Anwendung ist der Hashwert einer Datei als *Prüfziffer*. Ein Empfänger kann die benutze Hashfunktion auf die eingegangenen Daten anwenden und mit dem mitgelieferten Hashwert vergleichen.

Beispiel 16.1.2 (Zertifikat). Die SSL/TSL-Verschlüsselung von HTTPS identifiziert das verwendete Zertifikat, indem die Zertifizierungsstelle den Hashwert des Zertifikats publiziert. Beispielsweise ist der Hashwert vom Programm SHA-256 erzeugt für die Credit Suisse Group: 26090F65 3D580694 59E05575 C154FC12 EDDFEB98 A918B37E 7F675045 09B5ED80. Bei TSL (Transport Layer Security) schickt beispielsweise der Client automatisch dem Server eine verschlüsselte Zufallszahl, die mit dem öffentlichen Schlüssel des Servers verschlüsselt ist. Mit dem daraus abgeleiteten kryptografischen Schlüssel, werden nun alle Nachrichten der Verbindung mit einem ausgewählten symmetrischen Verfahren verschlüsselt. Der Public Key der CS lautet gemäß Zertifikat: 0412EC59 77FDCB7E 56BC19BC 02B9B12A 79BF9E22 89B6F6F7 34741E8A 2EDDFBBC 0A384CA0 7E8A1CE4 CE725287 22DD5AA7 DC4F84CD 5638A047 A1015F74 4E3273B8A5.   △

Hashfunktionen sind äußerst sensibel auf Veränderung der Eingabewerte. Nur schon die Änderung eines Bits verursacht einen komplett anderen, scheinbar zufälligen Hashwert in einer Datei im GB-Bereich. Dies ist für die kryptografische *Verschlüsselung* von Daten wertvoll, denn man kann aus dem Hashwert nicht die Daten rekonstruieren, resp. eine Änderung einfügen, ohne bemerkt zu werden. Zum Dritten kann man den Hashwert als Adresse für den Dateninhalt verwenden. Im Zusammenhang mit dem Mining werden wir wieder auf die Funktion treffen.

Daten und Dateien können mit einer Kombination von Baum und Hashwerten sicher verpackt werden (siehe Abb. 16.2). Solche Konstrukte werden in Blockchains verwendet.

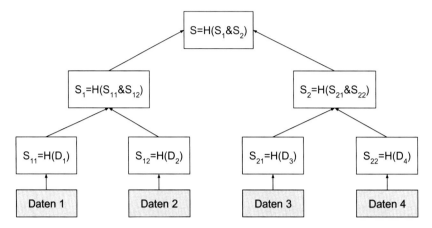

Abb. 16.2 Ein Merkle-Baum oder Hashtree. Die Hashfunktion wird auf die Verkettung der unteren Hashwerte angewendet. Der oberste Wert repräsentiert den ganzen Baum

16.1.2 Konsens und Prüfung

Da in einer verteilten Struktur designmäßig keine zentrale Instanz vorhanden ist, welche die Gültigkeit von im Blockchain verwalteten Transaktionen bestätigt, wird die Bestätigung durch einen Konsens-Mechanismus, einer vereinbarten, sicheren Regel vorgenommen. Dabei haben sich mehrere Mechanismen etabliert. Bei einer privaten Blockchain herrschen andere Regeln als bei einer öffentlichen.

Diese Regeln sind sozusagen der Ersatz für den vertrauenswürdigen Mittelsmann. Dies ist das neue Vertrauen, ohne jemandem zu trauen! Im Folgenden behandeln wir folgende Mechanismen (Abb. 16.3):

- Proof of Work alias Mining,
- Proof of Stake und
- Practical Byzantine Fault Tolerance (PBFT).

Da die Konfigurationen von Blockchain entweder privat oder öffentlich sind hinsichtlich des Zugangs und nur erlaubte oder beliebige Validatoren aufweisen, ist die Vertrauensfrage unterschiedlich zu beantworten. Eine *private-permissioned* Blockchain braucht keine weitgehenden Vertrauensmaßnahmen, resp. einen Proof of Stake. Bei einer öffentlichen Blockchain mit beliebigen Validatoren, z. B. wie bei Bitcoin, braucht es die aufwendigsten Mechanismen (Proof of Work).

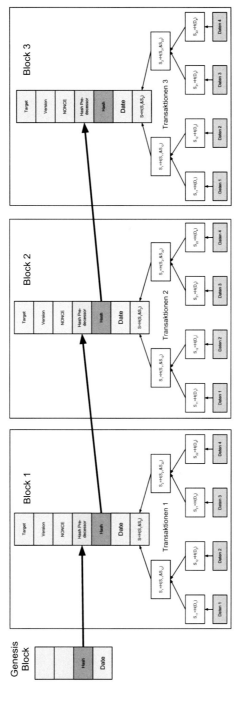

Abb. 16.3 Blockchain als Verkettung von Hashtrees (Abb. 16.2) und verschlüsselten Blockangaben und Referenz auf den Vorgänger

Mining

Beim Proof-of-Work-Verfahren, dem sogenannten Mining, geht es darum, neue Transaktionen in einem Block zu sammeln und diesen an die bestehende Blockchain anzuhängen. Den Anfang der Chain bildet der sogenannte Genesis-Block. Jeder Block enthält neben den gesammelten Transaktionen noch den Hashwert des Vorgängerblocks, einen Zeitstempel und eine „Nonce", eine zufällig gewählte Zeichenkette oder Zahl. Miner iterieren die Nonce und bilden nach jeder Iteration den Hashwert des neuen Blocks. Der Hashwert wird mit einem vom Netzwerk vorgegebenen Schwellenwert, „Target", verglichen (siehe Abb. 16.4). Wenn der Hashwert kleiner als der Schwellenwert ausfällt, dann ist ein Block gültig und wird an die Blockchain angehängt. Der Miner, der den neuen gültigen Hashwert gefunden hat, erhält dafür eine Belohnung. Bei der Kryptowährung Bitcoin sind es 12,5 Bitcoins.

Aufgrund der enorm hohen Rechenkapazität des gesamten Netzwerks gilt die Blockchain als praktisch fälschungssicher. Eine Änderung auch nur eines Bits verändert die ganze Kette.

Das Mining verbraucht Unmengen an Strom, denn eine gültiger Hashwert kann nur mit roher Gewalt errechnet werden. Analysten von Morgan Stanley schätzen, dass allein 2018 rund 130 TWh verbraucht werden, was dem Stromverbrauch von ganz Argentinien entspräche und mehr sei, als die weltweite Elektroautobranche bis 2025 voraussichtlich brauchen

Abb. 16.4 Mining-
Algorithmus als Flowchart

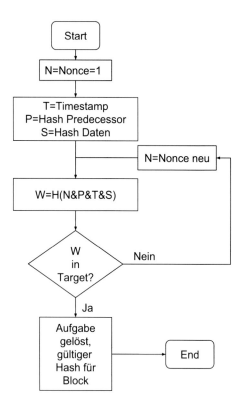

wird. In Island, das wegen seines reichlich vorhandenen Ökostroms aus Erdwärme schon seit Jahren von Bitcoin-Enthusiasten bevölkert wird, beziehen die Miner Medienberichten zufolge bereits mehr Strom als alle Privathaushalte der Insel zusammen.

Mining als Vertrauensmechanismus wird meist bei den Kryptowährungen eingesetzt. Bei Bitcoin ist es die Methode, um Geld zu kreieren. Allerdings hat der mysteriöse Erfinder vor zehn Jahren festgelegt, dass es höchstens 21 Mio. Bitcoins geben soll.

Proof of Stake

Diese Methode basiert auf der Tatsache, dass in einem privaten Blockchain die Beteiligten ein wirtschaftliches Interesse *(Stake)* an der Richtigkeit der Blocks haben. Eine größere Anzahl von Teilnehmern tragen Blocks nach Abstimmung bei. Derjenige darf den nächsten gültigen Block erzeugen, der ausgelost wurde. Dabei wird eine gewichtete Zufallsauswahl eingesetzt, wobei die Gewichte der einzelnen Teilnehmer aus Teilnahmedauer und Stake ermittelt werden. Die Erlöse aus der Transaktion werden unter den Teilnehmern nach ihrem Stake aufgeteilt. Die Vertrauensfrage ist weniger stringent beantwortet.

Hier entscheidet nicht die potenzielle Rechenleistung, sondern der Stake. Damit wird auch keine übermäßige Energie verbraucht.

Practical Byzantine Fault Tolerance*

Beginnen wir mit der Fehlertoleranz, die in technischen Systemen eingehalten wird. Ausgangslage sind mehrere miteinander kommunizierende Komponenten eines Gesamtsystems, die nicht ausfallen, sondern erratische Fehler (die jemand Byzanz zugeschrieben hat) produzieren.

Das Problem wurde zur besseren Illustration in einen neuen Kontext verpackt: Ein Befehlshaber entscheidet darüber, ob eine belagerte Stadt erobert werden soll. Es gibt nur die Handlungen Angriff und Rückzug. Die Aktion ist nur erfolgreich, wenn alle beteiligten Armeen dasselbe tun. Die Kommunikation verläuft vom Befehlshaber zu den Armeegenerälen, die untereinander mittels Läufer kommunizieren können, welchen Befehl sie bekommen haben. Jeder General bekommt also mehrere Informationen, aus denen er die wahre ableitet und danach handelt. Nun gibt es eine unbestimmte Anzahl verräterischer Generäle, die mittels Falschmeldungen die Aktion vereiteln wollen. Wie kann man sicherstellen, dass der Einfluss der Verräter ohne Folgen bleibt?

Ein theoretische Einschränkung ohne Erklärung lautet, dass die Verräter weniger als einen Drittel der Generäle ausmachen müssen; sind es mehr, kann man keine sichere Korrektur anbringen. Allgemein formuliert: Wenn man m Fehler ohne Folgen tolerieren will, so muss man mindestens $3m + 1$ Generäle/Komponenten verwenden.

Beispiel 16.1.3 (PBFT). Wir wollen einen Fehler ausmerzen. Dazu brauchen wir $3 \cdot 1 + 1 = 4$ Komponenten (siehe folgende Abbildung).

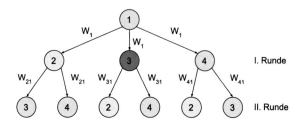

Angenommen die Komponente 3 sei fehlerhaft und sendet 1 anstatt 0. Komponente 2 erhält die Mitteilungen $\{W_1, W_{31}, W_{41}\}$ mit den Inhalten $\{0, 1, 0\}$. Mit der Regel, nimm den häufigsten Wert, resultiert dann eine 0.   △

Mit solchen Algorithmen wird der zu akzeptierende Wert in einer *permissioned* Blockchain erzeugt. Im Konkreten werden die Mitteilungen signiert – entgegen dem einfachen Beispiel –, es ist also bekannt, wer was sendet. Zusätzlich sind weitere Algorithmen im Einsatz, z. B. der Raft consensus algorithm.

16.1.3 Smart Contracts

Smart Contracts sind, meist zivilrechtliche, Verträge, die sich selber, automatisch vollziehen. Das gelingt, weil der Vertrag ein ausführbares Programm ist, das den schriftlichen Vertrag ersetzt. Der Vertrag ist also ein Algorithmus, der sicher und unveränderlich abgelegt sein muss in einer Umgebung, welche die Ausführung des Codes erlaubt.

Ideal sind die Verträge als Regelwerk aufgesetzt, die aufgrund objektiv feststellbarer Fakten eine Handlung vollziehen.

Beispiel 16.1.4 (Versicherung). Wenn das Paket von der Post abgeliefert wird, erfolgt die Zahlungsanweisung. Wenn ein Haus gegen Elementarschäden versichert ist und eine Naturkatastrophe einer bestimmen Schwere eintritt, erfolgt sofort eine Teilentschädigung. Eine Hypothek wird aufgrund bestimmter, nachprüfbarer Tatsachen und Voraussetzungen automatisch erteilt. Fluglinien sollten bei Verspätungen dem Fluggast eine Entschädigung zahlen. Die Flugdaten werden offiziell erfasst und von Tausenden Enthusiasten dokumentiert, sodass einer automatischen Rückzahlung nichts im Wege steht. Die Hürden, die man den rechtmäßigen Parteien aufzwingt, sind allerdings gewollt, um die Entschädigung zu hintertreiben. Im Bereich der Rechteverwertung, also für Lieder, Bilder und Texte etc., könnte man den Benutzer automatisch belasten und den Rechteinhaber vergüten. Heute geschieht dies über sogenannte Verwertungsgesellschaften.   △

Mehrere Smart Contracts können auch verflochten werden, sodass sie sich gegenseitig bedingen oder ausschließen. Eigentlich könnte so ein komplett autonom handelndes, dezentrales

Unternehmen entstehen. Gemäß einer nobelpreiswürdigen Theorie (Ronald Coase) wäre der Unterschied zwischen Markt und Unternehmen hinfällig, wenn es möglich wäre, eine beliebig komplizierte Transaktion zu Beginn durch einen vollständigen Vertrag zu strukturieren.

Der Vorteil solcher Konstrukte ist die Schnelligkeit und der Ausschluss einer beurteilenden Instanz. Noch nicht geklärt sind ein paar wichtige Implikationen. Vereinbart man den Sinn des Vertrages oder den Quellcode desselben? Wer ist also für Programmierfehler verantwortlich?

Ein ähnliches Konstrukt sind Nachweise oder Beweise, die man im Englischen „Token" nennt. Mit der Möglichkeit, unveränderbare Tatsachen in einer Blockchain zu lagern, kann man für Vermögenswerte einen Token erzeugen, der die Eigenschaften des physischen Pendants spiegelt und dem Besitzer zugeordnet wird. Für große Vermögensteile wie Immobilien oder Schiffe gibt es die klassischen Grundbücher und Register. Ähnlich könnte man Schmuck, Bilder, Münzen, Oldtimer usw. „tokenisieren".

Weiter können auch Finanzinstitute Finanzinstrumente auf der Blockchain virtualisieren lassen. Die Emission von Aktien und Obligationen könnte direkt als digitale Token erfolgen, und so dem Emittenten einen Haufen Kosten sparen. Investoren wiederum können diese dann einfach zeichnen und handeln wie an der Börse.

Der Anwendung von Smart Contracts und Token sind keine natürlichen Grenzen gesetzt. Allerdings kommt es fast immer zur Regulierung, sobald der Konsument Gefahren ausgesetzt wird.

Technisch gesprochen muss in der Blockchain Code eingelagert sein, der auch ausgeführt wird. Die Voraussetzungen dafür sind nicht trivial. Programmfehler kann man dann auch nicht mehr aufhalten.

Weiter unten gehen wir auf eine oder zwei typischen Anwendungen der Blockchain ein, nämlich Distributed Ledger und Kryptowährungen.

Obiger Titel ist sehr wahrscheinlich irreführend. Seit ein paar Jahren ist der Begriff „Digitalisierung" in aller Munde, denn er ist bei der Politik angelangt. Was hier aber gemeint ist, würde besser „Digitale Transformation" genannt.

Digitalisierung meint zuerst die Umwandlung von analogen Daten, z. B. auf Papier oder Film, in digitale Formate, damit sie von digitalen technischen Systemen verarbeitet werden können. Dies geschieht laufend und immer systematischer; damit lässt sich kein wirtschaftlich nachhaltiger Vorteil erzielen. Gesetzliche und bürokratische Hürden werden beseitigt. Häufig ist das alte Analogon das papierene Dokument, die Akte, das Formular etc. In diesem engen Sinn bedeutet Digitalisierung den Wechsel zu elektronischen Formaten.

Die *digitale Transformation* hingegen, die fälschlicherweise auch als Digitalisierung im weiten Sinn gemeint ist, erzeugt noch nicht dagewesene Geschäftsmodelle, Organisations- und Arbeitsformen, Produkte und Verfahren. Eine weitere Neuerung ist das Vertrauensbusiness, das durch die Technologie neu organisiert wird. Die Digitalisierung ist eine Voraussetzung für die digitale Transformation.

Der *ad nauseam* verwendete Begriff Digitalisierung durchläuft die für technologische Fortschritte üblichen Lebenszyklen, wie sie in der Abb. 16.5 dargestellt sind. Der Zustand

Abb. 16.5 Typischer Verlauf
einer neuen Technologie,
Paradigmen etc. nach Gartner,
einer IT-Beratungsfirma

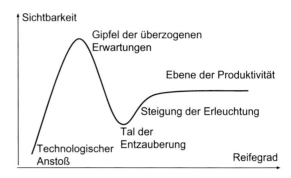

ist der Gipfel der überzogenen Erwartungen. Andere sehen die falschen Erwartungen eher in der zeitlichen Dimension (braucht länger) und in der Wirkung (wird einschneidender als erwartet). Wiederum andere, und zwar sehr viele, können sich noch wenig darunter vorstellen, fühlen sich aber genötigt, spezielle Berater anzuheuern. Schätzungsweise befinden wir uns heute zwischen überzogenen Erwartungen und der Produktivität, denn das Feld ist enorm in die Länge gezogen.

16.1.4 Vertrauens-Business oder „Distributed Ledger"

Sehr viele menschliche, insbesondere geschäftliche, Handlungen oder Transaktionen bedingen Vertrauen. Die Frage danach entsteht dadurch, dass ein Handlungspartner in eine Vorleistung gehen muss. Bei Bargeschäften, wo Zug um Zug, d. h. gleichzeitig, Ware gegen Geld getauscht wird, ist dies nicht der Fall. Aber schon beim Münzeinwurf in einen Automaten weiß ich nicht, ob ich den Schokoriegel bekomme, das Geld zurückkommt oder eben nicht. Überall dort, wo ein Tausch nicht simultan geschieht, entsteht die Vertrauensfrage. Aber auch bei einem Simultangeschäft könnte das Geld gefälscht sein oder die Ware mangelhaft.

Die übliche Lösung dieses Problems sind Intermediäre, Mittelsmänner, die sich kennen und vertrauen. Angenommen A und B wollen eine Transaktion ausführen, trauen sich gegenseitig aber nicht. Ein Mittelsmann Z kennt A und Y, der wiederum B kennt. Aus $A \leftrightarrow B$ wird $A \leftrightarrow Z \leftrightarrow Y \leftrightarrow B$. Im täglichen Leben sind Z und Y meist Banken.

Mittelsleute bedeuten Kosten, sogenannte Friktionskosten des Systems. Mit verteilten Daten oder verteilter Buchhaltung oder Konten („Distributed Ledger") auf vielen unabhängigen Knoten des Webs kann man anonymes Vertrauen schaffen.

In der Abb. 16.6 sind drei Konfigurationen von Konten dargestellt, nämlich:

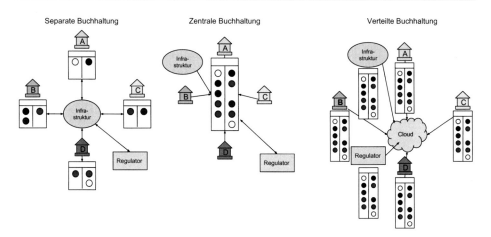

Abb. 16.6 Verteilte Buchhaltung im Vergleich am Beispiel von Banken. Sie bilden eine privates, nichtanonymes („permissioned") Netz. Heute ist die separate Buchhaltung gesetzliche Pflicht für ein Unternehmen

- separate Konten,
- zentrale und
- verteilte.

Es sind hier Banken gezeigt, weil sie reguliert sind, also ein weiterer Player vorkommt, und weil sie bis anhin die Rolle der Vertrauensmakler besetzt hielten.

Die separate Buchführung, wie sie seit Jahrhunderten zur kaufmännischen Praxis gehört, bedingt eine finanzielle Rechnungsführung bestehend aus Bilanz, Gewinn-und-Verlustrechnung sowie Mittelflussrechnung. Die Beziehungen zu den anderen Geschäftspartnern ist in den Büchern zu finden.

Eine zentrale Buchhaltung ist teilweise an Börsen realisiert, wo die teilnehmenden Firmen eine zentrale Gegenpartei vorfinden, die aufgrund einer zentralen Buchführung die gegenseitigen Guthaben und Schulden saldieren, d.h. verrechnen, kann. Dies ist im Konkursfall eines Teilnehmers wichtig, sodass geringere Verluste hervorgehen.

Diese Kontenführung ist ein Paradebeispiel für eine Anwendung der Blockchain. Somit kann man sich den Ledger als ein großes Buch vorstellen, in dem jeder oder nur Berechtigte lesen und schreiben darf, wobei es nicht geändert werden kann und es für alle Ewigkeit unauslöschlich vorliegt.

16.1.5 Kryptowährungen

Kryptowährungen sind private digitale Währungen, die von einem Netz von Peers (Gleichrangigen) erzeugt werden. Der Name verweist auf die Kryptografie als wichtiges Element. Wie alle Währungen, die keine Hinterlegung wie etwa Gold aufweisen, beruht ihr Wert auf einer Konvention der Besitzer, dass sie werthaltig sind und als Zahlungsmittel angenommen werden.

Mit der ersten Kryptowährung Bitcoin wurde auch gleichzeitig die Basistechnologie Blockchain erfunden (siehe Abschn. 16.1).

Um mit der Kryptowährung bezahlen zu können, braucht es ein Konto und eine digitale Brieftasche *(Virtual Wallet)*. Die Kontonummer und Adresse der Brieftasche sind der öffentliche Schlüssel der Besitzerin; sie hält auch den entsprechenden privaten Schlüssel. Der öffentliche Schlüssel ist das Pseudonym der Besitzerin. Jeder Teilnehmer kann mehrere Konten, d. h. Schlüssel, verwenden, um die Verfolgbarkeit zu verringern. Auf das Konto kann man gutschreiben, indem man an speziellen Automaten Geld wechselt, per Kreditkarte oder über einen Broker *(Exchange)* elektronisch aus dem Online-Konto der Hausbank. Natürlich fallen Gebühren an.

Wenn nun John Doe digitales Geld an Jane Roe überweisen will, gibt er einen mit seinem privaten Schlüssel signierten Auftrag auf unter Angabe von Betrag und Kontonummer (öffentlicher Schlüssel) von Jane. Damit wird im Netzwerk eine Transaktion ausgelöst, die auf die Verifizierung in einem neuen Datenblock warten muss. Im Archiv wird festgestellt, ob der Sender über ein entsprechendes Guthaben verfügt. Mitglieder des Netzwerks, Miners, erstellen einen neuen Datenblock, der die Transaktion validiert. Er enthält eine Gebühr, die den Verkehr mit Kleinstbeträgen unterbinden hilft. Der Block wird an alle Mitglieder des Netzwerkes verschickt und an die Kette angehängt. Jetzt ist die Transaktion transparent und sicher gespeichert. Jane bekommt nun das Geld.

Um die Transaktionen stärker zu anonymisieren, werden sogenannte Mixing, Tumbler oder Laundry Services eingeschaltet, die Zahlungen zerstückeln, verzögern oder mit anderen Zahlungen vermischen. Wie das Wort Laundry insinuiert, geht diese Aktivität in Richtung Geldwäsche. Eine Kauftransaktion mit Bitcoin ist in Abb. 16.7 dargestellt.

Der Presse kann man immer wieder neue und wechselnde Zahlen bezüglich der Verwendung von Kryptowährungen entnehmen. Kryptowährung wird zu legalen und illegalen Zahlungen verwendet sowie zur Wertspekulation oder Investition.

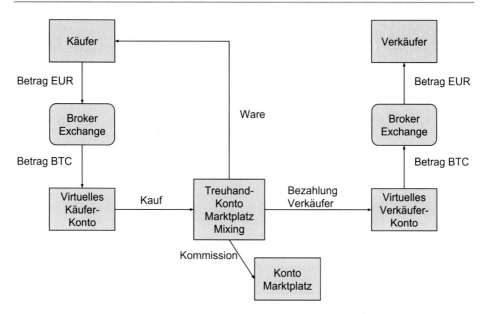

Abb. 16.7 Transaktion mit Bitcoin. Illegale Marktplätze arbeiten wie legale. Der Markt kann helfen, die Transaktion weiter zu anonymisieren

16.2 Gaming

Die Entwicklung von Computerspielen hat zu erheblichen Fortschritten in Hard- und Software geführt. Auch wenn man nicht viel von Spielen hält, muss man dankbar sein für die Seiteneffekte.

16.2.1 Hardware

Der Unterschied zwischen Grafikprozessor und CPU lässt sich am besten anhand der Art und Weise darlegen, wie Aufgaben jeweils verarbeitet werden. Eine CPU besteht aus einigen wenigen Recheneinheiten, die für die serielle Verarbeitung aufeinanderfolgender Daten optimiert sind. In einem Grafikprozessor hingegen steckt eine massiv-parallele Architektur mit Tausenden kleinerer, effizienterer Recheneinheiten, die dafür entwickelt wurden, mehrere Aufgaben gleichzeitig zu übernehmen (siehe Abb. 16.8). Spiele leben, neben der Vernetzung mit anderen Spielern und intelligenten Algorithmen, die eine plausible Story kreieren können, vor allem von der Qualität der Grafik. Denn diese lässt das Gezeigte realistisch oder gar hyperrealistisch erscheinen.

Eine Pionierrolle der Grafik kommt der Firma Silicon Graphics, SG, zu, die in einer Nische mit hocheffizienten Bibliotheken und der Verwendung eines sogenannten RISC-

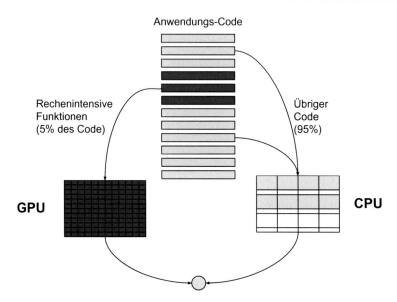

Abb. 16.8 Beschleunigtes Rechnen dank der Grafikkarte. Schematisch erkennt man, dass die GPU über viel mehr Prozessorkerne verfügt als die CPU, hier acht. (Quelle: NVIDIA)

Chips („Restricted Instruction Set Chip") zuerst für Ingenieure nützliche 3D-Darstellungen produzieren konnte und dann den Schritt in die Filmindustrie machte.

Im April 1993 gründete SG zusammen mit *Industrial Light and Magic,* der berühmten Spezialeffekte-Division von Lucasfilm, ein High-Tech-Laboratorium genannt JEDI (Joint Environment for Digital Imaging). Der Flüssigmetall-Cyborg von *Terminator 2,* die Dinosaurier von *Jurassic Park,* Spezialeffekte zu *The Hunt for Red October* und Animationen in *Beauty and the Beast* sind alle mit Silicon-Graphics-Computern erzeugt worden.

Ein steifer Wettbewerb entspann sich dann mit Apple Computer Inc., das QuickDraw 3D einführte, Microsoft Corporation, das SoftImage gekauft hatte, und Steve Jobs, Käufer von Pixar und Partner von Walt Disney Studios *(Toy Story).*

Beispiel 16.2.1 (Flugsimulator). Im vormaligen Labor, für das ich arbeitete, kauften wir um 1990 eine Silicon Graphics IRIS. Darauf war ein phänomenaler Flugsimulator vorinstalliert. Mein damaliger Chef, der dann zur Luftwaffe wechselte, verzweifelte beinahe, weil er den Fighter nur mit einem Looping wieder zur Piste zurückbringen konnte und keine andere Methode fand.   △

Die Spiel- und Filmindustrie hat zur Weiterentwicklung der Rechen-Chips geführt, die wiederum den wissenschaftlichen Simulationen enorm helfen, schnellere und präzisere Antworten zu finden.

16.2.2 Spieleentwicklung

Die Gaming-Industrie ist enorm: im Jahr 2017 hat sie rund 109 Mrd. USD umgesetzt. Dabei werden rund 42 % der Spiele auf dem Smartphone, 27 % auf dem PC und 31 % auf Konsolen gespielt.

Entwickler sind einerseits spezialisierte Firmen, andererseits sogenannte „Indies", also Independents für Unabhängige und Hobbyentwickler.

Unerlässliche Voraussetzung für die Spielherstellung ist die Verwendung einer *Gaming Engine*, die eine Entwicklungsumgebung anbietet. Bekannte Engines sind:

- Unreal,
- Unity,
- Game Maker,
- Godot,
- AppGame Kit,
- Cry Engine und
- Lumberyard von Amazon.

Sie unterscheiden sich erheblich im Umfang und in der Komplexität. Die professionellen Tools, wie Unreal und Unity, bedingen den Einsatz von Programmierung, die wiederum meist aus C++ besteht. Einfachere, für Hobbyentwickler wie Game Maker oder AppGame Kit, bedingen keine Programmierkenntnisse. Viele sind gratis, oder besitzen eine freie, einfache Version. Andere sind kostenfrei, verlangen aber einen Anteil an den Einnahmen. Lumberyard von Amazon bietet eine Cloudanbindung an, die kostenpflichtig ist.

In einem halbwegs realistischen Spiel sind, neben dem Ablauf und der Story, folgende Elemente vorhanden:

- Geometrie und Kollision,
- Materialien und Oberflächen,
- Animation,
- Rendering (Wiedergabe) und Belichtung, Virtual Reality,
- Audio,
- Umgebung (Terrain),
- Dialog,
- Physik,
- Künstliche Intelligenz.

Die meisten Elemente sind selbsterklärend. Kollision ist die Eigenschaft von geometrischen Figuren, dass sie nicht durchdrungen werden können. Eine Spielfigur sollte nicht einfach durch eine Wand laufen, aber durch einen stoffigen Vorhang gehen können. Ein Physikmodul stellt sicher, dass z. B. eine Schwerkraft vorhanden ist, sodass Massen zu Boden fallen oder Geschosse eine Parabel vollführen. Die Newton'schen Bewegungsgesetze sind implementiert, Impulse werden übertragen, semi-elastische Stöße sind nachvollziehbar, Reibung und Bremswirkungen sind vorhanden etc.

Die Künstliche Intelligenz in Form von Algorithmen und Regelwerken ist notwendig, um einen realistischen, willensbegabten Gegenspieler darzustellen. Ein oder mehrere Gegenspieler sollen den Spieler herausfordern, ja ihn gar überraschen. Deshalb muss der Algorithmus über ein ganzes Repertoire von Handlungsmöglichkeiten verfügen. Ähnliches gilt für strategische Spiele, wo der Spielverlauf viele mögliche Pfade einschlagen kann.

16.3 Simulation

Zum einen sind Simulationen höchst rechenintensive Programme zur Lösung von naturwissenschaftlichen Problemen. Im mathematisch-technischen Sinne geht es um die numerische Lösung von sogenannten Systemen von *Differenzialgleichungen.*

Diese stammen aus der Physik, wie etwa die Erhaltungssätze von Masse, Impuls, Drall und Energie samt Stoffgesetzen mit Anwendungen in der Strömungsberechnung, der Wettersimulation, Erdbebenvorhersage etc., oder aus der Quantenchemie, der Molekularbiologie, aber auch aus dem Design von Chips und schließlich der Finanzwelt. Hinzu kommt auch das Knacken von Verschlüsselungen. Die Klimavorhersage ist dann eine noch größere Herausforderung.

„Numerisch" heißt rechnerisch, im Gegensatz zu analytisch, wo mit Bleistift und Papier eine Lösung darstellbar ist. Die meisten Probleme kann man nur numerisch lösen.

Beispiel 16.3.1 (Hermes Raumgleiter). Anfangs der 1990er-Jahre verfolgte die Europäische Raumfahrtagentur ESA ein Projekt für einen Raumgleiter (siehe Abb. 16.9). Mein damaliger Arbeitgeber war über die Mitgliedschaft der Schweiz bei der ESA an strömungsmechanischen Berechnungen beteiligt. Als Forschungsingenieur machte ich Berechnungen der Strömung und der kritischen Aufheizung des Gleiters mit Programmen, die wir mit Marcel Dassault entwickelt hatten. Über eine Standleitung war unser Labor mit der dem Supercomputer der EPFL in Lausanne, einer Cray-1, verbunden (siehe Abb. 16.10). Beim Wiedereintritt („re-entry") in die Atmosphäre ist der Eintrittswinkel von herausragender Bedeutung. Auf einem feinen Gitter, das den Gleiter umhüllt, wurden die Gleichungen der klassischen Erhaltung[1] zusammen mit Arrhenius-Gleichungen für die Ionisierung der Luft als finite Differenzen gerechnet, und zwar implizit und iterativ, bis die Lösung vorlag. Dann wurde der Winkel leicht geändert und fortgefahren. Die Eintrittsgeschwindigkeit kann schon mal Mach 27 erreichen, also weit im Überschall.   △

---

[1] Die Erhaltung von Masse, Impuls, Drall und Energie ist gemeint. Die Impulssätze für Strömungen sind nach Navier-Stokes benannt.

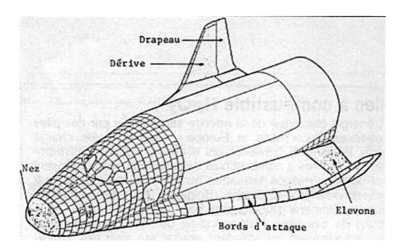

Abb. 16.9 Der geplante Raumgleiter „Hermes" der ESA um 1987. Bild gemeinfrei (Capdevila, 2018)

Abb. 16.10 Die Cray-1 von Lausanne, in den 1980er-Jahren einer der schnellsten Supercomputer mit rund 160 MFLOPS (Wikipedia contributors, 2018). (Photograph by Rama, Wikimedia Commons, Cc-by-sa-2.0-fr)

Beispiel 16.3.2 (Exploration). Die Suche nach Erdöl ist eine computerintensive Angelegenheit geworden. Mit massiven Simulationsberechnungen auf der Basis von relativ wenigen Messungen wird versucht zu berechnen, ob sich bei den Proben Öl- oder Gasfelder befinden („Subsurface Imagining" und „Reservoir simulation"). Deshalb ist es zwar erstaunlich, aber doch plausibel, dass die Ölgesellschaften hohe Rechenkapazitäten vorhalten. Nach einem Artikel des *Wall Street Journal* im April 2018 sind die Leistungen wie folgt vorhanden (Facebook als Referenz):

Firma	Land	Leistung [PFLOPS]
ENI	Italien	18,6
BP	UK	9,0
Total	Frankreich	6,7
Petroleum Geo-Services	USA	5,4
Facebook	USA	4,9

△

Beispiel 16.3.3 (Monte-Carlo-Simulation). Monte-Carlo-Methoden der Simulation versuchen mit statistischen Methoden gewisse Probleme zu lösen. Aus vielen zufälligen Auswertungen wird der Mittelwert als Lösung bestimmt. Hier wollen wir die Fläche einer Kontur – eines Kreises – bestimmen, was auch die Bestimmung der Zahl π umfasst. In einem Quadrat mit der Seitenlänge 2 ist ein Kreis mit Durchmesser 2 eingeschrieben (Abb. 16.11). Es werden N zufällige Paare (x, y) gewürfelt und bestimmt, ob sie im Kreis oder außerhalb liegen. Die Kreisfläche F_K ist dann näherungsweise $N_{innerhalb}/N$. Die Kreiszahl π ist aus $F_K = (\pi \cdot d^2)/4$ dann $\pi = 4 \cdot F_K/d^2$ mit $d = 2$. Im Beispiel mit 1000 Simulationen ergibt sich $\pi \approx 3,16$.   △

Beispiel 16.3.4 (Supercomputing). Institutionen und Unternehmungen wetteifern seit Urzeiten um die schnellsten Rechner. Diese sogenannten Supercomputer (siehe Tab. 16.1) messen sich an bestimmten, für die Technik relevanten Benchmarks. Für Hochschulen ist es ein Forschungsgebiet rund um die Hardware, für gewisse Regierungen ist es eine Prestige-Angelegenheit. Wie auch immer, die Schweiz hat auch jeweils einen Rechner in den obersten

Abb. 16.11 Monte-Carlo-Simulation: Bestimmung des Kreisinhalts. Diese Methode der Flächenbestimmung eignet sich auch für sehr unregelmäßige Konturen

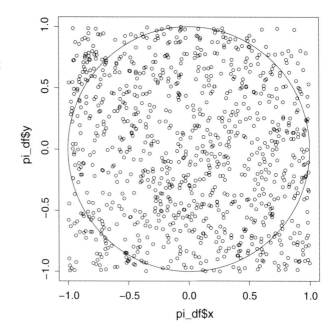

Tab. 16.1 Die schnellsten Computer der Welt, Stand Januar 2018 (Wikipedia, 2018). Anzahl Gleitkommaoperationen pro Sekunde (FLOPS) beim Linpack Benchmark

Rang	PFLOPS	Name	Modell	Ort
1	93,0	Sunway TaihuLight	Sunway MPP	China
2	33,9	Tianhe-2	TH-IVB-FEP	China
3	19,6	Piz Daint	Cray XC50	Schweiz
4	19,1	Gyoukou	ZettaScaler-2.2 HPC	Japan
5	17,6	Titan	Cray XK7	USA
6	17,2	Sequoia	Blue Gene/Q	USA
7	14,1	Trinity	Cray XC40	USA
8	14,0	Cori	Cray XC40	USA
9	13,6	Oakforest-PACS	Fujitsu	Japan
10	10,5	K computer	Fujitsu	Japan

platziert. Augenblicklich es der nach einem Berg benannte Rechner „Piz Daint", der auf Platz 3 einer sehr volatilen Rennliste liegt. △

Wir gehen einen Schritt weiter, von der rechenintensiven Simulation physikalischer Vorgänge zur Simulation der Realität, dem Ähnlichmachen von allem.

16.4 Tokens, NFT

Gemäß Wörterbüchern bezeichnet *Token* auf englisch eine privat geprägte Münze. Im Spiel *Habitat* von 1987 ist es das allgemeine Tausch- und Wertaufbewahrungsmittel, das man Geld nennt. Token sind hier also Privatgeld. Im *Habitat*-Handbuch steht:

> The Token is the currency standard in Habitat. Since you can only hold one object in your hand at one time, a Token object can represent any amount of cash from one Token to whatever. Pointing at a Token and pressing the HELP (F7) key will display its value.

Ein Token ist etwas allgemeiner als Währung oder als Abbild einer Währung zu betrachten. Wir unterscheiden drei Arten von Geld oder Währung, wie in Abb. 16.12 dargestellt. Das Warengeld hat die längste Tradition, von den Römern über die Karolinger bis in die Neuzeit. Münzen waren aus Gold, Silber oder Kupfer. Dann wurde Papiergeld von den Banken ausgegeben („Zettelgeld"), das einen Anspruch auf Tausch mit Gold begründete. Weil die Goldproduktion die Geldmenge bestimmte, musste man diesen Mechanismus aufgeben, denn die Ausweitung der Produktion und des Konsums konnten damit nicht mehr bewältigt werden. Wachstum der Wirtschaft bei konstanter Geldmenge führt zur ungewollten Deflation. Der

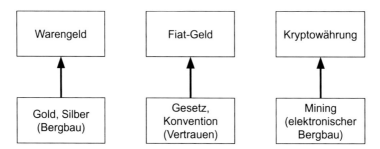

Abb. 16.12 Geldarten und ihre Grundlage. Bergbau und Mining sind irrsinnige, umweltschädigende Tätigkeiten, welche die Preisstabilität nicht garantieren können

Goldpreis in verschiedenen Währungen bestimmte bis in die 70er-Jahre des letzten Jahrhunderts die Wechselkurse. Heute spielen Gold und Silber keine Rolle mehr für die Geldmenge. Geld fußt auf Gesetzen und dem Glauben der Gesellschaft, dass Geld als Tauschmittel gilt. Die Zentralbank ist die Hüterin der Währung; sie hat den Auftrag, unabhängig von der Politik, die Stabilität der Preise zu gewährleisten. Das macht sie über die Geldmenge, die wiederum über die Zinssätze gesteuert wird. Die Zinssätze betreffen alle.

Nun treten die Kryptowährungen auf, deren Menge irrwitzigerweise von der Lösung von kryptografischen Rätseln *(Proof of Work)* abhängt. Diese Lösungen lassen sich nur durch Millionen von beschleunigten Rechnern mit einem horrenden Stromverbrauch finden. Die Geldmenge ist ähnlich irrational begründet wie das Schürfen von Gold in Minen und Bachbetten und hat keinen Zusammenhang mit der Realwirtschaft außer der Kosten für das Mining. Besserung ist, während wir schreiben, in Sicht: Die Plattform Ethereum scheint vom Proof of Work auf das Proof of Stake (siehe Abschn. 16.1.2) umzuschwenken, das fast keine Energie verbraucht.

Die unterschiedlichen Mechanismen der Geldschöpfung haben natürlich einen Einfluss auf die Wechselkurse von Kryptowährung mit echtem Geld. Auf Kryptowährung zu spekulieren, ist ein reines Glücksspiel. Es gibt auch uneigentliche Kryptowährungen, sogenannte *Stablecoins*, die an gesetzliche Währungen fest gebunden sind.

Der Begriff *Fungibilität* stammt aus dem Wirtschaftsrecht und bezeichnet die Eigenschaft, austauschbar zu sein. Das Modell ist die Leihe, das Hingeben eines Dings mit der Auflage, es später wieder zurückzubekommen. Das Ding kann austauschbar sein, wie z. B. eine Geldsumme oder bestimmte Wertpapiere, oder einzigartig, wie etwa ein Ferrari GTO. Bei der Geldsumme kann man nicht darauf bestehen, die Noten mit denselben Nummern zu bekommen; beim Ferrari erwartet man das identische Ding. Somit kann man „non-fungible" mit individuell oder einzigartig gleichsetzen. Ein *Non-fungible Token* ist also eine virtuelle, kryptografische Wertdarstellung (Token) eines einzigartigen physischen oder virtuellen Wertgegenstands, das in einer Blockchain eingetragen ist.

Beispiel 16.4.1 (NFT und Kauf). Man kann sich vorstellen, beim Kauf eines teuren Luxusgegenstands, wie etwa einer Uhr oder eines Designerkleids, auf der Rechnung einen QR-

Code zu haben, mit dem man das Ding in einer Blockchain als NFT registrieren und dann seinen Avatar damit ebenfalls ausstatten kann. Der Kauf ist ein Vertrag, dem man noch einen Smart Contract im Virtuellen anhängen kann. △

Beispiel 16.4.2 (NFT-Smart-Contract). Das folgende Listing zeigt einen (kommentarlosen) Ausschnitt des Smart Contracts auf der Ethereum-Plattform für NFT-Gegenstände. Der Kontrakt ist in der Programmiersprache *Solidity* geschrieben. Wie man unschwer erkennen kann, ist die Form weit weg von den schriftlichen Kontrakten des ordentlichen Vertragsrechts. Gemäß der „Code is Law"-Vorstellung, müssen die Programme fehlerfrei sein. An diesem Beispiel sieht man die Verquickung von Blockchain, Kryptowährung und virtuellem Wertgegenstand NFT. △

```
1  pragma solidity ^0.4.20;
2
3  /// @title ERC-721 Non-Fungible Token Standard
4
5  interface ERC721 /* is ERC165 */ {
6    event Transfer(address indexed _from, address indexed _to,
         uint256 indexed _tokenId);
7    event Approval(address indexed _owner, address indexed _
         approved, uint256 indexed _tokenId);
8    event ApprovalForAll(address indexed _owner, address indexed
         _operator, bool _approved);
9
10   function balanceOf(address _owner) external view returns (
         uint256);
11   function ownerOf(uint256 _tokenId) external view returns (
         address);
12   function safeTransferFrom(address _from, address _to, uint256
         _tokenId, bytes data) external payable;
13   function safeTransferFrom(address _from, address _to, uint256
         _tokenId) external payable;
14   function transferFrom(address _from, address _to, uint256 _
         tokenId) external payable;
15   function approve(address _approved, uint256 _tokenId)
         external payable;
16   function setApprovalForAll(address _operator, bool _approved)
         external;
17   function getApproved(uint256 _tokenId) external view returns
         (address);
18   function isApprovedForAll(address _owner, address _operator)
         external view returns (bool);
19 }
20 interface ERC165 {
21   function supportsInterface(bytes4 interfaceID) external view
         returns (bool);
22 }
```

Währung und Recht, hier bürgerliches oder ziviles, sind hoheitliche Aufgaben. Es entsteht ein virtueller Rechtsraum.

16.5   Dezentrale Autonome Organisationen

Mit der Vorstellung, alles neu und anders machen zu können, für alles eine alternative, virtuelle Darstellung zu erzeugen, ist es natürlich, sich um virtuelle Modelle von Unternehmungen und Organisationen zu bemühen. Die reellen Unternehmungen sind ab einer schon kleinen Größe hierarchisch organisiert. Wenn man deshalb andere Modelle entwerfen möchte, dann ist es naheliegend, autonome und dezentrale Organisationen mit den neuen Mitteln zu erdenken.

Bereits heute werden weltweit über Plattformen wie *Decentraland* oder *Sandbox* virtuelle Werte oder NFTs sowie Dienste mit erheblichem Ausmaß gehandelt. Die Organisation der Plattform hängt stark von der jeweiligen Ausrichtung ab und damit, ob es eine zentrale Betreiberin ist oder eine dezentralen Organisation. Im zweiten Fall sieht man häufig die sogenannte *Dezentrale Autonome Organisation*, DAO, die sich hierarchielos und demokratisch gibt. Jeder Benutzer erhält ein Stimmrecht und kann dann gleichberechtigt über Richtlinien und Grundsätze mitentscheiden. Das Organisationsmodell ist minimal und um die Blockchain mit ihren Smart Contracts herum gebaut.

Aus rechtlicher Sicht ergeben sich einige Probleme mit dem vorherrschenden Recht. Bei wem wollte man eine Klage einreichen, wer ist überhaupt greifbar und auf welches Rechtssystem soll man sich beziehen? Die Fiktion ist natürlich, dass alles wie ein fehlerloser Algorithmus abläuft, sodass gar keine Unstimmigkeiten aufkommen sollten. Benutzer irren wohl auf eigene Gefahr.

Anderseits tolerieren die nationalen Rechtssysteme keine rechtsfreien Räume. Somit ist mit Erweiterungen im Recht zu rechnen.

Mehr ein Geschäftsmodell als eine Organisationsform ist das *Dezentrale Finanzwesen*. Es handelt sich um eine blockchain-basierte Erzeugung von Finanzwerten, also v. a. Krediten, und deren Handel. Die Betreiber sind nicht auf zentrale Finanzdienstleister wie Makler, Börsen oder Banken angewiesen. Sie nutzen Smart Contracts anstelle von Standardverträgen. Das Ausschalten der Mittelsmänner und deren Margen ist ein Hauptpfeiler des Geschäftsmodells. Die Werte sind in Stablecoins bewertet, also mit an echte Währungen geknüpften Kryptowährungen, damit eine reale Finanzierung möglich ist.

Weil das Finanzwesen, auch aufgrund der vielen Krisen, eine der am stärksten regulierten Industrien ist, nutzt DeFi die Umgehung und Einsparung von staatlichen Maßnahmen. Wie lange das toleriert werden kann, hängt wohl vom erreichten Volumen ab.

Beispiel 16.5.1 (Digitales Zentralbankgeld). Um der wichtigen Aufgabe der Preisstabilität nachkommen zu können, müssen die Zentralbanken die Kontrolle über das Geld und die Kreditvergabe behalten. Deshalb überlegen sich Zentralbanken, selber digitales Geld auszugeben, z. B. mittels unverzinslicher Konten von Banken, Finanzinstituten, aber auch Privaten. Damit sind gewisse zentrale Bankgeschäfte gefährdet, wie die Kreditvergabe und das Einlagengeschäft.   △

16.6   Digitale Zwillinge

Digitale Zwillinge, englisch *digital twins,* kann man als Teil, aber nicht nur, der Initiative Industrie 4.0 verstehen. Damit ist auch schon ein Anwendungsfeld bestimmt, die Fertigungs-industrie. Der Name ist Programm: Materielle Dinge werden digital nachgebildet.

Definition 33 (Digitaler Zwilling). Ein Digitaler Zwilling ist eine virtuelle Repräsentation einer Sache, einer Person oder eines Prozesses zum Zweck eines optimierten Geschäftser-gebnisses.

16.6.1 Dinge, Things

Dabei sind zwei Aspekte für Sachen im Fokus:

- Teile, Komponenten, Maschinen und Systeme sowie
- Fertigungsprozesse.

Die Zweckbestimmungen oder Geschäftsergebnisse können dabei u. a. sein:

1. Überwachen von Komponenten und Systemen mit möglichen Eingriffen,
2. vorausschauende Wartung *(Predictive Maintenance)* von Komponenten,
3. Optimierung von Fertigungsprozessen.

Für die meisten Dinge bestehen Konstruktionsunterlagen, Zeichnungen, Stücklisten, Daten-banken, Einsatzpläne usw. Benutzt man zusätzlich noch IoT, also Erhebung von Echtzeit-daten am Objekt, dann ist der Digitale Zwilling nicht sehr weit entfernt. In der Abb. 16.13 ist schematisch ein Zwilling dargestellt. Links erkennt man symbolisch das echte Ding, hier ein Bugrad einer Drohne. Rechts ist der Zwilling, der virtuell die vielen vorhandenen Daten sammelt, sei es zur Beschreibung des Bugrads, sei es zum aktuellen Zustand. Zusätzlich gehören zum Zwilling Informationsaufbereitung und -abfragen sowie Simulationsmöglich-keiten, die häufig mit Modellen der Künstlichen Intelligenz verknüpft sind.

In der Abb. 16.14 ist schematisch dargestellt, wie AWS sein Produkt TwinMaker auf-baut, das den Zwilling aus der Informatik herleitet. IoT und aktuelle Daten zu einem Objekt

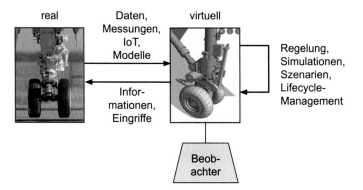

Abb. 16.13 Schematische Darstellung einer realen Komponente, hier ein Bugrad einer Drohne, und ihres Zwillings. Das Bugrad ist eine Komponente des Systems Drohne. Sensoren können den Zustand der Komponente und deren Beanspruchung aufzeichnen und übermitteln, was für die Wartung wichtig ist

sind Voraussetzung ebenso wie die Zielsetzung von Optimierung, Überwachung und vorausschauender Wartung. Der Zwilling benötigt die Datenzugänge, also Konnektoren, dann die physische, physikalische und verhaltensmäßige Darstellung des Objekts und drittens die interaktiven Komponenten von Software für die Regelung und Optimierung des Objekts. AWS hält eine große Palette von Werkzeugen und Strukturen, wie KI und Cloud, bereit, um das Modell umzusetzen. Nicht nur große IT-Anbieter eignen sich für die Konvergenz zum Zwilling. Ein anderer Zugang kommt von der Industrie, die ebenfalls viele benötigte Bauteile schon besitzt. *Siemens* hat die Plattform Xcelerator lanciert, die sie selber nutzt und Dritten anbietet. Ein dritter Zugang existiert für die Anbieter von schnellen Prozessoren und entsprechenden KI-Werkzeugen, wie etwa NVIDIA. NVIDIA und Siemens haben 2022 eine Partnerschaft vereinbart.

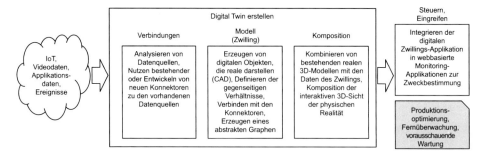

Abb. 16.14 Schema zur Erstellung eines Digitalen Zwillings, nach AWS (Amazon). Für AWS ist dies ein interessanter Produktzweig (AWS IoT TwinMaker), denn Datenspeicherung, Künstliche Intelligenz, Benutzeroberflächen etc. hat es auch im Sortiment

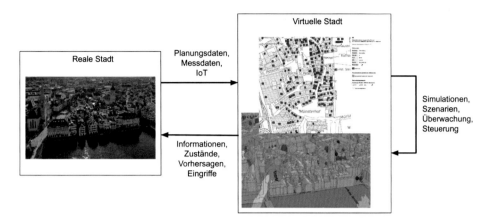

Abb. 16.15 Smart City als Digital Twin. Für die Datenerhebung mittels IoT benötigt man ein stadt-weites Long Range Wide Area Network (LoRaWAN), um wirtschaftlich, energiesparend und schnell Sensoren zu vernetzen

16.6.2 Smart Cities, Regions

Die Gebäudeautomatisierung ist seit doch etlichen Jahren daran, sowohl die Haustechnik und Haushaltsgeräte, wie z. B. Schließsysteme, Lichtquellen, Fenster und Jalousien, Hei-zung, Herd und Backofen, Kühlschrank und Waschmaschine, Überwachungskamera, Rasen-mähroboter, als auch die Komponenten der Unterhaltungselektronik zur zentrale Nutzung von Video- und Audio-Inhalten oder Heimcomputer voran zu treiben. Am besten lässt sich alles, auch von fern, per Smartphone steuern. Ein lokales Netzwerk mit Geräten mit einer IP-Adresse ist meist vorhanden. Ziel ist die Erhöhung von Wohn- und Lebensqualität, Sicher-heit und Verbesserung der Energienutzung. Aber je mehr Elektronik, desto anfälliger auf Hacking. Man sollte doch noch eine Tür mit mechanischem Schloss vorsehen, um nicht draußen bleiben zu müssen. Wohn- und Geschäftshäuser bilden einen Teil von Städten.

Städte und Landschaften sind natürlich auch Dinge, aber wegen ihren Besonderheiten besprechen wir sie separat.

In Abb. 16.15 sehen wir schematisch die Abbildung der Stadt, hier als Foto symbolisiert, mit dem Modell, das aus zwei Teilen zusammengesetzt ist. Unten erkennt man das 3D-Modell der Stadt Zürich[2] sowie einen entsprechenden Ausschnitt aus dem geografischen Informationssystem, immer ungefähr derselbe Ausschnitt.

Beispiel 16.6.1 (Bepflanzung). Städte werden immer wärmer, die Bodenversiegelung und die Baumasse wirken wie Wärmespeicher. Eine Stadt könnte nun mittels gezielter Bepflan-zung und der damit einhergehenden Beschattung und Verdunstung versuchen, die Tempe-raturen zu senken. Immer gilt das Prinzip der Knappheit, sei es finanziell, sei es der mögli-

---

[2] https://web.stzh.ch/appl/3d/zuerichvirtuell

chen Pflanzorte. Somit resultiert ein Optimierungsproblem mit der Zielfunktion maximale Temperatursenkung unter den Restriktionen von Finanzierung und physischen sowie demografischen Gegebenheiten. Dies ist eine Aufgabe, die mittels Digitalem Zwilling und seinen Daten und der Simulationssoftware getestet werden könnte.   △

Die Stadt enthält eine riesige Zahl von Datenquellen. Man denke an die öffentliche Sicherheit und das Rettungswesen, mit Kapazitäten und Standorten von Streifen und Defibrillatoren, die Verkehrsregelung durch Signale, den Zustand des öffentlichen Verkehrs mit Bussen und Straßenbahn, die Kapazität von Spitälern, Zustand von Gas-, Wasser- und Stromversorgung, die Kanalisation, Ansammlungen von Personen, Temperaturen von Plätzen, Regenmengen in Straßen, Katastrophenplänen, Baufortschritte usf. usf. Das Interessante sind natürlich die Verbindungen zwischen den verschiedenen Daten. Für sich genommen sind die Daten ja meist isoliert vorhanden. Das Potenzial für Effizienzsteigerungen und Verbesserung des städtischen Lebens ist riesig, aber auch der für die von Bewohnern durch autokratische Regimes.

Für Regionen gilt Ähnliches. Auf dem Land findet man immer mehr Landwirte, die hochtechnologische Mittel einsetzen, wie Drohnen im Zusammenspiel mit Software, die den Zustand der Fläche erkennen und optimale Wasser-, Dünger- und Schutzmitteleinsätze und Erntezeitpunkte bestimmen sowie Erntevorhersagen machen.

16.6.3 Human Digital Twins

Wie in der Definition schon enthalten, kann man auch Menschen oder Teile davon mit dem Zwillingsmodell betrachten. Die Datenquellen sind mit Sensoren z. B. von intelligenten Uhren, Ringen aus Sport und Gesundheitswesen bekannt, man denke an die ganze Verkablung auf der Intensivstation. Moderne Armeen testen Helme mit biometrischen und physikalischen Sensoren, um online den Zustand des Kämpfers zu kennen. Eine massive Beschleunigung impliziert vielleicht eine Hirnverletzung. Der Mensch kann eine Datenquelle sein. Modelle, wenn auch vereinfacht, existieren als Komponenten, z. B. für das Herz oder die Nieren. Komponenten lassen sich dann zu einem System integrieren. Insulinpumpen könnten vom Zwilling und seiner Überwachungssoftware in Gang gesetzt werden, um den Körper in den Sollbereich zu bringen.

Wie wir noch sehen werden, gleicht die Vorstellung der Datensammlung eines Autos (siehe Beispiel 17.7.1). Die Vorstellung des Menschen als Datenobjekt ist ein wenig unangenehm.

Man vergleiche nun diese ambitionierten Möglichkeiten mit den Vorstellungen der Digitalisierung der Gesundheitsakten, deren wohl erster Schritt, die Umwandlung von papierenen Dokumenten in elektronische Formate, bejubelt wird. Keine KI wird die Behandlung optimieren, Daten der Vorfahren heranziehen und analysieren, vorausschauende Prophylaxe anmahnen, Behandlungskosten minimieren usf. Ähnlichkeit mit der vorausschauenden Wartung von Objekten ist nicht zufällig.

Den menschlichen Digitalen Zwilling nennt man in anderem Kontext Avatar, wie wir noch sehen werden.

16.7 Metaversum

Im Folgenden möchte ich mit *Metaverse* die schon bestehenden virtuellen Welten bezeichnen und den Begriff *Metaversum* für die noch zu bauende neue Welt, das große Projekt, vorbehalten. Dies soll die Klarheit der Darstellung verbessern.

Wir werden sehen, dass sich hier im Metaversum die meisten Entwicklungen von Spielen, Grafik, CAD-Systemen[3], schnellen Ko-Prozessoren, Blockchain, Kryptowährung, NFT, Industrie 4.0, GIS-Systeme[4] und E-Commerce treffen werden.

16.7.1 Geschichte

Snow Crash

Das Universum bezeichnet das All oder alles und somit die Welt. Wörtlich heißt es: in eins gewendet, in eins sein. Im Jahr 1992, also vor mehr als dreißig Jahren, schrieb der Physiker und Science-Fiction-Autor (Stephenson 2021) den Roman *Snow Crash,* worin die scheinbare Welt *Metaverse* erstmals beschrieben ist. Der Name soll etwa nach oder jenseits des Universums bedeuten. Es heißt (Stephenson, 2021, 35) über den Protagonisten des Romans, Hiro:

> Also ist Hiro eigentlich gar nicht hier. Er ist in einem computer-generierten Universum, das ihm sein Rechner auf die Brille malt und in seine Kopfhörer pumpt. Hacker nennen diesen imaginären Ort das Metaverse. Hiro verbringt eine Menge Zeit im Metaverse.

Die *Street* ist die 2^{16} Kilometer lange Hauptstraße auf dem dunklen Planeten. Wie in der Realität wird auch hier ständig gebaut: Gebäude, Parks, Werbetafeln. Sie ist immer grell erleuchtet in dunkler Nacht. Der Street entlang fährt die Monorail, die die Millionen Avatare herumfährt und zu den Destinationen bringt. *Avatar,* erstmals im virtuellen Welt-Spiel *Habitat* der 1980er-Jahre für den Commodore 64 erwähnt, sind menschenähnliche Darsteller in der scheinbaren Realität. Das Wort ist Sanskrit für Reinkarnation. Die Qualität der Avatare, Aussehen, Mimik und Bewegung, hängt von der Rechnerleistung und dem investierten Aufwand ab. Avatare kann man von der Stange kaufen oder detailgetreu bauen oder bauen lassen. Im Metaverse von *Snow Crash* kann man einkaufen gehen, sich in Bars oder

---

[3] Computer-aided design.

[4] Geographical Information Systems, auch Geospatial Information Systems.

Konzerten amüsieren, Kino mit 3D-Filmen besuchen, seinen Arbeitsplatz aufsuchen, an Konferenzen teilnehmen, kurz fast alles verrichten wie im echten Leben. Neben Menschen als Avatare gibt es halbdurchsichtige Daemons, Hilfsfiguren mit eingeschränkter Funktionalität, die einfache Dienste leisten. Der Begriff stammt aus der UNIX-Welt für untergeordnete Hilfsprogramme. Es gibt z. B. einen Bibliothekar, der zur sumerischen Religion forscht oder Totengräber-Daemons, die zerstückelte Avatare entsorgen.

Parzellen und Baubewilligungen sind kostenpflichtig und fließen in einen Fond der Global Multimedia Protocol Group der Association for Computing Machinery, der benutzt wird, um die Soft- und Hardware zu finanzieren, welche für die Erweiterung und Entwicklung der Street notwendig ist. Parzellen im Zentrum sind viel teurer als an der Peripherie, wie in der echten Wirtschaft.

Im Metaverse kann man mit verschiedenen Währungen zahlen. Die Produkte sind meist sogenannte Hypercards, kleine Kärtchen, welche aufgebrochen werden können. Ihnen entsteigen dann alle Arten von Artefakten, wie Dateien, Dokumente, Bilder, Filme oder, virtuelle Darstellungen von Dingen wie eine Wasserstoffbombe.

Im Roman *Snow Crash* geht es nicht hauptsächlich ums Metaversum, sondern um eine Handlung um einen Virus, der sowohl Menschen als auch Rechner infizieren kann und in die Welt gesetzt wird, um die Macht zu ergreifen. Wie in fast allen Zukunftsromanen ist die Welt dereinst dystopisch, aufgeteilt in einen Reststaat, Stadtstaaten und Franchise-Unternehmungen. Über die Beamten schreibt Stephenson (2021, 347):

> Die Feds [Beamten] leben immer noch in Flatland. Kein 3-D-Schnickschnack, keine Metaverse-Brillen, nicht mal Stereosound. (...) Auf dem Desktop öffnen sich Fenster mit kleinen Textdokumenten darin. Alles Teil des neuen Sparprogramms, das sich in Kürze auszahlen wird.

Second Life
Gemäß Wiki (Wikipedia, 2022) ist *Second Life*, SL, „eine von Benutzern gestaltete virtuelle Welt (Metaversum), in der Menschen durch Avatare interagieren, spielen, Handel betreiben und anderweitig kommunizieren können". Es ist seit 2003 verfügbar, bis 2010 nur für über 18-Jährige. Das Spiel oder Medium hat seine besten Zeiten hinter sich. Der große Einbruch wurde auch durch die sozialen Medien wie Facebook herbeigeführt, weil man schneller kommunizieren kann, ohne zuerst die Avatare zu bemühen.

Die Gefahren des Metaverse kann man schon bei Second Life erkennen: virtuelle Welten mit grenzwertigen oder unerwünschten Eigenschaften. Als Beispiel dient die Welt gemäß Gor. Das gesamte Werk mit dem Gegenplaneten *Gor* des Schriftstellers und Philosophie-Professors John Lange, alias John Norman, reflektiert seine Sicht auf das Verhältnis männlicher Dominanz und weiblicher Unterwerfung. Einzelne Bücher wurden wegen Jugendgefährdung auf den Index gesetzt. Man kann Avatare im Gor-Stil zusammenbauen oder -kaufen. Man denkt an Höhlenbewohner, die Frauen an den Haaren herumschleifen. Wenn alles möglich ist, muss man sich über gewisse Auswüchse nicht wundern.

Die Kritik an Second Life betrifft die Abhängigkeit und das Suchtpotenzial, Kriminalität oder fehlende Haftung. Second Life deckt sich sehr weitgehend mit den neu lancierten

Vorstellungen von Zuckerbergs Meta. Das Hauptargument für eine neue Auflage durch Meta ist mehr technisch denn inhaltlich. Obwohl SL im Laufe der Zeit ständig Verbesserungen auch der Grafik vorgenommen hat, muss der Reiz des Neuen her. Anderseits muss Meta ein neues Businessmodell entwerfen, da Facebook und andere Formate nicht mehr gesteigert werden können, ja der Konkurrenz anheim fallen.

Roblox und Minecraft sind Online-Spieleplattformen, auf der Nutzer eigene Computerspiele oder Welten erstellen und mit anderen Nutzern spielen können. Zielpublikum sind vor allem Kinder. Diese sehr populären Plattformen überdecken ebenfalls viele Eigenschaften, die mit dem Metaversum in Verbindung gebracht werden. Da heute schon viele (ehemalige) Spieler aus dem Kindesalter herausgewachsen sind, gibt es eine sich vergrößernde Schicht von Personen, die mit solchen Welten, und deshalb auch mit einem künftigen Metaversum, vertraut sind.

Metaverse Roadmap

Im Jahr 2009 wurde eine Studie als Weg zum Metaversum erstellt. Die Voraussage war, dass vier Felder besondere Beachtung finden würden, nämlich:

- Virtual Worlds,
- Mirror Worlds,
- Augmented Reality,
- Lifelogging.

Mirror Worlds sind als Digitale Zwillinge zu verstehen. Der vierte Punkt, das Aufzeichnen der Lebensverhältnisse von Objekten oder Personen hat nicht dieselbe Aufmerksamkeit erreicht wie die vorangehenden drei Punkte. Google kann die Bewegungen von Abonnenten speichern und als Monatsreports taggenau darstellen. Das Metaversum wurde als Verschmelzung der Computerspiele mit dem Web 2.0 verstanden.

Beispiel 16.7.1 In der FAZ vom 26.07.2022 konnte man lesen: „Die Anwälte von Gleiss Lutz zieht es ins Metaverse". Die Kanzlei umfasst rund 350 Anwälte; sie vertrat VW im Abgasskandal. Der Gang ins Metaverse ist offenkundig kein bloßes Marketing. Die Kanzlei vertritt und berät Unternehmen zu den rechtlichen Aspekten einer virtuellen Präsenz. Metaverse bedeutet hier Decentraland, eine DAO mit entsprechender Foundation mit Sitz in Kalifornien und rund 16 Mitarbeitern. Der Landkauf für die Geschäftsstelle wurde mit Smart Contract auf der Blockchain von Ethereum besiegelt. Meta (früher Facebook) sei ein Kunde. Ihr Metaverse ist aber Horizon Worlds. In den Nutzungsbestimmungen heißt es zu Risiken: „The Foundation, MANA [Token, Währung], LAND [Token] and ETH [Ethereum-Blockchain] could be impacted by one or more regulatory inquiries or regulatory action, which could impede or limit your ability to access or use the Tools or Ethereum blockchain." Zu Decentraland hat man nur mit einem Konto Zutritt (Abb. 16.16).   △

Abb. 16.16 Ein
Ad-hoc-Avatar vor einem auch
realen Dienstleister in
Decentraland. Die Welt ist ein
bisschen cartoonmäßig. Ein
Besuch funktioniert am besten,
wenn man einen
Grafik-Prozessor besitzt, also
eher eine Gamer-Maschine als
ein Büromodell

Heute und die Zukunft

Sehr viele Unternehmen behaupten, für das Metaversum bereit zu sein oder schon Metaverses anzubieten. Die bestehenden Angebote sind bestenfalls Stückwerk und sicher nicht vereinbar mit der Forderung, das nächste Internet zu sein. Da es nur ein Internet gibt, sollte es auch nur ein Metaversum geben.

In der folgenden Abb. 16.17 zeichnen wir die Inhalte und Teile auf, die sicher ins Metaversum Einzug halten werden. Einige notwendige Voraussetzungen fehlen. Die meisten Firmen versuchen noch, ihren Anteil am Geschäftsvolumen zu steigern, indem sie geschlossene, nicht interoperable Systeme anbieten. Diese Grundhaltung ist ein riesiges Hemmnis für die Entwicklung des einen Metaversums.

Was nicht thematisiert wird, ist der Zweck und das Ziel. Während bei Projekten wie der Apollo-Mission das Ziel einfach und verständlich war, nämlich auf den Mond zu kommen (und die Sowjets in die Schranken zu verweisen), ist die Verwendung von Innovation meist völlig falsch eingeschätzt. Schon das Telefon wurde ganz anders verwendet, als man sich das vorstellte. IBM war lange überzeugt, dass es nicht mehr als 18 Computer weltweit brauchte. Bei der Einführung der Computertomografen dachte man in der Schweiz, es brauche höchstens sechs davon. Ich schätze, dass es heute rund 30 nur schon in Zürich gibt und in Schweizer Spitälern über 200. Das Internet, Vorbild für das Metaversum, wurde auch nicht nach irgendeiner Blaupause entwickelt; es hat sich selber entwickelt.

Weil die Menschheit, bis auf ein paar Science-Fiction-Autoren, so schlecht darin ist, die Folgen der Innovation abzuschätzen, ist es nicht klug zu versuchen, das Metaversum auf ein Ziel hin zu entwickeln. Das macht es der Kommunikation aber schwer, das Konzept

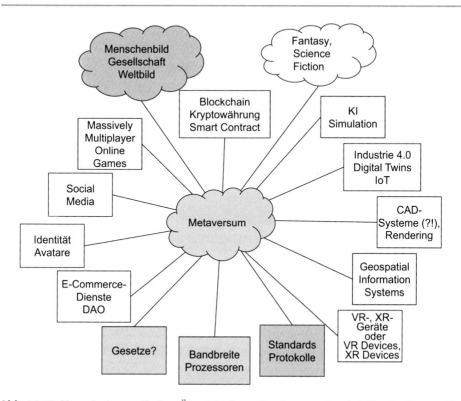

Abb. 16.17 Versuch einer grafischen Übersicht der vorhandenen und noch fehlenden Zutaten des Metaversums

Metaversum zu vermitteln. Wenn Firmenchefs von großen Social-Media-Konzernen darüber referieren, dann hört sich das ganze als wirres Geschwurbel an. Es nützt nicht zu behaupten, wir wollen die Welt besser machen – mit dem unausgesprochenen Nachsatz – um noch mehr Geld zu verdienen.

Die Voraussetzung für die Entwicklung des Metaversums sind offene Standards, welche die *Interoperabilität* gewährleisten. Damit ist gemeint, dass unabhängige, heterogene Systeme nahtlos zusammenwirken können. Ein Avatar als Darstellung einer Person sollte in allen Subwelten benutzbar sein, also in Fortnite oder Minecraft, Vermögenswerte dieser Person sollten überall aus allen Blockchains darstellbar sein, oder ein NFT-Kunstwerk sollte man überall sehen können, nur als Beispiele.

Das Metaversum wird ein *immersives* Interface haben, d. h., der Benutzer wird stärker, mit mehr Sinnen und reicherer Gestik und Körperbewegung teilnehmen. Dazu dienen die speziellen Brillen, Hand-Controller, VR-Tracker und Ganzkörper-Body-Suits. Die Darstellung wird vermehrt in 3D stattfinden. Man wird höchstwahrscheinlich *im* Metaversum sein, wogegen man heute eher *am* Internet ist.

Tab. 16.2 Größte Anteile an verschiedenen Metaverse-Aktienfonds. Durchschnitt aus sieben Angeboten. Etwas fünf Namen kommen überall in den Top-Ten vor

Durchschnitt		Beispielfonds	
Rang	Firma	Rang	Firma
1	Apple	1	Unity
2	Roblox	2	Snap
3	NVIDIA	3	Apple
4	Unity	4	Meta
5	Meta	5	Roblox
6	Alphabet	6	NVIDIA
7	Coinbase	7	PTC
8	Amazon		Global-E
9	Microsoft	9	Trade Desk
10	Tencent	10	Cloudflare

Die Einschätzung der Börsianer, die in das Thema Metaverse investieren, können wir an der Zusammensetzung von thematischen ETFs, gehandelte Aktienfonds, ermessen. Es gibt einige Metaverse-ETFs.

Bei den meistgenannten Firmen in der Tab. 16.2 fallen zum einen die „Elefanten" auf, d. h. Microsoft, Amazon, Alphabet, Tencent und Meta. Sie können sich entsprechende Innovation kaufen, wie sie es schon oft getan haben. Apple entwickelt vor allem an virtueller und *Augmented Reality;* Microsoft stellt sich ein virtuelles Office vor, dessen Gravitationszentrum Teams sein soll („Mesh for Teams"). Zudem gehören Minecraft und die XBox zum Konzern. Google (Alphabet) hat schon vieles früh ausprobiert, die 3D-Software Sketch, die Brille etc., aber wieder abgestoßen. Der chinesische Spielentwickler Tencent, Teilhaber an Epic Games, das wiederum die Umgebung Unreal besitzt, hat eine gute Ausgangslage. Allerdings ist nicht klar, welche Ziele China mit Metaverse verfolgt oder welche Einstellung es dazu hat.

Den harten Kern bilden also Roblox, eine Spiel-Plattform vor allem für Kinder, NVIDIA, der Hersteller von Grafikprozessoren und Integrator von Software – NVIDIAs Omniverse ist eine fortgeschrittene und sehr ambitionierte Plattform – und Unity, der Repräsentant der Spielentwickler neben Unreal, einem seiner schärfsten Konkurrenten. Diese sind die interessanteren Firmen, die es zu verfolgen gilt. Blockchain und Kryptowährung sind durch Coinbase vertreten.

Beispiel 16.7.2 (NVIDIAs Omniverse). NVIDIA ist einer der erfolgreichsten Entwickler von Grafikprozessoren, GPU, und Computer-Chips für Personal Computer, Server und Spielkonsolen. NVIDIAs Ansatz für das Metaversum, Omniverse genannt, ist viel mehr um Spiel und Industrie zentriert als die Vorstellungen von Zuckerbergs Meta. Letzterer sieht das Metaversum als *Social Media,* also Kommunikation und Kommerz, und gleicht dem alten Second Life.

Von den in Abb. 16.17 vorgestellten Voraussetzungen erfüllt die Plattform Omniverse schon einige, z. B. die Verknüpfung mit CAD und Grafiksystemen und -formaten, die Digitalen Zwillinge, die Prozess-Simulation und Lösen von Differenzialgleichungssystemen wie beim Wetter, die Einbindung von KI-Systemen. Zudem verwendet es als Standard das Universal-Scene-Description-Format USD von Pixar. Omniverse beherbergt ein Modell der Erde, „Earth-2", für deren klimatischen Veränderungen ein Supercomputer vorgestellt wurde, der mit GPU-Beschleunigung, Deep Learning mit haufenweise Daten und mit Physik versehenen neuronalen Netzen eine viel genauere Berechnung zum Klima erlaubt als bisher. Für die Pharmaforschung wurde das Modell Cambridge-1 entwickelt (Abb. 16.18).
△

Avatare

Der Einstieg ins Metaverse erfolgt häufig, auch aus psychologischen Gründen, über die Entwicklung des Avatars. Menschen hören nicht nur gerne ihren Namen, sondern können sich besonders mit einer selbstgemachten Darstellung identifizieren.

Unter den Applikationen für 3D-Darstellungen von Menschen und Objekten, im Zusammenhang mit Spielen, sind folgende besonders bekannt.

- Autodesk Maya
- Daz3D
- ZBrush
- MakeHuman
- Blender

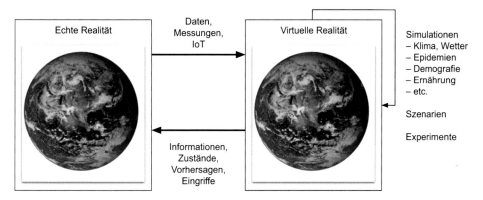

Abb. 16.18 Auch die Erde kann man als Zwilling erstellen. Die Tech-Firma NVIDIA hat 2021 ihr sehr ambitiöses Earth-2-Modell gezeigt, das mit KI und anderen Methoden Vorhersagen von Wetter, Klima u. a. machen will

Blender ist eine offene Software, die man selber ausprobieren kann. Allerdings muss man einen grafischen Prozessor verwenden. Andernfalls muss man sehr lange auf die Wiedergabe warten. Das Rendering kann man allerdings auch durch Einstellungen vereinfachen.

Wie weit ist das Metaversum noch entfernt? Wenn es das neue immersive Internet sein und damit eine große Benutzerakzeptanz erreicht haben soll, dann fehlen sicher noch rund zehn bis fünfzehn Jahre. Bis dahin muss auch genügend Bandbreite bei den Konsumenten und mehr Rechenleistung bei Servern und im persönlichen Bereich mit starken GPUs vorhanden sein.

Das Metaversum ist eine Wette, deren Ausgang nicht entschieden ist. Häufig kommt es anders, als man gedacht hat. Die technische Variante scheint uns überzeugender als die sozial-kommerzielle.

Beispiel 16.7.3 (Avatare modellieren). Wir wählen als Erstes die freie Applikation *Blender,* um von uns einen Avatar zu kreieren. Mit einem Add-in kann man von Fotos des Kopfes ein Modell erstellen, siehe Abb. 16.19. Das Objekt wird als Gitterpunkte, die durch Kanten verbunden sind, dargestellt.

Objekte kann man verbinden, z. B. könnte man zum Kopf einen passenden Körper im Netz suchen. Beispielsweise Eric, der „rigged" ist, d. h. nicht nur als Gitter mit Textur, sondern auch mit beweglicher Knochenstruktur versehen ist. In der Abb. 16.20 sieht man die Knochen in Hellblau, die man rotieren kann.

Eine andere Möglichkeit ist das Scannen der ganzen Person, oder von Objekten, Räumlichkeiten. Dazu existieren auch Apps für das Smartphone. Diese Variante sieht man in Abb. 16.21. Die sitzende Frau ist ein gescannter Körper. Im selben Bild sieht man einen ganzen Konferenzraum. Solche Modelle sind auch käuflich zu erwerben.

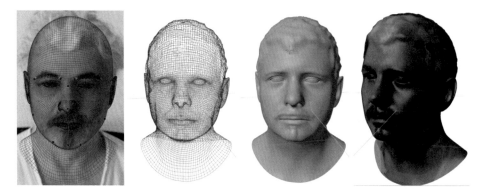

Abb. 16.19 Modell eines Kopfes in Blender. Ein Standardkopf wird an Fotos angepasst. Es entsteht eine Darstellung als Gitterpunkte, das man als Lehmmodell weiterverarbeiten kann. Dann kann man ein Foto darauf projizieren. Nun könnte man den Kopf mit einen Körper verschmelzen

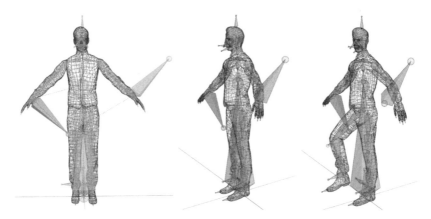

Abb. 16.20 Körperbewegungen am Modell. Ein „rigged" Modell wird geladen, eines mit Knochen und Gelenken. Diese kann man im Raum rotieren. Sequenzen ergeben dann eine Bewegung

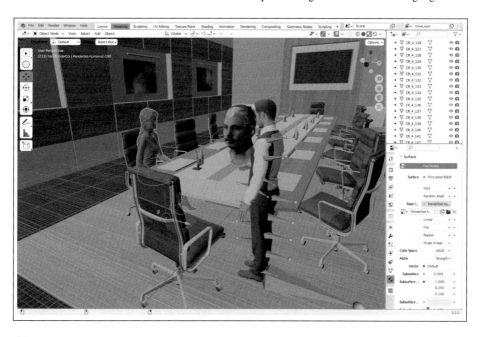

Abb. 16.21 Eine Komposition mit Blender. Die sitzende Frau hat noch keine Textur

Das Modellieren ist sehr aufwendig und folgt einer recht mühsamen Lernkurve. Die Schwierigkeit stammt nicht nur vom Dreidimensionalen; es kommen ja Körperbewegungen dazu, auch im Kleinbereich des Gesichts, um verschiedene Ausdrücke darzustellen. Der nächste Schritt kann eine dynamische Story sein. Mit *Machinima,* einer Applikation, im

Omniverse von NVIDIA „hast du die Möglichkeit, Storytelling in Videospielen zu remixen, nachzustellen und neu zu definieren."

Blender besitzt verschiedene Render-Engines, die nach Maßgabe der Anforderungen sehr hohe Rechenleistungen erbringen müssen. Ohne grafische Beschleunigung geht es fast nicht.   △

16.7.2 Problematiken

Die Realität ist ein schwieriger Begriff. Gewisse Leute sagen: „Perception is reality." Das ist sicher etwas kurz gegriffen, aber eingängig, denn es macht auf die Subjektivität von Realität aufmerksam. Die Sinneswahrnehmung, also physikalische Impulse, trifft auf den Körper, der sie verarbeitet, interpretiert und zu einem subjektiven Abbild formt (siehe Abb. 16.22). Die Sinneswahrnehmung kann das nackte Auge treffen oder von einer VR-Brille ausgehen. Im zweiten Fall sehen wir eine Realität, die von anderen Menschen letztlich stammt. Die verarbeitete Wahrnehmung, das Bild der Realität, kann mentale Zustände wie Angst, Mangel oder Wünsche auslösen oder tiefe Freude oder Schmerz verursachen und zum Handeln führen. Archetypische Handlungen sind Flucht und Kampf.

Die Zweiteilung in real und virtuell, Universum und Metaversum könnte den Schluss nahelegen, dass das Virtuelle als Spiel, als Spielerei, als Scheinbares immer der (echten) Realität unterworfen ist. Man sollte aber vorsichtshalber eher fragen, inwieweit das Virtuelle für das Leben des Einzelnen, das Zusammenleben der Vielen bestimmend ist und noch wird. So gesehen darf man die virtuelle Realität nicht unterschätzen. Es gibt schon Untersuchun-

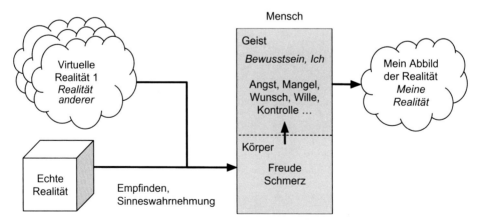

Abb. 16.22 Einfaches Modell der „Realität". Für eine solch komplexe Thematik wird es kaum ein konsensfähiges Modell geben. Sigmund Freud hätte wohl eine andere Darstellung als diese Anlehnung an Lowen (1992). Wir wollen aber vor allem zeigen, dass die Realität ein subjektives Konstrukt ist, das durch Sinneswahrnehmungen und dem Ich erzeugt wird

gen, die belegen, dass Gewalterlebnisse im Virtuellen ähnliche Wirkung zeigen wie reelle Gewalt. Die Psyche ist für das Argument, es ist alles nicht real, nicht empfänglich. Zudem wird im Virtuellen viel mehr Gewalt ausgelebt als im täglichen Leben.

Da es eine Vielzahl von Subwelten im Metaversum geben kann, verbergen sich hinter jeder Ausprägung potenziell Vorstellungen über den Menschen und über die Gesellschaft. Wenn das Metaversum nur von großen Firmen monopolisiert wird, dann finden wir eine Gegebenheit vor, die jede demokratische Diskussion und Vorstellung über unsere künftige Welt beiseite lässt. Autoritäre Staaten haben natürlich auch eine genaue Vorstellung, wie eine virtuelle Welt aussehen sollte.

Fast immer weichen die effektiven Entwicklungen von deren früheren Vorstellungen ab. Wie das Metaversum aussehen wird, ja ob es das neue Internet werden wird, ist noch völlig offen. Es muss dann auch noch von den Benutzern, privaten und unternehmerischen, angenommen werden.

Quiz zu Kap. 16

Quiz

Lesekontrolle gefällig?

1. Was ist der Unterschied zwischen einer Datenbank und Blockchain?
2. Wieso braucht Mining so viel Strom?
3. Was sind Kryptowährungen? Kennst Du ein paar namentlich?
4. Was bedeutet „Distributed Ledger"?
5. Wieso braucht es GPUs für Spiele und das Metaversum?
6. Was bedeutet „non-fungible" bei den NFTs?
7. Welche Objekte können Digitale Zwillinge haben?
8. Was ist ein Avatar?
9. Was ist das Metaverse heute?
10. Wie schätzt Du die gesetzliche Lage im Metaverse ein?

Literatur

Capdevila, D. (2018). Hermès l'avion spatial français 1986–1987. Zugegriffen: 30. Okt. 2018.
Lowen, A. (1992). *Lust: Der Weg zum kreativen Leben* (8. Aufl.). Goldmann-Sachbuch. Goldmann.
Stephenson, N. (2021). *Snow Crash: Roman*. Fischer Tor.
Wikipedia. (2018). Supercomputer – Wikipedia, Die freie Enzyklopädie. Zugegriffen: 27. Nov. 2018.
Wikipedia. (2022). Second Life – Wikipedia, die freie Enzyklopädie. Zugegriffen: 14. Okt. 2022.
Wikipedia contributors. (2018). Cray-1 – Wikipedia, the free encyclopedia. https://en.wikipedia.org/w/index.php?title=Cray-1&oldid=855808141. Zugegriffen: 25. Aug. 2018.

IT, Digitalisierung und Gesellschaft 17

17.1 Die verwaltete Welt

Seit der Mensch sesshaft geworden ist und so viele Dinge besaß, die er nicht mehr alle im Kopf behalten konnte, ist die Verwaltung geboren. Dabei mussten die Schrift und die Zahlen erfunden werden. Jeder Staat besitzt ein Verwaltung, die Sachverhalte dokumentiert, gesellschaftlich bindende Entscheidungen trifft und Maßnahmen durchsetzt. In modernen Staaten ist die Verwaltung ständig gewachsen. Die sogenannte Staatsquote, die Ausgaben und Umverteilungen des Staats, macht rund die Hälfte des Wertes der gesamthaft erwirtschafteten Landesproduktion aus. Dies trifft auch für Deutschland und Österreich zu, für die Schweiz muss man die gesetzlich verordneten Gesundheitskosten noch dazu zählen. In den 50er-Jahren war die Quote rund 30 %. Angesichts dieser Zahlen ist die Effizienz des Staates eine äußerst bedeutsame Angelegenheit.

Anfangs des letzten Jahrhunderts entstanden die ersten Beschreibungen der Bürokratie und daraus die ersten Managementtheorien. Typische Merkmale sind die Hierarchie, die Arbeitsteilung, die Regelgebundenheit, die Schriftlichkeit (Akten), die Unabhängigkeit von der ausführenden Person und einige mehr. Die großen Unternehmen waren ähnlich organisiert, man braucht nur zu erinnern, dass noch bis vor wenigen Jahrzehnten Angestellte von Banken Bankbeamte hießen und Titel wie „Bankoberbeamter" galten. Im unternehmerischen Rechnungswesen spricht man immer noch von den Verwaltungsgemeinkosten, auf Englisch *overhead cost,* die für den Betrieb notwendig sind, aber den Produkten nicht direkt zugerechnet werden können. Und zuletzt muss jede und jeder seine persönlichen Sachen verwalten, Rechnungen zahlen, Geld abheben, Unterlagen aufbewahren, Verträge ablegen, Steuererklärungen ausfüllen usw.

Somit kann man sagen, dass auf einer abstrakten Ebene alle Bereiche des persönlichen, gesellschaftlichen und wirtschaftlichen Lebens Verwaltungsprinzipien unterliegen.

Zudem konstatiert man seit Jahrzehnten die ständige *Ausdifferenzierung* der Verhältnisse. Damit ist grob gesprochen gemeint, dass fast alles komplizierter, detaillierter, den Umstän-

© Springer-Verlag GmbH Deutschland, ein Teil von Springer Nature 2023
C. Franzetti, *Essenz der Informatik,*
https://doi.org/10.1007/978-3-662-67154-2_17

den genauer angepasst wird. Nun gibt es in der öffentlichen Verwaltung eine Beschleunigung, weil die Gesetze ebenfalls der Differenzierung unterliegen und mehr werden (siehe
Abb. 17.1). Zu der Ausweitung der Gesetze gibt es dann mehr Verordnungen, mehr Regle-
mente und Handlungsanweisungen, mehr Formulare und bei der IT ankommend mehr Datenbanken, Tabellen, Datenfelder, Prozeduren, Auswertungen sowie mehr Anforderungen an
die verwaltenden Personen.

Beispiel 17.1.1 (Arbeitsvertrag). Gemäß deutschem Arbeitsgesetz kann ein Arbeitsvertrag
sowohl schriftlich als auch mündlich, ausdrücklich oder stillschweigend, durch schlüssi-
ges Verhalten geschlossen werden. Aber, auf Grundlage des neuen Nachweisgesetzes, 2022
in Kraft getreten, müssen Arbeitsverträge in Deutschland weiterhin handschriftlich, „mit
nasser Tinte", unterschrieben werden. Die unterschriebenen Exemplare müssen den Arbeit-
nehmenden ausgehändigt werden. Elektronische Formen sind ausgeschlossen, selbst wenn
diese mit einer zertifizierten elektronischen Signatur versehen sind. An diesem Beispiel
erkennen wir, dass aufgrund von Anforderungen der EU-Richtlinie zusätzliche Gesetzesar-
tikel geschaffen werden, die nicht ganz kohärent mit anderen Gesetzen und hier, besonders
tragisch, nicht mit der digitalen Transformation vereinbar sind.   △

Die Forderung nach digitaler Transformation der Verwaltung im weiten Sinn ist aufgrund
der absehbaren Effizienzgewinne sehr berechtigt. Aber die fehlende Rücksichtnahme bei

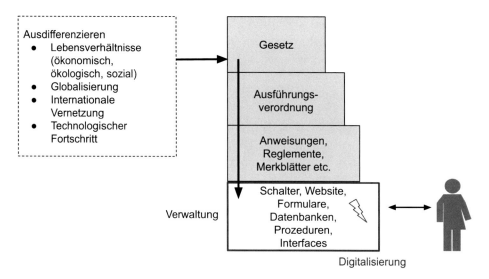

Abb. 17.1 Ausdifferenzierung und Digitalisierung. Die externen Verhältnisse führen zur unaufhalt-
samen Differenzierung der Lebensverhältnisse, die wiederum die Gesetzgebung anfachen. Damit
wächst der Aufwand und die Komplexität der Verwaltung und führt zu weiteren Problemen der
Digitalisierung

Gesetzgebern, die Ausweitung durch Differenzierung von allem und jedem bilden eine drückende Last für die Verwaltung. Gesellschaftlich wäre ein Initiative zur Vereinfachung der Verhältnisse und damit mehr Prinzipientreue, zusammen mit der Transformation, ein unschätzbarer Gewinn. Im Übergang wird die Situation zudem schwerer, weil der alte und der neue Kanal bedient werden müssen. Man kann also beispielsweise die Steuererklärung auf Papier ausfüllen und postalisch einsenden oder sie online erarbeiten und übermitteln oder eine Kombination davon darstellen. Die Papierunterlagen werden in einem Zentrum eingescannt und elektronisch weiterverarbeitet.

17.2 Ökonomische Transformation

Die digitale Transformation wirkt auf drei Ebenen der Unternehmungen und anderer Dienstleister, etwa der Behörden, nämlich wie in Abb. 17.2 dargestellt:

1. der Unternehmens-IT,
2. den Geschäftsprozessen und
3. dem Ökosystem.

Über die Transformation in der IT haben wir schon unter Abschn. 8.6 gesprochen. Neben der traditionellen Art zum Unterhalt von alten Systemen muss die Neuentwicklung von Applikationen in agiler Art und Weise erfolgen. Dies bedingt geeignete Strukturen und flexible Entwickler.

Zur teilweise vorherrschenden Ansicht, die Digitalisierung bedinge die systematische Dokumentation und Optimierung der bestehenden Geschäftsprozesse, kann man durchaus

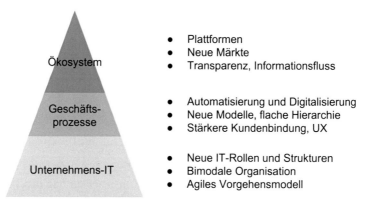

Abb. 17.2 Digitale Transformation von Unternehmungen

kritisch gegenüberstehen. Besonders agile Entwickler halten diese Übung für ein bürokratisches Steckenpferd. Deshalb ist es im Agilen Manifest (siehe Abschn. 8.6) auch als weniger wichtig bezeichnet.

Das wirklich Neue sind die wirtschaftlichen oder interessengeleiteten Ökosysteme. Der Begriff ist an die Biologie angelehnt, wo er die Lebensgemeinschaft von Organismen mehrerer Arten und ihren unbelebten Lebensraum bezeichnet. Die Lebensgemeinschaft besteht aus den Teilnehmern und der Lebensraum wird zur Plattform. Darauf werden wir jetzt eingehen.

17.2.1 Plattformen, Ökosysteme

Zum klaren Verständnis tragen hoffentlich die folgenden zwei Definitionen bei, die immer häufiger verwendet werden.

Definition 34 (Digitales Ökosystem). Ein digitales Ökosystem ist eine Gruppe von vernetzten Unternehmen, Personen und Dingen, die mithilfe einer standardisierten digitalen Plattform gegenseitigen Nutzen stiften, wie etwa Profit, Innovation oder gemeinsames Interesse. Plattformen ermöglichen den Teilnehmern die Interaktion mit Kunden, Partnern, angrenzenden Branchen und sogar mit Konkurrenten.

Definition 35 (Digitale Plattform). Eine digitale Plattform ist eine Geschäftstätigkeit, die darauf abzielt, wertmehrende Interaktionen zwischen externen Produzenten und Konsumenten zu ermöglichen.

Wir beschränken uns auf die Wirkung der intensiveren Vernetzung, sprich Plattformen und IT-Ökosysteme, neue, virtuelle Marktplätze und die Desintermediation, das Ausschalten von Mittelsleuten durch neue Vertrauens-Makler.

Beispiel 17.2.1 (Vermögenswerte). Eine herausragende Eigenschaft von Plattform-Business ist die Tatsache, dass die entsprechenden Firmen keine Vermögenswerte oder eigene Produktionsmittel besitzen müssen. Beispielsweise erzeugt Facebook keinen eigenen Inhalt, AirBnB besitzt keine Unterkünfte, Uber betreibt keine eigenen Taxis, Alibaba hat keine eigene Lager. Dennoch sind die Firmen an der Börse Milliarden wert. Ihr Vermögen besteht in der Vermittlung von Informationen zwischen möglichst vielen Konsumenten und Produzenten.   △

Der Wert einer Plattform und seines Ökosystems hängt von positiven externen Effekten ab, einem Begriff, der besagt, dass der Wert für den Konsumenten und den Produzenten steigt, je mehr Teilnehmer die Plattform nutzen. Deshalb ist es für die Plattform wesentlich, Konsumenten und Produzenten anzuziehen und miteinander zu vernetzen. Die Interaktionen auf einer Plattform ermöglichen den Austausch von drei Dingen:

1. Information,
2. Güter oder Dienste und
3. „Zahlungsmittel".

Das „Zahlungsmittel" ist im weiten Sinn nicht nur als Geld, sondern auch in der Form von Aufmerksamkeit (Anzahl Follower) oder Einfluss (Influence) zu verstehen. Diese lassen sich monetisieren.

Mit den Ökosystemen etablieren sich auch neue Marktplätze, neue Produkte, die ohne Plattformen gar nicht existieren können. Wegen der riesigen Anzahl Plattformen, die wohl bekannt sind, wollen wir nun auf etwas weniger Bekanntes eingehen, was aber in Zusammenhang mit der Blockchain als Basistechnologie eine vielversprechende Zukunft hat, nämlich die „Distributed Ledgers."

17.3   Einfluss auf verschiedene Bereiche

Da die Transformation – andere sprechen von Revolution – potenziell alles umwälzen könnte, ist von vornherein klar, dass man dies nicht erschöpfend darstellen kann. Es ist aber eine gute Übung, sich die möglichen Änderungen im eigenen Umfeld zu überlegen. Dies ist nicht ganz einfach.

17.3.1 Arbeitswelt

Die Digitalisierung wird alle Betriebsangehörige erfassen, die vermehrt die informatischen Technologien beherrschen können müssen. Zudem ist die Kompetenz im Umgang mit Web und Internet unerlässlich. Die Unternehmen werden „agiler", d. h. entwickeln sich weg von starren Strukturen, langfristiger Planung, langsamer Entwicklung hin zu experimentellen Produkten, schneller Anpassung, Ausnutzen von Opportunitäten und weniger Perfektionismus.

Im digitalen Wandel aber steigen zusätzlich die Anforderungen an die *sozialen Kompetenzen* der Mitarbeiter. Flexible Arbeitsorganisationen mit flachen Hierarchien, Arbeit in virtuellen Teams und dezentrale Entscheidungsstrukturen benötigen neue Fähigkeiten, die bis jetzt wenig geübt wurden.

Mitarbeitende mit ausgeprägter Kooperationsbereitschaft, markanter Kommunikationsstärke sowie der Fähigkeit und der Bereitschaft, sich und die eigene Arbeit eigenständig und eigenverantwortlich zu organisieren, sind das Ideal.

Den Unternehmen wird es helfen, dass die Schulen das Vermitteln von IT-Kompetenzen auf sich nehmen werden.

Für ältere Mitarbeitende, die diesen digitalen Wandel nicht mehr mitmachen können oder wollen, muss man soziale Pläne schaffen, um Härten zu vermeiden.

17.3.2 Finanzwesen, Banken

Das Finanzwesen besteht aus verschiedenen Akteuren, darunter vereinfacht dargestellt:

- Börsen und Finanzmärkte,
- Banken,
- Versicherungen,
- Investment- und Pensionsfonds.

Eine einfache Überlegung zur digitalen Transformation ist, überall dort, wo analysiert wird, Künstliche Intelligenz anzusetzen. Die Institutionen im Finanzwesen besitzen sehr viele Daten, sodass bei guter Verfügbarkeit schon mal gute Voraussetzungen gegeben sind. Versicherungen können die Versicherungsnehmer besser einschätzen und genauere Prämien verlangen oder Schadensfälle besser auf Betrug untersuchen. KI für Banken kann Kreditnehmer besser einschätzen. Von den Börsendaten wollen wir gar nicht sprechen, diese werden seit Jahrzehnten mit schwerstem informatischem Geschütz bedeckt. Verbesserung ist das eine, ökonomisch relevant zu bleiben das andere.

Wir betrachten nur punktuell kommerzielle und Investmentbanken. Die kommerziellen Banken, die Privat- und Firmenkunden mit Krediten versehen, Einlagen annehmen, den Zahlungsverkehr ausführen, Depot- und Treuhandgeschäfte versehen und auch erhebliche Beratung wie Vermögensverwaltung wahrnehmen, sind einerseits durch detaillierte Regularien vom Markteintritt ein bisschen geschützt, aber anderseits aufgrund ihrer alten Systeme *(legacy systems)* und hohen Kosten und Gebühren behindert. Banken geben erheblich mehr aus für den Unterhalt als für die Neuentwicklung von Software. Fintech-Unternehmen, spezialisierte digitalisierte Finanzinnovatoren, attackieren vor allem den Zahlungsverkehr, Börsenhandel und Depotverwaltung und eher noch wenig die Kreditvergabe.

Investmentbanken haben zwei Hauptpfeiler an Tätigkeit: Unternehmensfinanzierung am Markt und Beratung (*investment banking* und *corporate finance*) sowie zweitens Wertpapierverkauf und Handel *(trading and sales)*. Die Beratung ist tendenziell ein „people's business", vom persönlichen Umgang abhängig und damit wenig angreifbar. Venture-Kapitalisten, Finanzierer von Start-ups, haben sich schon lange aus den Banken herausentwickelt. Bei der Brückenfinanzierung von Fusionen o. Ä. können schon mal Funds eindringen. Im Handelsbereich gibt es Discount-Broker, Robo-Adviser, FX-Broker und andere Fintechs, die einzelne Stücke aus dem Kuchen herausschneiden können. Im Eigenhandel, dem Handel auf eigene Rechnung, stehen die Banken in Konkurrenz mit den Funds, worunter die quantitativen Hedge-Funds an der technologischen Front operieren.

Der Hochfrequenzhandel, *high frequency trading,* ist eine Aktivität, bei der schnelle Algorithmen versuchen, kleinste Arbitragemöglichkeiten (Kursunstimmigkeiten) auszunutzen. Dabei spielen die Schnelligkeit („Latenz") der Ausführung, also Rechnen (in C++ programmiert) und Übertragung, eine wesentliche Rolle. Auch wenn Signale mit fast Lichtgeschwindigkeit verbreitet werden – die schnellste Verbindung von New York nach Chicago und zurück beträgt 8,5 ms auf 2×1176 km, auf dem öffentlichen Netz 14,5 ms – werden Server in der unmittelbaren Nähe der Börsenserver platziert. Wer aufgrund von Transaktionen einen Index schneller (als die Börse) neu berechnen kann, hat einen Vorteil. Nutzen entsteht im Nanosekundenbereich (Franzetti, 2018, 260 ff.).

Firmen müssen gewisse Informationen öffentlich machen. Diese sind als Text verfasst, den man lesen und verstehen muss. Hier verwenden Investmentbanken Programme wie *Kensho,* auf unstrukturierte Textdaten spezialisierte KI-Applikationen, die schnell und zuverlässig schließlich Handelsempfehlungen generieren. Die neuen Händler sind die Programmierer, wie man sagt.

Die Förderung der privaten Kryptowährungen und der digitalen Währungen der Zentralbank mit ihrer Geldschöpfung schwächt zusätzlich die Position der nichtstaatlichen Banken. Deren Bedeutung ist offensichtlich am Schwinden. Die Monopolvorwürfe an die kommerziellen Banken vor mehr als hundert Jahren und die damit einhergehenden Antitrust-Gesetze, also Kartellgesetze, wären nun an den Tech-Giganten zu prüfen.

17.3.3 Behörden

Die UNO führt regelmäßig Erhebungen zur E-Governance, dem Digitalisierungsgrad der öffentlichen Verwaltung durch. Gemessen wird der sogenannte E-Government Development Index (EGDI). Angeführt wird die Liste von Großbritannien, gefolgt von Australien, Südkorea und Singapur. Die Deutschsprachigen belegen die Plätze 15 (Deutschland), 16 für Österreich und nur Platz 26 für die Schweiz.

Die wichtigsten Bereiche für die digitale Behörde sind:

1. die elektronischen externen Dienstleistungsangebote,
2. die internen Prozesse (Management-, Kern- und Unterstützungsprozesse),
3. Open Data, Bereitstellung öffentlicher Daten,
4. Rahmenbedingungen, z. B. elektronische Identität, elektronische Signatur.

Die Dienstleistungen des Staates, erbracht durch die Verwaltungen und Behörden, folgen meist dem Muster: Input (Anfrage), Verarbeitung, Output (Ausgabe). Dieser Verlauf ist bidirektional, d. h. vom Bürger zur Behörde oder andersherum von der Behörde zum Bürger. Das erste voll digitale Angebot der Schweizer Behörden, das bis 2019 die ganze Schweiz umfassen soll, ist eUmzugCH. Wie die Eidgenossenschaft schreibt, und dabei ungewollt den desolaten Zustand dokumentiert:

> „(Es) wird bereits in mehreren Kantonen (Appenzell-Ausserrhoden und Teile von Schwyz) und deren Gemeinden produktiv eingesetzt. Täglich nutzen über hundert Einwohnerinnen und Einwohner das Portal von eUmzugCH, um ihren Umzug elektronisch zu melden."

Mit dem Online-Angebot der Behörden sind diese fast immer zugänglich und damit von den Öffnungszeiten entkoppelt. Damit verbessert sich die Kundenbeziehung.

Beispiel 17.3.1 (Empfangsschein). In der Schweiz wird im Jahre der Volljährigkeit bei der Wohngemeinde eine Akte angelegt. Dazu wird der Betroffene aufgefordert, beim Standesamt seiner Heimatgemeinde einen Heimatschein anzufordern. Die Wohngemeinde legt die Anfrage schon bei, sodass diese nur unterschrieben und weitergesendet werden muss. Sodann kommt die Sendung mit Heimatschein und Rechnung. Ersterer wird an die Gemeindeverwaltung geschickt. Da nun die Akte mit einem Schriftstück belegt ist, sendet die Gemeinde einen sogenannten Empfangsschein für die Schriften zu. Ob ein Mehrwert geschaffen wurde, entzieht sich des Sängers Höflichkeit. Dies ist ein vollständig papierbasierter Vorgang (siehe Abb. 17.3).   △

Abb. 17.3 Diese Vorschrift für physische Dokumente gibt Einblick in die früher verwendete Systematik (NN 1931). Die Buntstifte werden für Vermerke benutzt. Beispielsweise war in Deutschland dem Minister der Grünstift, dem Staatssekretär der Rotstift, den Abteilungsleitern der Blaustift vorbehalten

II. Geschäftsverkehr

a) **Registraturen:**

Registraturen sind nur bei größeren Dienststellen und Behörden sowie bei solchen Dienststellen einzurichten, für die nach der Stärkenachweisung eine Registratur vorgesehen ist.

b) **Aktenverwaltung:**

Jede Dienststelle stellt ein Aktenverzeichnis nach dem Aktenplan auf, so daß auch bei registraturlosem Geschäftsbetrieb übersichtliche und leichtes Auffinden des Schriftwechsels gewährleistet ist.

Erledigter Schriftwechsel ist sogleich zu den Akten zu nehmen. Vorgänge, Unterlagen usw. sind vorzuheften.

Inhaltsübersichten in den Akten sind zweckmäßig. Ungültig gewordene Vorgänge sind in den Akten mit Buntstift zu durchstreichen und als „ungültig" zu bezeichnen. Dem Vermerk ist, falls vorhanden, die maßgebliche Verfügung (sonst Namenszeichen) beizufügen.

Personal- und Gerichtsakten sind nach den hierfür bestehenden besonderen Bestimmungen zu behandeln und aufzubewahren (f. Anhang 2).

Bekanntgabe von Akten und Einsichtnahme dritter Personen in die Akten ist grundsätzlich verboten. Besondere Bestimmungen bleiben hierdurch unberührt (z. B. H. M. 37 S. 51/52, B. M. B. 1937 S. 8 Nr. 12 und B. L. B. 37 S. 92/93).

c) **Umlauf- und Wiedervorlegemappen:**

Für den Umlauf innerhalb einer größeren Behörde oder Dienststelle sind nach Bedarf Mappen oder Deckel mit Wegweisern zu verwenden.

Schriftstücke mit kurzfristigen Wiedervorlegevermerken (Wv.) werden in Wiedervorlegemappen aufgenommen.

d) **Bestandnachweisungen:**

Bücher, Karten und besondere Schriftstücke, die sich für die Akten nicht eignen, ferner Mappen sowie andere Geschäftsbedürfnisse werden in Bestandnachweisen geführt.

Architektonisch folgen viele Verwaltungsprozesse einer sternförmigen Struktur, bei welcher der verwaltete Mensch im Zentrum steht. Wie Beispiel 17.3.1 zeigt, kommunizieren verschiedene Behörden nicht direkt mit anderen Behörden, alles läuft über die nachsuchende Person. Das hat zum einen mit der Rechnungsstellung zu tun, weil jede Behörde ihre Gebühren erhebt. Und zweitens mit dem Aufbau des Staates als Bund oder Föderation, wo dann Behörden von Bund, Ländern oder Kantonen und Gemeinden getrennt sind. Drittens haben Ämter nicht bedingungslos Zugriff auf Daten anderer Behörden.

Abb. 17.4 zeigt die Architektur schematisch. Die nachfragende Person muss den zusammengesetzten Prozess selber verwalten. Eine Verbindung von Teilprozessen über verschiedene Amtsstellen hinweg zu einem Ganzen könnte sehr viel effizienter und kundenfreundlicher sein. Das bedingt aber einen größeren Umbau des Verwaltungssystems im Zusammenspiel seiner Elemente. Es bedingt aber auch einen Datenaustausch oder Zugriff auf Daten anderer Behörden (siehe Abb. 17.5). Die gekammerten Daten sind für bestimmte Gruppen, wie „Steueroptimierer", von Vorteil. Die Steuerbehörden vermögen z. B. nicht zu sehen, dass eine Person teure Yachten und Liegenschaften besitzt, die andernorts registriert sind.

Abb. 17.4 Sternarchitektur der Behördenprozesse. Häufig sind vorgängige Prozesse („Behördengänge") notwendig, um die Voraussetzungen des letzten Schrittes zu erfüllen. Man denke an das Beibringen von Dokumenten für das Eheaufgebot oder für die neue Grundsteuer in Deutschland

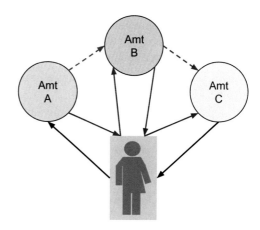

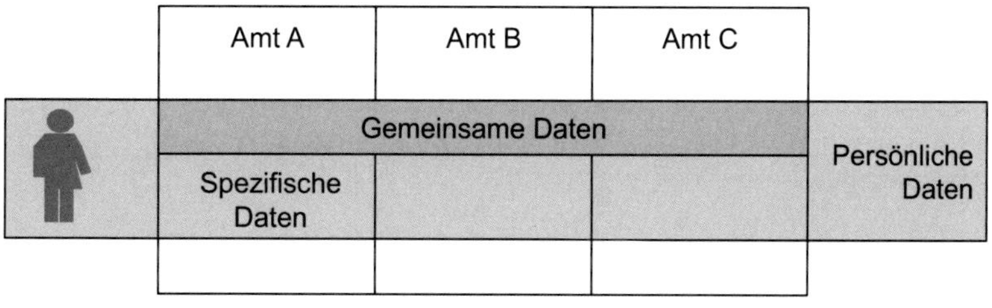

Abb. 17.5 Gekammerte Amtsdaten. Behörden verfügen über spezifische Daten zu den verwalteten Einheiten, die nicht ohne Weiteres ausgetauscht werden dürfen. In Ausnahmefällen kann es Amtshilfeverfahren geben. Der Verkehr verläuft über die Person

Abb. 17.6 Behördengänge
automatisiert. Behörden sollten
alle ihre APIs mit
standardisierter Dokumentation
zur Verfügung stellen

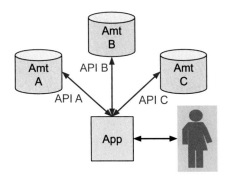

Die Lebensverhältnisse können sich auch über die nationalen Grenzen hinweg spannen und
somit Behörden verschiedener Staaten betreffen.

Es ist offensichtlich, dass die Behörden ihre Daten nicht nach demselben Primärschlüssel
ordnen. Obwohl in der Schweiz jede Person eine Versicherungsnummer besitzt, fragen die
Steuerbehörden regelmäßig nach ihren Registernummern oder Straßenverkehrsämter nach
dem Kennzeichen, wieder andere nach dem Geburtstag oder Personennummer.

Eine massive Verbesserung der Effizienz lässt sich durch das Anbieten von APIs, Application Programming Interfaces, erzielen. Wie in Abschn. 6.5 erläutert, lassen sich mit APIs
Daten beschaffen, die verarbeitet und in einen Prozess integriert werden können. In Abb. 17.6
erkennt man, wie man die mehrfachen physischen oder virtuellen Behördengänge als Pro-
grammentwickler vereinfachen kann. Notwendig ist ein API-Katalog mit standardisierter
Dokumentation und Sandbox- oder Entwicklerumgebung.

Beispiel 17.3.2 (Britischer Zoll). Die königliche Zollbehörde von Großbritannien[1] verfügt
schon seit Jahren über eine Infrastruktur mit APIs, Dokumentation in auch maschinenlesbaren Formaten (Swagger) und eine Sandbox-Umgebung, in der man sicher die APIs
ausprobieren kann. Im schweizerischen Megaprojekt des Zolls „DaziT" mit einem Budget
von rund CHF 420 Mio. ist eine Entwicklungsumgebung für Externe nicht vorgesehen. In
Deutschland gibt es die Seite https://bund.dev/apis, auf der vor allem Informationen heruntergeladen werden können (Open Data). Der wesentliche Unterschied des Angebots betrifft
den Zugang zu und das Laden von privaten Daten, der weit über das bloße Herunterladen
reicht und Autorisierung verlangt. Archimedes würde heute sagen, gebt mir einen (vernünf-
tigen) API-Katalog und ich hebe die Verwaltung aus den Angeln (Tab. 17.1).   △

Wenn wir nochmals beim Beispiel 17.3.1 bleiben und uns fragen, wie eine digitale Transfor-
mation dieses Prozesses aussehen könnte, dann liegt der Schluss recht nahe, dass ein digitaler
Klon gar keinen Sinn macht. Vor allem kann man die Person weglassen, denn im physischen
Prozess geht es nur darum, ihr eine Rechnung stellen zu können. Die digitale Transforma-

---

[1] https://developer.service.hmrc.gov.uk

Tab. 17.1 Auszug aus dem API-Katalog des britischen Zolls

API documentation	Documentation type
Goods Vehicle Movements	REST API
Pull Notifications	REST API
Safety and Security Import Declarations	REST API
Alcohol and Tobacco Warehouse Declaration Online	XML API
Excise Movement Control System	XML API
Exchange rates from HMRC	XML API
Individual Losses (MTD)	REST API
Individuals Expenses (MTD)	REST API
National Insurance	REST API
Stamp Taxes Online	XML API
VAT (MTD)	REST API
...	...
Automatic Exchange of Information	XML API

tion kann nicht einfach bestehende Prozesse umgießen, sondern muss sie neu denken und bewerten. Dies erinnert die alte Metapher vom Heizer auf der Elektrolokomotive.

Die internen Prozesse der Verwaltungen – es sind in Deutschland ca. 3000 Verwaltungsprozesse – werden mit Hochdruck mit BPNM dokumentiert, um dann den Anforderungen der Dienstanfragen gewachsen zu sein. Die Kernprozesse sind vor allem die angebotenen und eingeforderten Dienste.

Es bleibt viel, sehr viel zu tun.

Open Data ist eine globale Behördenleistung, den immensen Bestand an vom Staat gesammelten Daten zur Verfügung zu stellen. Dort, wo ein geografischer Bezug besteht, findet man über grafische Geoinformationssysteme, GIS, haufenweise Informationen neben den Angaben der Landesvermessung (siehe Abb. 17.7).

Beispiel 17.3.3 (Amtliche Daten verschränken). Daten von den statistischen Ämtern und der amtlichen Vermessung lassen sich kombinieren, sodass man Daten kartenmäßig darstellen kann. Die Vermessung verwendet u. a. die sogenannten Shapefiles, in denen die Konturen von Gebieten abgelegt sind. Spezielle Applikationen wie QGIS oder arcGIS, aber auch Skriptsprachen wie R können diese verwerten. In der Abb. 17.8, im Bild rechts, sieht man die Konturen des dritten Regierungsbezirks von Bayern nach Kreisen. Die Daten dazu sind in einem Shapefile (eigentlich gehören immer mehrere Files dazu) vorhanden.

Im Beispiel links sind Shapefile-Daten mit statistischen Daten kombiniert. Hier handelt es sich um die Anzahl Mittelschüler nach Gemeinden des Kantons Zürich. Die Verquickung

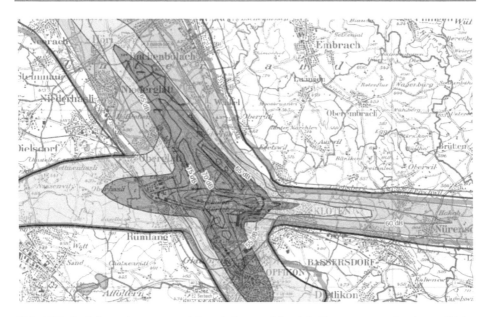

Abb. 17.7 Geoinformationssystem mit Lärmbelastung. Man sieht die sogenannten Isophonen, Linien gleichen Lärmpegels, um den Flughafen Zürich-Kloten. Das Bild stammt aus KTZH (2022)

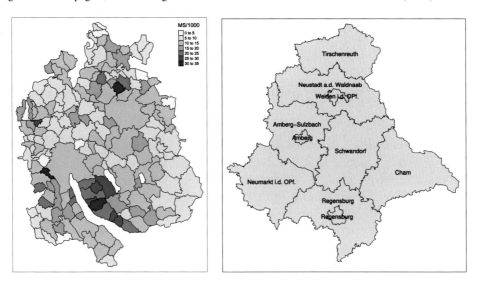

Abb. 17.8 Zwei Beispiele zur Darstellung von Gebieten mittels Shapefiles. Links Verschränkung von Gebiets- und statistischen Daten, rechts nur Gebiete

von Karte und Daten erfolgt über die Verbindung der übereinstimmenden Primärschlüssel, hier im Code mit der Gleichsetzung von NAME und V2, der Kolonnenbezeichnung. Die Funktion qtm kann dann die Gebiete entsprechend den Daten einfärben.   △

```
1   # Skript in R
2   library(rgdal);library(tmap);library(dplyr)
3   # Shapefiles einlesen
4   gemeinden <- readOGR('~/Downloads/GEN_A4_GEMEINDEN_2017_shp',
        'GEN_A4_GEMEINDEN_2017')
5   # statistische Daten einlesen
6   fileNam<-"~/Downloads/StatJahrbuchKtZH2016Mittelschueler.txt.
        csv"
7   ta<-read.table(fileNam,header=FALSE,sep=",",encoding="latin1"
        )
8   # Shapefile und Daten verschraenken
9   gemeinden@data <- left_join(gemeinden@data, ta, by = c('NAME'
        = 'V2'))
10  # Name der Kolonne aendern
11  names(gemeinden@data)[6]<-"MS/1000"
12  # Zeichnen
13  qtm(gemeinden, "MS/1000",text="BFS",text.size=0,style = "col_
        blind")
14  #------ https://gdz.bkg.bund.de/index.php/default/open-data/
        verwaltungsgebiete-1-1-000-000-stand-31-12-vg1000-31-12.
        html
15  land<-readOGR('~/Downloads/vg1000_12-31.gk3.shape.ebenen/
        vg1000_ebenen_1231','VG1000_KRS')
16  bayern <- land[land$SN_L %in% c("09"), ]
17  regbez <- bayern[bayern$SN_R %in% c(3), ]
18  qtm(regbez,text='GEN',style = "col_blind")
```

Es ist auch möglich, einen bestimmten Punkt, der durch Koordinaten gegeben ist, in solche Darstellungen zu integrieren. Zum Teil müssen Koordinaten zwischen Systematiken, d. h. lokalem Koordinatensystem (z. B. Gauß-Krüger) und geografischem System (Länge und Breite), umgerechnet werden. Im Shapefile sind die Grundlagen dokumentiert.

17.3.4 Schule

In der Schweiz wird der neue Lehrplan 21 eingeführt, der zu erlernende Kompetenzen umschreibt. Damit ist man von der Beschreibung der Lerninhalte, dem zu sendenden, zum Ergebnis beim Empfänger gelangt. Für die Themenbereiche von Medien und Informatik, keinem eigentlichen Fach, wird Folgendes angestrebt (D-EDK 2016):

Medien
1 Die Schülerinnen und Schüler können sich in der physischen Umwelt sowie in medialen und virtuellen Lebensräumen orientieren und sich darin entsprechend der Gesetze, Regeln und Wertesysteme verhalten
2 Die Schülerinnen und Schüler können Medien und Medienbeiträge entschlüsseln, reflektieren und nutzen
3 Die Schülerinnen und Schüler können Gedanken, Meinungen, Erfahrungen und Wissen in Medienbeiträge umsetzen und unter Einbezug der Gesetze, Regeln und Wertesysteme auch veröffentlichen
4 Die Schülerinnen und Schüler können Medien interaktiv nutzen sowie mit anderen kommunizieren und kooperieren

Informatik
1 Die Schülerinnen und Schüler können Daten aus ihrer Umwelt darstellen, strukturieren und auswerten
2 Die Schülerinnen und Schüler können einfache Problemstellungen analysieren, mögliche Lösungsverfahren beschreiben und in Programmen umsetzen
3 Die Schülerinnen und Schüler verstehen Aufbau und Funktionsweise von informationsverarbeitenden Systemen und können Konzepte der sicheren Datenverarbeitung anwenden

Hinter den obigen Kompetenzbereichen stecken dann nochmals je 5–10 Kompetenzen. Die Vermittlung geschieht modular, und zwar sowohl in den Fachbereichen wie Sprache, Mathematik, Gestalten, Musik und Mensch-Natur-Umwelt als auch in einem separaten Modul Medien und Informatik.

Dass soviel Wert auf die Medien gelegt wird, hängt möglicherweise damit zusammen, dass die Lehrplanentwickler selber wenig Erfahrung in diesem Gebiet besitzen. Digital Natives lassen sich hier wohl nicht viel vormachen.

Zum Vergleich der Lehrplan des Bayerischen Gymnasiums für die 9. und 10. Jahrgangsstufe aus dem Jahr 2004 (ISB 2004):

1 Sie können Daten verarbeitende Prozesse durch Funktionen sowie Datenflüsse beschreiben und umsetzen
2 Sie kennen die funktionale Sichtweise als allgemeinen Zugang zur Funktionsweise von Tabellenkalkulationssystemen
3 Sie können überschaubare, statische Datenmengen durch Klassen und deren Beziehungen sicher strukturieren
4 Sie können Datenstrukturen in ein Datenbanksystem umsetzen
5 Sie haben Einblick in die Forderungen an die Korrektheit eines Datenbestands
6 Sie können Abfragen an einen Datenbestand realisieren
7 Sie haben ein Bewusstsein für Datensicherheit und Datenschutz

8 Sie können zeitliche Abläufe strukturieren, indem sie sie mithilfe von Zuständen und Übergängen beschreiben

9 Sie sind in der Lage, einfache Zustandsübergangsdiagramme in objektorientierte Programme umzusetzen

10 Sie können überschaubare Algorithmen in Programmen umsetzen

11 Sie können Aufgabenstellungen durch objektorientiertes Strukturieren lösen

12 Sie können Interaktionen zwischen Objekten darstellen und in einem Programm realisieren

13 Sie können hierarchische Klassenstrukturen durch Generalisierung und Spezialisierung beschreiben

14 Sie können verschiedene Modellierungstechniken sachgerecht und miteinander verknüpft anwenden

Hier wird wesentlich mehr und detaillierter auf die Informatik eingegangen. Das Programm setzt sich in der 11. Stufe fort.

Die Vermittlung wird am einfachsten funktionieren, wenn man auf Webapplikationen abstellt, die von selbst mitgebrachten Geräten benutzt werden können. Damit ist die physische Lernumgebung angesprochen.

Frühere Versuche der Schule mit bestimmten Anwendungen und bestimmten Betriebssystemen und Geräten produzierten einen Haufen Reibungsverluste. Infrastrukturmäßig muss die Schule mindestens ein WLAN zur Verfügung stellen können.

Für die Lehrpersonen wird die Didaktik und das Wissen entscheidend sein. Ältere Lehrpersonen werden naturgemäß eher Mühe bekunden, einen doch anspruchsvollen Inhalt mit weitreichender Anwendung vermitteln zu können, insbesondere wenn die Klassen von kundigen Schülern besucht werden. Es ist durchaus denkbar, dass gewisse Schüler und Schülerinnen mehr Vorwissen mitbringen, als vermittelt werden kann.

17.3.5 Wissenschaft

Die Wissenschaft gründet auf den Austausch von Forschungergebnissen, die häufig aus der vorläufigen Bestätigung einer Theorie durch Experimente und Beobachtungen erarbeitet werden. Der Austausch erfolgte bis vor rund zwanzig Jahren mittels Zeitschriften und Publikationen, die von Peers (Fachkollegen) analysiert und allenfalls freigegeben wurden. Dank des elektronischen Austauschs haben sich die Verfügbarkeit, die Schnelligkeit und die Transparenz ganz erheblich verändert. Durch Metadaten, als Angaben über die Publikationen, kann man viel schneller und gründlicher relevante Ergebnisse finden, ja sogar Metastudien zu einzelnen Ergebnissen betreiben. Mit Künstlicher Intelligenz wird versucht, aufgrund der vorliegenden Ergebnisse herauszufinden, in welche Richtung die Forschung gehen sollte.

Neben dieser generellen Verschiebung dank der Digitalisierung wollen wir nun auf ein paar spezifische Felder eingehen, ohne einen Anspruch auf Vollständigkeit zu erheben.

Digital Humanities

Dieser neuere Begriff entspricht ungefähr der digitalen Geisteswissenschaft, einer Vielzahl von Disziplinen wie etwa Sprachen, Geschichte, Archäologie, Pädagogik, Psychologie, Politikwissenschaft, Soziologie, Religionswissenschaft usw.

Eine Subdisziplin, die schon vor dem Einsatz des Computers quantitative Analysen betrieb, ist die *Korpus-Linguistik*. Ein Korpus, Plural Korpora, ist eine Sammlung von Wörtern in jeglicher flexierten Form mit Angabe der Häufigkeit des Vorkommens in betrachteten Texten. Das Mannheimer Institut für Deutsche Sprache unterhält einen Referenzkorpus mit 42 Mrd. Wörtern. Solche Bestände eignen sich für allerhand statistische Auswertungen.

Beispiel 17.3.4 (Indogermanisch). Es gibt zwei Theorien über die Ausbreitung des Indogermanischen nach Europa: Einerseits die Anatolien-Theorie, wonach die Indogermanen Bauern waren, die sich langsam vor neuntausend Jahren nach Westen ausbreiteten. Anderseits die Steppen-Hypothese, wonach das Indogermanische von Viehnomaden gesprochen wurde, die dreitausend Jahre später schubweise nach Europa kamen. Wissenschaftler haben (vorläufig) bestimmt, dass die Anatolien-Hypothese richtig ist. Den Befund lieferte ein Computerprogramm, das ursprünglich für die Rekonstruktion von Virenstammbäumen bestimmt war. Nun streitet man darüber, ob die richtigen Annahmen kodiert wurden.   △

Früher basierte die Soziologie auf Datenerhebung, auf Befragung. Jetzt kann man Verhalten direkt beobachten, z. B. anhand von Spuren und Aktivitäten wie *Verlinken, Liken, Tweeten, Re-Tweeten* oder Teilen. Solche Daten können zum Beispiel Auskunft geben zum potenziellen Wahlverhalten oder zu Vorlieben für bestimmte Politiker, zur Zugehörigkeit zu bestimmten Gruppen von Konsumenten. Sie sind Nebenprodukte der Aktivitäten von Benutzern im Netz, die unbemerkt ausgewertet und als wertvolle Güter gehandelt werden.

Überall dort, wo Schriftstücke zu den Erkenntnisquellen gehören, bringt die Digitalisierung im engeren Sinn einen unerhörten Zugang. Viele öffentlichen Bibliotheken scannen ihre Bestände, vor allem die seltenen Bücher, Google ist ebenfalls ein Riese in diesem Bereich. Es behauptet, dass man auf https://books.google.com: „Im weltweit umfassendsten Index für Volltextbücher suchen“ könne. Neue Bücher braucht man nicht mehr zu scannen, denn sie erscheinen schon elektronisch. In Abb. 17.9 ist eine von Milliarden verfügbaren Textseiten wiedergegeben.

Social Physics

Dieser neue Begriff versteht sich als Anleitung (aus Daten, die das Verhalten von Personen messen), Regeln für eine bessere Entscheidungsarchitektur abzuleiten. Die Grundlage für dieses Thema ist die Verhaltensökonomie und -soziologie. Man möchte die Entschei-

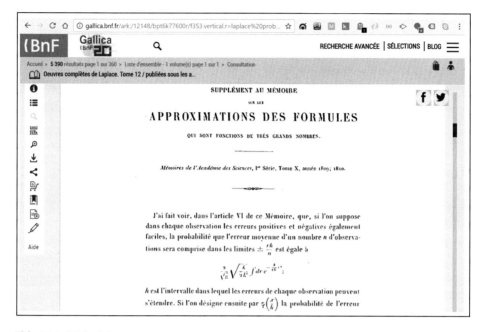

Abb. 17.9 Digitalisierte Bücher am Beispiel der französischen Nationalbibliothek. Erste klare Darstellung des Zentralen Grenzwertsatzes von Laplace (mit Druckfehler: sollte $\pm \frac{rh}{\sqrt{n}}$ heißen)

dungen schlecht informierter Bürger optimieren. Dies geschieht mittels „Schubser" in die vorgesehene Richtung.

Nudge, englisch für Schubser, ist der Titel eines viel beachteten Buchs von 2008, mitverfasst vom Wirtschaftsnobelpreisträger Richard Thaler (Thaler & Sunstein, 2011). Die Schrift gibt Anregungen, wie man Menschen zu vernünftigem Handeln motivieren kann. Bekanntes Beispiel ist die Bevorzugung von Früchten vor Süßigkeiten. Kantinen sollten die gesunden Früchte vor die Süßigkeiten stellen. Den Begriff „Social Physics" und die Weiterführung der „Nudge"-Idee hat Pentland (2015) geprägt.

Die Befürworter solcher Theorien sind überzeugt, dass, wenn man erst einmal die Entscheidungsmuster der Menschen versteht, man die Komplexität der Gesellschaft durchschauen kann. Menschen lassen sich aber nicht gerne bevormunden, auch dann nicht oder schon gar nicht, wenn sie wissen, dass raffinierte psychologische Tricks zur Beeinflussung eingesetzt werden. Die optimalen Ziele können nicht aus den Daten gelesen werden, sondern sollten in politischen Diskussionen konsensfähig gemacht werden.

Die Politik anderseits hat schon begonnen, sich nach Sozialphysikern umzusehen. Es existieren einige Initiativen, „Living Labs", die versuchen, auf dieser Basis Applikationen zu entwickeln, um die „Qualität" des Lebens zu verbessern.

17.3.6 Gesundheitswesen

Das Gesundheitswesen verstehen wir hier als die Organisation von medizinischen Leistungen und nicht etwa die Personalisierung und Individualisierung von Behandlungen, was ja einen großen Nutzen stiftet. Im Zentrum der Digitalisierung im engeren Sinn steht die Krankenakte oder Krankengeschichte, die man heute in der Schweiz als *Patientendossier* bezeichnet.

Im Universum der Person als Patient befinden sich: 1) der Arzt oder Ärztin, 2) der Facharzt oder die Spezialistin, der 3) Telemediziner, 4) das Krankenhaus und Ambulatorium, 5) Nachversorgungseinheiten (Reha-Klinik, Kurhaus, Physiotherapie etc.), 6) Apotheken, 7) Krankenkassen, 8) Sozialversicherungen, 9) Behörden (Gesundheitsamt, Vormundschaft, Schutz- und Strafbehörden etc.) usf. Alle produzieren Dokumente, die dem Patienten zuordenbar sind und das Patientendossier ausmachen oder ausmachen sollten. Die Ausgangslage ist prädestiniert für die Transformation von Papier- zur elektronischen Akte, zur Vernetzung und Kollaboration, zur anspruchsgruppengerechten Vergabe von Zugriffs- und Gestaltungsrechten. Kurz: E-Dokument, Internet, Cloud, Datenschutz. Das Patientendossier ist ein Spiegelbild der Behandlungen und des dahinter stehenden Prozesses. Deshalb ist nicht nur die Aktenführung und -verfügbarkeit ein wesentlicher Faktor, sondern die Prozesse des Gesundheitswesens.

Patientendossiers sind sehr reservierte Akten, denn Ärzte und Ärztinnen unterliegen gesetzlichen Schweigepflichten und müssen vom Patienten davon entbunden werden, wenn andere Anspruchsgruppen Informationen benötigen. Damit ist ein starker Datenschutz notwendig, der dem Patienten die selektive Autorisierung ermöglicht.

Abb. 17.10 zeigt schematisch den Behandlungsprozess. Man kommt beinahe nicht umhin, an die Blockchain zu denken.

Aber auch hier ist zuerst die Frage zu stellen, wie die aktuelle Gesetzeslage in die Transformation passt. Ärzte unterliegen der Aufbewahrungspflicht der Akten, bis zehn Jahre nach Aufgabe der Praxis. Im Lauf der Jahre entsteht durch Zuweisungen an Spezialisten und Institutionen ein Geflecht von verstreuten Akten. Ist die Gesundheitsakte in der Verantwortung des Patienten, so muss er oder die aktenführende Organisation entsprechend verpflichtet werden.

17.3.7 Gerichtswesen

In einigen Ländern ist es oder wird es möglich, in Zivilprozessen digitale Unterlagen und Medien zu nutzen. In den Niederlanden beispielsweise sind vier Maßnahmen getroffen worden:

- Eingabe von digitalen Dokumenten in Zivil- und Verwaltungsprozessen, wie z. B. Scheidungsantrag, Zahlungsstreitigkeiten etc. zur Behandlung durch das Gericht,

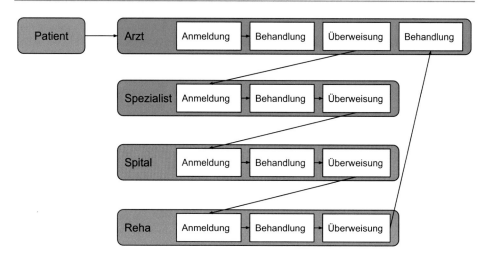

Abb. 17.10 Ein möglicher Patientenpfad. Bei jeder Überweisung gibt es ein Dokument, bei jeder Anmeldung gibt es (mehrere) Datenaufnahmen, während der Behandlung werden z. B. Labordaten erhoben und Bilder erstellt, nach den Behandlungen gibt es einen Abschlussbericht etc.

- Zugang der Parteien zu digitalen Dateien, die im Laufe des Prozess anfallen (Portal „Meine Rechtsprechung"),
- direkte Kommunikation zwischen Anwälten und Gericht (mittels Content Management System),
- digitales Urteil sechs Wochen nach mündlicher Verhandlung.

Im Zivilprozessrecht fällt der Unterschied zwischen Vorladungs- und Klageverfahren. In der ersten Instanz ist ein Basisverfahren vorgesehen, in dem alle Zivilprozesse mit einer digitalen Einreichung von Anträgen oder Forderungen beginnen. Nach dem schriftlichen Vorverfahren für beide Parteien folgt die mündliche Verhandlung mit anschließendem digital verfügbaren Urteil.

In der Schweiz verwenden gewisse Behörden sogar die E-Mail-Adressen mit großer Zurückhaltung, ja machen diese nicht einmal publik. In der Fußleiste finden sich dann Angaben wie die folgende: „Bitte benützen Sie diese E-Mail-Adresse nur für organisatorische Zwecke. Aktenrelevante Eingaben, Stellungnahmen oder Anträge lassen Sie uns bitte per Post oder Fax zukommen." Fax? Digitalisierung im Behördenverkehr bedingt eine neue Rechtssicherheit.

17.3.8 Tägliche Verrichtungen

Geld und Bezahlen

Das Geld ist wohl der virtuellste Gegenstand der Geschichte, denn es ist zum größten Teil bei der Bank hinterlegt, die dem Kunden dies bescheinigt. Das Geld ist hier nur eine dematerialisierte Information. Da das Geld keine Deckung in Gold oder ähnlichem mehr besitzt, ist der Wert eine kollektive Konvention.

Je nach Land ist die Abschaffung des Bargeldes und der Ersatz durch Kreditkarten weiter fortgeschritten. In Schweden oder Norwegen zahlt man auch geringste Beträge nicht bar. Neben Karten sind auch Zahl-Apps im Gebrauch.

Der effiziente Transfer von Geld zwischen Personen oder Personen und Unternehmen wird in den Industrieländern von den Banken als Mittelsleuten behindert. In Afrika, wo das mobile Telefon das am weitesten verbreitete Vernetzungselement ist, können die Teilnehmer augenblicklich Geld überweisen und müssen nicht zwei Tage warten. Das ist der Vorteil, wenn man gewisse Entwicklungsstufen überspringen kann.

Durch den elektronischen Zahlungsverkehr kann der Staat theoretisch die Teilnehmer besser kontrollieren, z. B. in Hinblick auf Geldwäsche oder Steuerhinterziehung.

Wenn nun gar kein Bargeld mehr existiert, wie es beispielsweise Schweden schon vormacht, darf man gar nicht daran denken, was bei einem totalen Datenverlust geschieht. Datenträger sind ja durch elektromagnetische Impulse gefährdet.

Einkauf

Der Einkauf von Lebensmitteln und Non-Food bei den Großverteilern ist schon seit Langem digital, da seit etlichen Jahren Kundenbindungsprogramme eingeführt wurden, in der Schweiz bei der Migros das Cumulus-Programm und bei Coop die Supercard. Dasselbe gilt für Schuhketten, Sportladenketten, Bücherläden usw. und sogar für Banken mit Bonviva und Key-Club. Das Prinzip ist einfach: Der Kunde legt alle seine Einkäufe offen und bekommt dafür Treuerabatte in der Form von Kontenguthaben, ähnlich wie die Flugmeilen bei den Fluggesellschaften. Im einfachsten Fall tauscht man die Daten für 1 % Preisnachlass. Es handelt sich um die erweiterte Ausgabe von Rabattmarken. Diese Daten werden benutzt, um dem Kunden, der schnell analysiert ist, maßgeschneiderte Angebote zu manchen. Auch hier besteht der Mehrwert aus der *Personalisierung*.

Obwohl es zurzeit noch nicht gesellschaftsfähig ist, könnte man auch die Preise personalisieren. Nicht alle Kunden sehen denselben Preis. Im Coop, dem Großverteiler, sind die Artikel beinahe vollständig ohne Preisangabe.

Online-Shopping ist so allgemein verbreitet, dass wir hier nicht viele Worte verlieren. Meist soll man bei den Anbietern ein Konto eröffnen, in dem man ein Profil anlegt. Die Bestellhistorie ist eine gute Angelegenheit, denn man kann einfach die Übersicht behalten.

Reisen und Ferien

Im Alltag ist wohl die Organisation von Reisen und Ferien die am weitesten fortgeschrittene Domäne. Am Beispiel eines Flugs lässt sich nachvollziehen, dass von der Bestellung bis zur Abholung des Gepäcks nach der Landung die Prozesse durchgehend digitalisiert sind. Das alternative Angebot wird für Personen noch verfügbar gehalten, die mit den modernen Medien und Geräten nicht vertraut sind.

Die modernen Menschen haben mit Metasuchmaschinen die Möglichkeit, die billigsten Flüge zu finden, Autos und Übernachtung in derselben Online-Webseiten zu mieten und zu buchen, aber auch zu stornieren etc. Bei der Übernachtung hat AirBnB, abgekürzt für „Luftmatratze und Frühstück", ein ganz neues Segment eröffnet.

Die Digitalisierung berührt alle Bereiche des privaten, öffentlichen und betrieblichen Lebens. Es wird enorme Effizienzgewinne geben, ganz neue Angebote und Produkte und einen neuen Umgang mit Informationen, insbesondere den privaten Daten. Dennoch gibt es ein Paradox: Die Effizienzsteigerung sieht man in den offiziellen Statistiken nicht.

Die Leserin oder der Leser kann sich selber noch kundig machen zur Digitalisierung im Energie-, Mobilitäts- und in weiteren Bereichen.

17.4   Soziale Aspekte

In der Frankfurter Allgemeinen Zeitung vom 2. Februar 2018 (Löhr, 2018) erschien ein Artikel, der folgenden Auszug enthielt:

> „3,4 Millionen Stellen in den kommenden fünf Jahren sollen nach Angaben des Branchenverbands Bitkom hierzulande wegfallen, weil Roboter oder Algorithmen die Arbeit übernehmen. (...) Jedes vierte Unternehmen mit mehr als 20 Mitarbeitern sieht sich durch die Digitalisierung gar in seiner Existenz bedroht."

Hier wird nur der Stellenabbau thematisiert, der sich im Umfang von über 10 % der Beschäftigten bewegt. Gleichzeitig werden aber händeringend neue spezialisierte Mitarbeiter gesucht. Die Digitalisierung wird natürlich auch neue Arbeitsplätze schaffen.

Wie bei allen technologischen Revolutionen gibt es aber eine Umschichtung. Diejenigen, die ihre Stelle verlieren, sind nicht dieselben, die einen neuen Job bekommen.

Die sozialen Aspekte des Wandels der IT wollen wir an vier Themenkreisen festmachen, nämlich:

- Gesundheit,
- Ausbildung,
- Gesetzgebung und
- Überwachung.

17.4.1 Gesundheit

Die große deutsche Krankenversicherung Barmer hat die Universität St. Gallen mit einer Studie über die Auswirkungen der Digitalisierung auf die Gesundheit beauftragt. Die Kernaussagen daraus sind (Böhm, 2016):

- „Die Digitalisierung ist voll in der Erwerbsbevölkerung angekommen. Ein überdurchschnittlicher Digitalisierungsdruck (...) findet sich bei Führungskräften, jüngeren Berufstätigen, Männern sowie Berufstätigen in der Unternehmensführung und in IT- und naturwissenschaftlichen Berufen.
- Digitalisierung zeigt signifikante Zusammenhänge mit emotionaler Erschöpfung (Burnout) und Konflikten zwischen Arbeit und Familie. Rund 23 Prozent der Befragten fühlen sich durch ihre Arbeit emotional erschöpft.
- Flexibilisierung von Arbeit (flexible Arbeitszeiten und Arbeitsorte) ist grundsätzlich positiv zu bewerten, da sie mit verringerten Arbeits- und Familienkonflikten und reduzierter emotionaler Erschöpfung einhergeht.
- Ein wichtiges Instrument im Management der Digitalisierung ist die betriebliche Gesundheitsförderung."

Neben dem Druck am Arbeitsplatz kommt die Existenzangst dazu. Wie Tab. 17.2 zusammen mit dem Artikel (Löhr, 2018) zeigt, sind viele, nicht mehr ganz einfache Berufe gefährdet. Diesem Druck durch Weiterbildung zu entkommen, wird nicht ausreichen.

17.4.2 Aus- und Weiterbildung

Die Entwicklung der IT, die digitale Transformation, hat zwei Aspekte, nämlich 1) IT als Medium der Wissensvermittlung und 2) IT als Lerninhalt.

Die Unterstützung des Lernens durch IT hat eine schon längere Tradition, denn es bestehen seit geraumer Zeit die Angebote des E-Learnings. Dabei können Firmen ihren eigenen „Campus" oder „Universität" betreiben. Anderseits gibt es ein großes, zum Teil kostenloses Angebot von Lerninhalten auf Plattformen im WWW.

Diese Plattformen sind auch unter ihrer englischen Bezeichnung „Massive Open Online Course", also massiver offener Online-Kurs, kurz MOOC, bekannt. Deren Inhalte bewegen sich zum Teil auf Hochschulniveau. Neben dem Lernen können die Lernenden und Lehrenden miteinander kommunizieren und auch eine Gemeinschaft bilden. Gewisse Plattformen bieten auch Zertifikatslehrgänge an.

Bekannte Plattformen sind, hier als ganz kleine Auswahl:

- Codeacademy: Programmier-Kurse für Einsteiger für das interaktive Erlernen von Coding wie HTML, CSS und JavaScript angeboten;
- edX: 126 MOOCs von renommierten Universitäten (siehe Abb. 17.11);
- Duolingo: neue Sprachen lernen;
- Coursera: Online-Kurse, z. B. in Biologie, Medizin, Kunst, Statistik, Blockchain etc.

Generell kann man festhalten, dass durch das WWW ein fast unerschöpfliches Lernangebot besteht. Somit liegt es an jeder und jedem Einzelnen zu entscheiden, ob und wozu sie lernen möchten. Im Betrieb wird häufig etwas kurzsichtig nach dem Return-on-Investment, „Was bringt's?", gefragt.

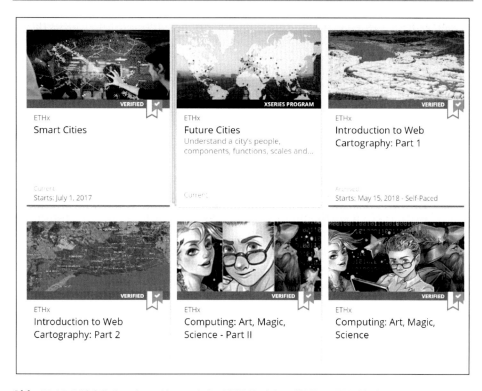

Abb. 17.11 MOOC-Angebote (Auszug) der ETH Zürich auf EdX (ETH, 2016)

Es wurde auch schon kritisch angemerkt, dass das sogenannte lebenslange Lernen zu stark aus ökonomischer Sicht betrieben wird, d. h. Karriereplanung, und weniger zur allgemeinen Bildung.

Die Schule steht immer vor der Aufgabe, neue Lehrinhalte zulasten alter aufzunehmen (siehe Tab. 17.3.4). Diese sind meist in amtlichen Lehrplänen fixiert und auch durch personelle Ressourcen gebunden. Neue Lehrinhalte bedingen Lehrende, die zuvor ausgebildet werden müssen. Somit entsteht stets ein Schleppeffekt. Strukturen haben auch immer eine Trägheit. Die Industrie möchte aber schnellstens Leute einstellen mit zumindest ausbaufähigen Voraussetzungen.

Glücklicherweise hat sich wenigstens die Diskussion über die zu beschaffende Hardware in Schulen dank der Cloud-Lösungen entschärft. Diese bieten die Produktivmittel, die im Unterricht verwendet werden sollten, also kollaborative Text- und Präsentationserstellung, effektive Abfragen etc., die man wieder als Anwendungen in den Betrieben antrifft.

IT bildet eine *Querschnittsfunktion* (außer für Informatik-Studierende). Daraus folgt, dass die Anwendung in die anderen Fächer eingebettet sein muss. Beispielsweise sollte der Latein-Unterricht Vokabeln elektronisch verfügbar machen und die von der Schule empfohlene Vokabel-App unterstützen. Oder Grammatik, als andere Querschnittsfunktion, mit

Programmiersprachen vergleichen können. Klarerweise muss mehr Abstraktion verlangt werden, gepaart mit Einbettung.

Bei den Jungen geht der Wissenspfad von der täglichen Benutzung zur Schule. Kinder kennen meist Applikationen wie WhatsApp, Instagram, Snapchat, Spotify etc., die älteren kennen noch Facebook. Selten kommen Schüler aus einem Haushalt, der IT-Technik prinzipiell ablehnt. Somit muss die Schule mit unterschiedlichen Voraussetzungen umgehen können, was zur Individualisierung des Unterrichts führt mit der folgenden Schwierigkeit der Beurteilung. Da ein offensichtliches Wissensgefälle zwischen Lehrperson und Schülern und Schülerinnen besteht, muss der Unterricht auf den Zusammenhang (Kontext) des sozialen Mediums, der Verknüpfung mit Gesellschaft, Gesundheit und Moral gelegt werden. Ein Ansatz, der vor allem die Gefahren thematisiert, wird nicht erfolgreich sein.

Allenthalben wird gefordert, dass die Schülerinnen und Schüler das Programmieren lernen sollten. Es existieren sogenannten Block-Programmiersprachen, wie etwa `Scratch` vom MIT. Dies sollte noch neben der Medienkompetenz, die man in der Informatik verortet, Platz finden. Programmieren hat eine relativ steile Lernkurve, sodass man vergleichsweise schnell viel lernen kann. Sollen alle programmieren können oder reicht eine stringente Methodik?

17.4.3 Gesetzgebung

Die Gesetzgebung ist in mehreren Bereichen von der IT-Entwicklung gefordert. Zum einen in der Abwehr von schädlichen Einflüssen, die durch unethische Praktiken der Anbieter und die Verwaltung möglich sind, und zum anderen zur Förderung der Leichtigkeit der Geschäftstätigkeiten und der Bürokratie.

Schutz
Der Staat muss seine Bürger vor schädlichen Einflüssen, von Dritten oder vom Staat selber, schützen, und zwar soweit ein gesellschaftlicher Konsens herrscht. Die Schädlichkeit ist eine ziemlich individuelle Angelegenheit, denn über Waffen, Alkohol, Drogen, Umwelt oder Atomkraftwerke lässt sich streiten; über Terroristen eher nicht.

Definition 36 (Profiling). Jede Art der automatisierten Verarbeitung personenbezogener Daten, die darin besteht, dass diese Daten verwendet werden, um bestimmte persönliche Aspekte, die sich auf eine natürliche Person beziehen, zu bewerten, insbesondere um Aspekte bezüglich Arbeitsleistung, wirtschaftliche Lage, Gesundheit, persönliche Vorlieben, Interessen, Zuverlässigkeit, Verhalten, Aufenthaltsort oder Ortswechsel dieser natürlichen Person zu analysieren oder vorherzusagen (Abb. 17.12).

Die kürzlich in der EU in Kraft getretene Datenschutzgrundverordnung enthält zum Profiling folgende Passage:

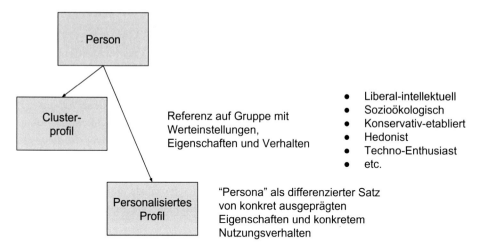

Abb. 17.12 Profiling als Zugehörigkeit zu einer bestimmten (sozioökonomischen) Klasse oder viel detaillierter als eigene Persona

„Artikel 22 ‚Automatisierte Entscheidungen im Einzelfall einschließlich Profiling'

1. Die betroffene Person hat das Recht, nicht einer ausschließlich auf einer automatisierten Verarbeitung – einschließlich Profiling – beruhenden Entscheidung unterworfen zu werden, die ihr gegenüber rechtliche Wirkung entfaltet oder sie in ähnlicher Weise erheblich beeinträchtigt.
2. Absatz 1 gilt nicht, wenn die Entscheidung
    a) für den Abschluss oder die Erfüllung eines Vertrags zwischen der betroffenen Person und dem Verantwortlichen erforderlich ist,
    b) aufgrund von Rechtsvorschriften (...), zulässig ist und diese Rechtsvorschriften angemessene Maßnahmen zur Wahrung der Rechte und Freiheiten sowie der berechtigten Interessen der betroffenen Person enthalten oder
    c) mit ausdrücklicher Einwilligung der betroffenen Person erfolgt."

Das ist wahrlich beinahe eine prophetische Maßnahme.

Im Zusammenhang mit den selbstfahrenden Automobilen stellt sich die Frage nach der Behandlung von Unfällen. Angenommen ein Mann quert unerwarteterweise die Straße mit dem Kinderwagen. Der Algorithmus mit den Sensoren erkennt die Möglichkeit, auf den Bürgersteig auszuweichen, wo aber ein alter Mann steht. Wie sollte des Programm ablaufen? Ein menschlicher Fahrer reagiert in solch plötzlichen Ereignissen unvorhersehbar; im Kopf wird ein virtueller Würfel geworfen. Sollte der Algorithmus ebenfalls würfeln? Oder den Nutzen maximieren, resp. den Schaden minimieren? Nach welcher Vorschrift? Und wenn sich herausstellt, dass der Mann ein Terrorist ist und der Kinderwagen voller Sprengstoff?

Die Konsequenz ist, dass man eine *Ethik* der Algorithmen im gesellschaftlichen Konsens finden und durchsetzen muss.

Im Bereich von Eigentumsrechten stellt sich die Frage, wie Daten und Informationen zu behandeln sind. Unter den zehn größten Unternehmen weltweit sind drei Spezialisten im Datensammeln: Alphabet (Google), Tencent und Facebook. Ein wichtiger Teil des Geschäftsmodells ist das „Monetarisieren" der Daten, also die wirtschaftliche Verwertung. Ohne gesetzliche Maßnahmen werden der Konsument und das breite Publikum ihr Datenkapital gratis verscherbeln. Man kann stark argumentieren, dass dies nicht der Fall sein sollte. Ein ähnliches Problem stellt die Verwertung genetischen Materials einer bestimmten Region, z. B. des Amazonas-Regenwaldes, durch internationale Firmen dar, ohne dass die „Besitzer" etwas davon abbekommen. Daten sind Wertgegenstände und sollten verrechtet werden. Die Klarheit über Eigentumsrechte wird in der Ökonomie als Grundpfeiler einer funktionsfähigen Wirtschaft betrachtet.

Technologieunternehmen hatten lange das Privileg, da sie ja Noch-nicht-Dagewesenes produzieren, nur durch Selbstbeschränkung faire, soziale und gesellschaftlich akzeptable Verhältnisse zu schaffen. Die Gesetzgebung kommt immer später hinterher; die Selbstregulierung hat sich nicht bewährt.

Förderung

Der Gesetzgeber hat je nach unterschiedlicher Verfassung den Auftrag, gesellschaftlich wünschenswerte Verhältnisse zu fördern. In sehr liberalen Staaten herrscht die Auffassung vor, der Staat muss nur die Rahmenbedingungen schaffen, innerhalb derer das freie Unternehmertum den Wohlstand erzeugen oder offensichtliche Marktversagen beheben wird (z. B. Kartelle verhindern). Mehr etatistische Ausprägungen sehen beim Staat[2] eine aktivere Rolle, sodass sie auch Industriepolitiken ausformulieren und umsetzen. Noch andere Staaten sehen den globalen Handel eher als Machtspiel und Wettbewerb eher als Durchsetzung von Eigeninteressen.

Wir wollen ein erstes Beispiel hier anführen: Der Staat ist die Zertifizierungsstelle für die Staatsangehörigen, denn er gibt ihnen einen Personalausweis und einen Pass. Soll er aber auch eine elektronische Identifikation ausstellen und eine Infrastruktur bereitstellen? In der EU ist die Antwort ja, in der Schweiz eher ein lauwarmes Nein. Konsortien, Partnerschaften von öffentlichen und privaten Unternehmungen sollen es richten.

Netzwerke mit Blockchain-Technologie möchten Transaktionskosten senken, auch indem man Mittelsleute eliminiert. Der Staat führt Register für Vermögenswerte, Kataster und Grundbuch für Immobilien, Schiffs- und Fahrzeugregister etc. Würde er diese zugunsten von privaten Netzwerken aufgeben?

In einem baltischen Land ist die Benutzung des Internets kostenlos. Aus einer staatlichen Webseite (Estonia 2017):

---

[2] Wir sprechen hier vom Staat und meinen auch weitere Hoheitsträger wie Länder, Kantone etc.

„Estland hat den Zugang zum Internet als ein Grundrecht erklärt, verfügt über eine florierende IT-Start-up-Kultur und hat für Bürger und Unternehmen eine beispiellose Bandbreite an Leistungen der öffentlichen Hand in digitaler Form optimiert."

Neben den heutzutage allgegenwärtigen Diensten wie Online-Banking bieten sich den Esten auch folgende Services auf einem freien Funknetz an:

- Verträge online unterzeichnen,
- Fahrkarten für den öffentlichen Verkehr bezahlen,
- mit seinem Mobiltelefon Parkgebühren bezahlen,
- online wählen,
- digitale Rezepte von Ärzten abrufen,
- Steuererklärungen online abgeben,
- als Student seine Materialien, Studienfortschritte und auch Resultate abrufen,
- innerhalb von 18 min an ihrem eigenen PC eine neue Firma gründen,
- staatliche Fördergelder (z. B. Elterngeld) beantragen.

Hier zumindest kann man in Sportreporter-Manier sagen: Etatismus 1, Liberalismus 0.

17.4.4 Überwachung

In Deutschland gilt das „Recht auf informationelle Selbstbestimmung", das besagt, dass jeder Mensch das Recht hat, selbst entscheiden zu dürfen, wer Daten von ihm erhebt, speichert, verwendet und weitergibt. Die großen Datensammler sind:

- der Staat, ergo Statistik,
- die Geheimdienste und
- die Unternehmungen.

Der demokratische *Staat* als erster Datensammler ist von Gesetzes wegen stark am Sammeln gehindert. Das geht zum Teil soweit, dass eine Behörde nicht von einer anderen wissen darf. Das führt dazu, dass kein einheitliches Erscheinungsbild (Persona) erstellt werden kann. Nachteilig ist, dass notorische Verbrecher und Steuerbetrüger nicht auffliegen. In Demokratien ist halt alles ein Abwägen von Vor- und Nachteilen. Sobald etwas Staatsgefährdendes passiert, Terroranschläge als Beispiel, können plötzlich Daten aus verschiedenen Quellen gekreuzt werden. Es herrscht möglicherweise eine gewisse Fehlwahrnehmung insofern vor, dass der Staat mehr gefürchtet wird als die privaten Unternehmungen. In Diktaturen ist die

Kontrolle der Information eine der wichtigsten Stützen des Regimes. Im kommunistischen Rumänien war eine Schreibmaschine bewilligungspflichtig.

Die *Geheimdienste,* englisch Intelligence, sind massive Datensammler. Hier gebührt der oft gescholtenen U.S. National Security Agency (NSA) der Vorrang. Sie kann anscheinend potenziell jedes E-Mail lesen (sind ja meist Postkarten). Ihr größter Feind sind die Verschlüsselungsalgorithmen, die in den USA als Waffe gelten und deshalb restriktiven Ausfuhrbestimmungen unterliegen.

Beispiel 17.4.1 (Skynet). Die US-amerikanischen Geheimdienste haben eine Programm namens „Skynet" entwickelt, das die Metadaten von Mobilnetzen auswertet. Darunter fallen auch die Positionen und Wege der Mobilgeräte, Rufdauer, Rufnummern (Traffic Analysis) etc. Das entsprechende Maschinenlernprogramm wurde darauf angesetzt, in Pakistan die Netzteilnehmer nach typischen Mustern zu durchforsten, die denen der Kuriere von Al-Kaida entsprechen. Darunter fallen häufige Reisen, Aufenthalte auf dem Land, Wechseln der SIM-Karte etc. Letzteres ist besonders verdächtig, denn die SIM-Karte hat eine Kennung, aber auch das Gerät (International Mobile Station Equipment Identity (IMEI)). Spuckte das Programm einen mutmaßlichen Terroristen aus, fehlte nur noch eine Unterschrift und ein Drohne wurde losgeschickt. Angeblich sind 2500 bis 4000 Personen liquidiert worden. Sofort fällt das krasse Missverhältnis auf von Trainingsdaten, nämlich die der echten Terroristen, im Verhältnis zu den Anwendungen – halb Pakistan sei durchkämmt worden, rund 55 Mio. Personen. Der größte „Terrorist" nach diesem Programm war der Stationsverantwortliche von Al Jazeera in Islamabad.

„Man braucht den Heuhaufen, um die Nadel darin zu finden", hat NSA-Chef Keith Alexander gesagt. Sein Vorgänger, Michael Hayden, meinte: „We kill people based on metadata".   △

Es ist eine schwierige Frage, wie weit der Staat und seine Organe gehen dürfen, um die Bürger zu schützen. Es wird Freiheit gegen Sicherheit abgewogen.

Die meisten *Unternehmen* sammeln Daten von ihren Kunden, sobald eine Bezahlkarte oder eine Rabattkarte verwendet wird, kennen Großverteiler jeden Artikel des Einkaufs. Daraus Schlüsse über Anzahl Personen im Haushalt, ungefähres Alter und Geschlecht usw. zu ziehen, ist recht einfach. Banken, Internetanbieter, Telefongesellschaften sind ebenfalls in der Lage, riesige Datenmengen anzuhäufen. Es gibt aber noch Firmen, deren Hauptgeschäft es ist, Daten zu sammeln. Unter den größten zehn Firmen weltweit für das Jahr 2017 sind es deren drei, nämlich Alphabet, die Muttergesellschaft von Google, Tencent und Facebook, wie schon gesagt. Bei Amazon und Alibaba, den größten Online-Händlern, fallen ebenfalls massiv Daten an. Also fünf von zehn Firmen befassen sich schwerpunktmäßig mit Daten.

Beispiel 17.4.2 (Sesame Credit). Die chinesische Firma Alibaba betreibt Sesame Credit, ein Scoring-System zur Kreditwürdigkeit ihrer Kunden. Dabei werden aber auch Vorlieben registriert, z.B. ausländische versus heimische Produkte, sowie politische Äußerungen in sozialen Medien. Daten werden mit der Regierung ausgetauscht. Diese verfolgt ein ambiti-öses Projekt, das als „Social Scoring" angelegt ist. Alle Chinesen sollen hinsichtlich ihrer Nützlichkeit und „Aufrichtigkeit" bewertet werden. Bei schlechtem Profil werden Nachteile wie keine öffentliche Anstellung, Reiseeinschränkungen etc. auferlegt. Es ist ein riesiges Projekt zur Kontrolle und Steuerung der Bevölkerung. △

Wie man aus der klassischen Science-Fiction-Literatur weiß, z. B. von H. G. Wells' *Die Zeitmaschine* von 1895, sollen die Betroffenen die repressiven Systeme mögen und schätzen, um wirkungsvoll unterdrückt zu werden.

Beispiel 17.4.3 (Versicherung). In Deutschland bietet eine Versicherung eine Police mit freiwilliger Überwachung von Sport- und Essverhalten an. Treibt man viel Sport oder kauft gesunde Lebensmittel, so werden dem Versicherten Punkte gutgeschrieben. Je mehr Punkte man hat, desto günstiger fällt die Prämie aus. Ähnlich verfahren Autoversicherer mit tele-matischer Überwachung des Fahrstils oder Supermärkte mit Rabattkarten. In all diesen Beispielen werden die Interessen von Anbieter und Kunden ausgerichtet; der Kunde „ver-kauft" seine Daten. Bei Versicherungen wird die Solidarität der Versicherten aufgrund des Wegfalls von Unsicherheit aufgelöst. △

Beispiel 17.4.4 (Gegenmaßnahmen). An öffentlichen Plätzen, am Flughafen, Bahnhof, im Zug usw. wird man von Kameras überwacht. Software kann aus den Bildern Gesichter erkennen. Um dieser Tatsache zu entgehen, haben Künstler Make-up-Stile entwickelt, wel-che die Software außer Kraft setzen. In Anlehnung an die Bemalung der Kriegsschiffe im Ersten Weltkrieg nennt sich diese Camouflage *Dazzle*, englisch für Verwirrung[3]. Wichtig ist die Vermeidung von Enhancern, die die Merkmale verdeutlichen. Der Steg über der Nase zwischen den Augen ist ein technisch wichtiger Punkt, den man teilweise überdecken muss. Auch Strähnen über den Augen und scharfe, kontrastreiche Muster sind wirksam. In manchen Städten, unter anderen New York, ist das Tragen von Masken ja strafbar. △

Gutgemeinte Datensammlung kann sich aber auch in ihr Gegenteil verkehren. Eine Fitness-App zeichnet den Jogging-Kurs auf, der vom Anbieter auf einer Weltkarte gezeigt wird. Nun gibt sie auch sensible Informationen über Militärstandorte preis. Denn daraus lassen sich teils sehr detaillierte Routen erkennen, die nur von Soldaten und ihrer Basis im Nirgendwo stammen können (Abb. 17.13).

---

[3] https://cvdazzle.com, abgerufen am: 1. November 2018.

Abb. 17.13 Die Spuren von Fitness-Geräten, die mit der Cloud verbunden sind. Hier ein Ausschnitt aus Afghanistan auf der Route nach Kabul

17.5   Ökonomische Aspekte

Die ökonomischen Aspekte der Informationstechnologie betreffen einerseits die Produktion und anderseits den Konsum, und zwar in den Kategorien Produktivität und Qualität. In älteren Büchern über Volkswirtschaft wird von den drei wesentlichen Inputfaktoren ausgegangen, die da waren 1) Boden, 2) Arbeit und 3) Kapital. Gemeint waren allerdings die Großgrundbesitzer und ihre Landwirtschaft sowie der Abbau von Rohstoffen, die Arbeitskraft der Industriearbeiter und das Kapital, um die Produktionsstätten zu finanzieren. Die Industrialisierung und die Ausbildung der Dienstleistungsgesellschaft hat die Bedeutung des Finanzkapitals wesentlich gesteigert. In der vierten Revolution, wie es im Schlagwort „Industrie 4.0" insinuiert wird, sind die immateriellen Werte *Wissen* und *Information* von herausragender Bedeutung. Bald wird man Information als Vermögen bilanzieren.

17.5.1 Produktivität

Der laufende Einsatz von computergestützten Informatikmitteln, die Einführung der Digitalisierung sollte eigentlich zu Produktivitätsgewinnen führen, dies ist nur logisch. Aber dem ist nicht so! Die Produktivität, wie sie seit Langem gemessen wird, nimmt in den sogenannten OECD-Ländern, den hochentwickelten Volkswirtschaften, ab, und zwar seit den 1970er-Jahren.

Zum einen wird dieses Phänomen mit der Umschichtung von der produzierenden Industrie zum Dienstleistungssektor begründet, wo die Produktivität eher tief ist. Zum anderen zeigt eine tiefergehende Analyse, dass es eine zunehmende Spreizung zwischen den besten, produktivsten und den weniger produktiven Firmen gibt.

Man spricht auch vom *Superstar-Effekt:* Wenige Firmen ziehen die besten Talente an und profitieren von Netzwerkeffekten, z. B. im Bereich digitaler Plattformen. „Winner takes it all" ist das Schlagwort; die Konzentration im Markt steigt.

Auch wenn man keine absolute Erkenntnis hat, zeigt sich, dass man schneller laufen muss, um auch nur an Ort zu bleiben. Die Produktivität hat immer als Motor des Wohlstands gegolten. Anscheinend kann dies der vermehrte Einsatz von IT-Mitteln aber nicht flächendeckend erzeugen.

17.5.2 Qualität

Unter Qualität verstehen wir nicht nur die Erhöhung des Nutzwertes bestehender Produkte, sondern auch die Entstehung von neuen Produkten.

Es herrscht weitum Konsens über die Ansicht, dass die Digitalisierung die Qualität der Produkte verbessern wird. Einerseits lassen sich die Produkte besser verfolgen, ihre Identität und Werdegang nachvollziehen. Dies ist in der Lebensmittelherstellung, der Pharma- und der Industrieproduktion wichtig. Prozesse werden sicherer, transparenter und effizienter.

Aber gewisse Produkte werden schlechter. Darunter ist sicher die Informationsqualität zu sehen, weil die Information immer mehr als nutzergenerierter Inhalt ohne profunde Recherche und Quellenkritik verbreitet wird.

Produkte und deren Preise können immer mehr personalisiert werden und auf die Datenlage des Nutzers z. B. als Patient Rücksicht nehmen oder ihn eben ausbeuten.

17.5.3 Arbeit und Steuern

Die Arbeit wird durch die Weiterentwicklung der IT und deren Durchdringung aller Lebensbereiche zwei wesentliche Effekte haben, nämlich:

- was man arbeitet und
- wie man arbeitet.

Bezüglich der Arbeitsfelder gibt es einige Studien, welche die jetzigen Berufsbilder für die Zukunft bewerten (siehe Tab. 17.2). Die Reihenfolge in der Tab. 17.2 ist nach der Möglichkeit, von Computern ausgeführt zu werden, geordnet, wobei die Wahrscheinlichkeit $P()$ neben dem Rang angegeben ist. Das oberste Segment gibt die Berufe mit den besten Zukunftsperspektiven wieder, das dritte solche mit schlechten Aussichten. Die Studie

Tab. 17.2 Auszug aus der berühmten Studie zur Zukunft der Arbeit (Frey & Osborne, 2013), mit Erlaubnis

Rang	$P()$	Tätigkeit
1	0,0028	Recreational Therapist
41	0,0078	Secondary School Teachers
46	0,009	Registered Nurses
53	0,011	Mechanical Engineers
56	0,012	Microbiologists
68	0,015	Multimedia Artists and Animators
69	0,015	Computer and Information Research Scientists
70	0,015	Chief Executives
82	0,018	Architects
87	0,021	Materials Scientists
89	0,021	Fashion Designers
115	0,035	Lawyers
122	0,038	Veterinarians
125	0,039	Political Scientists
159	0,08	Compliance Officers
169	0,1	Chefs and Head Cooks
194	0,16	Desktop Publishers
197	0,17	Firefighters
209	0,21	Actuaries
217	0,23	Financial Analysts
259	0,37	Actors
265	0,38	Interpreters and Translators
282	0,43	Economists
293	0,48	Computer Programmers
359	0,65	Computer Support Specialists
442	0,81	Word Processors and Typists
565	0,92	Insurance Sales Agents
570	0,92	Retail Salespersons
628	0,96	Receptionists and Information Clerks
671	0,98	Bookkeeping, Accounting, and Auditing Clerks
675	0,98	Claims Adjusters, Examiners, and Investigators

(Fortsetzung)

Tab. 17.2 (Fortsetzung)

Rang	$P()$	Tätigkeit
677	0,98	Credit Analysts
679	0,98	Shipping, Receiving, and Traffic Clerks
686	0,98	Loan Officers
688	0,98	Brokerage Clerks
696	0,99	Cargo and Freight Agents
698	0,99	Insurance Underwriters
702	0,99	Telemarketers

bewertet 701 Berufe, die hier stark reduziert wiedergegeben sind. Dennoch enthalten sie die Kernaussagen.

Zum einen erkennt man sofort, dass die stark menschenbezogenen Berufe der Pflege und Rettung (Empathie) und der Lehre (Lehrer und Wissenschaftler, Ingenieure) sowie Berufe der Kunst und der Mode etc., also Fantasie und Kreativität bedingende Tätigkeiten, nicht ersetzt werden können. Juristen sind beides nicht, doch systemimmanent gelingt es ihnen, sich selber zu erhalten.

Im untersten Drittel sind die „Sachbearbeiter", die nicht ganz einfache Tätigkeiten verrichten und durchaus vertieftes Wissen besitzen müssen. Die Tätigkeiten weisen allerdings einen hohen Anteil an *Routine* auf. Sie werden durch IT-Systeme im Zusammenspiel mit den Kunden ersetzt. Die Kunden können sich durch die abrufbare Informationen selbst bedienen und entscheiden. Dass nichttriviale Berufe verschwinden werden, ist insofern neu, als in früheren Wellen der Automation die einfachsten Tätigkeiten betroffen waren.

Die mittlere Auswahl ist etwas unbestimmt. Dass Programmierer bedroht sind oder zumindest anzahlmäßig weniger gebraucht werden, ist nur erklärbar, indem die Programmierung wiederum stark automatisiert wird, z. B. durch Entwicklungsprogramme.

Das Zitat in Abschn. 17.4 betont die Auswirkungen der IT-Entwicklung auf die bestehenden Arbeitsplätze. Die Entwicklung hat immer schon menschliche Arbeit ersetzt, man denke etwa an das Verschwinden der Landwirtschaft, in der heute noch 3–4 % der Bevölkerung ein Auskommen finden.

Die vierte Revolution, auf die im Schlagwort Industrie 4.0 angespielt wird, ist diesbezüglich nicht anders. Anders ist die Gefährdung der nicht ganz einfachen Jobs. Die Geschwindigkeit könnte auch höher sein als in den drei vorangegangenen Umwälzungen, sodass die Anpassung schwieriger wird. Aber da gibt es ja noch die neuen Tätigkeiten, von denen wir heute nur schwammige Vorstellungen haben.

Beispiel 17.5.1 (Neuer Beruf). Die soziale Medienpräsenz, Online-Konten und schwebende Online-Geschäfte eines Individuums enden nicht automatisch mit seinem Ableben.

Jemand muss sich um das Aufräumen und die Rückgewinnung von Guthaben oder Stornierung von laufenden Verpflichtungen kümmern. Diese Tätigkeiten werden von sogenannten digitalen Bestattern wahrgenommen, also Mitgliedern von einem neuen Berufsbild. Die Aufgabe wird durch das Vorhandensein von Nummern und Passwörtern enorm vereinfacht, weshalb entsprechende Angebote zur Verwahrung derselben zu Lebzeiten angeboten werden.   △

Anderseits kommt die Produktion ohne Konsumenten nicht aus. Eine Volkswirtschaft braucht auch zahlungsfähige Verbraucher, die den automatisierten Produzenten ihre Produkte abkaufen. Wenn man also über die Arbeit spricht, muss man sich auch Gedanken zum Einkommen und damit zu den Umverteilungsmechanismen machen.

Traditionell wurde das Einkommen progressiv besteuert, damit die hohen Einkommen auch für die niedrigeren bezahlen. Immer mehr indirekte Steuern, wie z. B. die Mehrwertsteuer, verringern die Umverteilung. Es werden schon Stimmen laut, die fordern, man müsse den Einsatz von Robotern mit Strafsteuern belegen. Diese Ideen wurden schon in den 1950er-Jahren ventiliert. Eine andere Idee ist die Mikrosteuer, die auf jede Transaktion, d. h. Zahlvorgang, einen geringen Obolus abführt.

Aber nicht nur die Steuerarten sind von der Digitalisierung betroffen. Auch die Art und Weise, wie die Steuerbehörden die Unterlagen für die Steuerveranlagungen erheben. In absehbarer Zukunft wird man die Steuererklärung oder zugehörige Daten nur noch elektronisch einreichen können. Die OECD empfiehlt ihren Mitgliedern eine Spezifikation für computerlesbare Dateien, die Buchhaltungsdaten aus dem ursprünglichen Buchhaltungssystem in ein vorgegebenes XML-Format eingeben (Standard-Audit-File-Tax SAF-T).

17.6 Ökologische Aspekte

Mit Blick auf die IT wird zwischen den (unscharfen) Begriffen grüne IT und nachhaltige IT unterschieden. Der zweite Begriff enthält auch soziale Aspekte, wie zum Beispiel in der Produktion:

- faire Bezahlung,
- gute Arbeitsbedingungen,
- Abbau von Diskriminierungen.

Diese wollen wir hier nicht behandeln, weil sie nicht IT-spezifisch sind. Bekanntlich sind die Bedingungen bei Foxconn, dem Hersteller von iPhones, häufig kritisiert worden.

Wir beschränken uns auf die Themen Rohstoffe und Energie. Doch sowohl Hardware als auch Software, Programme und Anwendungen, haben einen Einfluss auf die Umwelt. Beispielsweise verbraucht die massive Anwendung von Verschlüsselungen aufgrund der verbrauchten Rechenleistung große Mengen elektrischer Energie. Anderseits können Produkte dank der detaillierteren Simulation leichter und sparsamer hergestellt werden.

17.6.1 Rohstoffe

Die Gewinnung von Rohstoffen hat eine lange Geschichte der Ausbeutung von Menschen und Zerstörung der Umwelt hinter sich. Häufig liegen die Minen in wenig stabilen Ländern von Südamerika, Afrika und Asien.

Für die Hardware der IT werden viele Allerweltsrohstoffe und Stoffe, allen voran Kunststoffe und Glas verbaut. Speziell in der IT-Hardware sind aber die Metalle der sogenannten Seltenerden (oder auch seltene Erden). Für die Akkumulatoren wird zudem Lithium und Kobalt verwendet. Mit der Verbreitung von Elektrofahrzeugen steigt die Nachfrage sehr stark.

Die Seltenerden bestehen aus 17 Vertretern, wobei 15 davon die sogenannten Lanthaniden bilden. Ein Element ist radioaktiv, Promethium. Im Folgenden findest Du die Ordnungszahlen, Namen und Symbole dieser Übergangsmetalle:

21 Scandium	SC	39 Yttrium	Y
57 Lanthan	Ln	65 Terbium	Tb
58 Cer	Ce	66 Dysprosium	Dy
59 Praseodym	Pr	67 Holmium	Ho
60 Neodym	Nd	68 Erbium	Er
61 *Promethium*	Pm	69 Thulium	Tm
62 Samarium	Sm	70 Ytterbium	Yb
63 Europium	Eu	71 Lutetium	Lu
64 Gadolinium	Gd		

Entgegen ihrem Namen sind die Seltenerden nicht sehr selten. Sie kommen in der Natur aber gemischt in Erzen vor, sodass sie aufwendig getrennt werden müssen, falls man sie in hoher Reinheit benötigt. Sie oxidieren sehr leicht, weshalb sie Ionen bilden.

Ende des 19. Jahrhunderts wurden sie wegen ihrer Lichtemission bei Erwärmung in Glühstrümpfen verwendet. Heute werden sie in Sonderstählen, Speziallampen, Fernsehern und Monitoren, Lasern, Superleitern und Protonen-Emissions-Tomografen eingesetzt.

Der überwiegende Teil der Seltenerden, rund 85 %, und Metalle wie Tantal oder Kobalt werden in China geschmolzen und raffiniert. Die Angaben der dortigen Hersteller über die Herkunft der Erze können die Elektronikhersteller nur schwer kontrollieren. Beispielsweise schuften Kinder in kongolesischen Minen, um auch Rebellen zu finanzieren.

Bis Mitte der 1980er-Jahre dominierten die USA, Frankreich und Japan diese Branche. Außer Tantal stammte ein Großteil der damals benötigten Seltenerden aus einer einzigen kalifornischen Mine in Mountain Pass. Aufgrund von Umweltauflagen und tiefer chinesischer Preise rentierte sie sich nicht mehr und wurde geschlossen. Der Abbau ist also recht umweltschädigend.

Konfliktfreie Seltenerden sind selten. Eine längere Nutzungsdauer der Geräte und Akkumulatoren hilft der Umwelt. Wegen der meist minimalen Mengen an Seltenerden in den Geräten ist Recycling unwirtschaftlich.

17.6.2 Energie

Die IT-Infrastruktur braucht elektrische Energie zum Betrieb und weitere Energie zur Herstellung der Komponenten. Die drei Hauptverbraucher sind (Mattern, 2015):

1. Endgeräte für Nutzer: PCs, Laptops, Telefone, Displays, E-Book-Reader, Spielkonsolen etc.,
2. Daten- und Rechenzentren mit ihren Servern und Kühlaggregaten,
3. Kommunikationsnetze inklusive Mobilfunkstationen und Internet-Router.

Der Energieverbrauch wird auf rund 900 TWh geschätzt, wobei die Herstellung rund 330 TWh verschlingt; in der Schweiz sind es rund 500 GWh. Ein PC ist in den letzten 30 Jahren nicht sparsamer geworden, wenn man die Energie pro Zeiteinheit (Leistung) betrachtet. Allerdings hat sich die Anzahl Operationen in dieser Zeit um rund 1. Mio. Mal erhöht. Anderseits wird die Software tendenziell langsamer – man spricht auch von Bloatware –, weil sie überladen ist. Beispielsweise ist ein MS Word von 2007 nicht langsamer als MS Word in 2017. Die Software frisst einen Teil des Effizienzgewinns weg. Anderseits nehmen die Laptops und Smartphones aufgrund ihrer effizienten Internet Benutzung zulasten der PC zu.. Dies ist ein messbarer Effekt.

Insgesamt nimmt der Energiebedarf trotz allem zu, und zwar vor allem im Verbrauch für die Kommunikationsnetze. Heute sind wir insgesamt etwa bei 4–5 % des globalen Verbrauchs.

Neuerdings gibt es Produkte, die eine sehr energiehungrige Technik brauchen: *Kryptowährungen*. Das unterliegende Modell ist die Blockchain, die zur Erlangung einer sehr hohen Sicherheit sogenannte „Miners" braucht, die wiederum für die kryptografischen Methoden exorbitante Rechenleistung und damit Elektrizität konsumieren. Sollte sich der Gebrauch verzehnfachen, dann bräuchte es angeblich die Menge elektrischer Leistung von halb China.

Analysten von Morgan Stanley schätzen, dass allein 2018 rund 130 TWh verbraucht werden. Das entspricht ungefähr dem Stromverbrauch von ganz Argentinien. In Island, das Ökostrom aus Erdwärme produziert, „verbraten" die Miner bereits mehr Strom als alle Privathaushalte der Insel zusammen.

17.7 Technologische Aspekte

Der technologische Fortschritt betrifft nicht nur die beiden Dimensionen Hardware und Software. Im Kontext der Informatik muss man aber auch die Fortschritte der Analyse durch Mathematik und Statistik zählen. Dazu möchten wir ein paar Gedanken äußern.

17.7.1 Rechenleistung

Gordon Moore hat 1965 eine Gesetzmäßigkeit postuliert, wonach die Dichte der Transistoren pro Chip und damit die Rechenleistung nach einer Exponentialfunktion anwachsen. Die Verdoppelungszeit ist knapp zwei Jahre. Schon etwa zwanzig Jahre lang sagt man sich, dass es so nicht weitergehen könne. Bis jetzt hat es aber funktioniert (siehe Abb. 17.14). Mit der Verbreitung der GPU, den Prozessoren der Grafikkarten, haben sich gewisse Rechenleistungen zusätzlich erheblich erhöht. Dies trifft vor allem dort zu, wo Algorithmen parallelisiert werden können.

Der Einsatz von Quantencomputern, die mit einer anderen Logik als der Schaltlogik arbeiten, könnte sprunghaft mehr Leistung erbringen. Dazu mehr weiter unten.

Anderseits gibt es auch einen Angebotseffekt, und zwar insofern, dass großzügig mehr Leistung verbraucht wird, wenn diese auch vorhanden ist. Für den Benutzer sind seine typischen Anwendungen gefühlsmäßig in den letzten zwanzig Jahren nicht schneller geworden. Ineffiziente Software nennt man ja Bloatware, weil sie aufgeblasen und verschwenderisch ist.

Abb. 17.14 Das Moore'sche „Gesetz" geht von einer Verdopplung der Transistorenzahl pro Chip in rund 18 Monaten aus. Im Jahr 1971 hatte ein Intel 4004 rund 2500 Transistoren, 1995 ein Pentium Pro 5 Mio. und 2015 ein SPARC M7 10 Mrd.

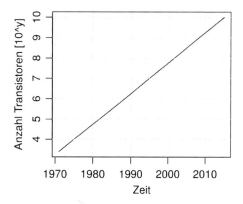

17.7.2 Big Data, Datenanalyse

Wenn man unter Big Data große Datenbestände versteht, dann ist das nichts Neues. Diese werden immer häufiger digitalisiert. Die ehemalige Republik Venedig besitzt ein tausendjähriges Archiv von 80 km Lauflänge. Es wurde abgeschätzt, dass die Digitalisierung mit 450 gescannten Büchern pro Tag rund zehn Jahre in Anspruch nehmen würde. Hinzu kommen die Daten von Sensoren (siehe Abb. 17.15).

Big Data birgt im Bereich der personenbezogenen Daten erhebliche Gefahren. Anderseits kann man berechtigte Hoffnungen hegen, dass in den Daten bisher nicht zugängliche oder übersehene Zusammenhänge auftauchen. In der Forschung, insbesondere der medizinischen, sind haufenweise widersprüchliche Ergebnisse berichtet worden, die man neu bewerten könnte. Auch kann man aus vorliegenden Daten algorithmisch bestimmen, in welcher Richtung man anschließend weiterforschen sollte. Algorithmen kennen auch keine Vorurteile, sodass blinde Flecken wegfallen können.

Wenn aber Daten mit Vorurteilen behaftet sind, so lernt dies die Maschine auch und perpetuiert diese unglücklicherweise.

Beispiel 17.7.1 (Datenquelle Auto). Das moderne Auto mit seinen Hunderten von Sensoren ist eine immense Datenquelle, die mit dem Server des Herstellers verbunden ist. Das Auto ist mit einer SIM-Karte versehen. Die Daten können zur Verbesserung der Leistungen rund ums Auto benutzt werden, aber auch um zu überwachen und um sie zu verkaufen. Versicherungen

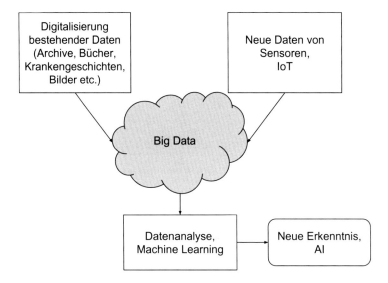

Abb. 17.15 Big-Data schematisch

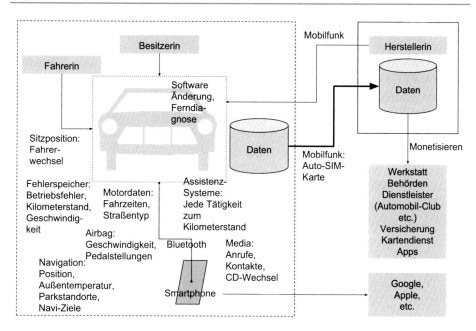

Abb. 17.16 Auto als Datenquelle, angelehnt an Eicher (2018, 38–39), ADAC. Dass die Herstellerin die Daten besitzt, ist mit dem Datenschutz schlecht vereinbar

bieten zum Teil Rabatte für nachgewiesenes defensives Fahrverhalten. In der Abb. 17.16 sind die Daten und die Anspruchsgruppen zusammengestellt. Dass sie von den Herstellern verwertet werden, ist nicht unproblematisch. △

17.7.3 Quantenrechner*

Die Quantenrechner benutzen Quanten und ihre Zustände als Bausteine für die elementarsten Rechnungen und konkurrieren so mit den Transistoren der integrierten Schaltkreise.

Quanten sind kleinste Teilchen wie Elektronen, Photonen oder Atome, die in ihrer speziellen Umgebung die merkwürdigen quantenmechanischen Effekte zeigen. Eine quantenmechanische Tatsache ist die duale Natur der Materie: sie ist gleichzeitig Teilchen und Welle. Dies wird anhand der Formel von LouisDe Broglie klar:

$$h = \frac{\lambda}{p} \approx \frac{\lambda}{m \cdot v}.$$

Die Konstante von Planck h ist gleich der Wellenlänge λ des Teilchens dividiert durch den Impuls p, der wiederum aus dem Produkt von Masse m und Geschwindigkeit v besteht[4].

---

[4] Nur in der klassischen Physik ist $p = mv$, bei hohen Geschwindigkeiten gilt: $p = m \cdot v / \sqrt{1 - v^2/c^2}$, mit c der Lichtgeschwindigkeit.

Also Masse und Wellenlänge sind hier aneinander gebunden; Materie und Welle. Sogar die Physiker waren damals, um 1923, geschockt.

Die einen, die beim Teilchen ansetzten, haben ein kompliziertes Gebäude mithilfe der linearen Algebra (Vektoren, Matrizen, Tensoren) aufgebaut, während die Wellenbetrachter, hier Erwin Schrödinger, zur Wellengleichung, einer sogenannten Differenzialgleichung, kamen. Diese sieht wie folgt aus:

$$i\frac{d|\psi(t)\rangle}{dt} = H|\psi(t)\rangle.$$

Das erstaunliche ist, dass eine Beschreibung der Natur, und damit der Realität, die *imaginäre* Zahl i enthält, also $\sqrt{-1}$. Sehr merkwürdig.

Wenn man Steinchen in einen ruhigen Teich wirft, so bilden sich konzentrische Wellen um die Einschlagpunkte. Diese Wellen durchdringen sich, ohne sich weiter zu stören. Man nennt dieses Phänomen *Überlagerung* oder Superposition. So verhält es sich auch mit den Wellenfunktionen von mehreren Teilchen: der Zustand ist eine Überlagerung von Wellen, die mit ihrer Eintrittswahrscheinlichkeit, eigentlich der Wurzel davon[5], gewichtet sind[6].

Neben dem zu beobachtenden System kommt noch das Beobachtungssystem dazu. Zusammen machen sie das Gesamtsystem aus. Nun kommt es wieder zu einer merkwürdigen Tatsache: Im Unterschied zur klassischen Physik, wo eine Beobachtung oder Messung den Ort eines Gegenstandes festgestellt, wird er in der Quantenwelt erst erzeugt. Die Beobachtung bringt die Wellen zum Verschwinden und zwingt das System in einen festen Zustand. Von den n möglichen Zuständen ψ_i wird ψ_m realisiert, wobei die Wahrscheinlichkeit dafür $P(\psi_m) = |k_m^2|$ war.

Und nun die Ein-Millionen-Frage: Wie kann man mit so merkwürdigen, instabilen Zuständen einen Rechner bauen? Die Antwort sind auch Gatter oder Schalter wie bei den konventionellen Transistoren (siehe Abschn. 3.7). Speziell sind Quantengatter quadratische Matrizen[7], sodass Input und Output dieselbe Anzahl aufweisen müssen (Reversibilität). Beispielsweise sieht das *Controlled NOT* folgendermaßen aus:

$$\text{CNOT} = \begin{bmatrix} 1 & 0 & 0 & 0 \\ 0 & 1 & 0 & 0 \\ 0 & 0 & 0 & 1 \\ 0 & 0 & 1 & 0 \end{bmatrix} \text{ wobei } \mathbf{I} = \begin{bmatrix} 1 & 0 \\ 0 & 1 \end{bmatrix} \text{ und } \text{NOT} = \begin{bmatrix} 0 & 1 \\ 1 & 0 \end{bmatrix}.$$

---

[5] Eigentlich eine komplexe Zahl.

[6] Formelmäßig:

$$\psi(t) = k_1 \cdot \psi_1(t) + k_2 \cdot \psi_2(t) + \ldots + k_n \cdot \psi_n(t)$$

mit

$$1 = |k_1^2| + |k_2^2| + \ldots + |k_n^2|.$$

[7] Sogar unitäre Matrizen, deren Spaltenvektoren also die Länge 1 aufweisen.

Die bekannteste Anwendung für den Quantencomputer ist der von Peter Shor 1994 vorgeschlagene Algorithmus, um Zahlen zu faktorisieren. Im Jahr 2001 gelang die erste Berechnung dieser Vorschrift auf einem Quantencomputer. Mit Quantencomputern kann man bis anhin als sicher geltende Verschlüsselungen knacken. Deshalb: aufgepasst, wer einen solchen Rechner besitzt!

Wie man der Abb. 17.17 entnehmen kann, ist die Apparatur auf extremste Kälte angewiesen, um Supraleitung herzustellen und geringste thermische Störungen auszuschalten.

Wer ist daran, einen Quantencomputer zu bauen? Es sind rund zwei Dutzend Firmen, Institute und Universitäten. Wir zählen die ersten zehn auf, die häufig genannt werden. Es wird ein sehr sportlicher Wettlauf inszeniert, der auch auf die Anzahl Qubits abzielt. in der folgenden Tabelle sind die ersten zehn Firmen aufgelistet.

Microsoft Quantum Computing	Intel
IBM QC	Hewlett Packard
Google Research	Alibaba QC Labs
D-Wave Systems	QB Info Technology
Toshiba Quantum Info Group	Lockheed Martin

Es wird von 49, 50 und 72 Qubits berichtet. Der Zeitpunkt, zu dem die konventionellen Rechner von den Quantencomputern überflügelt werden, nennt man „Computing Supremacy".

Was ist die gesellschaftspolitische Bedeutung der Quantencomputer? Erstens könnten sie das Fortbestehen des Moore'schen Gesetzes bewerkstelligen, sodass der Einfluss der Informatik weiter wächst. Mehr Leistung spielt der Künstlichen Intelligenz in die Hand. Zum zweiten könnte man gezwungen sein, die Sicherheit der Verschlüsselung neu zu überdenken.

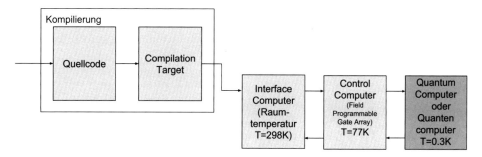

Abb. 17.17 Quantenrechner-Architektur (Quelle: Microsoft). Man beachte die Temperaturangaben: Der Interface-Computer arbeitet zu Raumtemperaturen (298 K=25 °C), der wiederprogrammierbare Steuerungscomputer bei 77 K (−196 °C) und der Quantencomputer bei 0,3 K, also −272,85 °C. Das ist ganz nahe am absoluten Nullpunkt von −273,15 °C

17.8   Warnungstafeln

Friedrich Dürrenmatt lässt im Stück „Die Physiker" sagen: „Was einmal gedacht wurde, kann nicht mehr zurückgenommen werden." Wer das Stück kennt, weiß, dass der Hintergrund der Aussage die Entwicklung der Atombombe darstellt.

In der Informatik und der Gesellschaft sind virtuelle Welten und damit auch das Metaversum voraussichtlich das nächste große Ding. Es könnte in noch vielen Jahren eine ähnliche Bedeutung erlangen wie das gängige Internet, wenn entsprechende allgemeingültige Protokolle und Standards entwickelt werden und der Fortschritt bei Rechenleistung und Speicherkapazität anhält. Der wesentliche Unterschied zum Bestehenden ist die *Immersion,* die viel intensivere Verknüpfung der Wahrnehmung mit der Maschine über mehr Sinne.

Ein derartiger technologischer und gesellschaftlicher Sprung ist nicht werteneutral. Aber welche Werte werden, auch unterschwellig, unterlegt?

Karl Popper, ein Erkenntnistheoretiker, schreibt (Popper, 2003, 277): „Der Versuch, den Himmel auf Erden einzurichten, erzeugt stets die Hölle. Dieser Versuch führt zu Intoleranz, zu religiösen Kriegen und zur Rettung der Seelen durch die Inquisition."

17.8.1 Weltanschauung

Für normale Industrien würde man von Geschäftsmodell sprechen. Das Silicon Valley allerdings als Zentrum der ungebremsten Innovation braucht ein viel größeres Fundament für seine Visionen, eben eine ganze Weltanschauung oder, etwa negativ gefärbt, eine Ideologie.

Die Region *Silicon Valley* ist das Synonym für die Entwicklung von Informatik und verwandter Technik. Dort sind die Großen der Big-Tech, die Geldgeber für Start-ups und die technophil-konservative *Stanford University* angesiedelt. Deshalb interessiert, welche gesellschaftlichen und ethischen Vorstellungen dort vorherrschen, sofern man dies überhaupt sagen darf. Wir unterschlagen hier der Einfachheit halber ein wenig, dass an der Ostküste der USA das *Massachusetts Institut of Technology*, MIT, ebenfalls eine hervorragende Rolle spielt.

Anschauungen müssen nicht wahr sein, sie können auch einfach geglaubt werden. Grobkörnig kann man einige Muster für die Befindlichkeit erkennen, u. a.:

- kindlich-kreativ,
- hyperkapitalistisch-meritorisch,
- anarchistisch-libertär,
- affektiv-altruistisch *(Longtermism).*

Kreativität

Kreativität hat mit der Fähigkeit zu tun, sich wie ein Kind vollständig in ein Spiel zu vertiefen und diese Realität als echt zu empfinden. Im Valley hat es einige Multimilliardäre, einige der reichsten Menschen dieser Erde, die sich noch um ihre Kindheitsträume kümmern können.

Die Raumfahrt fasziniert die Tech-Milliardäre. Tesla-Gründer Elon Musk betreibt *Space X*, Amazon-Chef Jeff Bezos besitzt die Firma *Blue Origin,* der verstorbene Microsoft-Mitgründer Paul Allen *Spaceship One* und Virgin-Gründer Richard Branson *Virgin Galactic*. Ein Wettlauf bezieht sich auf den Planeten Mars, den man über eine Zwischenstation auf dem Mond erreichen will. Auf die Rückseite des Mondes ist schon mal ein Vehikel der Chinesen gelandet. Musk möchte die Menschheit zur „multiplanetaren Spezies" machen. Der Mars ist attraktiv, weil in rund sechs Monaten Reisezeit erreichbar und klimatisch nicht ganz so abweisend. Raumfahrt war früher den großen Staaten mit ihren Agenturen, also den USA und der Sowjetunion vorbehalten. Nun werden sie von den Milliardären übertroffen. Sinn und Zweck der Raumfahrt kann wohl keine Aussiedlung der Menschheit sein. Ob dieser Wettlauf problematisch ist, kann man heute noch nicht abschätzen. Um wirklich kreativ zu sein, muss man den häufig verlorenen Enthusiasmus der Kinder haben. In gesellschaftlichen Fragen und Projekten sollte man wegen der Implikationen aber nicht infantil sein.

Elon Musk entwickelt mit einer seiner Firmen Neuralink ein Gerät zur Kommunikation zwischen dem Gehirn und Computern, ein sogenanntes *Brain-Computer-Interface*. Zum einen erhofft man sich die Beeinflussung von zerebralen und psychischen Erkrankungen, zum anderen kann man befürchten, dass der Mensch zu einem teuren Datenspeicher mutiert, den man auslesen, und *horribile dictu* wieder einlesen könnte.

Adam Neumann, ein mittlerweile abgestürzter Star eines milliardenschweren Start-ups, sinnierte 2019 über das Unglaubliche: Anführer der Welt zu werden, ewig zu leben, mehr als 1 Billion Dollar, also tausend Milliarden, an Vermögen anzuhäufen. Heute ist er trotz Scheiterns immer noch Milliardär.

Der kreative Wahnsinn (keine Idee ist zu verrückt, um belächelt zu werden, alles kann man als Geschäftsidee prüfen) ist ein wirkungsmächtiger Katalysator für Innovationen. Diese Kultur fehlt in der Alten Welt vollständig. Es nutzt nichts, Start-ups zu fördern, ohne die grundlegende Offenheit für grenzwertige Ideen zu haben und das Scheitern als Teil des Modells zu verstehen. Im Valley wird Scheitern als Voraussetzung für den Erfolg verkauft, als ob Roger Federer einer der besten Tennisspieler war, *weil* er so oft verloren hat.

Alphabet-Mitgründer Larry Page, sagte, es gäbe eine Menge Dinge, die sie gern machen würden, aber leider nicht tun können, weil sie illegal sind, weil es Gesetze gebe, die sie verbieten. Es sollte privilegierte Orte geben, solche also, die von Gesetzen ausgenommen sind (Döpfner, 2014). Staatliche Regulierung wird als großes Hemmnis empfunden und bekämpft.

Meritokratie und Gegenkultur

Das Valley, als Kürzel für alle Beschäftigten und Studierenden, vor allem in Stanford, im Silicon Valley, ist nicht nur seit den Regierungsjahren von Ronald Reagan, der aus Kalifornien stammte, stramm kapitalistisch, sondern schon seit immer, also seit der massenhaften Zuwanderung Kaliforniens[8]. Reagan hat das individuelle Reichwerden als typisch amerikanisch reaktiviert, den Vorrang des Individuums vor der Gesellschaft. Mit Bill Clinton hat sich der Neoliberalismus fortgesetzt, indem der Mythos der Chancengleichheit verfestigt wurde. Nun ist im Valley die Meritokratie als Ideologie vorherrschend. *Meritokratie* ist die Herrschaft derer, die es verdienen zu herrschen. Bildlicher ist es die Hierarchisierung der Gesellschaft nach dem „objektiven" Verdienst, nach den Fähigkeiten ihrer Mitglieder. Die Fähigkeiten werden oft in Geldwerten gemessen.

Es gibt also eine natürliche Hierarchie nach Leistung, welche die Gesellschaft durchdringt. Der Enthusiasmus für technische Lösungen fast aller, auch gesellschaftlicher, Probleme, führt dazu, dass sich vor allem die reichen und ambitionierten Techies an der Spitze der Hierarchie sehen. Sie stammen ohnehin aus der Mittelklasse, häufig der oberen.

Die digitale Elite instrumentalisiert den Mythos der Meritokratie, um eine vor allem weiße und männliche Gruppe zu unterstützen und hergebrachte Förderung der Geschlechter, anderer Minderheiten und der Chancengleichheit zu unterlaufen. Frauen werden als emotional instabile Wesen betrachtet, die für das Programmieren weniger tauglich sind. Es gibt die Vorstellung, dass es neben guten Programmierern die Genies gibt, die zehn Mal produktiver sind. Man nennt sie die „10x developer". Natürlich ist das ein Mythos, denn solche Leute wären unfähig, mit anderen zu kooperieren.

Damit einhergehend wird auch viel „Philanthropie", die Finanzierung öffentlicher Anliegen durch Private, betrieben. Dabei kann man über die Verwendung der Mittel bestimmen, was bei höheren Steuern nicht der Fall wäre. Da aber immer dieselben die Reichtumsliste anführen, kann es nicht so viel sein; eine Scheidung ist einschneidender.

Die Studentenbewegung in Kalifornien richtete sich Ende der 1960er-Jahre vor allem gegen den Staat, der die jungen Leute in den Vietnam-Krieg schicken wollte, und gegen die verkrusteten, einengenden Verhältnisse. Ein Teil dieser Bewegung sah die Unternehmung als Alternative, als Ort der Selbstverwirklichung und des individuellen Fortkommens. Diese Leute waren auch Anhänger der Schriftstellerin Any Rand, die das Individuum exaltierte. Steven Jobs vertrat diese Gruppe, welche Hippie-Bewegung, New Age, Yoga und andere exotischen Vorstellungen mit Unternehmertum, individueller Entfesselung und Geldverdienen zusammenfasste. Mehr dazu bei Turner (2006).

Libertarismus

Libertarismus unterscheidet sich vom Liberalismus dadurch, dass letzterer von einem, wenn auch engen, staatlichen Ordnungsrahmen (Nachtwächterstaat) ausgeht. Umverteilung von Einkommen geschieht über progressive Steuern und nicht über die Kollektivierung von Produktionsanlagen. Für Libertäre geschieht Umverteilung über private Spenden und einen Staat kann man durch private Organisationen ersetzen.

---

[8] Die Football-Mannschaft von San Francisco sind die „Forty-Niners", die Goldrausch-Pioniere, die im Jahr 1849 zuwanderten.

Der Ausgangspunkt dieser Weltsicht ist die Vorstellung des Staates als Problemfall statt als Problemlöser. In der anarchistischen Version möchte man den Staat gänzlich ersetzen. Wie wir oben schon gesehen haben, ist eine alternative Gesellschaftsordnung schon vorhanden, die meritokratische. Das Valley geht zugespitzt gesagt von der Vorstellung aus, Probleme besser, schneller, nachhaltiger als der Staat lösen zu können. Probleme wie Armut, Kriminalität aber auch Geldstabilität und Gesetzgebung sind gemeint. Die Technik führe zur Ermächtigung des Individuums, für das sehr viele alte Strukturen und Organisationen, Staat genannt, hinfällig sind.

Die libertäre Sicht wird am stärksten von Peter Thiel, einem Juristen, Stanford Alumnus, Multimilliardär und Mitgründer von PayPal und Palantir, vertreten. Er ist nicht der einzige, in unterschiedlicher Intensität gehören z. B. auch Elon Musk und Mark Zuckerberg mit seiner willentlich dem Kaiser Augustus nachempfundenen Frisur dazu. Musk ist ein Tech-Freak, die anderen Machtmenschen. Thiels Buch „Zero-to-One" (Thiel & Masters, Thiel und Masters 2014) über Start-ups ist eine Art Bibel und exaltiert den Gründer als spezielle Spezies, als eine Art Übermensch nach Nietzsche. Thiel erzeugt starke Medienpräsenz, äußert sich zu religiös-philosophischen Themen um Denker wie Carl Schmitt und Leo Strauss, welche die westlichen Lieblingsphilosophen der Chinesen sind. Man erkennt eine ausgesprochene Zerstörungswut des Bestehenden *(Disruption)* und eine missionarische, heilsbringende Technikgläubigkeit. Thiel ist ein Spender von Trump und anderen republikanischen Kandidaten, u. a. von Blake Masters, seinem Koautor, für den Senat.

Die Disruption, der Bruch mit dem Hergebrachten, wird mystifiziert. Man hört den Spruch: „move fast, break things." Unternehmungen, die groß und alt sind, werden angegriffen und als überholt taxiert. Die schöpferische Zerstörung, wie sie Ökonomen wie Joseph Schumpeter vor langer Zeit schon erkannten, wird zum Ziel, zur Norm erklärt. Dabei erkennt man aber sehr oft, dass gar keine Neuerung stattfindet. Der Versuch, das Taxiwesen durch Uber zu ersetzen, hat nichts Wesentliches geändert, außer dass zum Teil Gewerkschaften ausgeschaltet und die Fahrer schlechter bezahlt wurden. Die Angriffe auf die Alten erfolgt auch mit der systematischen Vernachlässigung von Gesetzen und Regulierung. Damit halten die Start-ups anfänglich unlauter die Kosten tief, um Volumen und Umsatz zu erzielen. Als Thiel und Musk PayPal entwickelten, kümmerten sie sich nicht um eine Banklizenz, hatten keine Maßnahmen gegen Betrug getroffen und ließen illegale Teilnehmer am Zahlungssystem zu (Chafkin, 2022). Man musste sich nicht identifizieren, konnte ein Konto unter dem Namen Donald Duck eröffnen und Geld verschicken. Erst als sie selber betrogen wurden, änderte sich das.

Uber kümmerte sich nicht um die Versicherung der Fahrgäste. Lyft, ein anderer Fahrdienst, erweiterte das Angebot um Kleinbusse, die bestimmte Strecken fahren. Das war eine Art Neuerfindung der Buslinie. Die 19-jährige Gründerin Elizabeth Holmes, eine Stanford-Studienabbrecherin, brachte ihre Firma Theranos an die Börse, wo sie einen Spitzenwert von 10 Mrd. USD erreichte. Es stellte sich dann heraus, dass die Bluttests der Firma nicht funktionierten. Sie wurde liquidiert, die Gründerin wegen Betrugs verurteilt. Kurzzeitig war sie Milliardärin. Peter Thiel bezeichnete den den legendären US-Großinvestor Warren Buffett als einen soziopathischen Opa aus Omaha, weil dieser kritisch den Kryptowährungen gegenübersteht (und das Alte und Große repräsentiert).

Die Tech-Giganten pflegen immer noch ihr angebliches Image als Underdog, als die kleinen sympathischen Neuerer und Bilderstürmer, obwohl sie schon lange zum verpönten Establishment zählen. Sie sind ja die größten Firmen nach Börsenbewertung.

Eine Befragung von Firmenchefs und -gründern (Ferenstein, 2017) zeigt zum Teil ein anderes Bild vom Valley. Sehr viele sind eher Anhänger der Demokraten, aber mit einer typischen Abweichung, nämlich der strikten Ablehnung von Regulierung und Gewerkschaften. Die Bürokratie wird als wenig innovativ verachtet. Zudem sind gemäß dieser Studie viel im Gegensatz zu den Libertären nicht hyperindividualistisch, sondern häufig kollektivistisch. Eine affektiv-altruistische Ader ist ebenfalls erkennbar.

Die Weltanschauung von Silicon Valley ist nicht kohärent. Man erkennt dies auch in der Literatur (Gumbrecht & Scheu, 2018; Daub, 2021). Ein weiterer verworrener Strang führt von der Hippie-Bewegung zur Cyberculture (Turner, 2006). Die meisten Akteure sind Techniker und ganz starke Marketing-Spezialisten. Zudem wird alles mystifiziert, das Scheitern, das Studienabbrechen, das Disruptive, das Anti-Establishment, die Technologie als Heilsbringer usw. Damit ist es schwer, zwischen Schein und Sein zu unterscheiden. Aber wie kann man Gut-sein-Wollen mit Geldscheffeln konjugieren? Studenten der Unterstufe in Stanford belegen ein bisschen Philosophie und mit typisch amerikanischem Pragmatismus werden dann Konzepte gemischt und Bezüge hergestellt. Martin Heidegger[9] kommt erstaunlicherweise immer wieder bei Informatikern vor.

Das Valley kann keine Blaupause für die Alte Welt sein, denn es würde auch bedeuten, die sozialen Errungenschaften der letzten 150 Jahre über Bord zu werfen. Es muss also ein eigenes Modell her, um mehr Innovation zu generieren.

Longtermism

Es gibt eine andere, neuere Weltanschauung, die sich auf den jungen Philosophen William MacAskill (MacAskill, 2022) bezieht. Dieser wiederum steht auf den Schultern von Peter Singer und den Utilitaristen wie etwa Jeremy Bentham, deren Credo (oder Zielfunktion) lautet: „Das größtmögliche Glück für die größtmögliche Anzahl Menschen". Das bedingt, dass die Reichen einen Teil ihres Vermögens anderen zukommen lassen müssen, also auch altruistisch handeln. Der Effektive Altruismus setzt den Schwerpunkt auf rationales, optimierendes Vorgehen und nicht etwa Spenden als Herzensangelegenheit.

Nun kommt ein zweiter Aspekt hinzu, die zeitliche Dimension. Da man davon ausgehen kann, dass mehr Menschen nach uns leben werden, als vor uns je gelebt haben – die Auslöschung der Menschheit ist keine Option –, stellen wir heute schon viele Weichen für die künftige Menschheit. Deshalb die Ansicht, das altruistische Handeln und Optimieren des Glücks muss vor allem auf die künftigen Generationen, bis auf Millionen Jahre hinaus bedacht werden. Der schöne Nebeneffekt dieser Philosophie ist, dass man sich nicht um die Gegenwart kümmern muss, mit all ihren Wehwehchen von Klimaerwärmung, Hungersnöten

---

[9] „Das Nichts selbst nichtet." Engl. „The Nothing itself noths (or nihilates, or nothings)."

und Kriegen. Innerhalb von Millionen Jahren muss man mit solchen Unregelmäßigkeiten rechnen, aber sie nicht überbewerten. Diese Ansicht bekräftigt und zementiert die aktuellen Machtverhältnisse. Es ist nicht verwunderlich, dass schon wieder dieselben üblichen Verdächtigen auftauchen: Peter Thiel, Elon Musk aber auch Jaan Tallin, Mitbegründer von Skype. Sie investieren mit dieser ethischen Entschuldigung lieber in die Besiedlung des Mars und die Unsterblichkeit der Wenigen, als die Leiden der Menschheit zu bekämpfen.

Es ist augenscheinlich, wie die Tech-Milliardäre krampfhaft eine ethisch-philosophische Grundlage suchen, um ihr aggressives Verhalten zu rechtfertigen. Und es soll nicht Adam Smith oder sonst eine Klassiker sein.

Marktmacht

Marktmacht ist auch Macht *tout court*. In der Tab. 17.3 erkennt man zwei wesentliche Fakten. Erstens sind von den größten zehn Firmen deren acht Technologieunternehmen. Die anderen zwei sind entweder in der Erdölindustrie oder ein multinationales Konglomerat. Zweitens sind wiederum acht amerikanisch. Die größten europäischen Firmen sind Nestlé, ein Nahrungsproduzent, und LVMH, ein Luxuswarenhersteller mit den Firmen Louis Vuitton, Moët Chandon, Hennessy etc. Die chinesischen Giganten wie Tencent und Alibaba folgen in der zweiten Reihe (einige haben auf Geheiß die Börsen verlassen). Europäische Software- oder Computertechnologie-Firmen sucht man vergeblich.

Die Marktkapitalisierung ist auch ein Zeichen für die künftigen Gewinnaussichten. Diese Großen sind alle am Projekt Metaversum beteiligt.

Am Schluss darf man nicht vergessen, dass nicht nur die Entwicklung der Informatik problematisch sein kann. Der Menschheit harren noch andere gesellschaftliche Herausforderungen wie die Klimaerwärmung, die Gentechnik und altmodische Geopolitik, unter vielen.

Tab. 17.3 Rangliste der größten Unternehmen 2022 2. Quartal nach Marktkapitalisierung. Auch wenn die Börsenkurse stark schwanken, gibt die Liste die Machtverhältnisse gut wieder

1	Apple Inc.
2	*Saudi Aramco*
3	Microsoft Corp.
4	Alphabet Inc.
5	Amazon.com Inc.
6	Tesla Inc.
7	*Berkshire Hathaway Inc.*
8	NVIDIA Corp.
9	Taiwan Semiconductor Manufacturing
10	Meta Platforms Inc.

17.8.2 Gegengewichte

Technologisch
Wie das Internet dezentral entwickelt wurde, ist es fast undenkbar, dass wenige monopolistische Unternehmungen das Metaverse im weiten Sinne entwickeln und beherrschen können. Die Umbenennung von Facebook zu Meta lässt eine solche vermessene Idee erahnen. Realistischerweise bedeutet dies aber, Meta sieht die Zeit gekommen, den kommerziellen Aspekt in diese von Spielen und sozialem Austausch, aber auch von technischen Anwendungen bestimmten Welt zu forcieren. Böse Zungen vermuten auch ein Flucht vor bestehenden Problemen mit Facebook und Instagram.

Ein nächster großer Schritt wird nur kooperativ und damit als Open-Source-Projekt funktionieren. Damit hat auch die Alte Welt die Möglichkeit, sich einzubringen und damit Einfluss zu nehmen. Auch in Europa gibt es genug finanzierte Forschungsprogramme.

Das Internet und das Web stehen auf Grundlagen, die vom US-amerikanischen Staat und aus staatlich finanzierten internationalen Programmen stammen. Man erinnere das ARPA-NET und die Arbeiten am CERN. Das nächste große Ding hat keinen Staat mehr im Rücken. Wie reibungslos eine Kooperation und Koordination unter Privaten funktioniert, wird sich zeigen müssen. Zudem wächst das Neue nicht mehr wie das Alte einfach heran, sondern scheint mehr zielgerichtet und planungsmäßig vorangetrieben zu werden. Auch hier kann man Vorbehalte zum Gelingen dieses herkömmlichen Ansatzes anmelden.

Regulatorisch
Der Alten Welt ist es nicht gelungen, eine innovative Alternative zu Silicon Valley zu entwickeln. Unsere Stärke scheint eher die juristische Einhegung der Innovation zu sein. Nun kann man dies ja auch innovativ nennen.

Nachdem schon die Datenschutz-Grundverordnung und die Urheberrechtsrichtlinie wirkmächtige Signale setzten, sollen künftig sämtliche Bereiche der digitalen Wirtschaft und Gesellschaft mit folgenden Verordnungen reguliert werden:

- Digital Services Act: Grundgesetz für das Internet,
- Digital Markets Act: Wettbewerbsrecht,
- Data Act,
- Artificial Intelligence Act,
- Kryptoasset-Regulierung.

Im Artificial Intelligence Act sollen verboten werden (Europäische Kommission, 2021, 15):

> „alle KI-Systeme, die als unannehmbar gelten, weil sie Werte der Union, beispielsweise Grundrechte, verletzen. Die Verbote gelten für Praktiken, die ein erhebliches Potenzial haben, Personen zu manipulieren, indem sie auf Techniken zur unterschwelligen Beeinflussung zurückgreifen, die von diesen Personen nicht bewusst wahrgenommen werden, oder die die Schwächen

bestimmter schutzbedürftiger Gruppen wie Kinder oder Personen mit Behinderungen ausnutzen, um deren Verhalten massiv so zu beeinflussen, dass sie selbst oder eine andere Person psychisch oder physisch geschädigt werden könnten. Andere manipulative oder ausbeuterische Praktiken (...) könnten unter die bestehenden Rechtsvorschriften (...) fallen (...). Der Vorschlag sieht auch vor, die Bewertung des sozialen Verhaltens für allgemeine Zwecke mithilfe von KI durch öffentliche Behörden (‚Social Scoring') zu verbieten. Schließlich soll der Einsatz von biometrischen Echtzeit-Fernidentifizierungssystemen in öffentlich zugänglichen Räumen für die Zwecke der Strafverfolgung bis auf wenige Ausnahmen verboten werden."

Die Absichten und Zielsetzungen kann man ja ausnahmslos gutheißen. Störend ist, dass die Manipulation, die Gesundheitsgefährdung etc. ja schon seit jeher ohne explizite Verwendung von KI stattfindet. Auf Wirksamkeit kann man nur hoffen.

Ist die Alte Welt bloß in der Regulierung fremder Innovation innovativ, nicht aber technologisch? Dies wäre eine etwas kurzsichtige Betrachtung, denn Europa ist im Industriebereich immer noch sehr stark und fortschrittlich, besonders auch bei mittleren Betrieben. Das kann einen anderen Einstieg bedeuten, wenn die Technologien konvergieren und zusammenlaufen.

Menschlich

Besonders der freie Mensch muss die Entwicklung nicht nur erleiden. Er kann Angebote einfach nicht annehmen, dafür sorgen, dass Alternative offen bleiben, auf demokratischem Weg Entwicklungen abändern. Da immer auch kommerzielle Absichten in der Änderung der Lebensverhältnisse durch Informatik und ihre Produkte zugrunde liegen, muss die Person verführt werden. Eine informierte, selbstbewusste und wachsame Person lässt sich nicht alles bieten. Der Autor dieses Buches hofft, auch in dieser Hinsicht nützlich gewesen zu sein.

Wenn Sie es bis hierhin geschafft haben, dann möchte ich Ihnen für Ihr Durchhaltevermögen gratulieren! Ich hoffe sehr, dass es für Sie nützlich und ersprießlich war.

Und nun kommen noch die letzten Fragen.

Quiz zu Kap. 17

Quiz

Let's play!

1. Was ist der Unterschied zwischen Digitalisierung und digitaler Transformation?
2. Welchen Einfluss kann die Digitalisierung auf die Gesundheit ausüben?
3. Erkläre Ökosystem und Plattform.
4. Was ist Open Data?
5. Was ist die gedankliche Grundlage für die „Social Physics"?

6. Wer sind die großen Datensammler und welche Zwecke verfolgen sie? Was ist Profiling?
7. Nenne drei Bereiche, die von der digitalen Transformation betroffen sind, und gib ein typisches Beispiel.
8. Beschreibe das Moore'sche Gesetz.
9. Was sind die Quellen für die riesige Datenflut, genannt „Big Data"?
10. Wieso ist die „Philosophie" des Silicon Valleys wichtig für die Gesellschaft?

Literatur

Böhm, S. (2016). *Auswirkungen der Digitalisierung auf die Gesundheit von Berufstätigen: Ergebnisse einer bevölkerungsrepräsentativen Studie in der Bundesrepublik Deutschland*. Präsentation. Studie Barmer und Universität St.Gallen.

Chafkin, M. (2022). *Contrarian: Peter Thiel and Silicon Valley's pursuit of power*. Bloomsbury Publishing, S.l.

D-EDK. (2016). 1 Medien. https://v-ef.lehrplan.ch/index.php?code=b|10|0|1. Zugegriffen: 30. Okt. 2022.

Daub, A. (2021). *Was das Valley denken nennt: über die Ideologie der Techbranche* (2. Aufl.). Suhrkamp.

Döpfner, M. (2014). Offener Brief an Eric Schmidt: Warum wir Google fürchten. *Frankfurter Allgemeine Zeitung, 65*.

Eicher, C. C. (2018). Datenspeicher Auto: Nichts bleibt geheim. *ADAC Motorwelt, 7*, 38–39.

Estonia. (2017). e-Estonia: Warum gerade Estland? https://www.visitestonia.com/de/uber-estland/estland-eine-digitale-gesellschaft. Zugegriffen: 30. Okt. 2022.

ETH. (2016). Ethx. https://www.edx.org/school/ethx. Zugegriffen: 19. Juni 2022.

Europäische Kommission. (2021). Vorschlag für eine Verordnung des Europäischen Parlaments und des Rates zur Festlegung harmonisierter Vorschriften für künstliche Intelligenz und zur Änderung bestimmter Rechtsakte der Union. https://eur-lex.europa.eu/legal-content/EN/ALL/?uri=CELEX:52021PC0206.

Ferenstein, G. (2017). The disrupters. *City Journal*. https://www.city-journal.org/html/disrupters-14950.html.

Franzetti, C. (2018). *Investmentbanken: Geschäftsfelder, Akteure und Mechanismen*. Springer Gabler.

Frey, C. B., & Osborne, M. (2013). The future of employment: How susceptible are jobs to computerisation? http://www.oxfordmartin.ox.ac.uk/publications/view/1314.

Gumbrecht, H. U., & Scheu, R. (2018). *Weltgeist im Silicon Valley: Leben und Denken im Zukunftsmodus*. NZZ Libro.

ISB. (2004). Genehmigter Lehrplan – gültig für Jgst. 7 bis 12. http://www.isb-gym8-lehrplan.de/contentserv/3.1.neu/g8.de/index.php?StoryID=26434. Zugegriffen: 30. Okt. 2022.

KTZH. (2022). Gis-browser. https://maps.zh.ch. Zugegriffen: 30. Okt. 2022.

Löhr, J. (2018). Digitalisierung zerstört 3,4 Millionen Stellen. *Frankfurter Allgemeine Zeitung, 0*.

MacAskill, W. (2022). *What we owe the future: A million-year view*. Oneworld.

Mattern, F. (2015). Wieviel Strom braucht das Internet? https://www.ethz.ch/de/news-und-veranstaltungen/eth-news/news/2015/03/wieviel-strom-braucht-das-internet.html. Zugegriffen: 1. Apr. 2022.

NN. (1931). *H.Dv.30: Vorschrift für den Schrift- und Geschäftsverkehr im Reichsheer.* Mittler & Sohn.

Parker, G., van Alstyne, M., & Choudary, S. (2016). *Platform revolution: How networked markets are transforming the economy and how to make them work for you.* W.W. Norton & Company.

Pentland, A. (2015). *Social physics? How social networks can make us smarter.* Penguin Books.

Popper, K. R. (2003). *Die offene Gesellschaft und ihre Feinde. 2: Falsche Propheten: Hegel, Marx und die Folgen* (8. Aufl.). Mohr Siebeck.

Thaler, R., & Sunstein, C. (2011). *Nudge? Wie man kluge Entscheidungen anstößt.* Ullstein.

Thiel, P. A.,& Masters, B. (2014). *Zero to one: Notes on startups, or how to build the future* (1. Aufl.). Crown Business.

Turner, F. (2006). *From counterculture to cyberculture: Stewart Brand, the Whole Earth Network, and the rise of digital utopianism.* University of Chicago Press.

Installation Scratch

Die Programmierumgebung von Scratch kann man entweder lokal, auf dem eigenen Computer, herunterladen oder in der Cloud verwenden. Letzteres ist meist einfacher.

Auf der Seite `https://scratch.mit.edu/` geht man ans Ende, wo man die Sprache wählen kann. Damit erscheint die Seite auf Deutsch, sofern man dies wählt.

Als Erstes muss man sich registrieren, wie es Abb. A.1 zeigt. Dazu muss man „Scratcher werden" drücken. Da es auch von Kindern ab acht Jahren verwendet werden soll, wird empfohlen, sich unter einem künstlichen Namen anzumelden. Wenn dies erfolgt ist, kann man dann die Option „Entwickeln" drücken. Dann erscheint die Umgebung, wie sie in Abb. A.2 gezeigt wird.

Die Umgebung besteht aus mehreren Feldern, nämlich:

- Eingabe,
- Ausgabe,
- Anweisungen,
- Inventar und
- Zwischenablage.

Im Inventar unten links erkennt man, dass es (1) Figuren und (2) Hintergründe (Bühnen) enthält. Hier kann man diese aus Bibliotheken auswählen oder selber gestalten.

Pro Element sind drei Reiter in der Mitte zu erkennen:

1. Skripte,
2. Kostüme (für Figuren), Bühnenbilder (für Bühnen) sowie
3. Klänge.

Im Reiter „Skripte" erscheint für die gewählte Figur oder Bühne das Feld, indem man den Programmcode entwickelt. Im mittleren Bereich stehen zehn Kategorien zur Verfügung, aus

© Springer-Verlag GmbH Deutschland, ein Teil von Springer Nature 2023 357
C. Franzetti, *Essenz der Informatik*,
https://doi.org/10.1007/978-3-662-67154-2

Abb. A.1 Anmeldung Scratch.
Scratch is developed by the
Lifelong Kindergarten Group at
the MIT Media Lab. See http://
scratch.mit.edu, abgerufen am:
1. November 2018

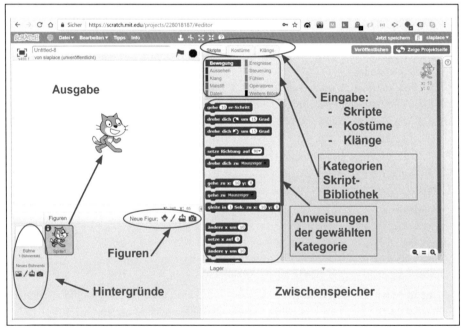

Abb. A.2 Entwicklungsumgebung von Scratch

denen man Code-Blöcke aufs Feld ziehen kann. Hier wird also programmiert. Zwei große
Anwendungskategorien kann man unterscheiden:

- Berechnungen und
- Spiele.

Für *Berechnungen* oder auch Zeichnen von Figuren, Funktionen etc. reicht der Standardhintergrund und die Figur der Katze, die sich bewegen kann und eine Spur hinterlässt. Kurze Ausgaben von Berechnungen erscheinen als Sprechblase der Katze.

Für *Spiele* sind meist mehrere Figuren, die verschiedene Kostüme tragen können, vonnöten. Auch unterschiedliche Bühnen bereichern die Story eines Spiels. Für jede Figur wird Code geschrieben, der ihr Verhalten steuert. Die Interaktion zwischen den Figuren wird durch Mitteilungen modelliert. Die eine Figur sendet die Mitteilung, die andere reagiert auf diese Mitteilung.

Figuren kann man vervielfältigen, indem man mit der rechten Maustaste auf sie drückt und „Duplizieren" wählt. Damit werden auch das zugehörige Skript und Klänge kopiert.

Den Rest an Möglichkeiten sollte man selber erkunden.

Stichwortverzeichnis

Printed in the United States
by Baker & Taylor Publisher Services